琉球国使節渡来の研究

横山學著

吉川弘文館

「宝永七年寅十一月十八日琉球中山王両使者登城行列」乾巻（部分）

ハワイ大学図書館所蔵（旧宝玲文庫本）

仮装琉球人の先触れ　「琉球画誌」小田切春江自筆本
（本文第１帳裏・第２帳表）　東洋文庫所蔵（貸本屋大野屋惣八本）

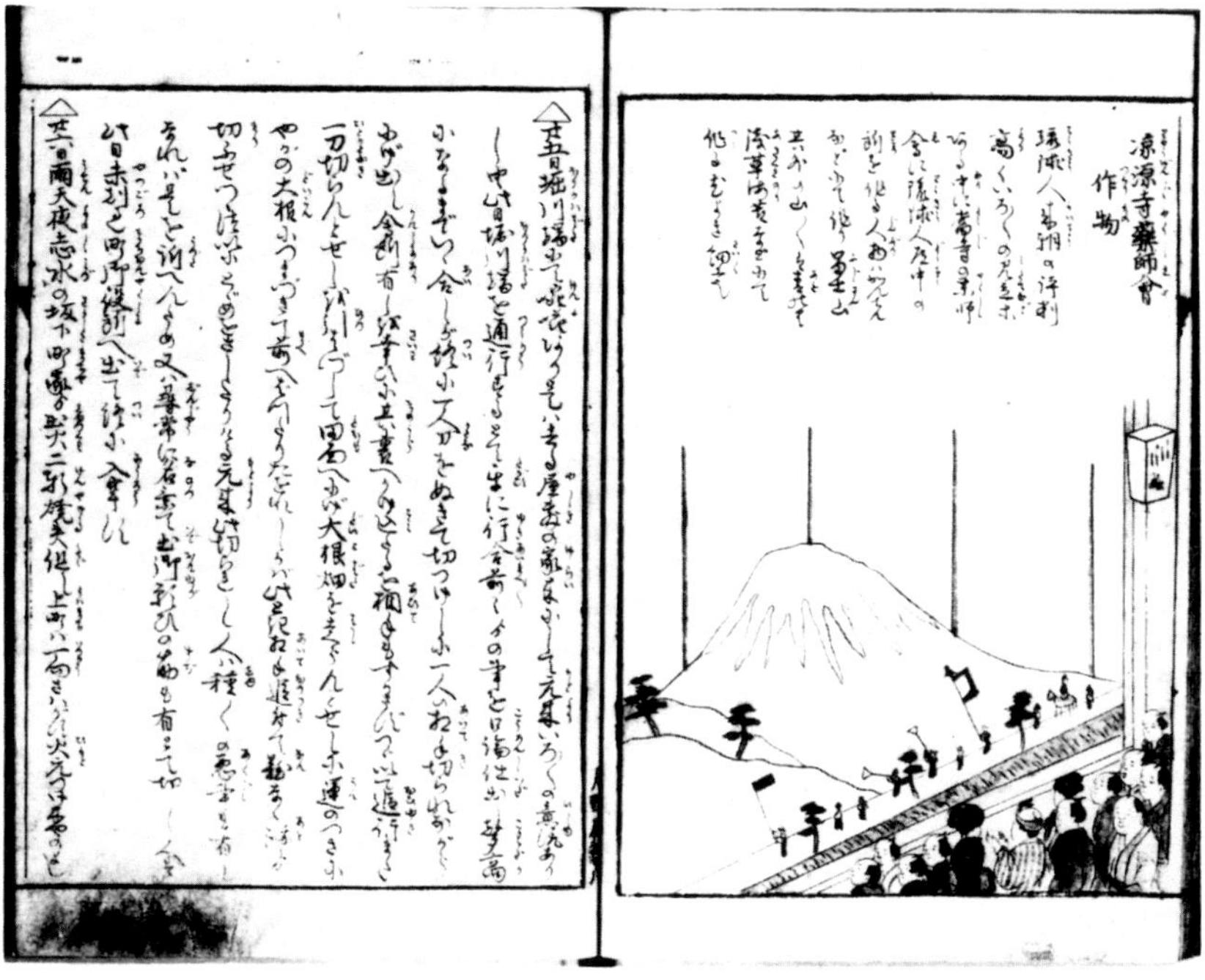

琉球人来朝の作物　「名陽見聞図会」小田切春江自筆本
（初編之上二第13帳裏・第14帳表）東洋文庫所蔵（貸本屋大野屋惣八本）

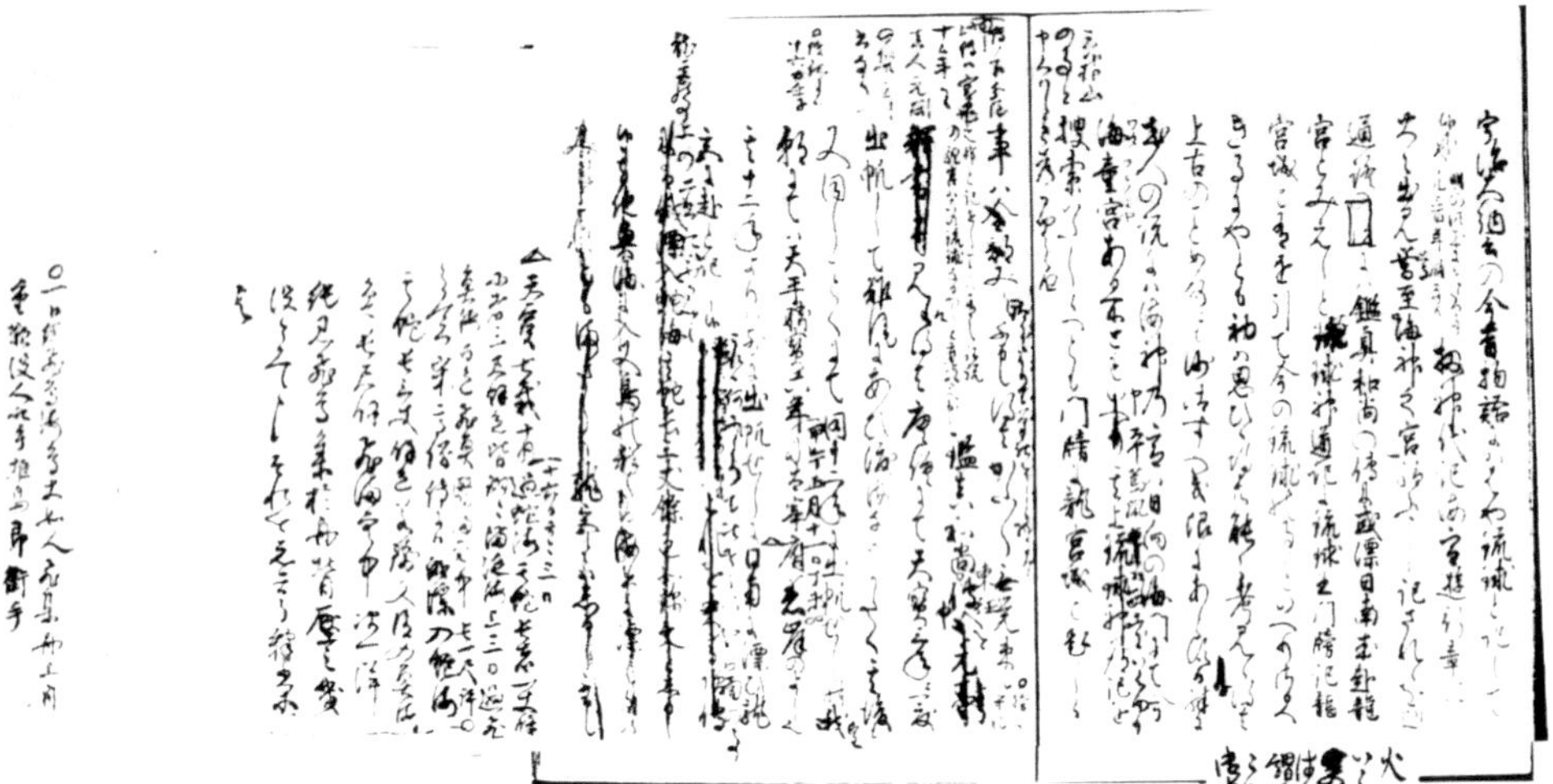
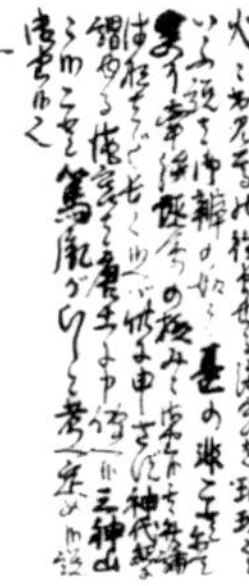

「龍宮状（琉球状）」屋代弘賢自筆本（第１帳裏・第２帳表）
宮内庁書陵部所蔵（池底叢書六十九）

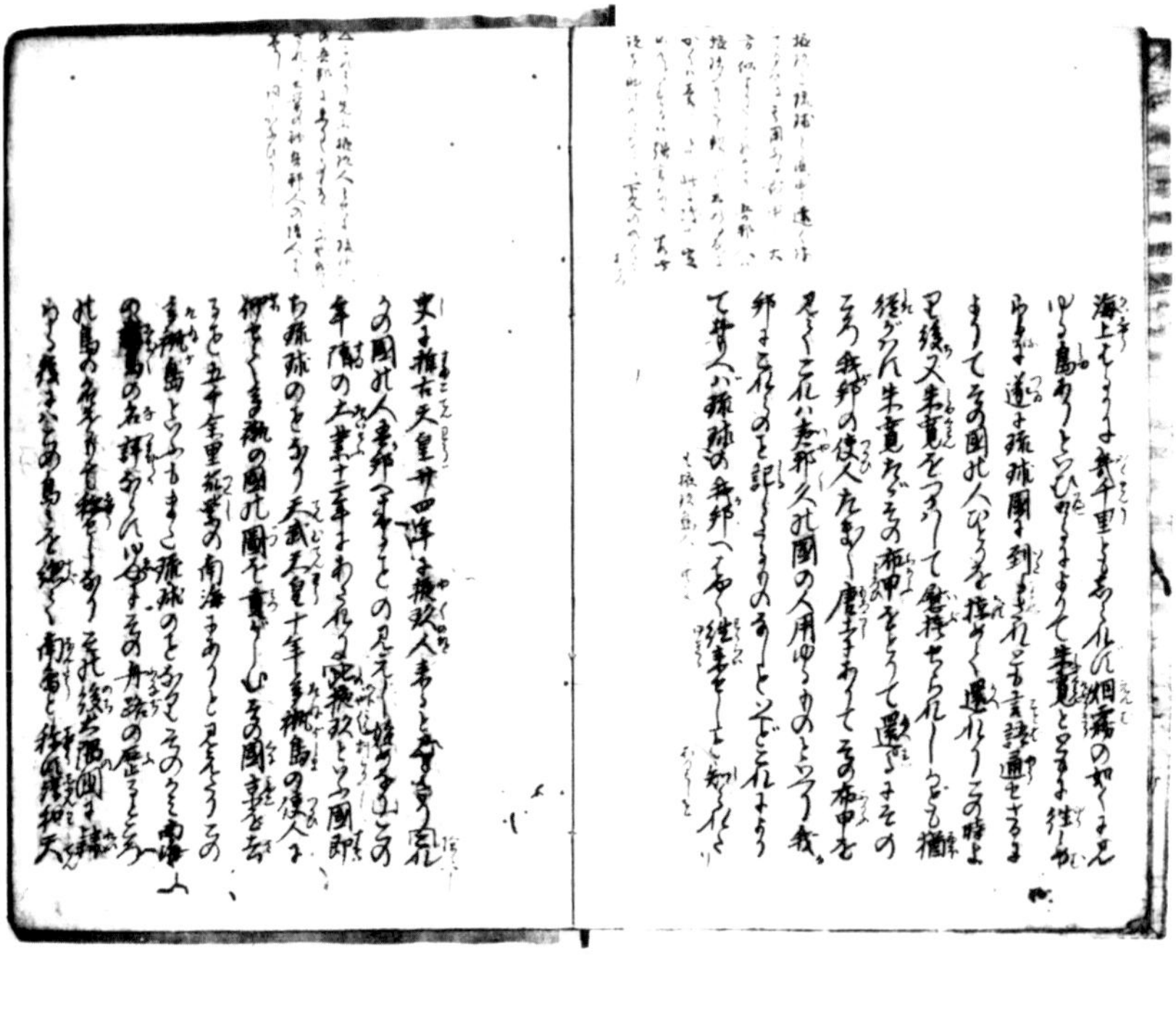

「琉球入貢紀略」山崎美成自筆本（本文第１帳裏・第２帳表）
早稲田大学図書館所蔵
（羽田野敦雄奥書・旧参河国羽田八幡宮文庫本）

目次

口絵目次

挿図目次

挿表目次

第一章　琉球国使節研究の課題と方法

第一節　琉球の位置

琉球列島は、九州の南端と台湾を結んで弧を描きながら、太平洋を背に東シナ海を囲う形に点在する大小の島々からなっている。沖縄島は日本・中国・朝鮮からほぼ同距離にあり、八重山諸島に沿って南下すれば台湾を経てルソン島へ至る。琉球・沖縄の歴史を大きく決定づけてきたのは、この地理的条件である。琉球の名が初めて歴史に記されたのは『隋書』「東夷伝流求国」の記事である。これが後の琉球か否かについては議論のあったところだが、琉球とするならばこの記事は、この時代すでに邪久・崑崙人など日本および南方諸民族と交渉のあったことを裏付けるものである。琉球が貢物に南海物産を用いたことが正史に記された最初は『高麗史』および『明史』においてである。『高麗史』恭譲王元年（一三八九）の項には硫磺・蘇木・胡椒・甲等、『明史』洪武二十三年（一三九〇）の項には馬・硫磺・胡椒・蘇木・乳香等を琉球人が持参したとある。蘇木・胡椒・乳香等の南海産の品々はシャムとの交易で入手したものと考えられており、(1) 当時すでに東南アジア諸地域と交易のあったことが分かる。琉球国の外交文書集である『歴代宝案』には、永楽二十二年（一四二四）から同治六年（一八六七）まで四百年余にわたる対外交渉（日本を除く）の記録が収められている。琉球の交易した地域は、中国・日本・朝鮮は言うまでもなく、暹羅《シャム》・安南・蘇門答剌《スマトラ》・爪哇《ジャワ》・満剌加《マラッカ》・仏太泥《バタネ》・巡達《スンダ》・(呂宋《ルソン》)と広く東南アジア一帯に及んでいる。(2)

琉球がこれ程広大な地域を交易の対象とし、東アジアと東南アジアを結ぶ中継貿易をなし得たのは、その地理的条件と当時の琉球をとりまく国際的な情勢によるのである。琉球は中国・日本・朝鮮から海を隔てて遠くに位置したため、直接的な支配や影響を受け難かった。一方でこの距離は、早い時期からの交易を可能にする程のものであった。つまり直接の支配を受けるのには遠く、交易には有利な位置に琉球は存在していたのである。十三世紀の東アジアでは倭寇が猛威を振って海上交通を困難なものにしていた。一三六八年に国を興した明は、倭寇対策の一つとして海禁政策をとって私貿易を禁じ、一方で周辺諸国に朝貢を求めて冊封体制を敷いた。これによって中国商人の海外活動は大きく後退することとなり、そこに琉球が中継貿易の担い手として進出する余地が生じたのである。田中健夫はその論文の中で、

明の海禁政策は、結果的には新興琉球王朝のために海上活動のみちをひらくことになった。すなわち、中国商人が海外で活動することを禁止されたことが、琉球商人に物資中継者としての広範な活動の舞台を提供することになったのである。(3)

と論じている。しかし十六世紀に入ると、琉球をとりまく情勢は新たな展開を見せるのである。大航海時代を迎えて西欧諸国の海外活動が活発になり、一五一一年にはポルトガル船がマラッカを占領した。その後も北へ勢力を伸ばし、東南アジアにおける琉球の交易活動を困難にした。一方明では海禁政策を維持し得ない情況が生じ、その結果中国商人の海外活動が再び盛んになった。また国内統一の成功した日本では南方への渡航が奨励され、琉球を飛越して東南アジアと直接の交渉をもつようになった。こうして「ながい間琉球が果してきた中継貿易者の役割は中国海商やヨーロッパ貿易商人に奪われ、琉球商人の東アジア海域における存在意義はいちじるしく減少」(4)したのである。慶長十四

年（一六〇九）の島津氏琉球攻めによって、琉球は薩摩藩の附庸国となった。琉球が中継貿易者としての役割を果たし得なくなったとはいえ、長い間の冊封・朝貢関係に支えられた琉球の唐貿易は、薩摩藩の財政の重要な部分を占めたのである。

時代が下って十八世紀になると、琉球はその地理的条件によって再び国際的に注目を浴びることになる。十八世紀後半から近代に至るまで、ロシア・フランス・イギリス・ドイツ・アメリカ合衆国・オランダの諸艦船が相次いで琉球を訪れた。建前としては薪木や水の供給を求めての寄港であったが、それらの艦船の真の目的は極東における活動の拠点を琉球に求めることにあった。日本に開国を迫ったペリー提督は海軍長官に宛てた書簡の中で、日本が交渉に応じない場合、ロシア・イギリス・フランスに先んじて大琉球島をアメリカの監督下に置くためには武力の行使をも辞すべきでないと述べ、そのための自由裁量権の付与を要請している。(5)当時の琉球をとりまく情勢は、数度にわたって東アジアを探査したペリー提督の眼に極めて緊迫したものに映ったのである。琉球は咸豊四年（一八五四）にアメリカと修好条約を結び、続いてフランス・オランダとも独自に条約を取り交わした。従って明治新政府と清国の間で琉球の所属が問題となった時、欧米諸国も琉球の行方に熱く注目したのである。漂流した琉球漁民殺害に対する制裁を名目に、日本が台湾を軍事的に制圧したこと（いわゆる「台湾事件」）は、形式的には日中への両属関係をとっていた琉球の、日本所属を国際的に明示するための前段階であった。そして明治新政府は、琉球の実質的国内化の手段として「琉球処分」を断行したのである。米国公使ディロング（Chares E. De Long）、前アモイ領事リゼンドル（Chales William Le Gendre）そして前米大統領グラント（Ulysses Simpson Grant）などがこの問題を日本に有利に導くために大きく力を貸した。この「琉球処分」が琉球所属問題として欧米で激しい議論を呼んだことを、“The Times” 等の新聞記事は伝えている。(6)東アジアにおける主導権を巡って緊張関係にあった欧米諸国にとって、琉球の所属は大きな関心事であった。琉球は自らの意志とかかわりなく国際社会の舞台で論議され、明治新政府と清国との交渉の中でその所属が確定されたのである。琉球の地理的重要性は今日においても変わることはなく、極東戦略上の重要拠点となっている。琉球・沖縄の歴史はその地理的条件によって大きく決定づけられてきたのである。

琉球は、基層文化としては日本と同一系の文化を有しつつも、日本本土から遠くに位置することによって直接的な支配・影響を受け難く、独自の文化を早くから育ててきた。(7) また前述の如く、東アジア・東南アジアと早い時期から交渉を持つことにより、それらの地域の文化が生活文化の一部として琉球に浸透したのである。古くから中国人渡来者の数は多かったと考えられるが、明代にいわゆる「閩人三十六姓」たちが渡来して以来、琉球に中国系集団が存在するようになった。琉球からも多数の留学生が明に渡り、自らの文化を保持し続ける中国系集団を中心に、教養文化としての中国文化を身につけた琉球人が、琉球の中に中国系文化派を形作っていった。一方で、日本との交易を背景に多くの日本人が琉球へ渡った。禅宗派の僧侶たちも渡琉して、歴代の琉球王の庇護の下に仏教の布教に努めた。隣接する薩摩および日本の中央との外交交渉にあたったのは、これらの僧侶たちであった。琉球の上層階級に教養文化としての日本文化が浸透し、日本人僧侶を中心とする日本文化派が形成されていった。こうして琉球の中に、中国派・日本派と呼びうる二つの文化派閥が存在するに至ったのである。(8) 島津氏琉球攻め以後も、中国派は対中国貿易の実質的な担い手であり、その文化は琉球文化の重要な一部をなしていたのである。慶長十四年の島津氏琉球攻めによって、琉球は日本の幕藩体制に組込まれた、或いは日本の国内植民地となったとされている。しかし薩摩藩による政治経済的支配の下でも琉球は一国としての形を保ち続け、独自の文化を保持して近代へ至った。そして明治新政府の「琉球処分」によって、琉球は実質的に日本国に組込まれたのである。

このように段階的に日本に組込まれた琉球であるから、その歴史故に、「琉球は日本だったのか、いつの時代から我々は日本人なのか」の問いが今日沖縄の側から生まれるのは当然のことである。この問いは同時に本土側からも「いつから琉球は日本なのか」という形で発せられるべきである。島津氏琉球攻めの頃の日本にとって、琉球は「唐貿易・南蛮貿易のある国」であった。それが幕末には「日本国の藩屏」として位置づけられるようになった。江戸時代を通じて、日本人の琉球に対する認識は変化していったのである。近代の「琉球処分」を支えた論理とそれを是とした琉球認識は、こうした過程の中で形成され浸透していったものである。従って、近代から現代へと繋がる沖縄の問題を正しく理解するためには、近世の日本人が琉球をいかにとらえていたかが問われねばならない。つまり、実際に琉球を支配した薩摩藩の立場や、来朝する「異国」として儀礼的に琉球を遇した幕府の対応ばかりでなく、当時の日本人が琉球をいかに認識したのかが明らかにされねばならないと考えるのである。しかしこれまでの琉球・沖縄の研究においては、薩摩藩の琉球支配や日本を中心とする海外交渉史、或いは琉球と日本の文化的同一性の側面から琉球と日本との関係が論じられることが多く、近世日本における琉球の位置を問う研究は極めて少ないといわねばならない。これは、近代以来の琉球・沖縄研究の方向性に大きく因るものである。

琉球・沖縄の歴史研究は、近世以来幾つかの大きなうねりをもって進められて来た。歴史的研究の視点が時代性に規定されることは避け難く、琉球・沖縄の研究も時代的関心に応えてきたのである。そこでまず琉球・沖縄に関する三つの論争を取上げ、そこに照らし出された時代背景と、論争の担った意味を考えてみたい。これらの論争は互いに関連を持ちながら、当時の人々が何を求めていたかと、人々の置かれていた情況とを逆説的に映し出している。そして、近世までの歴史を担い、近代への歩みを始めた沖縄の抱えていた問題を、これらの論争は端的に表わしている。

まず第一の論争は、明治三十九年から四十一年頃にかけてなされた為朝渡琉伝説の史実性を問うものであった。源為朝は伊豆大島で自害したのではなく、琉球へ渡り土地の按司の娘と結ばれ、その息子尊敦が後に琉球国王舜天となる、というのが伝承の骨子である。この伝承は、琉球国の正史『中山世鑑』に王統の始まりとしてはっきりと記されていること、為朝を祀る社が存在することなどにより、琉球では長い間史実とされて来た。日本においても、新井白石が広く一般に紹介して以来、近世における琉球認識の一つの大きな柱となってきた。清和源氏の子孫が琉球国王になったというこの伝承の論理は、琉球と日本との文化的・政治的関係を血脈の関係として語る重要な拠り所であった。

最初この伝承の史実性を否定したのは加藤三吾である。加藤三吾は明治三十二年より三十五年まで沖縄県立第一中学校で教鞭を執った。明治三十九年には沖縄での研究成果を『琉球の研究』[9]としてまとめ公刊している。その「史論の一」において加藤三吾は、『中山世鑑』に記された為朝の渡琉は全くの捏造であるとし、四つの疑点をあげて論じている。この時期の沖縄は「旧琉球国」から「沖縄県」への脱皮を計り、皇民としての新教育を徹底し、早く日本に同化すべく県を挙げて取り組んでいたのである。加藤三吾など本土の教師が次々に派遣されたのもその政策によるもので、沖縄は彼らを通じて新しい学問の息吹に接し、様々な変化が生じつつあった。

東恩納寛惇の処女論文「為朝琉球渡来に就きて」が雑誌『歴史地理』に発表されたのは、同じ年の明治三十九年四月であった。[10]当時東恩納は、東京帝国大学文科大学史学科において実証史学を学んでいた。彼が最初に取り組んだ論文が、琉球の日本所属の大きな拠り所である為朝渡琉伝説であったことは、沖縄人歴史学者の出発点として注目すべきである。この論文では「鬼が島の事」「琉球に於ける伝説」「舜天の事」の三項を紹介している。長い間「支那思想」に浴しながらも失われることなく語られて来た為朝渡琉伝説に、控目ながらも「自明の理」を見出そうとしている。従って、翌明治四十年、加藤三吾より著書『琉球の歴史』を贈られた東恩納は、直ちに反論「琉球の研究の一部を評して併せて為朝考の欠を補ふ」[11]を『琉球新報』(五月十八日付)に載せる。また七月二十七日より二十九日の三回に亙り、「三度為朝伝説に就いて――為朝伝説は薩摩の方面より出たる懐柔政策にもあらず――」[12]を載せる。さらに十一月十七日および十八日には、「四度為朝伝説に就いて――琉球神道記にあらはれたる為朝伝説――」[13]を載せている。これら沖縄地域を対象とした新聞掲載論文ばかりではなく、翌四十一年二月には「為朝琉球入琉球に就いての最旧説」[14]を『歴史地理』に発表した。その中で東恩納は、

尚清の晩年より支那思想の漸く勃興し来りたるにも拘らず、該神歌は猶ほ国家の祭典に頌せられつつ有りし事に

して、沖縄人の祖先崇拝の慣習はあらゆる政治的利害関係と対抗して、其祖先の讃美歌を擁護せしなり。これはた以てこの伝説が政策上虚構せられたるものにあらざる事を反証すとなす可からざるか。

と述べ、薩摩の歓心を買うことを目的として作られたことを否定し、祖先としての源為朝（＝日本皇族）との関係を主張している。これらの論文は、加藤三吾のいう慶安三年以前にすでに為朝伝説が琉球に存在したことを、『琉球神道記』の記事を引用して論証したものである。

また中央でも、菊池幽芳が『琉球と為朝』（明治四十一年刊）を発表し、愛山生（山路愛山）が『国民新聞』に「為朝琉球に渡る事」と題する論文を載せている。(15) この頃、沖縄ばかりでなく中央においても、琉球との繋がりを「為朝伝説」に求めようとしており、沖縄をいかに位置づけようとしたかをそこに見ることができる。

伝承の史実性はどうあれ、この明治四十年という時期に、日本と琉球の繋がりを論ずる問題が提起されたことに注目したい。この時期は日清・日露戦争を経、朝鮮・台湾が日本に属して領土が拡大し、世界的にも日本の力が認められつつある時であった。沖縄においては、県設置によって島津支配から解放されて、従属関係を脱した日本帝国の一県へ、沖縄県への転換を急ぐ時期であった。いかにして日本帝国国民となるかが、その時の最大の課題であったのである。沖縄を思う若者たちの悩みの深さを比嘉春潮の日記が語っている。(16)

日韓併合を迎えて、明治四十三年九月七日の日記には、

去月廿九日　日韓併合

万感交々至り筆にする能はず。知り度きは吾が琉球史の真相也。人は曰く。琉球は長男、台湾は二男、朝鮮は三男と。嗚呼。他府県人より琉球と軽侮せらるる又故なきに非らざる也。

琉球人か。琉球人なればとて軽侮せらるるの理なし。されど理なければとて、他人の感情は理屈に左右せらるるものにあらず。矢張り吾等は何処までも「リギ人」なり。ああ琉球人か。

と記している。また比嘉春潮は四月二十九日の日記に前月刊行の伊波普猷の著書『琉球人種論』(17)の読後感を記している。伊波の著書は、言語学・神話学・人類学・考古学等の助けをかりれば、琉球人が日本人種であることを解明できるとするものである。同日記には、

琉球人種論。読了。日本人種であるとの結論。先生の持論である。先生の考では、今の琉球人は早く日本人と同化するのが幸福を得るの道である。其為めに右の様な論をする。向象賢や蔡温・宜湾朝保と云う人々も、決して日本ひいきの人でない。寧ろ支那崇拝の思想を持つて居た。併し万人の幸福の為めに同種族論を唱へて居た。それで自分でも時々琉球人は大義名分を唱ふべき境遇でない。今こそ日本人を同種と云ふて居るが、如何なる時勢の変によりて、沖縄の指導者を以て任ずる人の口から支那同族論が唱へられるか知らぬと。明治六七年頃の支那と日本との琉球問題を考へたら、右の先生の説は首肯せられることがある。

この比嘉春潮・伊波普猷の言葉の中には当時の沖縄人の深い悩みが語られている。そして、為朝渡琉伝説を肯定すべく実証することとその論を迎えることには、当時の沖縄の、文化的にも精神的にも日本に帰属しようとする強い願望が現われているのである。伊波普猷は、大正十三年・十五年に再びこの為朝渡琉伝説を取り上げ、「おもろさうし」などの歌謡から史実として証明を試みている。(18)

大正十三年には第二の論争、『隋書』流求伝の論争が生じている。『隋書』流求伝とは、『隋書』八十一、列伝第四十六・東夷伝に「流求国」として記された記事である。琉球国が最初に歴史書に現われた記事として、近世までは全く疑問視されることなく、様々な文献に引用されて来た。流求＝琉球と見做されていたのである。近代になって、果たしてこの「流求国」が近世の「琉球国」を示すものか否かについて疑問が提起される。この問題はまず明治七年仏人 Le marquis D'Hervey de Saint-Denys の発表した論文 Sur Formose et sur les iles appelées en Chinois

Lieön-Kieou において述べられた。[19] いわゆる流求とは沖縄と台湾との総称であるとするもので、その後はこの説が一応の定説となった。

明治三十年になって、中馬庚は『史学雑誌』に論文「台湾と琉球との混同に付て」[20]を載せ、「土俗」上からは台湾を示し「地理」上からは琉球を示すものである、との異説を唱えている。その後、前述の加藤三吾・伊能嘉矩・市村瓚次郎が一篇ずつ論文を発表したが、[21] 大きく論議されることはなかった。論争の最初は、大正十三年和田清が『東洋学報』に載せた論文「琉球台湾の名称に就いて」[22]であった。以後昭和十二年までに、筆者の確認出来た数で二十七件の論文が出され、流求＝琉球、流求＝台湾が議論されてゆく。その間昭和二年には、伊波普猷・東恩納寛惇も『沖縄タイムス』紙上でこの問題を論じ、議論に加わる。[23]

流求＝台湾とする仏人 Saint-Denys の説を素直に迎え入れた日本側の理解の前提となった、当時の台湾への意識はどのようなものであったか。明治二十八年日清戦争の結果として台湾が日本に割譲された当時、その領有の論理的裏付けが必要とされた。そこで、『隋書』の「流求」が台湾を示すものであれば、琉球国が日本に属すると同様、台湾もまた日本に属するものであると考えたのである。

さてこの論争の始まった時期、大正十三年前後を考えてみよう。沖縄研究にとって大正十年は、柳田国男と沖縄の出会いという意味で重要な年であった。大正九年柳田国男は官界を離れ、九州・沖縄の旅に出る。大正十年正月に沖縄各地を廻り、多くの人との出会いを重ねる。伊波普猷・比嘉春潮・島袋源一郎・喜舎場永珣など在沖縄の研究者と交わり、自ら調査をすると共に彼らの研究に大きな励ましを与えて廻った。この年には折口信夫も沖縄を訪れている。折口は大正十年七・八月と十二年七・八・九月に沖縄調査を行い、伊波普猷と出会っている。

沖縄から帰京後、柳田国男は『朝日新聞』に「海南小記」を連載するとともに、幾つかの公演会で沖縄の民俗・神道・文献について語る。[24] 四月二十一日には「南島談話会」を開くが、この時には上田万年・白鳥庫吉・三浦新七・新村出・幣原担・本山桂川・移川子之蔵・中山太郎・折口信夫・金田一京助・岩崎卓爾・喜舎場永珣・東恩納寛惇・松本信広・松本芳夫らが参集している(25)。柳田国男によって、南島の研究がこの時期に大きな高まりをもって出発したのである。柳田はこの年五月、スイス国際連盟本部委任統治委員会の仕事をするため渡欧した(26)。大正十二年にロンドンで関東大震災を知って急ぎ帰国した柳田は、その破壊された状況を見て、「こんなことをしてをられないといふ気持になり、早速こちらから運動をおこして本筋の学問のために起つといふ決心をした。」と後に述懐している(27)。委任統治委員会の仕事を終えた柳田の語る「本筋の学問」が具体的に何を指すのかは明らかでない。しかし、その年十二月二十二日に自宅で開かれた「民俗学に関する談話会」には、早川孝太郎・金田一京助・和上永人・今泉忠義・松本信広・松本芳夫・中山太郎・西村真次・岡正雄・岡村千秋などが参加している(28)。以後柳田の周りには南島研究者が集まり、「南島談話会」が盛んに行われるとともに、沖縄関係の論文が多出するのである。この頃、柳田・折口が沖縄に見出したものは「古い日本」を理解するための手懸りであった。折口は二回目の沖縄旅行の翌年に著わした論文「沖縄に存する我が古代信仰の残孽(29)」で、

我国の固有信仰と全く同一系統に属するものに有之、神道の一分派或は寧ろ、其原始形式をある点まで今日に存したるものと申す事を得べきに御座候、

と述べている。また日本固有の民俗・信仰を探ろうとしていた柳田も、大正十四年の講演で沖縄の信仰を、

かねて我々が日本固有宗教の元の様式として、それぞれ論証して置いたところのものと、要点においてはほとんど同一であった……古い信仰は大なる変更を受けずして、げんに今日に伝わりかつ生きているのである(30)。

と述べている。これらに、当時の中央が沖縄へ寄せた関心の在り方が表われている。

大正末から昭和初めのこの時期、活気を帯びて来た人類学の動向にも注目しなければならない。考古学・民族学・人文地理学・社会学の研究者が集まり「人文研究会」を開いたのもこの頃であった。また京城大学に宗教社会学教室

が、台北大学には土俗学教室が昭和二年に置かれた。日本の国内ばかりでなく、周辺諸地域に学問の眼の向けられ始めた時である。(31)

このように盛り上った諸科学の方法論を以て、従来の旧説を見直そうとしたこの時期に発表されたのが、『隋書』流求伝論争の発端である和田清の論文「琉球台湾の名称に就いて」(32)であった。そこでは「流求」は琉球ではなく、従って古代日本の南島の総称をさすものでもないことが述べられている。和田はこの論文を書いた理由について、

琉球台湾は孰れも辺外の小土で、実際上からも久しく等閑に附されて来たが、学界に於いても同様に、国史家東洋史家共に之を閑却して、その真相を究明することをしなかった。自分はある必要によって本問題を研究し、略々上述の如き結論を獲た……。

と述べている。以後昭和三十年まで中央でこの論争は続けられ、途中沖縄の研究者伊波普猷・東恩納寛惇・真境名安興の三者が、昭和二年にこの論争に加わるのである。大正十五年、伊波普猷は幣原担から『隋書』中の「鼊鼊島」のヒントを得て、流求は沖縄（琉球）であると主張したのである。この説は後に東恩納の反駁を受けて、『隋書』の使節が至ったのは一度目が琉球で二度目は台湾であったと自論を修正してゆく。(33)

伊波は柳田国男にすすめられて大正十四年に上京し、中央の盛んな研究活動に触れて、南島談話会などを中心に学問生活に邁進した。「おもろさうし」の会を自ら開き、またアイヌ学会へも出席していた。十四年から十五年にかけて『校訂おもろさうし』・『浄土真宗開教前史』・『琉球古今記』・『孤島苦の琉球』と四点の著書を刊行しており、伊波自身にとって活発な研究活動の頂点ともいえる時期であった。(34)中央の論争に関わることは「沖縄」を論壇に引き出すことであり、研究者として沖縄の学問的浮上を目指そうとする彼の一貫した「活動」の一端であったと理解できる。

第三の論争は、昭和十五年に起きたいわゆる「沖縄方言論争」であった。この論争は、沖縄を訪れた民芸協会同人と郷土協会共催になる一月七日の座談会に端を発し、ほぼ一年間に亙って続けられた。同行の民芸協会員は柳宗悦・

式場隆三郎・浅野長量・浜田庄司・佐久間藤太郎・棟方志功・鈴木繁男・田中俊雄の他、写真・映画・観光の関係者、都合二十六名であった。座談会において、民芸協会を代表して水沢証夫(国際観光局)が、沖縄の現状に対して幾つかの意見を述べた。それは沖縄の美観を損う建築や電柱の撤去、古い亀甲墓の存続等を訴えたものであった。その一つに当時沖縄県下で熱心に進められていた標準語普及運動に対する意見があり、沖縄側と何度かの遣り取りの末、柳宗悦が「標準語奨励は県下に卑下の感を与え、むしろ有害である」と述べるに至った。[35] これに対して居合わせた警察本部長は全面的に対立する意見を述べ、後には沖縄県学務部が公開声明書まで発表した。この問題は本土に持ち帰られて、『月刊民芸』が三月号に「日本文化と琉球の問題」の特集を組んでいる。この号には柳宗悦の他、東恩納寛惇・長谷川如是閑・柳田国男・河井寛次郎・寿岳文章・保田与重郎・萩原朔太郎・相馬貞三の論文が掲載されている。さらにその後、清水幾太郎・杉山平助が『東京朝日』で意見を述べる[36]一方、『月刊民芸』においても翌十六年四月号まで四回に亙って取り上げられた。[37]

意見は、標準語奨励運動に賛成する者と反対する者の二つに分かれたが、その論点は最初から食違っていた。沖縄では島によって、厳密には村によってすら異なる方言差が、二重・三重の苦労を強いているのが実情であり、特に、

本来本県民が優秀なる素質を持ちながら、卑屈だ、引込思案だと言はれたり、或は祖先の偉大なる海外発展の進取性を失い、いたずらに消極退嬰となったその最大原因の一つが自己の意志発表に欠くる結果である。[38]

と賛成派は主張する。これに対し民芸協会側の基本的立場は、

この沖縄ほどいまの日本に失はれた純粋な日本らしい文化を保有してゐる所は他におそらくあり得ない。

という沖縄文化への評価である。これら二つの意見は、お互いの視点が全く懸離れたところにある以上、当然ながら合致し得るものではなかった。沖縄県の願うものは現実的な問題の解決であった。沖縄県出身者が本土で受ける差別の多くは方言による意志疏通の欠如に原因があり、他府県人との競争力をつけるには少なくとも「意志発表」の能力

を得ることが第一である、と主張する。沖縄県学務部の意見は、一貫して標準語を普及せしめ他府県に並ぶ力を求めることであった。民芸協会側を代表する柳宗悦は、沖縄方言を、

実に和語に於ては、沖縄はどんな地方よりも古格を保つてゐる個所

と理解していた。そして、

琉語から学ぶべきものは沢山あるのです。（中略）琉語の放棄を企てるのは、地方語に対する不必要な卑下と思慮なき侮蔑とによるのです。(39)

というのが方言否定に対する意見だったのである。柳宗悦は日本の朝鮮同化政策を強い口調で批判し、朝鮮文化の美の伝統を紹介し続けていた。歴史的に培われてきた朝鮮の文化を日本に同化することなど出来ない、(40)とする柳の考え方は、日本の中の地方性を安易に否定することへの批判へ繋がっている。従って、沖縄の指導者へも、

今琉球にとって最も必要とするものは、琉球の価値認識である。積極的なその価値の上に立って、将来の運命を開拓することこそ最も妥当な方針と云えよう。(41)

と説いたのである。しかし、本土との一体化を急務とする当時の沖縄には、この標準語運動反対の主旨を理解するだけの余裕はなかった。柳宗悦の沖縄方言への理解は、伊波普猷の研究活動の成果であった。その伊波自身は、『沖縄日報』で、普及運動は賛成だが問題は「方法の適正」であると述べ、民芸協会に賛成の立場をとっている。(42)明治四十三年、比嘉春潮に「今の琉球人は早く日本人と同化するのが幸福の道である」(43)と語った伊波である。民芸協会側のいわんとするところはもっともであっても、沖縄の知識人の一人として、沖縄県側の求めるものの切実性も認識していた。この伊波普猷の言葉には、中央で活動する沖縄文化人として発言する時の、内に矛盾を抱えた深い悩みが色濃く滲み出ている。当時の日本は、日中戦争の長期化を覚悟せざるを得なくなり、国家総動員の体制を敷いて国民を精神的にも総動員しようとしていた。県当局の強い発言は、標準語普及運動が国策に沿うものであったからでもあろう。

皇紀二千六百年を迎えて沖縄が、実質的にも他県と肩を並べるべく全力を挙げていた昭和十五年のことである。

伊波普猷や東恩納寛惇の為朝渡琉伝説の肯定には、当時沖縄の求めたものが語られている。また、『隋書』流求伝の論争は当時の日本の南方へ向けた関心を反映しており、この論争への伊波普猷の発言は「沖縄」の浮上を目指すものであったといえる。そして方言論争には、その当時の沖縄の持つ悩みと共に、沖縄と本土との視点の食違いが表出している。これら三つの論争は、沖縄の本土との一体化を求める切実さと、内に矛盾を抱えながらも前進せねばならなかった沖縄知識人の苦悩を、はっきりと照らし出しているのである。

伊波普猷・東恩納寛惇・比嘉春潮などによって手がけられた一連の琉球・沖縄研究は、今日に至る「沖縄学」の出発点とされている。近代「沖縄学」の求めたものは、大きく捉えて二つに集約することができる。その一つは「日琉同祖論」であり、他の一つは「沖縄の文化個性の尊重」であった。「沖縄学の父」と称される伊波普猷が行った幾つかの論証の最初は「琉球群島の単言」(44)（明治三十七年、『東京人類学雑誌』二〇―三）に代表される言語系統論を用いた人種同一論（日琉同祖論）であった。以後、諸論文において、琉球・沖縄文化と日本文化との同一性を論証してゆく。また、沖縄に現存する民俗的習慣・歌謡の中に日本文化との同一性を求める一方、古い形の日本を見出し得るという「独自性」・「個性」を伊波は指摘している。そしてまた東恩納寛惇は「歴史的遺物保存に就いて諸君に協る」(45)において、「沖縄人の祖先は極めて古き極めて美なる歴史を有していた……」として、その独自の文化個性を尊重すべく論じている。二人に代表される近代「沖縄学」は、「琉球・沖縄の文化は日本文化そのものである」という大前提から出発している。この大前提を理解するためには当時の社会情況、特に本土一般庶民の琉球への関心のあり様を知らねばならない。

明治二十九年発刊『風俗画報臨時増刊』(46)を見ると、「龍宮城の図」・「沖縄県人物の図」・「沖縄の人種と風俗」・「沖縄は古来我か版図なり」・「沖縄風俗談」・「沖縄の風俗」などなどの諸項目をあげて沖縄を紹介している。しかしその内容の多くは、近世の『琉球談』等を引用したり、髷を結った人々のスケッチを「沖縄県市街市場の図」と題するなど、見る側の好奇的興味を惹こうとするものである。また、明治三十六年に大阪博覧会場で生じたいわゆる「人類館事件」は当時の本土の人々の、新しい帝国領土に住む人々への興味を、素早く商売に転じて問題となった事件であった。博覧会場に見世物小屋を設け、学術研究資料と称し「アイヌ」「朝鮮人」「台湾生蕃」「琉球人」が実人物で展示されたのである。事件は、これを知った『琉球新報』の報道から始まった。沖縄で問題にされたのは、「アイヌ」「生蕃」と「沖縄」が同列に取り扱われたという点であった。人権意識より前に、アイヌ・生蕃と同列という被差別が大問題となったのである。これが新生「沖縄県」の置かれた情況であった。

当時の沖縄に教育的指導者として中央から派遣された新田義尊は、「沖縄は隋書の所謂流求蛮にあらず(47)」と題した論文を『琉球教育』六〇号に載せている。『琉球教育』は明治二十八年に創刊され以後約十二年間、沖縄の皇民化教育を勧めるために機能した教育雑誌である。新田の論文の主旨は、『隋書』流求伝などに記された風俗、例えば食人の風があるとか、骸骨を家の前に掲げるなどの諸々の「蛮風」と、今日の沖縄とが連続同一視されては困るというものである。「琉球」は過去の名称であって今日「沖縄の古へに復し我が邦人たることを明啓にし給へるを体認し」と、「沖縄」を名のる所以を述べている。また文中、「他府県人より琉球人と称するは、之を疏外し且つ之を軽視せる語なればなり、沖縄人と称するは、之を敬重し且つ之を親愛するに由る」と、当時の琉球人差別の存在をはっきりと述べている。当時本土において、沖縄へ向けた関心・認識がこのような形で存在していたのに対して、沖縄から「沖縄の文化は日本そのもの」という主張が打ち出されたことを理解すべきである。当時の知的指導者伊波普猷の認識と沖縄青年の内なる悩みとが、若き比嘉春潮の日記には切々と綴られている。

本土におけるこのような沖縄認識は、近世の琉球認識と切り離して考えることはできない。近世の琉球認識は一言では語れないが、近代に繋がる幕末期において琉球と日本の関係が論じられる時、中心的論旨となったのはその日本国への従属性であった。新井白石が『南島志』で論じた琉球は、日本の古い文化「倭文化」を共有する地域としての認識であった。日本と併置関係にあった琉球は、日琉交渉史の考証が深められるにつれて日本への従属関係へと転じていった。幕末の国学系識者は琉球を「皇国の藩屏」(48)として、「属国」として位置づけたのである。そしてこの認識が、明治政府による琉球所属問題解決の論拠として用いられたのである。

近世の琉球認識を受け継ぐ当時の社会情況に対し、沖縄の研究者の打ち出したものが「沖縄学」であったのである。大正・昭和に柳田国男が沖縄を訪れ、伊波普猷・比嘉春潮等と交わって南島研究の必要性を説いた。そして「古き日本」が沖縄に残存するという命題を、彼等沖縄の研究者たちは「沖縄にこそ残存する」と転じ、沖縄研究の学問的価値の高さを主張した。ここにおいて「沖縄固有文化の尊重」は、日本文化全体における沖縄文化の「貴重性」へと上昇せしめられたのである。その後多くの人々の手によって沖縄とその文化は明らかにされていった。戦後になって、金城朝永は『民族学研究』沖縄研究特集号の中で、今後の沖縄研究のあるべき姿として次のように述べている。

……沖縄の文化を、日本文化の変り種と見做し、主として、その中から日本文化との類似点のみを拾い出して比べ合せるが如き、従来の態度から脱却して、先ず、琉球文化なるものを、一つの独立した単位として取扱い、所謂大和文化の従属的地位から解放して、それに含まれている種々の相を、今少し精密に分析して我が国のみならず、広く遠く隣接周辺の諸邦との比較をも試みてみること、少くともこの二つの大きな高い観点から、今度の沖縄研究特集号の編纂は企画されたものではないかと推測している。(49)

近代の「沖縄学」は近世の琉球認識を否定することから始まった。「沖縄学」が、日本文化全体の中で沖縄文化の個性を貴重なものとして主張し、中央における沖縄研究をも引き起していった功績は大きい。「沖縄学」においては、各分野の方法論を用いて素材として沖縄を論ずることより、沖縄とその文化全体を「語る」ことに重きが置かれた。換言すれば「沖縄学」は一つの研究分野というより、当時沖縄の置かれた情況からの脱却を目指す思想・運動であったといえる。この特質が、今日の沖縄研究にも内包されていることは、否定できない。そして「沖縄学」の出発点が近世琉球認識の否定であったことは、当然ながら近世以前の本土における琉球研究を無視する結果となった。

しかし、近世日本の琉球認識には歴史があり、そして変遷がある。それは、その時々に日本と日本人の置かれた社会情況と、それによって喚起された関心・興味の様を映し出したものである。当時の日本人が、琉球をどのように見、どのように位置付けたかは、換言すれば、琉球が対日本関係を含め、東アジア全体の中でどのような位置を占めていたかをも示すものである。金城朝永は「沖縄の文化を……大和文化の従属的地位から解放して」と述べている。近代「沖縄学」の大和文化に繋がろう或いは越えようとする意識は、それ自体が沖縄研究の視野を限定し、自らを「沖縄」に縛るものである。琉球・沖縄は東アジアの一地域であり、日本もまた東アジアの一地域である。近世の琉球を、日本の藩屏或いは国内植民地という側面からのみとらえることは出来ない。近代の「琉球処分」に繋がる近世日本の琉球認識をふまえてこそ、日本と琉球・沖縄の歴史を正しく理解し得るのである。

為朝渡琉伝説文献目録

明治二十六年　　「源為朝琉球に王統を垂れたる事」（平出鏗二郎『史学雑誌』第四巻第四二号）

明治三十九年　　「為朝琉球渡来に就きて」（東恩納寛惇『歴史地理』第八巻第四号）

〃　　四月　「為朝事蹟考」（東恩納寛惇『琉球新報』明治三十九年四月一日より六日まで連載）

明治四十年　五月　「琉球の研究の一部を評して併せて為朝考の欠を補ふ」（東恩納寛惇『琉球新報』明治四十年五月十八日付）

〃　　七月　「三度為朝伝説に就いて――為朝伝説は薩摩の方面より出たる懐柔政策にもあらず――」（東恩

明治四十年十一月　納寛惇『琉球新報』明治四十年七月二十七日より二十九日まで連載）
「四度為朝伝説に就いて――琉球神道記にあらはれたる為朝伝説――」（東恩納寛惇『琉球新報』明治四十年十一月十七日・十八日付）
明治四十一年　二月　「為朝琉球入琉球に就いての最旧説」（東恩納寛惇『歴史地理』第一一巻第二号）
〃　六月　「為朝琉球に渡る事」（愛山生）（山路愛山『国民新聞』明治四十一年六月三日付）
明治四十一年　『琉球と為朝』（菊地幽芳、文禄堂）
大正　二　年　『為朝論』（山路愛山、新潮社）
大正十三年　『琉球聖典おもろさうし選釈』（伊波普猷、石塚書店）
大正十五年　「南島の歌謡に現はれた為朝の琉球落」（伊波普猷『改造』第八巻第二号、後に『琉球古今記』大正十五年十月、刀江書院、に所収）
昭和　五　年　「為朝琉球入伝説再批判」（秋山謙蔵『史苑』第四巻第四号）
昭和　六　年　「為朝と琉球」（伊波普猷『南島史考』私立大島郡教育会編）
昭和　七　年　「英雄不死伝説と東亜諸国の情勢」（秋山謙蔵『日支交渉史話』昭和十二年、に所収）＊昭和七年四月成稿・九年二月修訂
昭和二十三年　『沖縄歴史物語』（伊波普猷）

隋書流求国伝文献目録

明治三十年十一月〜十二月　「台湾と琉球との混同に付て」（上）・（下）（隅本繁吉・中馬庚『史学雑誌』第八巻第一一号・一

二号）
明治三十三年十二月「沖縄は隋書の所謂流求蛮にあらず」（新田義尊『琉球教育』第六〇号）
明治四十一年　四月「台湾と琉球」（伊能嘉矩『東京人類学雑誌』第二三巻第二六五号）
大正　七　年　一月「唐以前の福建及び台湾に就いて」（市村瓚次郎『東洋学報』第八巻第一号）
大正十三年十一月「琉球台湾の名称に就いて」（和田清『東洋学報』第一四巻第四号）
大正十五年十月〜十一月「隋書に現はれたる琉球」（伊波普猷『沖縄教育』第一五七号および一五八号）＊九月六日講演、同月『沖縄タイムス』連載。
〃　十月「隋書の流求は果して沖縄なりや」(上)・(中)・(下)（東恩納寛惇『沖縄タイムス』十月五日・六日・七日付）＊九月二十二日脱稿。
昭和　二　年　四月「隋書の琉球」補遺(上)・(下)（伊波普猷『沖縄タイムス』日付不詳）
〃　五月「伊波君の修正説を疑ふ――隋書の流求に就き――」（東恩納寛惇『沖縄タイムス』日付不詳）＊四月三十日脱稿。
〃　六月「隋書の流求伝論戦に就いて」（真境名安興『沖縄タイムス』六月十日より十回連載）＊東恩納寛惇旧蔵スクラップブックによる。
〃　七月「隋書の流求に就いての疑問」（伊波普猷『東洋学報』第一六巻第二号）
〃　「支那使節の琉球訪問と隋書流求伝」（秋山謙蔵『日支交渉史話』昭和十二年に所収）＊昭和二年八月成稿、八年十二月修補。
昭和　三　年「Gores は琉球人である」（秋山謙蔵『史学雑誌』第三九巻第三号）
「Gores なる名称の発生とその歴史的発展」（秋山謙蔵『史学雑誌』第三九巻第一二号）

昭和四年　「瑯嶠拾遺」（幣原坦『歴史地理』第五四巻第一号）
〃　「隋書流求国伝の再吟味」（秋山謙蔵『歴史地理』第五四巻第二号）
〃　「隋書の流求伝に就て」（喜田貞吉『歴史地理』第五四巻第三号）
昭和五年　「隋書の流求国は台湾なりしや」（アグノエル『日仏会館学報』第二巻第三号および第四号）
昭和六年　「再び隋書の流求国について」（和田清『歴史地理』第五七巻第三号）
〃　「欧人の台湾島発見と流求」（秋山謙蔵『日支交渉史話』昭和十二年、に所収）　＊昭和六年八月成稿・八年十二月修補。
〃　「隋書の流求を台湾に比較せんとする一試考に対する批判」（アグノエル『歴史地理』第五八巻第五号）
〃　「流求即台湾説成立過程」（秋山謙蔵『歴史地理』第五八巻第六号）
〃　「琉球台湾混同論争の批判」（幣原坦『南方土俗』第一巻第一号および第三号）
昭和七年　「琉球即台湾説再批判――隋書流求国伝解釈に関する第三論――」（秋山謙蔵『歴史地理』第五九巻第一号）
〃　「所謂隋代流求に就ての異聞二つ」（曾我部静雄『歴史と地理』第二九巻第一号）
〃　「隋書流求の民族的一考察」（喜田貞吉『歴史地理』第五九巻第三号）
〃　「再び隋代の流求について」（曾我部静雄『歴史と地理』第二九巻第六号）
昭和八年　「唐と流求」（秋山謙蔵『ドルメン』第二巻第七号）
〃　「流求は台湾か琉球か」（秋山謙蔵『日支交渉史話』昭和十二年、に所収）　＊昭和八年七月成稿・九年二月修補

昭和　十　年「隋書の流求国の言語に就いて」（白鳥庫吉『民族学研究』第一巻第四号）
昭和十一年「シラの島及ゴーレスに就て」（藤田元春『史学雑誌』第四七巻第二号）
昭和十二年「隋書流求国伝の古民族学的考察」（予報）（甲野勇『民族学研究』第三巻第一号）
昭和二十九年「上代の台湾」（桑田六郎『民族学研究』第一八巻第一号および二号）

琉球方言論争文献目録

昭和十五年一月「適正な奨励法を」（談話）（伊波普猷『沖縄日報』昭和十五年一月三十日付。『月刊民芸』一月号所収）
〃　三月「我等はこの目的のために特輯する」（日本民芸協会同人『月刊民芸』三月号）
〃　〃「問題の推移」（月刊民芸編輯部『月刊民芸』三月号）
〃　〃「敢て県民に訴ふ民芸運動に迷ふな」（沖縄県学務部『月刊民芸』三月号）
〃　〃「国語問題に関し沖縄県学務部に答ふるの書」（柳宗悦『月刊民芸』三月号）
〃　〃「沖縄県人の立場より」（東恩納寛惇『月刊民芸』三月号）
〃　〃「日本語の洗練性に就いて」（長谷川如是閑『月刊民芸』三月号）
〃　〃「沖縄の標準語教育」（柳田国男『月刊民芸』三月号）
〃　〃「土語駄草」（河井寛次郎『月刊民芸』二月号）
〃　〃「標準語と方言」（寿岳文章『月刊民芸』三月号）
〃　〃「偶感と希望」（保田与重郎『月刊民芸』三月号）
〃　〃「為政者と文化」（萩原朔太郎『月刊民芸』三月号）

昭和十五年三月　「方言の問題」（相馬貞三『月刊民芸』三月号）
〃　〃　「沖縄標準語励行に関して」（清水幾太郎『東京朝日』三月二十五日付）
〃　五月　「琉球の標準語」（杉山平助『東京朝日』昭和十五年五月二十五日付）
〃　〃　「その後の琉球問題」（月刊民芸編輯部『月刊民芸』五月号）
〃　六月　「沖縄語の問題」（柳宗悦『東京朝日』昭和十五年六月一日付）
〃　七月　「琉球の方言について――柳宗悦氏に与う」（杉山平助『新潮』昭和十五年七月号）
〃　八月　「第二次沖縄県学務部の発表を論駁す」（田中俊雄『月刊民芸』八月号）
〃　十一月　「方言は無暗に弾圧すべからず――自然に消滅させせ――」（談話）（伊波普猷『大阪球陽新聞』昭和十五年十一月一日付）
〃　〃　「沖縄言語問題に対する意見書」（日本民芸協会『月刊民芸』十一月・十二月号）
〃　〃　「問題の再燃の過程」（月刊民芸編輯部『月刊民芸』十一月・十二月号）
〃　〃　「琉球文化の再認識に就て」（柳宗悦『月刊民芸』十一月・十二月号）
〃　〃　「ミクロネシアの沖縄人」（鹿間時夫『月刊民芸』十一月・十二月号）
〃　〃　「沖縄県の標準語励行の現況」（田中俊雄『月刊民芸』十一月・十二月号）
〃　十二月　「方言と国語政策――国語の南島への宏通――」（伊波普猷『早稲田大学新聞』昭和十五年十二月十一日付）
昭和十六年四月　「沖縄方言論争終結について」（杉山平助・田中俊雄『月刊民芸』四月号）

注

（1）安里延『沖縄海洋発展史』、昭和十六年三月、一三〇頁。

（2）同右書では、琉球・呂宋間の通交に関する文書は『歴代宝案』には全く所収されていないが、岩生成一論文「琉球呂宋交通新史料」『歴史地理』（五二—六）に紹介された『江雲随筆』により、両者の通交を知り得る、としている。三〇四頁。

（3）田中健夫「朝鮮および琉球との関係」『対外関係史』（体系日本史叢書5）、昭和五十三年八月、一一六頁。

（4）同右、一一八頁。

（5）洞富雄「解説」『ペリー日本遠征随行記』、昭和四十五年七月、所収「日本遠征関係往復書簡」"Correspondence relative to the Naval expedition to Japan" 五四二・五五一頁。

（6）横山學編訳「英字新聞所収琉球事件記事」『琉球所属問題関係資料』第一巻、昭和五十五年九月。
山口栄鉄「ロンドン・タイムズ紙上の琉球処分論議」・「琉球処分をめぐる欧米人の記録」『異国と琉球』昭和五十六年九月。

（7）考古学の成果を見ると、琉球諸島における先史土器時代の遺跡が確認されており、特に沖縄本島・奄美諸島地域に縄文時代の移入土器の発見が報告されるに至っている。またこれら日本文化の南下を示す報告の他、先島諸島地域における江南・台湾地域から北上した先史土器文化の遺物の報告もある。国分直一は、琉球地域に三つの文化圏を想定している。つまり、九州本土系技術の影響を比較的頻繁に受けた「北部大島嶼地域」、九州本土系技術からも南部圏の技術からも顕著な影響を免れたため独自な文化圏を構成した「奄美沖縄圏」、そしてより南方の技術に親縁性を示す「南部圏」であり、これら三圏は相互に孤立をしていない、としている。
高宮広衛「沖縄の旧石器」『歴史教育』一三巻三号、昭和四十年三月。

国分直一『日本民族文化の研究』、昭和四十五年十一月、四七頁。

言語学的に見れば、琉球語と日本語とが親族関係にあるという見解は、すでにBasil Hall Chamberlainが明治二十八年に "Essay in aid of a grammer and dictionary of the Luchuan Language" (Transaction of Asiatic Society of Japan, Vol. 1,xxIII, 1859) において論じている。今日の研究成果によれば、服部四郎は八丈方言・現代京都方言・現代琉球諸方言を次のごとく関係づけている。すなわち「日本祖語」の前に「日本曾祖語」を想定したうえで、

日本曾祖語 ┬ 奈良期東国方言 → 八丈島方言
　　　　　 └ 日本祖語 ┬ 奈良期中央方言 → 現代京都方言
　　　　　　　　　　　 └ 現代琉球諸方言

としている。そして琉球諸方言が分岐した日本祖語は「八世紀よりもずっと古い時代に想定しなければならない」と述べている。

服部四郎「琉球方言と本土方言」『沖縄学の黎明』、昭和五十一年四月。

(8) 東恩納寛惇は『歴史論考』（東恩納寛惇全集1）の中で、「日本思想と支那思想」と題する小項目を掲げ、この二派を「官生派」および「五山留学の僧侶」として論じている。

(9) 『琉球の歴史』上・中・下、魁成舎（長崎）、明治三十九年十月（未来社より昭和五十年八月、再刊）。

(10) 東恩納寛惇「為朝琉球渡来に就きて」『歴史地理』第八巻第四号、明治三十九年四月。

(11) 東恩納寛惇「琉球の研究の一部を評して併せ為朝考の欠を補ふ」『琉球新報』、明治四十年五月十八日付。

(12) 東恩納寛惇「三度為朝伝説に就いて——為朝伝説は薩摩の方面より出たる懐柔政策にもあらず——」『琉球新報』、明治四十年七月二十七日・二十八日付。

(13) 東恩納寛惇「四度為朝伝説に就いて——琉球神道記にあらはれたる為朝伝説——」『琉球新報』、明治四十年十一月十七日・十八日付。

(14) 東恩納寛惇「為朝琉球入琉球に就いての最旧説」『歴史地理』第一一巻第二号、明治四十一年二月。

(15) 菊池幽芳『琉球と為朝』、文禄堂、明治四十一年。

愛山生（山路愛山）「為朝琉球に渡る事」『国民新聞』、明治四十一年六月三日付。

(16) 比嘉春潮「大洋子の日記」（明治四十三年四月より明治四十四年六月まで）『叢書わが沖縄』第一巻、木耳社、昭和四十五年三月。

(17) 伊波普猷『琉球人種論』、小沢博愛堂（沖縄）、明治四十四年三月。内容は『古琉球』（沖縄公論社、明治四十四年十二月）所収の「琉球の祖先に就いて」と同じ内容である。扉に「この書を坪井正五郎先生並に鳥居龍蔵氏にささぐ」とある。

(18) 伊波普猷「ぜりかくののろがふし」『おもろさうし選釈』、石塚書店（沖縄）、大正十三年十二月。

伊波普猷『琉球古今記』、刀江書院、大正十五年十月。

(19) 秋山謙蔵「隋書流求国伝の再吟味」『歴史地理』第五四巻第二号、昭和四年八月。
(20)(21)(22)(23) 第一章第一節末尾の「隋書流求国伝文献目録」参照。
(24)(25)(26) 柳田国男『定本柳田国男集』筑摩書房、昭和四十六年六月の「年譜」による。
(27) 柳田国男「故郷七十年」『定本柳田国男集』別巻第三。
(28) 注(24)〜(26)に同じ。
(29) 折口信夫「沖縄に存する我が古代信仰の残孽」(大正十三年の執筆)、『折口信夫全集』第一六巻、中央公論社、昭和四十二年二月。
(30) 柳田国男「南島研究の現状」(啓明会琉球講演会講演、大正十四年九月五日)『青年と学問』、昭和五十一年三月。
(31) 寺田和夫『日本の人類学』、思索社、昭和五十年八月。
(32) 和田清「琉球台湾の名称に就いて」『東洋学報』第一四巻第四号。
(33) 伊波普猷「再び隋書の流求に就いて——卑説の修正——」(昭和二年三月一日脱稿)、昭和二年四月『沖縄タイムス』に十二回連載。
(34) 伊波普猷『伊波普猷全集』第一一巻(平凡社、昭和五十一年十月)所収の「年譜」を参照。
(35) 月刊民芸編集部「問題の推移」『月刊民芸』、昭和十五年三月。
(36) 清水幾太郎「沖縄標準語励行に関して」『東京朝日』昭和十五年三月二十五日付。
杉山平助「琉球の標準語」『東京朝日』昭和十五年五月二十五日付。
(37) 第一章第一節末尾「琉球方言論争文献目録」を参照。
(38) 沖縄県学務部「敢て県民に訴ふ民芸運動に迷ふな」『月刊民芸』、昭和十五年三月。

(39) 柳宗悦「沖縄の富」『沖縄の人文』昭和十四年中夏、二二・二四頁。
(40) 鶴見俊輔「解説　失なわれた転機」『柳宗悦全集』第六巻、昭和五十六年一月。
(41) 柳氏注(39)、一〇九頁。
(42)「適正な奨励法を――伊波さんは語る――」、「標準語問題の渦紋」と題し『沖縄日報』昭和十五年一月三十日付に掲載。
(43) 比嘉氏注(16)日記、明治四十三年四月二十九日の項。
(44) 伊波普猷「琉球群島の単言」『東京人類学雑誌』第二〇巻三号通巻第二二五号、明治三十七年十二月。
(45) 東恩納寛惇「歴史的遺物保存に就いて諸君に協る」『琉球新報』、明治四十二年。
(46)『風俗画報臨時増刊』、東陽堂、明治二十九年六月二十八日。
(47) 新田義尊「沖縄は隋書の所謂流求蛮にあらず」『琉球教育』第六〇号、明治三十三年十二月三十一日。
(48) 前田夏蔭「琉球論」(天保三年成)、拙著『江戸期琉球物資料集覧』第三巻（昭和五十六年七月）所収。
(49) 金城朝永「編集後記」『民族学研究』第一五巻第二号、昭和二十五年十一月。

第二節　本論の方法

明治五年五月三十日、大蔵卿井上馨は「琉球ノ版籍ヲ収メシムル儀ニ付建議」を正院に提出した。正院はこれを左院に咨問し、六月に入って左院の答議がまとめられた。この建議の内容は、琉球国を琉球藩とし藩王尚泰を華族に列すること、そのための琉球国使節をいかに待遇するかであった。左院は九章にわたる答議を提出した。琉球国使節を迎えて宣下することに異議はないが、琉球に藩号を与えて国主を華族に列することには異議がある、というのがその内容であった。反対の理由として左院があげたものの一つに、「琉球国主ハ乃チ琉球ノ人類ニシテ国内ノ人類ト同一ニハ混看スヘカラス」があった。実際には左院の異議は退けられ、琉球国は琉球藩となり、藩王尚泰は華族に列せられたのである。これは明治政府による琉球国内化・沖縄県設置への第一歩であった。明治政府が琉球の国内化を進めるに当って唱えた日本と琉球との関係は、「抑琉球島ハ古昔沖縄島ト唱ヘ南海十二島ノ内ニメ本朝ノ属島タリ」に代表されるものである。また藩王宣下の勅諚には、琉球と日本は「気類相同ク言文殊ナル無ク」とその同一性がうたわれている。この一見相反するかに見える二つの意見は、当時の琉球に対する見解の一部にすぎない。琉球の国内化という問題に直面して、近世から受け継がれた多様な琉球認識から表出した二つの反応であり、決して二極的対立を意味するものではない。近世において琉球は、交易・領土・文化・産物など多面的に論じられているが、その内容は時代的背景を反映して一様でない。様々な琉球との関係によって生じた多様な琉球の位置づけと印象が、混在したまま近世から近代へ持ち越されていたのである。

この多様な近世の琉球認識は、薩摩藩と琉球の支配被支配関係、或いは幕藩体制と琉球の関係のみから導き出すことは出来ない。直接琉球を支配した薩摩藩の立場や、来朝する異国として儀礼的に待遇した幕府の対応とは別の、当時の日本人一般の琉球認識として近世の琉球認識が問われねばならない。琉球を直接支配した薩摩藩は別として、江戸時代の日本人が入手し得た琉球についての情報は、琉球に関する文献と琉球国使節の渡来の事実にほぼ限られていた。現存する琉球文献を網羅し分類したものが、本論資料篇「琉球文献構成試論」である。そこで論じたように、当時の琉球文献は、使節渡来に関するものと、渡来を契機に高まった琉球への関心に応えて著述されたものが大部分である。つまり琉球国使節の渡来は、江戸時代の日本人一般が琉球を意識し、琉球文化に触れる唯一の機会であったのである。琉球国使節は異国風の華美な装束を着け、耳珍らしい音楽を奏しながら街道を進んだ。その行列は、市中や街道の目を奪い興味を掻立てた。道直しを始めとする準備が前々から行われ、規制の御触書が出されてひとびとの行列への関心は盛り上った。市中では到着の前から行列に関する情報が、「読み売り」や「読本」として売り出された。

淀川では華麗な船行列が繰広げられ、江戸・名古屋市中では桟敷が組まれてひとびとは挙って見物をした。このように高まった琉球への関心と出版文化の興隆とが相俟って、琉球を解説する書物があいついで刊行された。これら刊行物の多出は琉球についてのより詳しい情報を求めさせ、またそれが刊行物となって琉球に関する知識として広くゆき渡った。多くの文人・識者が琉球に関心を示し、数多くの著述を残している。袋中・新井白石・荻生徂徠・桂山義樹・天野信景・戸部良煕・林子平・橘南谿・高井蘭山・大槻玄沢・大田南畝・山崎美成・屋代弘賢・滝沢馬琴・松浦静山・森島中良・佐藤成裕・松田直兄・中山信名・前田夏蔭・白尾国柱・伴信友などである。様々な学問的背景と立場を有するこれらのひとびとが、それぞれの「琉球」を論じ、江戸時代の琉球研究は展開された。そして幕末には、琉球は「皇国の藩屏」として位置づけられてゆくのである。

琉球認識の形成において、使節渡来の果たした役割は、朝鮮通信使やオランダ年頭使の江戸参府が朝鮮観・紅毛観に与えた影響とは大きく異なっている。日本人にとって朝鮮は、多面的な交流のある国であった。古くから多くの朝鮮人が渡来しており、交易ばかりでなく、儒学など学問の上での交渉が存在していた。朝鮮に関する知識を前提として、ひとびとは通信使の行列を見物したのである。日本人の朝鮮観を探る上で、通信使の問題は、重要な要素ではあるが、決定的なものとはいえない。オランダ年頭使についても同様で、ひとびとは長崎を通じての西欧文物の流入、蘭学の興隆、異国船渡来などの知識を以って年頭使の行列を見物していた。しかし琉球の場合は、事情が異なっている。室町時代には琉球からの交易船が堺・博多を頻繁に訪れたが、それは短期間のことであり、また寄港した地域も限られていた。慶長以後は薩摩藩を介する以外には交渉の手だてはなく、琉球と日本の文物の交流は、使節の渡来を除いてはひとびとに意識される形ではほとんどなかったといえる。つまり、琉球国使節の渡来は、当時の日本人にとって「琉球」との唯一の接点であった。従って琉球国使節渡来の実態とその及ぼした影響を踏まえてはじめて、近世の琉球認識を明らかにすることが出来るのである。

琉球国使節に関する研究は、琉球研究のなかでは遅れている分野である。使節の渡来を総合的に論じたものは皆無といえる。使節を派遣した側と迎えた側とに分けると、ことに琉球国使節を迎えた側の研究は薄く、使節が通行した地域で地方史の立場から論ぜられたものが殆どである。例えば東海道の宿場に残る地方文書を、その地域の市町村史が取り扱う場合に、朝鮮通信使や琉球国使節の通行に駆出された助郷等の共役関係史料として、用いているに過ぎない。稀に、その歴史的背景を概説している場合もあるが、概ね一面的で、特定の年度のみに関し、単に交通史的に論ぜられたものが殆どである。その中で、ある程度まとまったものとしては、大島延次郎の研究に、朝鮮通信使・琉球国使節の通行に関する論文(1)がある。そこでは、章を設けて具体的な史料から実証的に両使の通行を論じている。

それでは沖縄側の研究はいかがであろうか。時代を追ってみてゆくと、まず伊波普猷は「琉球作戯の鼻祖玉城朝薫年譜(2)」を昭和三年六月に著している。伊波は琉球芸能の功労者玉城朝薫の年譜を述べるなかで、宝永七年の使節に加わり、後に琉球国紫巾大夫・三司官に昇る蔡温と共に、玉城朝薫が新井白石に会したことが詳しく考証されている。東恩納寛惇も琉球国使節については、新井白石の会した人々という形でふれているに過ぎない。金城朝永も「新井白石と沖縄(3)」を昭和十四年九月に発表している。その中では新井白石の著書『南島志』を論じている。また宮尾しげをおよび仲原善忠が、使節を直接のテーマとした短い論文を書いているが、それらも使節の概略と来朝年表に過ぎない(4)。琉球国使節の実態研究に或る意味で最も迫ったといえるものは、『沖縄一千年史(5)』である。これは琉球の歴史を、史料を提示しつつ編年的に論じたものである。しかし、琉球王の時代毎に歴史を述べているため、使節渡来関係史料も編年的に提示されるに止まっている。とはいえ、書中「矛盾したる政策」と題する小項目の文中で、

要するに当時の政策一方には琉球人を異国視せしむるに努むると共に亦他方に於ては和歌・謡曲・茶湯・立花等を奨励して其趣味を鼓吹し頻に同化政策を執りし政治家もありて甚だ矛盾したる運命に弄せられたるものと謂ふべきなり。

と、琉球の強いられた文化的二重性を指摘している点は注目すべきである。伊波や東恩納等、近代「沖縄学」の研究者の多くが、琉球国使節に関しては特に新井白石との交渉にふれるに止まっているのに対し、比嘉春潮の場合は少し異なっていた。比嘉春潮は、さほど実証的とはいえないまでも、一応のまとまりをもって使節について論じ、自らの見解を明確に示している。まず著書『沖縄の歴史』(6)において「江戸上り」という項目を立て、宝永七年の琉球国使節を具体的に述べる中で、

こういうふうに、島津は琉球国なる異国を領有することを誇示し、これによって幕府に対し特権を要請する材料にしたのであったが、このために幕府・諸大名並に江戸及び沿道諸藩の民衆に沖縄を日本人ではなく全く異民族であるかのような印象を与えて、その影響は現代にまで及んでいる。

と「江戸上り」の、今日に通じる問題性を指摘している。そして、新里恵二との共著『沖縄』(7)においては、「誤解された琉球人」の項目を立てて、前述の主張を一層明確に述べている。最近では、宮城栄昌が芸能史の面から琉球国使節を研究しており、琉球文化に影響を与えた日本文化と、その交流・接点として「江戸上り」を見直そうとしている。(8)

琉球国使節の全容を理解するためには、日程・行程・使者構成・献上物・拝領物・路次楽・音楽奏上・市中御触書等の事実をまず把握しなくてはならない。それらの項目について各年度を比較しながら全年度を通覧することによって、年度的な差異と共通性が浮かび上がってくる。同時に、薩摩藩が琉球国使節に与えた役割も併考する必要がある。薩摩藩は使節派遣を藩主の官位昇進や対幕府関係を好転させるために利用した。この政治的な意図によって、琉球国使節は「異国風」であることが強要され、それが見る側の琉球認識に大きな影響を及ぼしたのである。

琉球国使節の渡来は、江戸時代の日本人にとって数少ない異国文化との接触の機会であり、「琉球」との唯一の接点であった。これを迎えたひとびとの対応は、それぞれの立場によって様々に異なっている。そしてその違いが琉球をいかにとらえるかという認識の違いを生むのである。琉球国使節への対応は幕府・文人・識者・庶民に分けて検討

する必要がある。幕府にとっては琉球国使節をいかに待遇するかという問題があった。城中で取り行われる儀礼や国書の書式を定めるなかで、朝鮮との比較における琉球の位置づけがなされてゆく。そこに国家として幕府としての琉球認識を見い出すことが出来る。一方庶民は、行列通行の前から町繕い・道普請を命ぜられ、当日は賦役を課され或いは市中の通行や行儀作法の厳しい規制を受けた。行列通行という行事に強制的に関与させられ、非日常的な情況で「琉球」と接触したのである。行列図や読本などの読者である庶民が、行列の何に関心を寄せたかを具体的に知ることができる。それは人数や装束・持道具や琉球ことばなどの生活に根ざした「琉球情報」であり、それらが庶民の琉球認識を構成していったのである。文人・識者にはさらに積極的な対応がみられ、知識や学問の要素としての琉球認識が形成されてゆく、その著述には彼らの明らかにしようとする琉球の姿が創り上げられている。換言すれば当時の日本にとって、また論ずる者の立場にとって「琉球」はどうあれば都合が良いのかが述べられているといえる。琉球認識は各個人と琉球との「関係」から生じるものであり、また琉球を論じる者が自分と琉球との関係をいかに見るかがその者の琉球認識である。琉球認識は、確固とした輪郭を持つまとまった概念ではない。様々な背景を持ち、琉球との関係も多様なひとびとの集合の、時代に条件づけられた様々な方向からの関心が映し出した、映像であり群像である、といえる。

琉球国使節の渡来は慶長十五年の江戸・駿府への参府をその始まりとし、明治五年の明治天皇朝賀で終っている。この間寛永十一年から嘉永三年まで、将軍の代替りに賀慶使が、琉球王の代替りには恩謝使が渡来した。その数は十八度二十二使に及んでいる。本論ではその後の使節渡来の道を開いた寛永十一年、使節の形式が整えられた宝永七年、正徳四年、迎える側の関心が最も高まりをみせ一種の「琉球ブーム」をひきおこした天保三年の三時期の渡来をとりあげる。使節が渡来するまでの経緯と使節の実態を詳細に述べ、その影響とその時代の琉球認識を論ずることとする。そして最後の琉球国使節となった明治五年の朝賀が行われるまでの経緯と、それが沖縄県設置の第一段階として果たした役割について論じる。その他の年度の実態については、全年度を通覧しやすい形にまとめて資料篇に収めた。これらの資料は江戸時代における琉球国使節渡来の実態であり、その及ぼした影響と琉球認識を探るための前提である。

近世の日本人にとっての「琉球」は、異国としての朝鮮、異国としての蝦夷・紅毛との比較の中でその「位置」が確認されるべきものである。また文献のみからは探り得ない庶民の琉球認識も、別の角度から掘り下げる必要がある。本論は琉球国使節渡来の実態とその与えた影響の研究であり、近世日本人の琉球観を明らかにするための第一段階である。

琉球へ向けられた関心の存在そのものが、日本における琉球の重さを証明するものである。そして、琉球が日本にどのように認識されていたかを探ることは、歴史を背負う琉球としてその存在を認め、琉球と日本との繋りを正しく識ることになる。つまり、単に同一性のみを求めるのではなく、近さは近さ、遠さは遠さとして認めることこそ、近世における琉球と日本との関係を正確に把握することであり、近代以後の日本における沖縄を正しく位置付け理解することであると考える。

注

（1）大島延次郎「琉球使節の江府参府」上・下『歴史地理』第六一巻第三号および第四号、昭和八年三月および四月。
大島延次郎『日本交通史概論』、吉川弘文館、昭和三十九年四月。

（2）伊波普猷「琉球作戯の鼻祖玉城朝薫年譜」『校註琉球戯曲集』、春陽堂、昭和四年十月五日。『伊波普猷全集』第三巻、平凡社、昭和四十九年八月。

（3）金城朝永「新井白石と沖縄」『金城朝永全集』、沖縄タイムス社、昭和四十九年一月。

（4）宮尾しげを「記録による琉球の信使」『月刊文化沖縄』第二巻第五号、昭和十六年六月。
宮尾しげを「琉球使筒の江戸入り」『月刊文化沖縄』第二巻第四号、昭和十六年五月。

仲原善忠「江戸時代琉球使節上京一覧」『琉球』第三号、昭和三十一年八月。

（5）真境名安興・島倉龍治『沖縄一千年史』、日本大学、大正十三年六月。

（6）比嘉春潮「沖縄の歴史」『比嘉春潮全集』第一巻、沖縄タイムス社、昭和四十六年十一月。

（7）比嘉春潮・新里恵二『沖縄』（岩波新書）、岩波書店、昭和三十八年一月。

（8）宮城栄昌「江戸上り史料中の芸能史料」『沖縄文化研究』3、法政大学沖縄文化研究所、昭和五十一年七月。

宮城栄昌はその後『琉球使者の江戸上り』（一九八二年）と題する琉球国使節の研究書を著わした。琉球国使節を研究するのに異なる立場の二つの視点がある。一つは使節を派遣した琉球側に立つ視点であり、他方はこれを迎えた側に立つものである。宮城栄昌は前者であり、筆者は後者である。宮城書は長年の研究をまとめた実態的研究書であり、琉球人の江戸における文化活動や城中の諸式について、全体の四割の記述を行っている。豊富な史料を提示して論証を進めるなかで、家譜資料を多く用いていることは注目しなくてはならない。近世琉球を屈辱の歴史と捉える人たちのなかで、宮城栄昌は琉球人が積極的に日本文化に接触しそれを取り入れたことを指摘して、この琉球国使節を評価している。とくに琉球芸能における、日本文化の影響は計りがたいとしている。宮城栄昌は第一回目の使節を正保元年の使節とし、最後を嘉永三年の使節としている。これは、琉球国王が使節を徳川幕府に対して派遣したものとして琉球国使節を定義した故である。

第二章　琉球認識と琉球国使節の成立

第一節　島津琉球統治への道
――日琉中交渉史の足跡――

琉球の名が中国の史書に初めて現われるのは、隋の大業三年（六〇七）に朱寛が「流求」に遠征して土地の者一人を連れ帰ったという記事とされている。この「流求」が琉球列島か台湾島かを巡って議論の生じたことは前章で述べた通りである。ともあれ国と国との交渉が成り立ったのは明代に至ってからのことである。琉球と明国との交渉は、洪武五年（一三七二）、太祖が楊載に命じて琉球に詔をもたらしたことに始まる。これに答えて、中山王察度は王弟泰期を遣り、同年十二月に表を奉じて臣と称し貢物を献じた。この使者は太祖から、大統暦および金織・文綺・紗・羅各五匹を賜ったのである。当時の琉球は、中山・山南・山北の三王が鼎立の状態にあり、明に進貢したのは中山ばかりではなかった。山南王が師惹を洪武十三年十月に、山北王が模結習を洪武十六年十二月に、それぞれ入貢させている。これら琉球からの朝貢に対して、明国はそれぞれの国王に勅書を与えて冊封をなした。その初めは察度王の子武寧の中山王襲封であり、明の成祖は行人時中を派遣した。同年には、山南王承察度の後継者汪応祖に対しても封使が派遣されている。三山による朝貢は、永楽二十年（一四二二）の中山による三山統一まで続いた（1）。

明国が琉球を招諭したのは、朝鮮や日本に求めたと同様、琉球にも朝貢体制を求めたもので、いわゆる「中華思想」に基づくものであった。したがってその関係は、後に日本が琉球に対してとったような政治的支配を伴うものではなかった。明国にとっては小国（琉球）が表を奉じ恭順の意を示すことで、その名を重んずるという意味において充分であった。一方、小国（琉球）にとっては、進貢の際に明国との貿易の道が開かれて大きな利を得ることになったのである。三山統一後、中山王は実質的に琉球国王となり、以後進貢・冊封の交渉が重ねられた。当然のことながら、それに伴って厖大な量の貿易がなされていった。琉球からの貢物は琉球土産の馬と硫磺が主体であったが、賀慶・恩謝など進貢の目的に応じて、琉球国土産品に日本本土よりの輸入貨および南海よりの船貨が組合わせられた(2)。明国から多数の中国人が帰化し、文物の指導的役割を果たす一方、琉球からも多くの留学生が明国へ渡り、文化的な繋りを強くしていった。

一方日本の史書に「南島」・「阿児奈波」の名が記されたのは、推古期が初めである。しかし日本と琉球の国としての交渉が記録に残るのは、大きく時代が下って足利時代に至ってからのことである。現在確認し得るもので、日琉交渉を示す最も古い記録は、応永二十一年（一四一四）十二月に将軍義持が尚思紹の遣使に与えた返書である(3)。室町幕府と琉球との関係は、琉球国から貢物を献上する形をとっていたが、実際には、進貢船の搭載物として南海産の香料を中心とする多くの貿易品が堺港にもたらされたのである。幕府はその管理のために琉球奉行を置いた(4)。その後、いわゆる博多商人の台頭と、堺商人と博多商人による海上権争いから、琉球船の堺入港は難しくなり、琉球船の日本着岸は博多と坊津に限定されていった。当時の博多は東アジア貿易の中継貿易港として重要な役割を果たしており、対朝鮮貿易における物資の参集地でもあった。博多商人が琉球を交易の対象としていたことは『李朝実録』・『海東諸国記』からも知り得る(5)。当時琉球には朝鮮船がしばしば漂着した。琉球と朝鮮には商業的な交易関係はなく、漂着民の送還に伴う礼物の交換を主体とする関係であった。琉球からは礼物として銅・鑞・鉄・蘇木・香木・錫・香料を積込み、朝鮮からは綿紬・綿布を得ていた。朝鮮人を本国に送還する際、博多商人は好んで琉球国使としての任を受けもった。(6)これは琉球国使として朝鮮に至ることにより、優位的な附搭貨貿易の条件を得ることを狙ったものである。なかには正式の任命を受けず、偽装して使者となりすまし、大きな利益を得た者さえあった。琉球と密接な関係を有していた島津氏は、大きな利益を生む琉球貿易の独占化を意図していた。文明三年（一四七一）、幕府より島津立久に宛てた印証不携帯船の渡航禁止を定める書簡を得て、島津氏は琉球貿易の特権を握ることになった。(7)その後琉球は幕府にとっても、貿易の対象としてまた日明貿易の仲立ちとして必要となって来るが、すでに島津氏の存在は大きく、島津氏を抜きにして琉球貿易を行うことは出来なくなっていた。

三山統一直後の琉球は未だ国家としての安定を得たとはいえず、天順二年（一四五八）には王位簒奪を目指した阿麻和利の反乱が起こった。(8)本島を平定した第一尚氏は、成化二年（一四六六）に大島諸島に遠征し、本島からその周辺へと力を伸ばそうとしたが、七代正徳王の死亡（成化六年・一四七〇）によって第二尚氏・尚円に政権は移っていった。尚円王の代から琉球の社会は安定してゆき、尚真王の代（一四七七―一五二六）に中央集権体制も確立して、文化の発展・充実する黄金期を迎えた。

琉球には古くから中国系の人びとが渡来していたと考えられるが、洪武二十五年（一三九二）、琉球国王察度の進貢に対し明王から「閩人三十六姓」を賜った。これが一般に琉球への中国人帰化の最初であり、中国系職能集団形成の始まりであるとされている。(9)代々造船・航海・通詞を司り、実際の交易航行ばかりでなく、咨文や表などの草案も彼らの手によってなされていた。当初は単に中国系の職能者たちにすぎなかったが、代を重ねるに従いその数を増して力を得、家譜の分類(10)においても久米系と呼ばれる一集団が形成されている。この中から官吏として登用される者も多出し、琉球と中国の関係において重要な役割を果たしていたのである。彼らは儒教を重んじ道教を信じ、自らの「中国文化」を保持していた。この中国系の文化は、琉球文化の重要な一部をなし、琉球文化を特色づける大きな要素の一つとなった。

一方「日本文化」もまた、尚寧王の時代（一五八九―一六二〇）までには琉球文化の重要な要素として浸透していた。特に上層階級の人びとは仏教に帰依し、和歌を嗜み、茶道を身につけ、琴を奏するなど、日本文化を一種の教養として重んじていたのである。(11) 琉球の仏教伝来(12)は、咸淳年間（一二六五―一二七四）に日本人僧禅鑑が渡琉したのがその始まりとされている。琉球国王英祖は浦添城に極楽寺を建立して禅鑑の居とし、仏教に帰依した。その後一三六八年頃、頼重上人が薩州坊津一乗院から来島し、新義真言宗護国寺を建立して察度王の祈願寺となした。また宣徳五年（一四三〇）には明国冊封使柴山が渡来して大安禅寺を建立などするが、琉球に仏教が広まるのは尚泰久（一四五四―一四六〇）の時期以後である。景泰六年（一四五五）、尚泰久は日本僧道安を朝鮮に遣わして蔵経を求めさせた。また翌七年には日本僧芥隠禅師が南禅寺から渡琉し、天竜寺・普門寺・広厳寺を建立して開祖となった。また芥隠は梵鐘を鋳造して各寺に贈るなどしている。当時の琉球王尚泰久は芥隠を厚く遇したが、この国を挙げての普及の動きも仏教を国教となし得るものではなかった。しかし島津氏を中心とする日本との交渉が深まると、外交的な文書を作成しまた使節として交渉に当ったのは、日本から渡来して琉球国王に厚く迎えられたこれらの禅僧たちであった。つまり、対中国・東アジア・東南アジア関係においては久米系の官吏たちが、対日本関係においては日本人禅僧を中心とする人びとが、それぞれ外交的役割を果たしてきたのである。このことが後に様々な形での対立を生み、双方の力関係がその時代の琉球文化を特徴づけてゆくのである。

政権を取った徳川幕府は、対外交易に積極的であった。呂宋・安南・仏太泥等を中心とする各地域に親書をもって通商を求め、朱印船制度を設けた。当時の輸入品は、鹿皮・鮫皮・象牙・蘇木・生糸が中心であった。特にこの時期大きな需要のあったのが生糸で、その重要性は幕府が糸割符制を定めたことからも知り得るのである。この生糸は中国沿海を産地とするもので、当時は呂宋・琉球などを経由する貿易以外には輸入の道は無かった。そこで幕府は明国と直接の交易関係を開くことを強く望み、冊封関係にあった朝鮮・琉球を仲介役として明国に働きかけようとした。まず朝鮮に対しては慶長四年（一五九九）、対馬宗氏を通じて関係復活を求める使節を遣った。[13] 慶長九年、朝鮮の使節が伏見で家康・秀忠に会し、両国の関係は一応の復活を見ることになった。しかし、大明国の属国である朝鮮の事大主義から、日明国交に仲介の労をとらせようとする幕府の目的は果たされなかった。一方で幕府は、琉球に対しても島津氏を通じて働きかけを行い、慶長十一年の明国冊封使琉球渡来に際して、島津義久を通じて書簡を遣った。[14]

琉球を中継とする日明貿易を求めたこの書簡は、全く効を奏さなかった。慶長期の琉球では、前述の中国派が勢力を握っていた。琉球の行政機構の最高位である三司官は、本来王族に近い者がその任に当るのだが、具志頭能安（金国鼎、万暦二十一年・一五九三卒）と謝名利山（鄭迵、万暦三十九年・一六一一卒）の二名は、中国（久米）系の出身でありながら例外的に三司官の地位についている。[15] また三司官謝名利山は、万暦三十四年（一六〇六）、明国に対して閩人三十六姓の帰化招来を求めており、この時期はまさに「文那思想の勢力は、最早絶頂に達しぬ」[16]という情況であった。従って琉球もまた、大明国への事大主義から、日明貿易の仲介役を求める徳川幕府の要請を容易に受け入れる状態ではなかった。

このような情況下に、島津氏による琉球攻めの口実となった琉球船の漂着があった。慶長七年（一六〇二）冬、陸奥仙台領に琉球船が漂着し、幕府はその処理を島津氏に託した。島津氏は翌春乗組員を琉球へ帰国させたうえで、琉球国王尚寧に幕府への返礼を促したが、効を得られなかった。そこで翌慶長九年（一六〇四）正月、島津氏は再び琉球へ書簡を遣って返礼の使者を求めた。翌十年に琉球から使者が派遣されたが、島津氏は重ねて礼を尽すよう求めた。同十年七月には、明国よりの帰途にあった琉球船が平戸に漂着した。そこで幕府は、長崎奉行小笠原一庵を通じて長崎代官に命じ、一行を帰国させた。さらに平戸領主松浦鎮信に、先年の陸奥漂着の件と併せて幕府に謝意を表するよう、琉球王に求めさせたのである。同年八月十五日、松浦鎮信はこの件に関する老中の奉書の内容を島津家家老（島津忠長・比志島国貞）へ書き送った。(17)幕府が松浦氏にも琉球への対策を求めたことを知り、「対琉球関係の窓口の多様化」(18)の可能性に焦りを感じた島津氏は、自らが琉球国王への懲罰使となることを決意し、幕府にその許可を求めた。この機を逸しては従来の対琉球関係の独占を失うことになると考えたのである。慶長十三年八月十九日、島津家久は山口直友より家康の命を受取った。(19)その内容は、いま一度琉球王の来聘を促しそれでも応じない場合には出兵を許す、というものであった。そこで島津氏は翌九月に使僧龍安を遣わし、琉球王（尚寧）に使節参府を促すと共に、日明貿易復活に仲介の労をとるよう求めた。これに対して琉球は、島津氏に使僧を遣ったが日明関係については拒否した。このことを理由に、慶長十四年、島津氏は琉球への出兵に踏切ったのである。この出兵には藩政上の理由もあったとされている。(20)豊臣政権の下で家久・義久・義弘に分散されていた力を、島津家久の下に一本化することが急務であった薩摩藩にとって、琉球出兵は問題解決の好機だったのである。

慶長十四年（一六〇九）二月二十六日、島津氏は「琉球渡海之軍衆法度之条々」（十三条）を定め、三月四日に山川港を発って琉球へ向った。三月二十五日本島北部運天港に上陸、四月三日に首里城を攻撃し、翌日には勝利をおさめている。(21)この戦いで島津氏は、国王尚寧以下三司官など約百名を捕虜とし、五月五日に琉球を発って同月二十五日に鹿児島へ凱旋した。琉球平定の報せを受けた将軍秀忠は、同年七月五日、家久・義久・義弘に褒書を遣った。同じく七月、家康は家久に琉球領知の墨印状を下した。ここにおいて、実質的に島津氏による琉球支配が始まったことになる。慶長十五年八月十四日、島津家久に率いられた尚寧とその従者たちは、駿府で家康に、続いて二十九日には江戸で秀忠に拝謁した。尚寧王等一行は二年間鹿児島に留められ、慶長十六年にようやく帰国が許された。その折琉球と薩摩藩との関係を明確に定めたものが、九月十九日に樺山久高の名で示された「掟十五条」である。

掟

一、薩摩御下知之外、唐之誂物可レ被二停止一事、

一、従二往古一由緒有レ之人たりといふ共、当時不レ立二御用一人に知行被レ遣間敷之事、
一、女房衆之知行被レ遣間敷之事、
一、私之主不レ可レ頼之事、
一、諸寺家多被二立置一間敷之事、
一、従二薩州一御判形無レ之商人不レ可レ有二許容一事、
一、琉球人買取日本人之渡間敷事、
一、年貢其外之公物、此中日本之奉行如二置目一、可レ被レ致二取納一之事、
一、閣二三司官一就二別人一可レ為二停止一之事、
一、押売押買可レ為二停止一之事、
一、喧嘩口論可レ令二停止一事、
一、町百姓等に被二定置一諸役之外、無理非道之儀申懸る人あらば、到二薩州鹿児島一可被致二披露一事、
一、従二琉球一他国之商船一切被レ遣間敷之事、
一、日本之京判升之外不レ可レ用之事、
一、博奕僻事有間敷之事、

右条々於二違犯之輩有レ之一者、速可レ処二厳科一之者也、仍下知如レ件、

慶長十六年辛亥九月十九日(22)

この十五条は、知行・農政・商業等の全般にわたって定めてはいるが、その主眼は明国との無許可の通交・交易およひ薩摩藩以外との通商を禁ずることにあった。

同日、尚寧王以下重臣たちから薩摩藩へ起請文が差出されたが、前述の三司官謝名親方（鄭迵）のみがこれに抗じた

為、即日誅されている。[23] 中国派の最も急進であった謝名親方が処罰されたことにより、琉球においては日本派が体制派となった。三司官の任命権を薩摩藩が握って日本派の勢力は増大し、その中心としての禅宗派僧侶の役割は一層重要になった。薩摩藩との関係においても、天聡六年（一六三二）に在番奉行が設置されるまで引続き交渉の任にあたったのである。[24] 琉球支配の初期、薩摩藩は日本教化を計った。慶長十八年九月十五日の「覚」には、

其国之儀諸式日本ニ不相替様可被成法度事[25]

とある。このように「昔の風体」、すなわち薩摩が琉球を治める以前の琉球風体をすてさせ、日本と変わることの無いようにと命じているのである。しかし当初の日本教化の方針は後に弛められ、経済支配上必要な部分は握るが、文化的には琉球独自の姿を保たせるようになる。薩摩藩が琉球の政治機構に殆ど手をつけることをしなかったのは、日本と琉球の関係があからさまになって、中国と琉球の関係に支障をきたし、中国との貿易が難しくなることを恐れたためである。

注

（1）野口鉄郎『中国と琉球』、昭和五十二年一月。
（2）小葉田淳『中世南島通交貿易史の研究』、昭和十四年（昭和四十三年九月再刊）、二七七頁。
（3）同右、一五頁。
（4）宮城栄昌『琉球の歴史』、昭和五十二年十二月、六八頁。
（5）小葉田氏注(2)書、三七〜四一頁。
（6）同右、四二頁。
（7）『鹿児島県史』第二巻。
（8）王媍阿麻和利の乱については『中山世鑑』にはその記事がない。この理由について宮城栄昌は、王室擁護の意図を指摘している。宮城氏注(4)書、五三頁。
（9）琉球における中国系民族の流入は、その地理的条件、そして交易史から考えてかなり以前より続いてあったと考えるべき

である。実証は難しいが、すでに琉球国内の何個所かの地域では、中国系の渡来人たちが集団を形成しており、交易などの実際上の活躍があったと考えてよい。「三十六姓」は、明国皇帝より賜った職能集団として記され、主に航海・通詞の役を果たすためであった。「三十六姓」については、小葉田氏注(2)書一八三頁に詳しい。

(10) 那覇市史編集室では、那覇系・首里系・久米系の家譜資料を資料集として刊行している。

(11) 袋中『琉球往来』には和歌・茶湯をはじめ数多くの日本文化が記されている。

(12) 名幸芳章『沖縄仏教史』、昭和四十三年。

(13) 『朝鮮通交大紀』巻之四、昭和五十三年七月、一四七頁。

(14) 南浦文之「呈琉球国王書」『南浦文集』下。

(15) 真境名安興・島倉龍治「歴代三司官一覧」『沖縄一千年史』、日本大学、昭和四十六年十一月、附録。

(16) 東恩納寛惇「島津氏の対琉球政策」『東恩納寛惇全集』2、昭和五十三年八月、二七頁。

(17) 『薩藩旧記雑録　後編』巻五七。

(18) 紙屋敦之「島津氏の琉球出兵と権力編成」『沖縄史料編集所紀要』第五号、昭和五十五年三月。

(19) 『薩藩旧記雑録　後編』巻六二。

梅木哲人「近世における薩藩琉球支配の形成」『史潮』一一二号、昭和五十年。

(20) 注(18)に同じ。

(21) 島津氏の琉球出兵に関する日程については史料により異なっている。ここでは宮城氏注(4)書によった。『通航一覧』巻二では、琉球到着および首里城攻撃を五月朔日としている。また小葉田惇は「近世初期の琉明関係」(同氏注(2)書、附録)において、「福建布政使司宛咨文」を示しながら、四月一日那覇到着、五日首里城接収としている。

(22) 宮城氏注(4)書、一〇五頁。

(23) 謝名親方の名が「邪名」「邪那」と記される文献がしばしば見うけられる。例えば天保三年刊山崎美成の『琉球入貢紀略』には「邪那」とある。これは日本と琉球の関係に災いをもたらした張本人としての悪人的性格を加味した結果であると考える。

(24) 琉球在番の成立時期については複数の説がある。すなわち、寛永九年説と島津の琉球入り以後慶長十六年以前とする説である。宮城栄昌は注（4）書において奉行名と任期が定まったのが寛永九年であるとしている。これにたいして、真栄平房昭は「鎖国形成期の琉球在番奉行」『琉球の歴史と文化』(一九八五年) において、『薩藩旧記雑録』後編四の記事を示し、実質的な「奉行」支配が後者の時期にすでに存在していたことを述べている。筆者は制度としての琉球在番が確立し、琉球と薩摩藩との機構的役割を果たすようになった前説をここでは記したい。

(25)『薩藩旧記雑録　後編』巻六八。

第二節　琉球国使節と賀慶恩謝使のはじまり

琉球国使節と江戸幕府の関係の成立は、慶長十五年 (一六一〇)、尚寧王が駿府において徳川家康と江戸の秀忠・家光に拝謁したことである。これは具体的には、島津氏琉球攻めで俘虜となり、前年六月二十三日 (十七日ともいう) 以来鹿児島に滞在中であった琉球国王尚寧を、薩摩藩主島津家久が引連れて慶長十五年に参府したものである。その日程は次の通りであった。(1)

慶長十四年四月　琉球攻め。
　五月　鹿児島に中山王尚寧を連れかえる。家久、駿府に注進す。
　七月　東照宮悦び家久に下し文有り、琉球国を賜う。
十五年八月二日　家久、中山王尚寧を連れて駿府に参る。
　八日　登城。
　　東照宮烏帽子直衣を着し給ひ大広間にて上段に御着座、尚寧段子百疋羅紗百廿尋芭蕉布百疋太平布弐百疋を献じ、拝礼畢て退く、家久は太刀白銀千枚を献じ、拝礼して尚寧駿府に在るの間

十八日　其弟病死しければ、暫く逹留。
家久幷に中山王尚寧に饗応を賜り猿楽を観せしむ、頼宣（紀州の御元祖）頼房（水戸の御元祖）舞給ふ、其間酒宴有り。
十九日　東照宮より家久に貞宗の太刀脇刀を給ふ。
二十五日　家久、尚寧御暇にし賜物有り。
二十六日　家久、尚寧を引具し江戸に参着。
二十七日　台徳院殿仰に依て、家久の遠方より中山王を召連れ来る事を労し給ひて、御使を家久に桜田の宅に遣わさる。
二十八日　家久が宅へ再び上使有て、白米千俵を賜ふ。
九月十二日　尚寧登城、台徳院殿に謁し奉り、段子百疋芭蕉布百疋太平布弐百疋を献じ、拝礼して退く、段子百疋白銀千枚長光の太刀を献し、太刀一腰馬一疋糸百斤を大猷院殿に献し拝礼畢る。
　　　家久尚寧に饗応を給ひ後、上使を桜田の宅へ下し遣わされ、御馬を家久に賜り、帰国の御暇有り。
二十日　家久尚寧を引具し木曾路より国に帰る。
初め尚寧、台徳院殿に謁し奉る時に命有りけるは、琉球国は累代中山王の居るれは他姓の人を立へからす、本国に帰り祖考の祀を継べしと仰付られ、家久も其命有りて琉球の年貢を賜ふ、家久尚寧を引具して薩摩へ帰り中山王其外の俘囲どもを悉く琉球へ送り還し、薩摩より監国の置目法制を定め、毎年琉球の貢税六万石を収納有ると云々。

尚寧王を率いたこの参府は、琉球国を平定した家久の、幕府に対する挨拶であった。この参府により「家久より彼国に監使を置て好令を施すへしとの鈞令」(2)を蒙ることにより、実質的に琉球支配を許されるという重要な意味があった。この時の拝謁の儀式や幕府側の一行への対応が先例となったことは、以後嘉永三年までの使節渡来が基本的にこの参府の儀礼を踏襲していることによってわかる。一行の登城が拝謁・饗応・暇乞いの三度であったこと、道中において「御宿駅・人馬御馳走」がなされたこと、薩摩藩主が白米千俵を賜ったことなどの儀式・待遇は、原則的に引き継がれ定形化するのである。

異国琉球の国王を率いたこの参府が、先年慶長十二年の朝鮮使節参府を充分に意識したものであったことは、一行への道中における対応に、

御宿等幷人馬御馳走之儀、此以前朝鮮より之勅使御越之時分、於路次中御馳走之様子に、此度も御馳走可致之旨(3)

と朝鮮使節の名をあげて申渡されていることからも知れる。しかし、この時点で参府の儀礼をその後も繰り返してゆくことが、すでに決定されていたとは思われない。飽くまで慶長十五年の参府は、島津氏の琉球附庸を確定する意味をもつに過ぎなかった。そのことは、次年度、寛永十一年の使節渡来の情況を見ることにより明らかになる。

寛永十一年（一六三四）閏七月九日、琉球国王尚豊の使者佐鋪（敷）王子・玉城王子の二名が、薩摩藩主島津光久に率いられて京都二条城に登城した。これは、琉球国王尚豊の襲封恩謝を目的とする使節であった。この年度の使節渡来に関する記録は極めて少ない(4)。限られた史料から分かることは、寛永十一年閏七月九日四時分に二条城において、「上様御長袴」の装束に正した家光に次の献上物を差出したことである。

尚豊王より家光へ

太刀

銀　三百枚

糸　五百斤

天鵝絨　五十反
結仙香　三箱
香餅　二盆
竹心香　三箱
焼酎　五瓶
佐敷王子より家光へ
太刀
馬代銀　五十枚
羅紗　十一間
芭蕉布　五十枚
官香　十把
焼酎　三瓶
玉城王子より家光へ
太刀
銀　二十枚
芭蕉布　三十枚
官香　十把
金　一枚
金武王子より家光へ

唐布　　三十反
銀　　三十枚[5]

献上物の内容には後の献上物と幾分かの共通性が見出されるが、この時期には未だ定形化されてはいない[6]。

寛永十一年閏七月二日付の老中酒井讃岐守忠勝と土井大炊頭利勝から薩摩中納言（家久）に宛てた書状に、

両通之貴札令拝見候、然有琉球之国主御代替付而、公方様江御礼被申上候様ニ与思召、兼月被出候処[7]

とあることにより、琉球国王の代替（襲封）恩謝がこの使節派遣の目的とされていたことは確かである。しかしながら、尚豊王が即位したのは先代尚寧王の死（万暦四十八年（一六二〇）九月十九日薨）の翌年、天啓元年（元和七年）のことである。従って尚豊王即位から十三年を経た寛永十一年に派遣された使節の目的が、国王襲封の恩謝であるというのは建前に過ぎない。この使節派遣の目的を明らかにする為には、薩摩藩内部の情況に目を向ける必要がある。

薩摩藩では、琉球出兵の後に大坂夏の陣（慶長二十年）が続き、元和の頃には財政不良の状態にあった[8]。さらに元和元年（一六一五）九月二十一日、毛利邸の出火により桜田藩邸が類焼し、翌二年には藩債銀が千貫余に達した[9]。元和七年（一六二一）正月二十三日に再び藩邸が類焼し、諸士出銀も嵩んでいった[10]。寛永八・九年には藩債が銀七、八千貫或いは二万貫に達したといわれている[11]。一方で、幕府の鎖国政策は具体的に進められていた。元和二年六月、幕府は官船の大名領繋泊を禁じて悉く長崎へ赴くように命じている。また薩摩藩に認められていた唐船貿易も、長崎における糸立値以前の取引きが禁じられたことで事実上困難になっていたが、寛永十一年八月二十二日、幕府は長崎奉行を以て唐船の大名領内着岸を禁止させるに至った。それによって薩摩藩は、琉球を通ずる以外には生糸貿易を継続することが不可能になったのである。多額の藩債を減少せしめるため、生糸を主体とする琉球と明国との貿易に活路を見出そうとしたのである。琉球は、慶長十七年に明国から十年一貢という進貢の制限を受け、元和八年に多少緩められたものの、正式には五年一貢しか許されていなかった。しかし実際には進貢船の迎船・送船を名目として、実質的には毎年のように船が往き来していた。当時の琉球貿易は、形式的には進貢・接貢船の往来であったが、実態は薩摩藩の出資で琉球が明国で生糸を買付けて来るという構造であった。その出資額から、当時の薩摩藩の琉球にかけた期待の程が知れる。

薩摩藩出資金

慶長十八年　銀　十貫　　銅　一万貫
元和三年　　　三十貫
　八年　　　　百貫以上
寛永二年三月　生糸輸入千斤余の届（銀百貫以上）
　二年　　　御用銀子百貫
　　〃　　　　二十貫（利子付貸付）(12)

出資額は増加の一途を辿っている。寛永八年には、琉明貿易を管理するため琉球在番を設置し、在番奉行を常駐せしめるなど、細かな政策をとっていた。

薩摩藩にとって琉球国は、明国との生糸貿易（進貢貿易）により藩債を減じ得る重要な経済的植民地であり、そのため幕府の充分な了解を取り付けておかねばならなかった。そこで、鎖国政策も厳しくなった寛永十一年に、名目的には琉球国王の代替り恩謝という形をとりながら、幕府に対しては琉球国王子を従えて主従の礼をとり、一方で他藩に対してはその藩威を誇示する使節を遣ったのである。(13) 家光の将軍宣下の賀慶および尚豊王即位の恩謝という使節派遣の名目は、宣下（元和九年七月二十七日）から十一年を経、また即位（元啓元年・元和七年）から十三年を経ていることを考えれば、それは形式的なものに過ぎなかったと見做し得る。慶長十五年の琉球国王参府には、島津氏の琉球国附庸を確定し、広くその関係を示す意味があった。そしてそれが、以後嘉永三年、そして明治五年まで続く琉球国使節渡来の始まりであった。また寛永十一年の使節は薩摩藩の差迫った必要から派遣されたのだが、賀慶・恩謝を名目にすることによってその後の使節派遣への道を開き、後に続く前例となり得たのである。これが琉球国賀慶・恩謝使節派遣の第一回目である。

注

(1)『琉球人来朝記』伊達文庫蔵。「琉球人来使記」宮内庁本とほぼ同一。
(2)「武徳編年集成」『通航一覧』、巻三。
(3)「貞享山口勘兵衛書上」『通航一覧』、巻三。
(4) 本論資料篇第一「琉球文献構成試論」。
(5)「大猷院殿御実紀」巻二十六、寛永十一年閏七月。
(6) 本論資料篇第二、第三章「琉球国使節の献上物・拝領物」。
(7)『薩藩旧記雑録　後編』巻八七。
(8)『鹿児島県史』第二巻、一八三頁。
(9) 同右、一八三頁。
(10) 同右、一八七頁。
(11) 同右、一八八頁。
(12) 同右、六九〇頁。
(13) このことは献上物の構成からも知り得る。慶長十五年、寛永十一年、そして第三回以後の献上物を比較しても、そこに共通性は見えず、定式化しようとする計画性は見出せない。本論資料篇第二、第三章「琉球国使節の献上物・拝領物」参照。

第三節　袋中『琉球神道記』『琉球往来』・『喜安日記』

日本の史書に記された南島との交渉は『日本書紀』推古二十四年（六一六）三月の「掖玖人三口帰化」の記事に始まる。七世紀から八世紀初めにかけて、多褹・夜久・奄美・度感・信覚・球美の島民が朝貢したとある。信覚・球美は琉球の地名の石垣・久米に通ずると思われるが、確定はできない。天平勝宝五年に鑑真が漂着した島「阿児奈波」は、「沖縄」が記録に現われる最初のものである。その後『性霊集』『今昔物語』『元亨釈書』に「留求」「琉球」「龍宮」と記されている。(1) このように日本の史書には古くから琉球についての断片的記載はあったが、まとまりのある形で記述されたものとしては、僧袋中(2)による『琉球神道記』(3)および『琉球往来』(4)が最初である。

浄土宗の僧袋中は、中国に渡ろうとしたが途中琉球に滞り、そのまま三年間滞在して日本に戻った。その間の記述をまとめたものが『琉球神道記』であり、『琉球往来』である。『琉球神道記』の成立は、その序文に「万暦三十三年乙巳四月」とあり、これに従えば袋中が五十四歳の時である。また『琉球往来』の成立は、識語に「慶長八年癸卯、当大明暦三十一年頃、琉球国三年在留内、依那覇港馬氏高明所請、作之」とあり、これに従えば慶長八年ということになる。伴信友は『琉球神道記』の成立についてその著書『中外経緯伝草稿』において、

しかれば神道記は、慶長八年より、やや前に書たりしを、十年におよびて校訂して、序を書たるものなるべし(5)、

としている。横山重は、この伴信友説を多少訂正し、『琉球神道記』を「琉球往来製作よりやや前に書たりし」とし、「袋中が琉球へ渡ったその中に、既に神道記と往来とを書いた(6)」としている。つまり、序文の「于旹大明暦三十三年。龍集乙巳四月之望月也」は書始めの日であると考え、『琉球往来』の識語を「漠然と万暦三十一年頃から三年在留の

内」としている。筆者もこの説に従いたい。また近藤喜博は、袋中の「雑記覚帳」である『枕草紙』に『神道集略抄』が収録されており、さらにその内容が『琉球神道記』巻五に多く対応している点に注目している。(7)近藤は、袋中が琉球に渡った折携えていたと『琉球神道記』にある「愚蒙暗記」がこの『枕草紙』である、という。そして『琉球神道記』を著す際、これを大いに利用したとしている。

『琉球神道記』は全五巻から成り、序文に、

号曰琉球神道記．分為五巻．総而為令知器界之濫觴．挙四州為第一巻．雖神祇通諸邦．各有表裏．竺土仏国．震旦王国也．故今彰其一．而釈竺土為第二．挙震旦為第三．次挙当国諸伽藍本尊．詮垂迹之本地以為第四．後正挙此神祇為第五矣．

とあるごとく、第一巻には仏教界の宇宙世界である四州を挙げ、第二巻には天竺、第三巻を震旦として中国歴代帝王を明朝に至るまで記している。第四巻では琉球伽藍の本尊をあげ、垂迹の本地を明らかにしている。第五巻には琉球における神道についての記述がなされている。袋中自身における『琉球神道記』著述の意味は、序文に「雖神祇通諸邦、各有表裏」とあるごとく、神祇は諸邦に通じて表裏ありとする立場を当時の三国的世界から説き進めて、「神明権迹之地」としての琉球を、天竺・震旦などの大世界の裡に考えようとしたものである。

琉球について記されているのは第五巻のみである。当時の琉球を識る上で注目すべきものを著述内容から取出すと次のごとくである。まず琉球九社（波上権現護国寺・洋権現臨海寺・尺棄那権現神応寺・天久権現性元寺・末好権現満寿寺・普天間権現神宮寺・八幡大菩薩神徳寺・伊勢太神長寿寺・天満天神長楽寺）をその縁起をあげて説明している。九社のうち八社までが熊野系で、残る一社が八幡系であることが述べられている。「波上権現」縁起には「鎮西八郎為朝」が琉球に渡ったとある。続けて天照大神・天妃・道祖神・火神・疫神・神楽・鳥居など琉球における神祇が記されている。琉球本来の神道については「シネリキヨ」「アマミキヨ」の二柱の神を創世神とする、主・祝女・土民の始祖神話と、「キ

ソマモン」と呼ばれる新神・荒神の出現のことなどの他、文字（十干十二支）が天人よりもたらされたことが述べられている。他に「針衝（入墨）」・「双首」（髷）・神託などの風俗、毒蛇の害、鯨魚児、鉢巻の起源、琉球＝竜宮説、山神の小僕たちは次郎太郎と呼ばれる、などの諸事が記されている。

琉球の九社のうち八社までが熊野系であることは、日琉貿易が盛んで、堺・博多に多くの琉球船が到ったことを意味するものと考えられる。山神の小僕が日本風体をしていること、寺院の不浄を祓うために相撲を取ったなどの記述は、琉球列島各所に散在する「平家伝説」や「鎌倉武士」の話とともに、日本文化伝播流布の当時における状態を物語るものである。特に注目すべきは、「波上権現」の縁起の個所で「為朝渡琉伝説」(8)が記されていることである。琉球の文献における「為朝渡琉伝説」の初出は『中山世鑑』（慶安三年成立）である。それより少なくとも四十二年も前にこの伝説が存在したことを意味する。この伝説の真偽を巡り、後に議論が生じる。『中山世鑑』の為朝記事(9)は薩摩側の歓心を得るため捏造されたものとする意見に対し、反論の有力な典拠として、『琉球神道記』が用いられるのである。

袋中のもう一つの著書『琉球往来』も、『琉球神道記』と同様、琉球人馬高明の求めに応じて書きまとめられたものである。上・下二巻からなる一冊本で、当時琉球で取り交わされた書簡二十八通を書写・集成したものである。それらの書簡は、袋中が琉球の文化・風俗をよく表わしているとして選んだものと考えられる。従ってその内容は、節句・連歌の会など祭事にあたって取り交されたもの、琉球国内の寺院の書簡、明国からの勅使渡来時の様子を記したもの、諸島からの斂物帳、寺院への献納物の送状、倭船嶋舟からの買上覚などの多岐にわたるものである。例えば、連歌の会を近日中に控えて、「勝列某」から「嶋王子」に宛てた書簡には、「古今・万葉・伊勢物語・新古今集・千載集」の書名が「当世連歌式目」として挙げられている。また「嶋」（嶋王子）から「勝列王子」への書簡には、「和堺茶名人出来」に始まる茶道具一式の詳細な報告が見られる。そして「桃日礼」の様を報じる「四方田狭王子」宛て

『與川ム』の書簡では、「国飛龍歌・同神唄・大明一曲」と共に「倭謡・同歌・同舞」の演じられたことが記されている。これらの記述から、当時質の高い教養文化が日本から琉球に流入していたことを知り得るのである。

袋中が見聞した琉球文化の日本的要素の中でも、上層階級に浸透していた教養としての日本文化は、日本から渡来した僧侶を中心とする人々によってもたらされたものであった。咸淳年間に仏教を琉球に伝えた禅鑑を始めとし、それに続く五山系の僧たちは、歴代の琉球王の庇護の下に布教活動を行った。尚泰王の代に渡琉した芥隠禅師は、京五山ばかりでなく薩摩の報恩寺でも修業を重ねた人物で、琉球と足利幕府および島津氏との外交交渉に大きな役割を果たした。尚泰王は芥隠を厚く遇し、国師号を与えた。その後も、特に島津氏への遣使には、金剛寺・報恩寺・天王寺・建善寺・天龍寺・天界寺等の僧侶が当ったのである。こうした人々を中心として、教養としての日本文化は琉球の上層階級に浸透していった。しかし、日本から琉球に渡って教養文化を伝えたのは僧侶ばかりではなかった。『琉球往来』に収められた書簡には「倭京飛鳥井殿一族」と「和堺茶名人」来琉の記述がある。このような人びとの一人として、喜安が堺から琉球へ渡ったのである。袋中の渡琉より三年程前のことである。

喜安（蕃元）は千宗易の弟子康印から茶経を伝授された人物で、慶長五年（一六〇〇）、三十五歳の時琉球へ渡った。侍従官として尚寧王に仕え、茶道の宗職に任ぜられた。滞在中に島津氏の琉球攻めに遭い、琉球側の一員として島津氏との交渉に加わった。その後尚寧王と共に捕虜となって薩摩へ召連れられ、駿府・江戸への参府にも随伴した。島津氏琉球攻めの最初から慶長十六年の尚寧王帰国までの期間の見聞を、日記体に記したものが『喜安日記』(10)である。慶長十四年三月十六日、琉球国王府では、今帰仁まで攻め進んだ島津氏へ差し向ける和睦の使者の人選が行われた。『喜安日記』に、

去程に又僉議ありて西来院は数年薩州に住居ありて殊更御両三殿御存知の事なれば行向て無為和睦を申調られよと詔命を蒙り今帰仁へ立ち給ふ、西来院菊隠長老・名護良豊・江洲榮真を先として相伴ふ人々、喜安・津見・池

城親雲上、かれこれ都合三十余人、[11]

とある。文中の「西来院菊隠長老」は琉球人の僧菊隠である。円覚寺洞観禅師の教えを受け、剃髪して僧となった後、京に留学をして五山に参禅し、古渓禅師に従って菊隠の号を授けられた。[12] 菊隠は京五山に朋輩を有していたばかりでなく、薩摩にも渡った経験のあることから、和睦の使者に任ぜられたのである。この時の功により菊隠は、慶長十六年、島津氏によって摂政に任ぜられ、島津氏支配下の琉球の国事に当った。琉球国の茶道宗職として迎えられていた喜安も、琉球の事情に通じた日本人として同行を命ぜられたのであろう。この和睦の使者の人選には、足利時代から続く、五山系僧侶の対日交渉における機能が物語られている。

『喜安日記』は、三司官名護良豊と三司官謝名の意見の対立から筆を起こしている。名護親方は、

唐の儀も去事なれども、琉球今日まで穏なること、薩州大守義久公の御哀憐によれり、[13]

と述べ、島津氏に対して礼を欠いてはならないとした後、古老の言を引いて、

唐を祖母の思ひをなし、日本を祖父とせよ。[14]

と、琉球と中国、琉球と日本との関係を位置付けている。これに対し謝名親方は、

昔より此国は唐に属し、日本と各別なり。[15]

と反駁している。この意見の対立は、単なる個人的な見解の相違ではなかった。第一節で述べた如く、中国・南海諸国への遣使には中国系帰化人の裔孫が、日本への遣使には日本から渡った僧侶たちが当たり、中国派と日本派の二集団がそれぞれの教養文化を重んじて対立の様相を呈していたのである。そして島津氏琉球攻めの頃は、帰化人系中国文化派の勢力が最も大きい時期で、謝名はその中心的存在であった。この謝名という人物を『喜安日記』は、

若那童形のとき、大明南京へ学問に渡り、年久しくして帰国せし。[16]

と記している。謝名は自ら明人後裔を以て任じ、嘉靖四年（一五六五）に南京の大学に留学した秀才で、その卓越し

た伎俩を以て親方位まで昇り三司官に抜擢されたのである。中国文化派の勢力に対抗する日本文化派の感情は謝名個人に向けられた。『喜安日記』では、

今度琉国の乱劇の根本を尋るに若那一人の所為也。其上佞臣也。(17)

と記し、島津氏が琉球攻めに至ったのは謝名の不認識によると批難して、

大和の風をしらざる故に天下の大事に及びぬるこそうたてけれ。(18)

としている。謝名も薩摩へ召連れられたが、尚寧王帰国の直前に断罪に処せられた。首を刎ねられた理由を、『喜安日記』は、

是等を助置れば養虎の憂あるべき。(19)

と記している。生前の謝名の力量と勢力は、日本文化派も認めざるを得ないものであったのである。喜安も、

昨日までは朝恩に誇て余薫を一門に及びしかども、今日は誅戮を蒙りて愁歎を九族にほどこす(中略)若那も随分の勇者にて抜群の仁なりしか共、仁義なき故に身を亡しけるぞあはれなる。(20)

と述べている。謝名の死を期に、琉球においては日本文化派が体制派となった。

『喜安日記』に描かれた尚寧王は、決して惨めな姿ではない。喜安にとって琉球国王尚寧は、終始心を寄せるに足る徳高き人物であった。日記は慶長十六年秋、尚寧王首里王城帰還で終っており、その結部は次の如く記されている。帝王・天子・国王と呼ばれる程の者はいかなる徳を備えているべきかを述べた後に次の如く続けている。

吾中山帝王、柔和正直に御座す故に再、御本国に還行なるこそ目出度けれ。(21)

九重の儀式、昔を恥す。華事の礼法ふるさるごとし。万機の政を行ひ給ふ。忠ある者を賞しおはしする事、聖代聖主の先規にたがはず。罪ある者をもなぐさめ給ふ事、大慈大悲の本誓にかなひおはします。されば、恩光にてらされ、徳沢うるほゝぞ国土富民も安すかりき。(22)

喜安は王城を「九重」「内裏」と呼び、尚寧王に対し「主上」の語を用いている。このあたりに、日本文化そのものを琉球へ伝えようとした喜安の立場と思いが表われており、また喜安の尚寧王に寄せた心の程も偲ばれるのである。日本文化派の中心に位置し、日本文化そのものを琉球へ伝えようとした喜安は、琉球文化把握の上で極めて客観性を欠いていたともいえる。一方袋中は、中国に渡ろうとして琉球に留まった人物である。そして、琉球の神道を天竺・震旦などの大世界の裡に位置付けようとした。琉球における日本的文化要素を拾い上げ、日本の教養文化の浸透に注目しながらも、その著述からは、琉球固有の文化・風俗にも目を向けていることが読み取られるのである。『喜安日記』の写本は近世の日本においては存在が認められず、その書名を他文献に見出すことも出来ない。この書物から読み取り得る喜安の琉球認識は、従って、当時の日本人の琉球認識に影響を及ぼしたとは考えられないのである。

『琉球神道記』が日本において一般に流布するのは、全五巻五冊本として刊行された慶安元年以後正徳頃の間である。この時期に九度の重版のあったことを、当時の出版書目から知ることが出来る。(23) そして『琉球神道記』はその後も、『南島志』・『琉球国事略』・『使琉球録』・『中山伝信録』・『定西法師伝』と並んで、数少ない琉球知識の基本史料の一つとして読まれ、琉球を論ずる際に引用されてゆくのである。実際の見聞に基づく記録であることから、新井白石は『使琉球録』（陳侃）と共に最も信頼のおける文献として重んじたのである。(24)

一方『琉球往来』は、最後まで刊行されることなく写本の形で読まれた。琉球に関する書物として注目され始めるのも、『琉球神道記』よりずっと後の天保期頃からである。『琉球往来』流布に果たした伴信友の役割は大きい。長沢伴雄本『琉球往来』の識語には、

文化六己巳年十二月於京都得之蔵　伴信友（花押）

信友按、[illegible]ハ袋中ナルベシ、琉球神道記ヲ作タル人ニテ、琉球へ行タル人ナリ、僧ナリ、ナホ考ヘシ、[illegible]トアルハ字ナルカ、

天保七丙申年七月十三日　課人今騰写加一校畢[25]

とあり、文化六年に京都において、伴信友がこの書を入手したことが分かる。また狩野本『琉球往来』識語には、伴信友の花押は無いが、

信友按、袋中ハ琉球神道記ヲ作タル弁蓮社袋中ト云ル人也。[26]

とある。長沢本以外に六件の『琉球往来』が現存するが、その総てに伴信友の識語が記されている。従って、伴信友が得たものは袋中の原本もしくはそれに近いもので、『琉球往来』は伴信友本を書写することにより、琉球を研究する人びとに読まれていったものと考えられる。

『琉球神道記』と『琉球往来』から読み取られる琉球の姿は、かなりの日本的要素を含む「琉球」である。特に教養文化としての「日本文化」の浸透をそこに見ることが出来る。そして「不寒不熱ニシテ草木四時ニ委マズ、人心亦柔軟ナリ」[27]という表現には、読む人びとに「琉球」に「竜宮」を重ねて思わせるものがあった。これらの記述は琉球認識の重要な要素として、後の時代の人びとに強く影響を及ぼしてゆくのである。

注

（1）これら「琉球」「留求」「龍宮」の、日本史料における初出については、山崎美成（『琉球入貢紀略』天保三年刊）や屋代弘賢（『琉球状』寛政九年成、天保三年刊）の考証がある。拙著『江戸期琉球物資料集覧』収録。

（2）袋中については「袋中上人伝」（横山重『琉球神道記』、角川書店、昭和四十五年六月、所収）に詳しく見ることができる。「袋中上人伝」によれば、名は袋中、字は良定、号を辯蓮社といいまた入観という。幡氏（母）が虚空蔵菩薩の肖像を念じて懐胎し、天文二十一年正月吉日に奥州岩城郡で誕生した。二十歳にして叡山に至り来迎院において登壇重して台密の奥義を究める。梵語を学び三十歳にして『梵漢対映集』を著している。琉球へは五十二歳の折に、入唐を志しその前段として渡航している。しかしながら「呂宋・南蠻の商船を頼むといへども、彼国の人は日本を東夷なりとをそれて、かたく拒みて乗さず」といった有様で入唐を果たせなかった。時に、琉球国王及び黄冠馬幸明などが袋中の徳風を帰仰すること深く、袋中を

首里城外の桂林寺に安住せしめ「四時の供養」を欠かすことがなかった。その折、馬幸明の求めに応じて記したのが『琉球神道記』および『琉球往来』である。三年の滞在の後五十五歳にして琉球を離れ、呂宋を経由して日本に帰り、所々を歴観した後に京都大念寺にしばらく留錫の後、寛永十六年正月二十九日八十八歳で歿している。袋中の著述はその数夥しく、現在判明するだけでも、著述二十三部・付五部・切紙二十五通に及んでいる（「袋中上人著述目録並解題」前掲横山重『琉球神道記』所収）。

(3) 袋中『琉球神道記』、横山重編著『琉球神道記　弁蓮社袋中集』、昭和四十五年六月、三〜一二二頁。

(4) 袋中『琉球往来』、同右『琉球神道記　弁蓮社袋中集』、一二五〜一四八頁。

(5) 伴信友『中外経緯伝草稿』、（伴信友全集）国書刊行会。岩崎文庫に同書の稿本（天保六年成稿）が架蔵されている。これは国書刊行会刊本の底本より成立が早いものである。

(6) 横山氏注(3)書、四一八頁。

(7) 近藤喜博「琉球神道記弁蓮社袋中集の後に」、同右、六〇六頁。

(8) 「中ゴロ。鎮西八郎為伴。此国ニ来リ。逆賊ヲ威シテ。今鬼神ヨリ。飛礫ヲナス。其長人形許。其石亦此ニ留ヌ。」、袋中『琉球神道記』、七〇頁。

(9) 「舜天尊敦ト申奉ルハ、大日本人皇五十六代、清和天皇ノ孫、六孫王ヨリ七世ノ後胤、六条判官為義ノ八男、鎮西八郎為朝公ノ男子也」。『中山世鑑』巻一、（琉球史料叢書第五巻）、一六頁。

(10) 喜安『喜安日記』、琉球史料研究会、昭和三十二年。本書は記事内容に誤字・当て字と思われる個所が多々あること、自らを「喜安法師」と記していることなどから、第三者による後の編纂物と考えられる。島津氏の琉球攻めを記した薩摩藩側の史料として『琉球征伐記』等の記録がある。

(11) 同右、第五帳表。

(12) 名幸芳章『沖縄仏教史』、昭和四十三年。

(13) 注(10)書、第二帳表。

(14) 同右、第二帳裏。

(15) 同右、第三帳表。

(16) 同右、第四帳裏。
(17) 同右、第四一帳裏。
(18) 同右、第四帳裏。
(19) 同右、第四一帳裏。
(20) 同右、第四一帳裏〜四二帳表。
(21) 同右、第四四帳表。
(22) 同右、第四四帳裏〜四五帳表。
(23) 慶応義塾大学附属斯道文庫編『江戸時代書林出版書籍目録集成』、井上書店、昭和三十九年。横山學「江戸期琉球物刊本について」『南島史学』八号、昭和五十一年五月。横山重の談によれば、慶安元年版以外には異版はない、とのことである。出版書目には五冊本以外にも仕立ての異なるものもあり、同一板木による後の重版と考えられる。
(24) 新井白石自筆『琉球事載』一冊が、東洋文庫に所蔵されている。内容は『琉球神道記』巻五の抜書である。
(25) 横山氏注(3)書、一四八頁。
(26) 同右、一四八頁。
(27) 同右、一一三頁。

第三章　琉球国使節の展開

第一節　宝永・正徳期使節に対する幕府の厚遇

江戸期に渡来した琉球国使節の中で、宝永七年（一七一〇）と正徳四年（一七一四）の両使節は使節一行の規模において最大であった許りでなく、様々な面で特色あるものであった。特に宝永七年度は現存する来朝記録が最も多く、具体的な事実が記録として良く残されている(1)。それらを通覧すると、まず従来の諸式が改められ、使節の構成・城中における諸礼式・献上物の内容等がこの時期から定形化したことが分かる。次に江戸市中へ出された御触書の数も最大で、幕府が周到な準備をしたうえで使節を迎えたことが分かる。そして、使節派遣実現に至る薩摩藩と幕府の交渉から、薩摩藩にとってこの使節の持つ意味の大きかったことを知るのである。このとき薩摩藩は使節に幾つかの指示を与え、「異国風」を強調させた。それによって、以後使節一行を見る人びとは、一層琉球を「異国」として了解するようになる。宝永・正徳の頃は、荻生徂徠・新井白石が使節と接触して琉球への認識を深め、琉球研究の始まりともいえる時期であり、一方で朝鮮通信使の処遇が検討された時期でもあった。宝永七年度の幕府への礼状に端を発し、琉球王から幕府に宛てた書簡の書式が問題化する。書式変更には薩摩藩の意図が働いていたが、琉球の国内においても、蔡温や向象賢が活躍して内政的充実の時期にあったことも反映されていると考える。また、琉球組踊の創始者とされる玉城朝薫が宝永・正徳の使節に随行し、日本の芸能文化が琉球へ伝えられる大きな契機となった。これは、琉球国使節渡来の有した文化交流機能の一面である。

宝永七年の琉球国使節は、将軍家宣に対する賀慶および琉球王尚益襲封の恩謝を目的として派遣された。しかしこの使節派遣は、薩摩藩の再三の嘆願によって実現したものであった。宝永元年（一七〇四）九月十五日に島津綱貴が逝去し、その後を継いだ吉貴は、同年十一月十三日、将軍綱吉に対する継目御礼の登城を行った。その折、綱豊が養嗣子となったことを祝す琉球国王尚貞の使者を伴って、近々参府することを願い出た。しかしこの時は、「於将軍家雖然不許之」[2]として許可されなかった。宝永六年（一七〇九）正月十日に綱吉が薨じ、二月には島津吉貴は家宣（綱豊）の継立を賀する使節を遣るべく願い出ている。[3]このとき承諾を渋る幕府に対し、薩摩藩は書面を以て連綿とその必然性を説き、三月十二日にようやく許可を得ることが出来た。[4]七月十二日、使節派遣の準備にあたっていた琉球で尚貞王が薨じ、[5]翌年の江戸参府に急遽琉球国王代替恩謝の使者を加えることになった。宝永七年の賀慶・恩謝使派遣は、こうした経緯を経てようやく実現したものである。

幕府が琉球国使節を迎えることに消極的であった理由の一つは、当時幕府がとっていた貿易の統制策にあると考えられる。貞享・元禄期の糸割符仕法再興にみられる一連の貿易統制は、琉球国における対明貿易とその貿易品の日本国内での販売流通にも制限を加えるものであった。貞享二年（一六八五）四月十三日、老中大久保加賀守忠朝は薩摩藩に対し、御禁制の「毛織」が琉球から渡り、京・大坂で売買されていることに関して尋問を行った。薩摩藩の相良仁右衛門は、

紗綾・縮緬ハ少々ヅツ参候、毛織差渡候儀ハ終ニ不承候、[6]

と答えてその事実を否定している。このとき大久保加賀守は「長崎へ商売之儀ニ付」と但書を付して、尋問が直接に

琉球貿易に及ぶものではないとしている。しかし翌貞享三年七月二十六日には、琉球・薩摩間の「渡候物品員数並銀高」「三年分」(天和三年以後)を報告するよう申渡している。(7)そして同年十二月には、その取引高を年間二千両に止めるよう命じた。(8)これは従来より一千両の減額である。幕府は薩摩・琉球間の貿易高を制限したばかりでなく、翌貞享四年には渡唐銀にも制限を加えている。(9)これらの貿易制限は、琉球に対する幕府の姿勢のひとつの変化と見なし得る。つまり、唐貿易中継地である琉球を擁する薩摩藩の特異な立場を廃し、その貿易を幕府の統制下に置こうとする意図の表われであった。薩摩藩の率いる琉球国使節を迎えることは、琉球を擁する薩摩藩の特異な立場を是認することになり、貿易の統制化を計ろうとする方針と矛盾する。宝永元年以来薩摩藩が度々願い出た琉球国使節派遣を、幕府が認めようとしなかった大きな理由はここにあったと考える。

しかし賀慶・恩謝使の渡来は寛永十一年度以来の仕来りであり、幕府も最終的に拒否は出来なかった。また、琉球国使節渡来は薩摩藩との関係においては不都合であっても、幕府にとって異国からの使節来聘は、その威信を他藩に示す絶好の機会であったことも事実である。宝永七年度は、翌正徳元年に朝鮮通信使の渡来を控えて、外国使節を待遇するにあたり「国躰」を重んじ、明確な基準を設けて従来の諸式に種々の改変を加えようとした時期であった。この方針は琉球国使節にも適用された。幕府が宝永七年度の使節を迎えるために意を用いたことは、様々な面に表われている。まず江戸市中に出された御触書の数はこの年度が最も多く、道筋の整備や歓迎のための前準備を徹底せしめたばかりでなく、天和二年(一六八二)度に一旦取止めた道筋の警備も復活させてその強化を計っている。(10)城中においても、従来とは異なる対応がなされた。琉使登城日の装束は賀慶・恩謝に拘わらず「長袴」であったものが、賀慶使の場合は「直衣狩衣大紋」、恩謝使の場合は「長袴」と、両使に差を設けるようになった。(11)この年度は、譜代大名父子共共に登城を命じられ、万石以上の外様大名も合わせて登城を命じられている。(12)これは後に改められ、享保年度からは譜代大名のみの登城となった。登城二日目、音楽奏上の後、正使は勿論薩摩守の家来までが饗膳を賜った。さらに三日目の御暇乞の際にも将軍直々の出御があったが、これは前例の無いことであった[13]。また拝領物も従来の銀と綿の他に、この年度だけ特別に金襴・羽二重・八丈が加えられた[14]。そして琉球国使節を伴って参府した功により、島津吉貴を従四位上中将に昇位させ、白米三千俵を授けている[15]。

これらの改変には新井白石の見解が大きく働いている。正徳元年の朝鮮通信使の処遇改変においては、それが更に明確に打出されている。白石の朝鮮に対する基本姿勢は、㈠幕府至上主義・㈡礼楽政治・㈢国家の体面を考慮するなどとされているが[16]、処遇更改に関する白石の考えを分かり易く述べたものとして『折たく柴の記』がある。城中における進見・賜饗・辞見の礼について、『奉命教諭朝鮮使客』に、

近き例は外国の使進見の日にそのまま饗を賜るばかりなり ここに朝鮮の使といはぬは琉球等の使を内にこめてなり当代の事をひろく申すべきためなり 今は使客千里の海陸をへて来りしものをただ一たび御覧じてそのまま事の訖るといふは　上にて礼を以て使を御対待の　御本意にかなはずここを以て礼臣等　御旨を奉りてつまびらかに議定す其進見の日には御盃を　下さるる事近例の如く 礼賓とは御盃を下さるる事なり 饗を賜る日には　内殿に楽を設けてこれを宴しこれを楽ましめ辞見の日は御暇を給りてさて国王の御礼答の御書御物をわたしある事いにしへの本朝の儀の如くなるべし[17]、

とある。ここに見られるような、物事の基本（「いにしへの本朝の儀」）に従おうとする姿勢は、朝鮮通信使に対してばかりでなく琉球国使節に対してもとられ、同様の変更がなされたのである。朝鮮通信使と琉球国使節の待遇の差異は、日本にとっての両国の位置づけの相違によるものである。『古史通或問』[18]などに見られる如く、新井白石は朝鮮と日本との文化的関連を充分に踏まえつつも、隣交国として外国としての朝鮮の位置づけを明確になしている。朝鮮に対しては一線を画しつつ、本来あるべき位置関係を保とうとするのである。一方琉球との関係は、その文化の日本文化との同質性と日本への従属性に求めた。このことは後述する白石の文化構想を見る上で、注目しなければならない点である。

さて、薩摩藩が宝永七年の使節派遣で得ようとしたものを、派遣実現のため幕府に宛てた請願書から読みとることが出来る。宝永元年に、徳川綱豊が養嗣子として迎えられたことに対して賀慶使派遣を願い出たが、「御養君様祝儀」は「其儀ニ不及候」として許されなかったことは先に述べた。そこで薩摩藩は、宝永六年正月十日に将軍綱吉が薨じると、その年の二月には将軍家宣継立を賀する使節を遣るべく、間部詮房を通じて願い出ている。その時の事情は次の書簡で明らかである。

吉貴公御譜中

吉貴欲レ教下令二中山王一従二先蹤一献二使者ヲ于江都一賀中家宣公之継立上、以下不二事之可ヲ措之由上、苦《ネンコロニ》告ク二間部詮房一、家老島津帯刀仲休為二之使一筆二其詞一以呈レ之若左、詮房曰、就二月番之執政一告レ之可乎、繇テレ焉同二月六日馳二留守居赤松甚右衛門則茂于本多伯耆守正永之館ニ一以二其事一請レ之、意得二之許一也、便下二令ヲ琉球国一云、明載献二使者一若二先規(19)一、

さらに二月六日には、若年寄本多伯耆守正永に願い出ている。その時差出した「松平薩摩守御内意申上候口上覚(20)」の内容は次のようなものである。

(1) 琉球国は足利義教より薩摩守先祖が拝領したものであるが、家久の代に、琉球国の懈怠を理由に出兵して中山王を降参せしめた功により、家康・秀忠より改めて領治を認められたものである。

(2) 慶長十五年八月、家久は中山王を召連れ、駿府の家康と江戸の秀忠に拝謁した。その折の道中御馳走は、朝鮮人来朝と同前であった。以後中山王は、将軍代替りと自分継目の節に使者を江戸へ遣っており、その回数は計六度になっている。

(3) 琉球は小国ではあるが、中国の端国の中では朝鮮と並ぶ位置にあり、中国から厚く遇されて冊封を受けている。

(4) 琉球は薩州より難海を隔てた大唐の端国ではあるが、家久に領地として下されたもので、家久は大納言に任

ぜられた。これにより琉球人は「於日本者勝而御会釈茂宜者之様」に思っている。その後光久は中将に、綱久は侍従に、綱貴は中将に任ぜられたが、琉球人は薩摩守家の威が薄くなっていると考えているように思われる。加えて、先年（宝永元年）の使者差上げ願い同様、此度の代替の使者も無用と仰付けられては、増々薩摩守の家格が軽くなっていると琉球人が考えるようになり、それが大国（中国）に伝わるのも不都合である。このような訳で、従来通り中山王からの代替祝儀の使者を仰付けられたい。

(5)　参府の時期には、琉球との通航の都合もある。この春琉球に命じても、六・七月中に使者が来なければ、来夏の参府となる予定である。

薩摩藩主の位階が家久（従三位）を頂点に光久（従四位上）綱久（従四位下）綱貴（従四位下）と下っていること、琉使を将軍に引合わせるという従来の役目を果たしていないため、薩摩藩の威信が失われつつあること、それが琉球を通じて中国へ伝わることの不都合、を理由に琉球国使節派遣の当然を述べている。使節派遣に対する薩摩藩の執着と、派遣意図の第一が官位の昇進にあったことが、この文面から読取られる。昇進運動の甲斐あって、宝永七年、吉貴は中将（従四位上）の位階を授けられた。そしてこの年度以後、琉球国使節を伴って参勤した際には、表1に示す如く、原則として藩主一代につき一度、昇位を得るようになるのである。

宝永六年九月二十六日、翌年の江戸参府の準備を進めるにあたって、薩摩藩は琉球側に注目すべき定めを申渡している。(21) その内容を要約すると次の通りである。

(1)　賀慶使を主、恩謝使を従として、二組の使節ではあるが一組として構成する。それぞれの使者の供立は半数に減じ、楽人は一組とする。

(2)　宿幕（宿所に張廻す陣幕）は日本風でなく、繻珎等を用いて仕立てること。

(3)　長刀の拵えには錦物を用いること。

(4) 鐺も、清国から帰った琉球人に確かめた上で、清国の鉾のように拵えること。

(5) その他の旅具も、日本風と紛らわしくないよう異朝の風物に似せること。

(6) 雨具も同様である。

この申渡しで明らかなのは、琉球国使節を異国風に演出しようとする薩摩藩の意図である。薩摩藩は、先に示した「松平薩摩守御内意申上候口上覚」の中で、琉球は中国の端国の中でも朝鮮と並ぶ位置におかれ厚く遇されて冊封を受けている、と述べている。琉球を実際以上に中国風に見せることによって、中国に近い国として、朝鮮に匹敵する異国として、幕府および他藩と民衆に琉球を印象づけようとしたのである。そして、対朝鮮関係における宗氏と同じ意味において、対琉球関係における島津氏という立場を強調しようとしたのである。

表1　薩摩藩主昇位一覧

年度	藩主	昇位
宝永7	島津吉貴	従四位上　中将
正徳4	〃	正四位下　中将
享保3	〃	昇位なし
寛延元	島津宗信	従四位上　中将
宝暦2	島津重年	昇位なし
明和元	島津重豪	従四位上　中将
寛政2	島津斉宣	従四位上　中将
〃8	〃	昇位なし
文化3	〃	昇位なし
天保3	島津斉興	正四位下
〃13	〃	昇位なし
嘉永3	〃	昇位なし

『通航一覧』による

宝永七年度の使節は、賀慶と恩謝が重なったこともあって、その人数は一六八名と次の正徳四年度に次ぐ大規模なものであった。使者の構成においても、従来の形を改め新たな役職を設けている。それまでは使者・附役・楽童子であったが、宝永七年度には正使・副使・附役・祐筆・与力・役人・小姓・小姓童子・副使与力・座楽主取・路次楽主取・別当・ひちりき吹・楽童子となった。さらに次の正徳四年度には、これらの役職名は漢名化している。(22) また城中で奏上する中国音楽の曲数もこの年度から増加しており、用いられた楽器の数も二種増えて十八種となって華やかさを増した。(23) 献上物も、前回天和二年までは将軍に対してだけであったが、この年度以後は大御所・御台所・若君などへも献上するようになる。(24) こうしたところにも、薩摩藩の政治的配慮と演出性が見出されるのである。

琉球国使節を率いる薩摩藩の意気揚々たる様、幕府の厚い待遇とそれにそぐわぬ琉球人の態度から、薩摩藩の演出性を鋭く見抜いたのが荻生徂徠である。その著書『琉球国聘使記』[25]には、使節到着から将軍拝謁、暇乞い、上野参詣までの見聞が詳しく記されている。十一月二十三日の暇乞い登城の項では、使者が高い格式で迎えられ、高い座位を与えられているにもかかわらず、その態度は、

事具可在薩摩中将報知候誠恐不備、[26]

であったと鋭い観察を行っている。荻生徂徠は華やかな儀式の中で、使節派遣の後ろにある薩摩藩の意図と使節の傀儡性を冷静に感じ取っているのである。また本書では、琉歌を書留めて「皆似万葉集中者」[27]と高く評価している。これは、日本人が琉歌を評した最初である。そしてその歌心を万葉集に譬えたことは、薩摩藩の演出に惑わされない荻生徂徠の、琉球と日本の文化的共感への洞察であった。この視点は、同じく使節に接して直接に対談も重ねた新井白石には欠けるものであった。

薩摩藩が琉球に申渡した異国風強調の指示は、後の年度にはより細かで具体的なものになってゆく。「異国・琉球」の強調は、以後も使節派遣の基本的方針であった。使節一行は目新しい装束と持道具で、耳珍しい音楽を奏しつつ街道を進むことになった。見物の人びとは琉球を完全に「異国」として了解するようになったのである。

この時期、薩摩藩では琉球を通じての中国貿易に問題が生じつつあった。流通銀の質低下のため、正銀を以て交易するのが建前の中国貿易に、支障が生じつつあったのである。元禄八年に改鋳された銀貨は、宝永三年に所謂「宝字銀」として再び改鋳され、度重なる改鋳によって銀貨の質は大きく低下していた。正徳元年八月二十八日、新銀（宝字銀）による琉球の進貢貿易が先行き難しいことを、薩摩藩は幕府に次のように訴えている。まず「琉球中山王より申越候者」と書起こし、

新宝銀大清国ニ而相改候得者、位悪敷、只今之通ニ而者進貢使差渡候儀不罷成候、進貢無懈怠相勤申候処、新銀

ニ而者大分致不足候故、此已後大清国之勤難成、古来之例式相欠申候儀、中山王何共迷惑仕候通申越候、進貢及懈怠候ハヽ、此以後何様之儀歟可有之と気遣千万之事存候、

と訴え、その対策として、

元禄銀ニ吹直被仰付候様奉願候、(28)

と、元禄銀と同位の含有量に改鋳することの許可を願い出ている。この薩摩藩側の願いに対し、同年十月、幕府は五カ条にわたる尋問を行った。

一、琉球国・大清国江進貢之料に、薩州より相渡し候銀子之事、定而薩摩守方之金子を以両替仕、琉球江差渡候にて可有之候、琉球よりハ薩摩守方江右之銀の代りに如何様之儀有之歟の事、

一、琉球より大清国江銀子相渡候子細者、銀子を以て大清天子江貢物に仕候歟、又右之銀子之内貢物にも仕、其外にてハ調物等をも仕候歟の事、

一、大清天子より琉球江賜り候物共如何候歟、又琉球より出候物等大清にて買求候物茂有之候歟の事、

一、琉球より大清国江使を遣し候様子次第、又調物等をも仕り候様子次第等、皆〻定法可有之候、如何候歟の事、

一、大清国より琉球江使を賜り候様子次第、如何候歟の事、(29)

薩摩藩は、翌正徳三年六月二十五日、琉球貿易の歴史を連綿と述べてその詳細を説明すると共に、(30)当年は接貢船を差渡さねばならない事、もし接貢船を遣れなければ「中山王進退必至と差迫申積御座候」と、事の重大性と緊急性を述べ立てている。(31)交渉の甲斐あって、翌七月には、

願之通先元禄銀之位ニ吹替可被　仰付候、(32)

との申渡しを受けた。

この「宝字銀」の吹直しは、中国貿易に大きく頼る薩摩藩にとって、貿易存続の可否に関わる重大な問題であった。

その幕府との交渉を容易になさしめたのが、宝永七年の琉球国使節派遣で強調した「異国・琉球」の姿であり、また琉球を擁する薩摩藩の立場の幕府による理解であったことは、充分に察し得るのである。

注

(1) 本論資料篇第一「琉球文献構成試論」参照。
(2) 『薩藩旧記雑録　追録』(『鹿児島県史料』)、巻三五、一九四三。
(3) 同右、巻四一、二七五五。
(4) 同右、巻四一、二七五六・二七六四。
(5) 同右、巻四二、二八四二。
(6) 『島津家列朝制度』(『藩法集』8)、巻二一、一二三六。
(7) 同右、巻二一、一二三九。
(8) 注(2)書、巻一六、二〇三八。
(9) 注(6)書、巻二一、一二四三。
(10) 本論資料篇第二第五章「市中御触書に見る琉球国使節」。
(11) 『通航一覧』、巻之九、巻之十。
(12) 「御日記」『通航一覧』、巻之九。
(13) 「月堂見聞集」『通航一覧』、巻之十。
(14) 本論資料篇第二第三章「琉球国使節の献上物・拝領物」。
(15) 「承寛雑録」『通航一覧』、巻之九。
(16) 徳島一郎「新井白石の対外政策」『歴史と地理』、第二二巻第三号、昭和三年九月。
(17) 新井白石『奉命教諭朝鮮使客』(『新井白石全集』第四)。
(18) 新井白石『古史通或問』(『新井白石全集』第三)。
(19) 注(2)書、巻四一、二七五五。
(20) 同右、巻四一、二七五六。

(21) 同右、巻四二、二八六一。
(22) 本論資料篇第三「琉球国使節使者名簿」。
(23) 本論資料篇第二第四章「琉球国使節の路次楽と城中における音楽奏上」。
(24) 本論資料篇第二第三章「琉球国使節の献上物・拝領物」。
(25) 荻生徂徠『琉球国聘使記』、旧木村蒹葭堂蔵本、内閣文庫蔵本。
(26) 同右、第八帳裏。
(27) 同右、第一二帳表。徂徠は同書に「三線歌琉曲」、「娼妓所唱」そして清見寺（興津）に葬れる中西筑登之に対して手向られた「邦謡歌」の三首を記している。
(28) 注(2)書、巻四六、七八。
(29) 同右、巻四七、九二。
(30) 同右、巻四八、二三八。
(31) 同右、巻四八、二三九。
(32) 同右、巻四八、二四一。

第二節　宝永・正徳期使節の実態

本節では、宝永七年（一七一〇）の賀慶・恩謝両使渡来の実態を詳細に見てゆくこととする。正徳四年（一七一四）度は、多少の変化はあるもののほぼ宝永年度と同じである。そこで次に正徳年度になされた変更を簡単に述べ、宝永・正徳の使節渡来の抱えていた問題性が浮彫りにされた事件として、「書簡問題」を取上げることとする。以下、宝永七年の使節渡来の実態を、使節の琉球出発から江戸参府を終えて帰国するまで、時間的経過に従って具体的に見てゆく。

さて、琉球側の準備の様子は、家譜史料からそのあらましを知ることが出来る。使節の一員として加わり、「江戸上り」（江戸参府）の様子を詳しく記したものの一つとして、毛姓盛昌の家譜が現存する。(1)家譜によれば、宝永六年十一月十一日、楽童子・小禄里之子として江戸参府に加わることを命ぜられている。使者、特に楽奏者に対しては出発の一年前に命が下される。任命から出発までの間、奏楽の練習を積んだと推測される。翌年六月、真和志御殿において餞宴を賜り、唐扇子一箱を頂戴している。七月二日に那覇を開船し、同月五日山川港へ、九日に麑府へ到着している。

麑府（鹿児島）の琉球館に二、三カ月滞在し、使者たちは江戸参府の準備を整えながら、藩主に朝見したり府内の諸寺院に参拝したりすることになっている。麑府滞在の日数は、後述する如く宝永七年度からほぼ一定しており、鹿児島における諸儀礼も、この年度あたりから定形化したものと考えられる。宝永七年の場合、麑府到着の七月九日から出発の閏八月二十六日の間、一行は次に示す日程をこなしている。(2)

七月　九日　麑府到着。

八月十五日　朝見し賀物を献ず。

　十八日　吉貴の命により東照宮および南泉院を拝し、神主殿で楽を奏す。

二十二日　玉龍山福昌寺・恵燈院に参詣す。

閏八月　五日　朝見し宴を賜る。

　六日　美里・玉城両王子進膳奏楽の時朝見す。

　十一日　祭儀のため藩主吉貴と共に諏訪明神宮へ参詣す。

二十六日　麑府出発。

南泉院には徳川家康を祀る社があり、この年には路次楽を奏して同社に参詣したことが『鸚鵡籠中記』(3)により知れる。その際の行列の構成は表2の通りである。

表2　琉球人薩摩鹿児島南泉院へ神御宮あり君参詣の行列（江戸入り等の行列は不同）

(一)
鞭　唐竹割中朱塗　牌　張　籏　金鼓ト大文字ニ書タル旗也
鞭　牌　中山王使美里ト書タル板ナリ　張　籏

(二)
銅鑼《トンラウ》　喇叭《リイハ》　哨吶《ツウナ》　鼓　同
両班《リヤウバ》　銅角　哨吶　鼓　同

(三)
虎旗《フウキ》　鎗《シヤンヤリ》　使賛等数輩
冷傘《レンサンヒカラカキ》　○轎　正使　美里王子　唐衣冠
虎旗　竜刀　使賛——
虎ヲ画キタル旗也　長刀

(四)
賛度使数十輩。跟伴数十人
傘牌　。冷傘
衣家牌　日本の挟箱也

(五)
使賛等数十輩
正使
○轎　豊見城王子　跟伴等数十人
傘
使——　衣家《イイキ》

(六)
借使　傘
。副使冨森親方　跟伴数十人。副使与座親方
唐衣冠騎馬　上に同
衣家

(七)
借使　跟伴数十人
傘
衣家
。賛議官志堅原親雲上　跟伴等数十人

(八)
傘　跟伴等
。賛議官新城親雲上　上同　。楽正江田親雲上
数十人
座楽の主取也　上同
衣家

(九)　騎馬琉球衣服　同
○楽童子根路銘里之子　○小禄里之子
跟伴等数十人　○楽童子伊舎堂里之子　同　○内間里之子

(十)　同　同　右里之子銘々
○野国里之子　○糸満里之子　○儀衛正（路次楽奉行）
佐久本親雲上
右里ノ子銘々跟伴等十人ヅツ召連
同　同
○津覇里之子　○内嶺里之子　○掌翰史（右筆役）
屋宜親雲上

(十一)　跟伴数人　○掌翰史宮城親雲上　跟伴数人
同断　○園師　真喜屋親雲上　同断

(十二)　薩州衆　以上

閏八月二十七日に千台（川内）へ至り、九月一日上船するが、風待ちの末三日にようやく開船する。[4] 十月四日に安芸国御手洗に至り、その地で別路をとった藩主吉貴に朝見、黄金二百疋を頂戴している。[5]

十月十一日大坂川口に着船し、十九日に伏見へ向けて発つまで薩摩藩蔵屋敷に滞在した。その間十六日には蔵屋敷で宴を賜わり傀儡を鑑賞、十八日にも再び「竹田近江の傀儡及び狂言」を鑑賞している。十九日に大坂を出発し、二十日伏見へ到着した。[6]

大坂から伏見までは淀川を川船で上ることになる。これは、諸大名の御座船を繰り出し荷船を含めた多数の船を川岸から人足が綱引きしつつ伏見に至るという、大掛りなものであった。この船行列がいかに人びとの関心を集めたかは、寛延元年度の見聞記である『入来琉球記』[7] に詳しく見ることが出来る。宝永七年の場合も同様であったに違いない。『薩藩旧記雑録　追録』によれば宝永七年の御座船は、細川越中守綱利・松平民部大輔・松平肥前守松浦篤信・小笠原右近将監忠雄・松平周防守毛利高慶・亀井隠岐守慈親の持船六艘であり、荷船は六十五艘用意された。他に過書船四十五艘、綱引人足四百五十人が近郷から駆出された。伏見の船着場には「新敷波戸場」が新たに構えられ、一行の旅館となった薩摩屋敷まで伏見奉行による警固がなされた(8)。同月二十四日(二十五日)に伏見を発ったが、その間に薩摩藩主から宴を賜るなどしている(9)。

伏見から江戸までは東海道を通行した。道中で共役として集められた人数等は、

　道中御伝馬弐百疋・人足九百人被仰付候、薩摩守家来傭人足百五拾人・駄賃伝馬百五拾疋被仰付候(10)、

とある。同月二十八日に熱田を通行した様子を前述の『鸚鵡籠中記』に見ることが出来る。著者朝日定右衛門は、

　薩摩守吉貴昨夜桑名泊に而、未頃熱田昼休。此節出而見候処、東のうら道ゟ本陣江被入候に付、不得見。見物甚し(11)、

と記している。またその後に続けて、琉球国使節の行列の様と見物の賑わいを、

　○申過。又先刻の町やへ行、琉球人を待。昨夜四日市泊 ○百万の見物踵を継夥敷事也○五十人目付小笠原与一兵衛・野原新八上下を着し廻り、押の者も出○暮て戸へ行灯桃灯出し、舟の揚場大篝を焼○酉半琉球人通る○先へ輿二つ。舞鶴の絵あり。からごしなり。楕のやうなる符○紅のかさぼこのやうなるはた等あり。○二使は乗物に乗る。側に小姓等、頭に作り花をさし、金銀の如く光る笄見ゆ。灯の影故とくと不見也○書翰と書付ある箱二つあり○其外不記也○残る百人余琉球人は、汐干而海に残り、夜半に宿へ着と云。灯明場の石垣ゟ見物、をし落され、二三人落入あやまちすと云々。主馬の御袋永昌院東御茶屋屋敷に而見物○伝馬人足の公儀ゟの証文に松平薩摩守支配の琉球人とあり○薩摩守荷物の札等には、薩摩守内美里王子などゝ皆内《ウチ》書也(12)。

と記している。

十一月二日、使節の内から病死者が出た。従者仲西筑登之、行年四十歳である。浜松の西見寺に葬られ、使節はその日吉貴に朝見している。墓銘によれば、

琉球燕姓中西筑登之墓

燕姓中西筑登之者、琉球国中山王使美里王子家臣也、従美里王子往江都、時宝永柒年十一月二日因病死、葬於遠州浜松駅、行年四十、埋屍於西見寺者也、

同国官人泣血誌(13)

とある。気候の変化に不慣れな為、道中で病死する者は少なくはなく、その都度道中の寺に埋葬されている。(14)各地で「安倍川餅」や「釣柿」など名物を楽しみながら道中し、十一月十一日、ようやくに江戸芝田町一丁目横町の薩摩屋敷に到着した。(15)

天保三年度の記録によれば、宿場の到着・出発の際に路次楽が奏された。(16)本節末尾に示す「琉球国使節行列図」(17)を見ると、宝永七年度においても同様であったと考えられる。但し、道中の全行程をこの順序で進んだわけではなく、路次楽の際にのみ隊列を正したと思われる。

さて、琉球国使節一行の人員構成はどうであったか。この年度は、先に史料として示した宝永六年九月二十六日の薩摩から琉球国へ与えた指示にある如く、賀慶使・恩謝使の二組を合わせて一組とした。その結果、人員構成が従来とは異なっている。つまり、賀慶正使に属する人員と恩謝正使に属する人員、その両方に属する人員の三種から構成されているのである。ここでは、『琉球使参府記』(18)によってその構成を示す。賀慶正使に属する者は、副使・附役・祐筆・与力(三名)・役人(二名)・小姓・小姓童子・副使与力・医師である。恩謝正使に属するのは、副使・附役・祐筆・与力(三名)・役人・小姓・小姓童子・副使与力である。また「楽人」として両使に共通の人員は、座楽主取・路次楽主取・別当・ひちりき吹・楽童子(六名)・路次楽人(十六名)・牌持(四名)・涼傘持(四名)・中間(四名)である。

これに加えて薩摩側の人数は、

宝永七年琉球人参府人数之覚、

一先乗、島津筑後、上下百三十人、五本道具、　旗本、一七本道具、一御長刀、一馬十五疋、一長柄三十本、一持筒五挺、一旗竿

一本、一具足櫃二荷、一弓三十張、一弩俵三、一家老島津将監、人数九十四人、五本道具、一同須良隼人、同四十五人、三本道具、一同市米治右衛門、三本道具、一同市米勘右衛門、同、一同弟子丸与次右衛門、二本道具、一琉球奉行島津帯刀、人数四十五人、五本道具、長柄十本、弓十張、一琉球附人相良権太夫、三本道具、下宿百六十五軒、惣人数四千百四十七人、
右は、島津家同勢之分、(19)

とあり、かなりの大規模な行列であったことを知るのである。本節末部に、宝永七年十一月十八日の登城の様を彩色に描いた巻子本（二巻）を、写真版にして附しておいた。(20)

この使節を迎える幕府は、一行到着の前から市中に御触書を出して準備を整えていた。『御触書寛保集成』には、宝永七年の琉球国使節に関するものが六件収められている。(21)寛文十一年には三件、天和二年には一件しか見当たらず、御触書の数から宝永七年度は従来より遥かに強い規制のしかれたことがわかる。

宝永七年度の御触書は、次の三種に分類出来る。

(1)　到着時の見物人の不作法禁止および道造りなどの前準備。

(2)　登城・上野参拝・御三家挨拶の道筋を示し、事前の掃除と見物人の心得を命じたもの。

(3)　出発の際の火の用心と見物人の規制。

これらの御触書を日付に従って見てゆくと、まず十一月八日と到着前日の十日に次の触が出されている。

宝永七寅年十一月

覚

一琉球人参候ニ付、見物ニ罷出候者共大勢可有之候、町中ニ立留らせ候てハ、往還之障ニ可罷成候間、立やすらい不申候様ニ可仕候、此旨町中可相触候以上、

十一月

宝永七寅年十一月十日

覚

一明日琉球人御当地え参着申候間、町中不作法無之様に急度可申付候、見物仕候者共、庇より外え不可罷出候、琉球人通候刻、ゆひさし高笑仕間敷事、

一琉球人参着申候付、通筋之町々道を作り、悪敷所は砂を入可申候、泥土抔ニて作り申間敷候、勿論隣町と申合、並能早々作り可申候、少も遅々有間敷候、琉球人到着之日は水ヲ打、手桶面々家之前ニならへ置、掃除無油断、琉球人通候少前、水を打可申事、

一琉球人通候刻、名主致下知、月行事欠廻り、不作法無之様ニ可申付候、附り、両木戸脇之家主木戸ニ付罷在、喧嘩口論無之様ニ可申付候、附、琉球人登　城之日、又は上野、増上寺え参詣之日、次爰元発足之節、各可為同断事、

十一月(22)

これらの御触書では、琉球人到着時の見物の心得を示し、指差し高笑い等の不作法を禁じている。また、道筋の町町に、掃除をし通行直前には水打ちすること、喧嘩口論の生じないよう家主に監督を命じている。同月十八日・二十六日・十二月四日の登城・上野参拝・御三家挨拶の前にも、道筋を詳しく示し、道筋の掃除と不作法を禁ずる次の御触書が出された。

宝永七寅年十一月

覚

来ル十八日琉球人松平薩摩守芝下屋敷より将監橋、片門前、増上寺表門通り、通町、芝口御門より御堀端、幸橋御門より薩摩守上屋敷迄、道筋掃除入念、間数に応し手桶を出置可申候、先達て相触候通り、町中往来之者立や

すらわせ申間敷候、尤見物之者不作法ニ無之様ニ可仕候、此旨町中可相触候以上、

十一月

宝永七寅年十一月

一明廿六日琉球人上野　御宮え参詣致候道筋、松平薩摩守芝屋敷より此間登　城之通、日比谷御門通り、ややうすかし通り、大手前より一ツ橋御門出、護持院表門通り、夫より神田橋之外御用屋敷前通、筋違橋本多信濃守前通り、上野え参、帰候節ハ筋違橋迄ハ右之道筋罷越、夫より通町筋、増上寺表門通より同片門前町を通、芝薩摩守屋鋪え罷通り候之間、先達て相触候通、掃除等入念可申旨、町中可相触候以上、

十一月

宝永七寅年十二月

覚

明四日天気能有之候得は、琉球人御三家方え参候道筋、松平薩摩守芝屋敷より新堀端を罷越、土器町秋田信濃守中屋敷、上杉民部大輔中屋敷前より市兵衛町南部遠江守屋敷前、松平大和守屋敷脇、溜池端を通り、赤坂御堀端、四谷御門之外御堀端を通り、市谷田町八幡前より尾張殿屋鋪え相越、夫より市谷御堀端を通、牛込御門之外御堀端舟河原橋通り、水戸殿屋鋪え相越、夫より市谷御門之内土手通り、四谷御門之内より麹町紀伊殿屋敷え罷越、帰候節、松平庄五郎屋敷表門前、山王表門前、永田馬場より、虎御門外、松平大和守表門前、天徳寺裏門前通り、西之久保八幡前より土器町、新堀を通、芝薩摩守屋敷え罷帰候、尤人留ニ不及候、乍去琉球人行列を妨、行割不申、見物人不作法無之様ニ町中可相触候以上、

十二月(23)

十二月十七日には、翌十八日の琉球国使節江戸出発に関し、次の触が出されている。

宝永七寅年十二月

一明十八日朝五ッ半より琉球人御当地出足ニ候間、町中不作法ニ無之様ニいたし、火之元之儀、念入可申付候、参府之節相触候処、見物之者殊之外込合候由ニ有之間、名主下知いたし、月行事見廻り、両木戸脇之家主木戸ニ付罷在、見物之者不込合様ニいたし、尤喧嘩口論無之様ニ可申付候、其外参府之節相触候通ニ相心得候様、町中此旨急度可相触候以上、

十二月[24]

一方、この琉球国使節を率いて参勤した島津吉貴に対し、まず十一月十三日、上使として本多伯耆守が桜田屋敷に遣わされ、近日将軍御目見のあることが達せられた。十五日、吉貴は登城して「参府之御礼」を申上げ、将軍より「此度は琉球人も召連大儀候」との犒いを受けている。十六日に再び登城して老中四名に会し、「琉球人不相替召列御機嫌被思召候」と犒いの言葉を受け、この日「従四位上中将」を授かり、十八日に琉球国使節を召連れ登城すべく申渡されている。また同日晩、「琉球両使召列参府付、御米三千俵薩摩守江拝領」の申渡しがあった。十七日には、琉球からの献上品を御城へ届けている。[25]

十八日の登城および城中の様子は、『薩藩旧記雑録　追録』[26]によれば次の通りである。

一同十八日両使者登　城之道筋、芝屋敷より大手先迄所々江御徒目附衆・御徒衆、町中ニ者町与力同心相附、右何れ茂熨斗目麻上下着ニ而警固被仰付候、御大名方御屋敷前者士中ニ足軽相添、熨斗目麻上下ニ而警固被出候、

一御徒頭衆茂道筋御見廻候、

一同日右両使芝屋敷より桜田屋敷江罷越、五時揃置　御城より四時前比桜田屋敷迄御左右可有之候間、其節差出可申旨井上河内守様より前以被仰付候付、両使者芝屋敷六時過ニ差出、桜田屋敷江相居候処、四時前御徒目附衆を以登　城可為仕旨被仰遣則差出候、

一登　城之道筋、松平丹後守(重栄)様御屋敷脇、酒井石見守(忠豫)様御屋敷前、相馬讃岐守(尊胤)様・阿部民部(正鎮)様御屋敷之間より、松平肥前守(篤信)様・松平安芸守(浅野吉良)様御屋敷之間坂通、井伊掃部頭(直該)様表門前御堀端外桜田御門より秋元但馬守様・間部越前守様御屋敷前、夫より和田倉御門、井上河内守様御屋敷前腰掛、裏通大手御門より登　城仕候、

一御門ゝ江張御番被仰付候、

一薩摩守直垂着用、両使先達而登　城、殿上之間下段御座上差置候、

一路楽人・旗鉾持等前ゝ之通下馬者置候処、大腰懸之内ニ薄縁を被敷、薩摩守家来・又者・琉球人供人迄被差置候、

一前ゝ之通両使下乗之於橋詰、轎より御玄関迄傘を差せ牌を持せ、従者二行列罷昇候、副使者下乗橋少手前ニ而乗物より下、両使ニ相続而罷昇候、

一跟伴等不残御玄関前ニ罷通候、腰掛ニ幕を構、内ニ薄縁を被敷差置候、

一挟箱茂前ゝ之通御玄関前迄為持候、

一轎者張御番所と橋迄之間ニ差置候、副使乗物者張御番所東之脇ニ差置候、

一献上之馬者園師と申馬役之者相附、琉球人江牽せ薩摩守家来相添両使者より少ゝ先達而参候処、中腰懸前ニ御厩方之衆被出会被請取之候、両使者
御目見被仰付候節、諏方部文九郎様・諏方部文右衛門様右馬《キマ》　御目通被牽出候、

一家老嶋津帯刀布衣着用、先達而　御城江罷昇、琉球人於殿中被差置候所、又者書翰差上候次第等之儀、御奏者番衆・大御目附衆江得御差図置、琉球使者参掛候節、御玄関江出迎使者差引仕候、帯刀江用人壱人留主居壱人布衣着用附参候、

一両使者御玄関階之上迄参掛候節、大御目附仙石丹波守(久尚)様・折井淡路守(正辰)様御両人被出迎、殿上之間次之間江御案

内、御徒番所襖之涯、大御広間之方向両使着座、副使弐人茂両使之下ニ着座、其外従者之球人続而二行罷昇、御徒番所前御板縁南之方江片付、順ゝ扣居候時、御代替付而之書翰掌翰史と申役人持之、御座中進候時、御奏者番松平(乗紀)兵庫頭様御出被請取之、則掌翰史御板縁ニ退去、此時使者美里王子立而揖候、続而自分継目付而之書翰掌翰史持之、如前進候時、又御奏者番石川(総茂)近江守様御出被請取之、則掌翰史御板縁ニ退去、其節使者豊見城王子立而揖候、

一右過而大御目附仙石丹波守様・折井淡路守様御両人両使を御案内ニ而、殿上之間下段御庭之方ニ向、襖涯ニ被差置候、薩摩守者両使より壱畳余御座上ニ罷在候、

一右之後両副使ハ殿上之間次之間上座御徒番所之方を後仕、大御広間之方ニ向着座、中官楽童子者下段之方ニ向三行列居仕候、

一琉球人江附参候薩摩守家老嶋津大蔵・嶋津将監・大目附比志嶋隼人・目附留守居布衣着用仕候者共、敷居涯御板縁囲居仕候、

一薩摩守太刀・刀持等布衣着用仕、殿上之間御板縁江罷在候、

一出御前、大御目附仙石丹波守様・折井淡路守様御両人両使御案内、大御広間ニ被相通、御奏者番松平兵庫頭様・松平(大河内正久)備前守様・石川近江守様・森川(後胤)出羽守様御立合御礼席御見せ被成候、嶋津帯刀附参、使者江通達可仕旨被仰罷通候、通事之琉人茂附参候、左候而御車寄南之方新敷御座構被仰付、直其席江両使并通事弐人嶋津帯刀被差置候、

一出御前、薩摩守御縁頬衝立之涯迄差寄罷在　出御則早晩之席江罷出御礼申上候、御老中井上河内守様より御前近く可進旨御差図有之、御中段中央罷出候時、御直被為召候付而少ゝ相進畏候処、琉球人召連大儀之旨蒙上意候、其節御老中土屋相模守様・秋元但馬守様・本多伯耆守様・大久保加賀守様・井上河内守様被差寄御取成有

之、則最前扣居候衝立之外江退去、追付其席江御老中様御越、両使　御前江可差出旨薩摩守江被仰聞、則両使江申渡候処、薩摩守茂可罷出由御差図有之、御下段東之方下より五畳目ニ着座仕候、

一御代替之使者美里王子大御目附仙石丹波守様・折井淡路守様御両人衝立之外迄御案内、下段下より四畳目罷出九拝、其時中山王献上之御太刀、奏者番松平兵庫頭様御中段御持参御披露、則美里退去、大御目附仰〈仙〉石丹波守様・折井淡路守様御両人御案内ニ而新御座敷江帰座、又中山王自分継目之使者豊見城王子、大御目附仙石丹波守様・折井淡路守様御両人前之通御案内、下段下より四畳目進而九拝、其時献上之御太刀御中段御奏者番松平備前守様御持参御披露、則豊見城退去、新御座敷江帰座仕候、御太刀外之献上物者段〻御縁頬江被出置候、通事者衝立近辺迄附参候、嶋津帯刀者新御座構之外迄附参候、

一右過而中山王献上物を被引、両使者自分之献ト物御板縁江被出候後、大御目附仙石丹波守様・折井淡路守様御両人御次迄御案内、御板縁中央ニ両使壱人宛罷出自分御礼申上三拝、美里者御奏者番石川近江守様、豊見城者森川出羽守様御披露、則新御座敷江退去、其後大御目附仙石丹波守様・折井淡路守様御両人御案内両使殿上之間下段江帰座仕候、

一右過而薩摩守衝立之外江退去、

一其後家老嶋津帯刀、御太刀・銀馬代・御時服三献上、布衣着用仕於御板縁　御目見被　仰付候、御奏者番松平宮内少輔様御披露、

一右過而御老中土屋相模守様・秋元但馬守様・本多伯耆守様・大久保加賀守様・井上河内守様殿上之間江御越、薩摩守幷両使江御会釈有之、右過而次之間江御越、副使幷従者江之御会釈有之候、

一右終而両使者退出、大御目附仙石丹波守様・折井淡路守様御両人御玄関階之上迄御送候、

一薩摩守者両様者跡立而退出仕候、

この時献上された品物は次の通りである。

十一月十八日

琉球使登　城献上物之記

御代替御祝儀献上

一御太刀　一腰　　一同籠飯　一対　　一畦《ウチ》芭蕉布　同断　　一寿帯香　三十箱

一御馬　一疋　　一羅紗十反青十反黒　弐拾反　　一薄芭蕉布　同断　　一香餅　二箱

一青貝中央卓《ショク》二脚　　一縮緬　五十端　　一太平布　百疋　　一竜涎香　百把

一同硯屏　一脚　　一嶋芭蕉布　同断　　一久目嶋綿　百把　　一泡盛酒　十壺

中山王継目ニ付献上

一御太刀　一腰　　一籠飯　一対　　一太平布　百疋

一御馬代銀　五十枚　　一嶋芭蕉布　五十端　　一久目嶋綿　百把

一泥金中央卓二脚　　一練芭蕉布　同断　　一泡盛酒　五壺

一同丸央卓　同断　　一薄芭蕉布　同断

御代替ニ就中山王使者美里王子自分献上

一寿帯香　拾箱　　一太平布　二十疋　　一泡盛酒　弐壺

一官香　十把　　一嶋芭蕉布　二十端

中山王継目ニ就使者豊見城王子自分献上

一官香　十把　　一練芭蕉布　十端　　一嶋芭蕉布　同断

一香餅　五箱　　一泡盛酒　弐壺

以上(27)

同月二十一日、使節一行は御目見登城の時と同じ道筋を通り、音楽奏上のため登城した。城中での諸式は次の通りである。(28)

一同月廿一日音楽被聞召候付、琉球人登　城之次第幷道筋殿中御座構之次第先日同断、
一薩摩守狩衣着用先達而登　城、先日之通殿上之間下段御座上ニ被差置候、
一家老嶋津帯刀、用人留守居布衣着用、先達而　御城江罷昇先日之通差引仕候、
一琉球人江附遣候薩摩守家老以下、布衣着用先日之所江相詰候、
一薩摩守太刀・刀持布衣用、先日之通御板縁ニ罷在候、
一楽器入候櫃、御玄関より坊主衆持之、柳之間江被相通候、
一柳之間上之間江副使・楽正・楽師・楽童子被相通、楽器を調候、薩摩守家来茂被差通楽器ニ手伝申候、火鉢又者手水湯被仰付候、
一出御前、新御座構之所迄両使幷楽人等被寄置候、嶋津帯刀幷楽器手伝候薩摩守家来五六人被差通候、
一出御前、薩摩守大御広間御下段東之方より五畳目着座、
一両使者大御目附仙石丹波守様・折井淡路守様御両人御案内、御下段下より壱畳弐畳之内薩摩守双而列居仕候、
一副使御縁北之方より南ニ向而着座、続而楽正南之方御縁北ニ向而着座、楽師楽器を持出御縁江双置之退去、続而楽童子楽器之前ニ列居、其後ニ楽師列居、此時御縁ニ畳被敷之、
一御簾捲揚候時、薩摩守幷両使以下一同平伏、御奏者番松平備前守様両使着座之下御板縁ニ最前より御詰、楽正被向、楽可初旨御差図有之、其時楽童子楽器之近ニ進、楽三成奏候、終而楽正・楽師・楽童子新御座敷江退去、楽器ハ楽師持之退、又楽師楽器持出最前之通双置、続而楽正・楽師・楽童子罷出又三成奏候処、又ゝ楽被仰付

之旨、井上河内守様より御目付丸茂五郎兵衛(丸毛利雄)様を以嶋津帯刀江被仰渡候付、最前之次第進退仕、又五成奏候、
右終而副使・楽正・楽師・楽童子新御座敷江退去、両使者大御目附仙石丹波守様・折井淡路守様御両人御案内ニ而直殿上之間下段帰座仕候、
一右終而薩摩守茂衝立之外迄退去、河内守様御越御礼可申上旨御差図有之付、早晩之席江罷出御礼申上候処ニ、御前近進可申旨御老中井上河内守様御差図有之、御中段中央ニ罷出候時、御直被為召候故少〻進畏候処ニ、御老中土屋相模守様・秋元但馬守様・本多伯耆守様・大久保加賀守様・井上河内守様より音楽被　聞召難有奉存候由御取成有之候、其時天気能候而と蒙
上意退去仕候、
一副使・楽正・楽師・楽童子柳之間江退去仕候、楽器可有
上覧候間、可差出旨御目附衆ニ而嶋津帯刀江被仰渡、楽器御同朋衆被請取御奥江差上候、
一殿上之間下段江御老中土屋相模守様・秋元但馬守様・本多伯耆守様・大久保加賀守様・井上河内守様御越、薩摩守并両使江御会釈有之、又次之間江御越副使従者江御会釈有之候、
一於紅葉之間薩摩守江御料理被下候、依之御書院御番頭岡野備中守様御壱人、御目附石谷七之助様・三淵縫殿助様御両人御見廻り被成候、御料理御給仕御進物番衆、
一殿上之間於下段両使江金銀御仕立之御料理被下、御書院御番頭阿部遠江守様・稲葉紀伊守様御小姓組御番頭川勝能登守様御馳走ニ被相附、御給仕御進物番衆、
一於柳之間副使并中官楽童子江御料理、御目附鈴木飛弾守様小十人頭石丸五左衛門様・大嶋伊織様御馳走ニ被相附、御給仕小十人衆、
一薩摩守家老其外家来共於蘇鉄之間木具ニ而御料理被下之、家老共者御屏風を以被隔置候、

一楽人共江御時服被下之旨、御老中様御五人御列座、井上河内守様より薩摩守江被仰渡候、

一右終而両使其外従者退出之次第先日同断、

この時奏じられた曲は全部で十曲で、そのうち楽曲が五曲、歌詞の含まれる明曲および清曲が二曲ずつ、そして琉球の三味曲が一曲であった。

太平調　楽

　噴吶　照屋親雲上

　横笛　内間里之子

　同　津覇里之子

　皷小銅鑼 新心　伊舎堂里之子

　銅鑼両班　小禄里之子

　三金　根路銘里之子

　三板　野国里之子

桃花源　楽

　噴吶　照屋親雲上

　横笛　内間里之子

　同　津覇里之子

　皷両班　伊舎堂里之子

　銅鑼金鑼　小禄里之子

　三金　根路銘里之子

　三板　　野国里之子
不老仙　楽
　太平調役人同前
揚香　明曲
　管　　伊舎堂里之子
　胡琴　内間里之子
寿尊翁　清曲
　長線　津覇里之子
　琵琶　伊舎堂里之子
長生苑　楽
　太平調役人同前
芷蘭香　楽
　右同前
寿星老　明曲
　管　　伊舎堂里之子
　二線　小禄里之子
　三線　内間里之子
　同　　津覇里之子
　四線　根路銘里之子

同　　野国里之子
正月　清曲
長線　小禄里之子
琵琶　根路銘里之子
三線歌　琉曲
三線　内間里之子
同　津瀾里之子(29)

曲の奏上を終えると楽器を上覧し、楽人たちには時服および白銀の賜り物があった。その後正使・副使・中官・楽童子・薩摩守家来へ御料理の饗応があった。正使は、「殿上之間下段」において金銀の器で「三汁十一菜」、副使以下楽童子までは、「柳之間」において「三汁八菜」、薩摩守家来は、「蘇鉄之間」において木具の器で料理が出された。その詳しい内容は、『宝永七年従琉球国両使参上品節之帳』(30)、および『琉球国来聘日記抄』(31)に見ることが出来る。

十一月二十三日、琉球国使節は三度島津吉貴に率いられて、将軍に拝謁のため前回と同じ道筋で登城する。

一同月廿三日両使者御暇被下付、登　城道筋殿中御座構等之次第先日同断、
一薩摩守直垂着用先達而登　城、殿上之間御座上着座仕候、
一嶋津帯刀用人留守居布衣着用仕先達而罷昇、先日之通差引仕候、
一琉球人江附遣候薩摩守家老以下布衣着用、先日之所江相詰候、
一薩摩守太刀・刀持布衣着用ニ而、先日之通殿上之間御板縁江罷在候、
一出御前、両使者大御目附仙石丹波守様・折井淡路守様御案内、新御座敷江被寄置候、通事弐人嶋津帯刀依御差

図附参候、
一大御広間江
出御、薩摩守常之席ニ罷出、御礼御奏者番池田丹波守様御披露、御前近可進由御老中井上河内守様御差図有之、
御中段中央罷出候、御直ニ被為召少ゝ進畏候処、中山王使者遠境大儀之旨蒙
上意候、其節御老中様御五人御列座御取成有之候、則衝立之外迄退出候時、御老中井上河内守様御越両使者江
御暇被下、中山王江被遣物有之由薩摩守江被仰知候付而、御老中様御同道仕、新御座敷江参候処、両使御暇被下
中山王江品ゝ被遣候　上意之旨、河内守様より薩摩守江被　仰渡候付、通事を以両使申聞候、
一両使遠境罷越大儀被思召之旨薩摩守江蒙　上意候、其段薩摩守より両使江申聞候、
一右過而両使壱人宛衝立之辺迄大御目附仙石丹波守様・折井淡路守様御案内ニ而御板縁中央ニ罷出、美里者御奏者
番鳥居(忠英)伊賀守様、豊見城者土井(利意)山城守様御披露、御礼三拝仕則退出、又右之御両人御案内両使柳之間江罷越、
中山王江被遣物御見せ被成候、其席江御奏者番安藤(信友)右京進様・本多(忠晴)弾正少弼様・池田丹波守様御出会、右過而殿
上之間次之間江大御目附仙石丹波守様・折井淡路守様御案内ニ而罷越候処、中山王江被遣物之御目録并御老中様
より中山王江之御返翰、御奏者番松平兵庫守様・石川近江守様より段ゝニ御渡掌翰史請取之御徒番所江退出仕罷
在候、其式礼先日同断、其節両使并副使者御座中、従者御板縁江列居、
一右過而両使大御目附仙石丹波守様・折井淡路守様御案内、殿上之間下段江着座、
一御老中土屋相模守様・秋元但馬守様・本多伯耆守様・大久保加賀守様・井上河内守様殿上之間下段江御越、御
列座之上両使江之拝領物御進物番衆被持出、頂戴仕候、薩摩守其席江罷在御礼申上候、
一右過而次之間、御老中様御五人御列座、御奏者番土井山城守様・松平宮内少輔様・鳥居伊賀守様茂御侍座、副
使并従者江拝領物御進物番衆被持出候、其時副使御座中ニ進頂戴仕御板縁江退去仕候時、難有旨薩摩守より御礼

申上候、其節副使以下御礼可申上旨嶋津帯刀通達仕、従者一同御礼申上候、
一右両使者幷従者共退出、其次第先日同断、
一至両使御会釈、段々結構被仰付、至薩摩守難有旨大御目附仙石丹波守様・折井淡路守様を以申上、両使退去之跡より退出仕候、
一右三日共ニ前以伺置、嶋津淡路守登　城仕候、(32)

暇乞いの登城の際に将軍の出御のあったのは、この宝永七年と次の正徳四年のみである。拝謁の後、将軍よりの賜物の目録と琉球国王への返翰が手渡された。この返翰には「御儒者荒井勘解由作之」とあり、新井白石が文案の作成者であることを知る。(33)また、正使・副使にはその場で賜物があった。

中山王え就御代替被下候目録
白銀　五百枚
綿　五百把
金襴　二十巻
中山王代替付被下候目録
白銀　五百枚
羽二重 白紅　百疋
八丈島　五十端
正使両人え被下候目録
白銀　二百枚
時服　十(34)

同月二十五日、「御台様」への献上物を御城へ届けている。

御台様ぇ御代替付献上

しん上

寿たい香　二十はこ

しやひん　二はこ

りうせん香　五十袋

いしの人形　二躰

玉の風鈴　一対

ちんきんの御料紙箱御硯箱　二通

とんす　二十本

あやとんす　五十たん

あわもり酒　五つほ

已上　ちうさん王しやう益

御台様ぇ自分継目付献上

しん上

御かもし　五かけ

いしの手かゝみ　二さう

玉のけんひやう　一さう

青かいの御卓　一脚

ちんきんの籠飯　一対
ちりめん　五十まき
内　くれない三十まき
　　しろ二十まき
はせをふ　三拾たん
あわもり酒　三つほ
已上　ちうさん王しやう益(35)

同月晦日、上野東照宮へ参詣したが、その時の様子は次の通りである。

一同月晦日、両使者上野
御宮江社参、行列登　城同前、嶋津帯刀先達而差越候処、両使者拝領之所者、今度新拝殿被仰付薩摩守着座之所敷畳被仰付置候間、其席を見届置、琉球人社参之節無遠慮罷通無滞様差図可仕旨、寺社御奉行本多弾正少弼様・森川出羽守様より被仰聞、右席ゝ前以被見せ置候、
一道筋之警固登　城之節同前被仰付候、
一上野御境内御門之警固御大名方江被仰付候、
一右御境内御徒目附衆・御徒衆・御小人目附衆大勢被出候、
一御宮随身門之内、寺社御奉行本多弾正少弼様・森川出羽守様御両人、大御目附仙石丹波守様・折井淡路守様御両人、御目附衆御両人、御徒頭衆御壱人御詰候、御徒目附・御小人目附茂被相詰候、
一薩摩守直垂着用、先達而参、随身門と唐御門と之間中程畳之上先着座、美里随身門之内ニ参懸候節、薩摩守座を立仮拝殿と唐御門之間西之方畳之上着座仕、両使拝礼終而退去、
一薩摩守太刀・刀持者、随身門之内西之方外廊之前罷在候、通詞弐人・又者・嶋津帯刀随身門之内ニ被相通両使

通達仕候、
一文殊楼前、路楽人旗鉾持等残置候、
一両使ハ惣門前ニ而轎より下り、二行列随身門迄傘を差せ牌を持せ参候、副使者右所より少ミ手前ニ而乗物より下、
両使続而参候、
一中官之者者、文殊楼前ニ而下馬仕、随身門迄参候、
一跟伴等者、鳥居迄参候、沓持等者随身門迄参候、
一両使随身門外参懸候節、於　御宮楽初候、
一随身門地輻之外迄大御目附仙石丹波守様・折井淡路守様御両人御出会両使御案内、豊見城者随身門内ニ扣居、
美里直新拝殿江進九拝、則豊見城扣居候処迄退去仕候時、豊見城を大御目附仙石丹波守様・折井淡路守様御案
内ニ而、豊見城拝殿江昇而九拝、随身門内迄退去仕候節、美里茂出会両使一列退出、最前之所迄大御目附仙石丹
波守様・折井淡路守様御送被成候、
一献納物者両使拝礼前以御宮江納置候、
一右終而両使御本坊江参上、御車寄より御書院江被通、中山王口上幷両使者口上嶋津帯刀坊官申達候、
一両使者・副使・通詞・嶋津帯刀江御菓子・御茶被下候、
一准后様依御風気御対顔無之、(36)
東照宮および准后院への献上物は次の通りである。
東照宮ゑ
御太刀　一腰
御馬代銀　二十枚

香餅　二箱
竜涎香　十袋
堆朱中央卓　二脚
右就　御代替献上
白銀　百両
官香　十把
石硯屏　一対
右中山王代替付献上
官香　五把
竜涎香　五袋
右美里王子自分献上
官香　五把
竜涎香　五袋
右豊見城王子自分献上
日光准后え
天香　二箱
官香　十把
青貝文台　一脚
毛氈　十枚

泡盛酒　一壺
右就　御代替差上之
香餅　二香合
青貝中央卓　二脚
芭蕉布　二十端
右中山王代替付差上
太平布　十疋
唐扇子　五箱
右美里王子豊見城王子自分献上(37)
准后院から中山王および両使へ次の賜物があった。
中山王ぇ　両使ぇ
一薫物折枝　一箱　一薫物　二香合
一絹　三十四　一絹　十匹充
一檜折干菓子　壱合　一蜜柑　一籠(38)
十二月朔日、御台所より中山王へ次の賜物が届けられた。
御台様ヨリ中山王ぇ就　御代替
綸子染物　百端
白銀　二百枚
御台様ヨリ中山王代替ニ付

大紋羽二重　　百端
白銀　　　　　二百枚(39)

またこの日は、薩摩屋敷において囲碁の会がもたれ、仲原筑登之親雲上・屋良里之子も対局した。結果は次の通りである。

中押勝　本因坊
三ッ置　屋良里之子
五ッ置　仲原筑登之親雲上
中押勝　井家因長
二番勝　相原可碩
定先三番打一番勝薩摩守家来　如俊
先二ッ置二ッ番勝　仲原筑登之親雲上
先番勝　坪田珎碩(40)

同月二日、「毛盛昌家譜」(41)に「大元老諸位へ参る」とあるが、これは老中・若年寄への挨拶のことであろう。その時の献上物は次の通りである。

老中間部越前守ぇ左之通
御太刀　一腰　　久目島綿五十把
御馬代銀二十枚　寿帯香　一箱
太平布　廿端　　泡盛酒　二壺
島芭蕉布廿端

右就　御代替
白銀　五枚　畦芭蕉布廿端
官香　一箱　青貝卓　二脚
香餅　一箱　青貝硯屏二脚
竜涎香　一箱　泡盛酒　二壺
右中山王代替付
若年寄中ぇ
官香　五把　練芭蕉布十端
島芭蕉布十端
大目付中ぇ
竜涎香　三十把
唐布　五端(42)

同月四日、「尾張・紀伊・水戸の各中納言に挨拶」した旨が同家譜(43)に見える。その時の献上品は次の通りである。

御三家方ぇ両使泰上
官香　十把　紗綾　十巻
練芭蕉布二十端　籠飯　一対
島芭蕉布廿端　焼酎　二壺
右就　御代替進上之
寿帯香　五箱　練芭蕉布廿端

中央卓　一脚　　焼酎　二壺

右中山王代替付進上之

官香　十把　練芭蕉布十端

太平布　十疋

右美里王子自分進上之

竜涎香　三把

唐布　十端

右豊見城王子自分進上之(44)

同月六日、両正使は薩摩屋敷で吉貴に朝見し、琉球音楽を奏した。七日、楽童子は幕府より白銀十枚宛を賜った。またこの日は陽和院真修院二位の前で琉楽を奏している(45)。九日には再び囲碁を打つが、この時は本因坊相原可碩との対局であり、屋良里之子が善戦した(46)。十一日、正使以下楽童子までが薩摩屋敷において保正大夫の能を見ている(47)。この時に、玉城朝薫も使節の一員として鑑賞したのである(48)。十六日、使節一行は吉貴に帰国の許可を得、吉貴より琉球国王尚益に宛てた使節派遣の礼状を受取っている(49)。また前述の家譜の主小禄筑登之は、狩野常信の画一幅を頂戴している(50)。

同月十八日、江戸を出発し、一行は帰路についた。二十三日、興津の清見寺において、慶長十五年に島津家久に召連れられた折病死した具志頭王子尚宏（法号・求玉院大洋尚公大居士）に、次の弔文を捧げている。

弔文

維　時

宝永七年庚寅冬十二月二十三日

琉球国

中山王使　美里王子尚紀　豊見城王子向祐等遣使賛官嘉手刈　向聆前川向克従於清見寺奉吊故　具志頭王子　尚宏法号　求玉院大洋尚公大居士之霊　嗚呼先生伝聞故君　中山王尚寧公之愛弟而　尚懿公第二之王子也　其為人也　孝弟而好忠信就　尚寧王扈従薩州之大守而至駿州不幸遇病時也　慶長十五年庚戌八月二十四日辞世於駅亭時人卜葬于　兹星霜荏苒至今一百一年　吾国俗称駿河王子者是也　嗚呼　痛哉　天涯殞身不得回郷子孫雖多隔絶遐方経歴百歳無来焚香但有清見　関月訪寥寂三保松風問荒涼而已　吾輩歴此争堪感激謹陳菲礼以表　忱之微先生有霊鑑之　尚享[51]

宝永八年元旦、一行は熱田に泊っている。以後、正月七日に伏見、九日に大坂着、十三日に上船し、風待ちの上で十七日に開船、二月十一日に千台（川内）に帰着している。伏見滞在中に両使が新井白石と会見したことが、白石の日記の正月八日の項に記されている。

二月十六日麑府へ至った一行は、十八日には帰国のために暇を藩主に乞うている。三月三日、琉球に向けて山川港を開船し、二十二日に那覇へ到着した。四月七日、首里の大美殿において故尚貞王の神前に報告し、一行は使節としての任務の総てを終えている。[52]

正徳四年度の琉球国使節も、前回の宝永七年度と同様に賀慶使・恩謝使の併せられたもので、使節の人数は更に増えて百七十名にも及んだ。この年度には、前回と比べて次のような変化が見られる。まず、宝永七年度に新たに設けられた使者官職が、この年度になって完全に漢名化している。「附役」は「讃議官」、「与力」は「使讃」、「祐筆」は「掌翰使」、「座楽主取」は「楽正」、「路次楽主取」は「儀衛正」、「別当」は「圉師」となったのである。この漢名化は朝鮮通信使を意識したものと思われるが、こうした官職名は朝鮮にも中国にも見出せない名称で、琉球国使節独自のものである。城中で奏上された中国・琉球音楽の曲数も、宝永年度より三曲増えて十三曲となった。[53]このような変化は見られるものの、正徳四年度の使節の規模と内容は、宝永七年度と殆ど同じであったといえる。そしてこの年度も、前回同様薩摩藩主の昇位が得られたのである。

この年度に琉球国王尚敬から差出された書簡を巡って、幕府と琉球との間に「書簡問題」が生じた。その時の幕府の対応に、幕府における琉球の位置づけを読取ることが出来る。また幕府の見解には新井白石の考え方が強く反映されており、そこに白石の琉球認識の一面を見出し得るのである。この問題の経緯は次の通りである。

正徳四年十一月二十六日に江戸へ到着した琉球国使節は、十二月二日に登城して将軍家継に拝謁し、四日に音楽奏上、六日に御暇を乞うて、無事その目的を果たした。その時点で、尚敬王からの披露状と天英院へ差出された進上物目録および箱書が問題とされたのである。『薩藩旧記雑録追録』巻四九・五〇・五一には都合十一件の関係記録が収められている。それによれば、この時の幕府（老中）からの指摘は次の通りであった。

同御譜中

正文在文庫

一、先年（宝永七年）中山王より

一位様江進上物目録并箱書付等、皆々ひら仮字を用ひ候、今度ハ書式相改真字を用ひ候、此儀ハこなたを奉敬候て、如此に候と相見え候、雖然彼国ハ薩州に属し候事に候上ハ、如此之事ハ日本御国風を用ひ候事尤之儀に候間、自今以後

御女儀様江者前々之通ひらかな可然候事、

一、老中江披露状之内に、

貴国　大君　台聴なと申字有之候間申入候、貴国とは同輩之国にて、先を敬し候時に用ひ候字に候歟、大君之義ハ前御代思召の子細候て朝鮮へも相違し候て改させ用ひす候、

台聴の事此方にてハ貴ひ候字に候へとも、異国にてハ少しにても敬ひ候人江誰々も用ひ候字に候故、是又前御

代より此かた此方常之書通にも不用候、此等之事琉球にて心得候所、相違もなくて不叶事に候間、よろしく相心得候様に可然事、

右両条急度無之様に後々心得に罷成候ため、内々を以て可被申付候、以上

正徳四年

十二月[54]

ここで指摘されたのは、

(1) 彼国（琉球）は薩州に属しているのであるから、「御女儀様」へは御国風に「ひら仮字」を用いるべきである。

(2) 書中の用語、「貴国」「大君」「台聴」に問題がある。

の二点であった。薩摩藩は早速に、琉球国使節副使の知念親方（向保司・朝上）及び勝連親方（毛応鳳・盛祐）に尋ね、琉球側の言い分を幕府に伝えている。琉球側は、

大君　其国之大なる君と申て取持たる言葉にて、文の内時ニよりて主上のことをも可申詞に而候、此二字別ニ取替可申字存寄無御座候

台聴　竹ハ三台星と申星をかたとり三公に表し候、三公之耳ニ入候事を申候

貴国　貴人高人と申言のことく其国をあかめて申なり、此言葉別ニ存寄無御座候[55]

と、事の重大さには思い至らない回答で、一応は幕府の指摘を躱している。しかし、将軍から琉球国王への返書の書式に変更があったため、驚いた琉球国使節正使二名は、幕府との交渉の仲介を薩摩藩に求め、次のように述べている。

口上覚

私共儀今度従中山王使者申付罷下候処、御返翰被成下候、先内々拝見仕候処、御文章の様子先格ニ相替、大命・有降・上眷抔と有之候、御書留も相替、且又宛所中山王と計有之候、然者古来琉球より書来候文言之内、大君・

貴国・鈞命・台聴抔と仕来候儀、此度之奉対御返翰候而者、御無礼可有之哉と存候、此節之儀付而者、来年御老中様迄書翰差上申筈ニ御座候、何様ニ相調成合可申候哉、奉得御差図罷下、中山王江申聞度候条、此等之段申上候、以上

正徳四年

十二月廿日

金武王子
與那城王子[56]

窮した薩摩藩は、具体的解決策を幕府に問うこととなり、同月二十三日、

此段私家来此程琉球方江係置候者申付、御家来迄委細申達、御差図を得申候様ニ仕度存候[57]

と、大老阿部豊後守へ申出ている。これに対する幕府の回答が出され、結論が下された[58]。つまり、

(1) 将軍は天子の下三公諸王の上に位置するのだから、天子に用いられる「大君」は用語として不相当である。

(2) 琉球側は不審だとするが、「上様」を用いるのは誤りではない。

(3) 一位様（家宣夫人）・月光院（家継生母）には院号（天英院・月光院）を用いるべきこと。またこの二人への書式の差は、返礼品の差から察すべきこと。

(4) 尚貞王代までは「我国往来の書の古式」であったが、尚益王の謝恩書から「漢語」・「函封」式を用いている。その時の返書の書式はそれに准じたのだが、此度の披露状への返書は尚益王代披露状への返書に准じたものであり、使者が申し立てているように今度初めて改められたものではない。

(5) 日本の故実・事実を良く弁えていないためにこのようなことが起ったので、島津（薩摩藩）は充分に指南すべきである。尚貞王以前のように日本通用の書式を用いても恭敬の礼を欠くことにはならない。

以上が事の経緯である。この問題に大きく関与していたのが新井白石であった。白石の見解は『折たく柴の記』巻下に詳しく記されている。

十一月には、琉球の使来りて、御代をつがれし事をも賀し参らせ、其王の代をつぎし事をも謝し奉る、是よりさき琉球より奉れる書法は、我国にて往来する所の如くなりしを、其王尚益が代より漢語を用ひ、書函の式等も改れり、されど異朝にしては当代の御事の如くなることのなければ、称し参らする所も、文字を用ふる所にも、然るべしとも見えぬ事どもあり、殊に外国にして、我国の文字を用ひ来りぬるはひとり琉球のみなり、有し御代のごとくならんことは、国体において然るべしと申したりければ詮房朝臣さらば其事いかにや仰下さるべしと問れしに、(中略)すべて当時の事ども、漢語をもて写し得がたし、大体は朝鮮の国中にして、其国の事を記す書法のごとくなるべし、(59)

この白石の見解は、前述の「五条」として薩摩藩側へ伝えられたのである。

宝永・正徳に書簡を漢文体に変更したのは、記録に残されたような琉球自体の発意によるものでは決してない。慶長十四年以来、琉球国王の世子決定および三司官任命に薩摩藩の同意が必要とされたと同様、使節が差出す国王の書簡作成は薩摩藩の指導の下に行われた。従ってこの書式の変更は、総て薩摩藩の指示によるものと解すべきである。漢文体への変更は、殊更に琉球を異国として強調しようとする、薩摩藩による一連の演出の一策だったのである。これに対して新井白石は、琉球国使節の傀儡性までは見抜いていないまでも、その不合理性を追求し、老中を通じて薩摩藩に伝えたのである。白石にとって琉球は、『折たく柴の記』に記された如く「外国にして我国の文字を用い来りぬる」国であった。このとらえ方は、白石による「琉球」文化の位置づけにおいて、論拠の重要な一部を成してゆくのである。

図版史料（図1）

『宝永七年寅十一月十八日琉球中山王両使者登城行列』　巻子・二軸（乾・坤）

ハワイ大学図書館所蔵（旧宝玲文庫本）

①（乾）

②

③

④

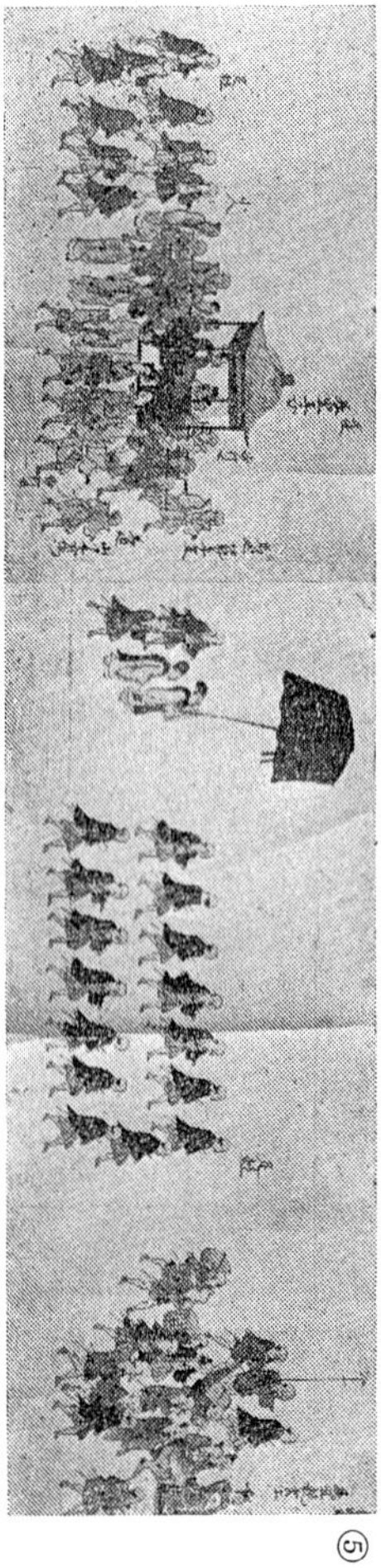

⑤

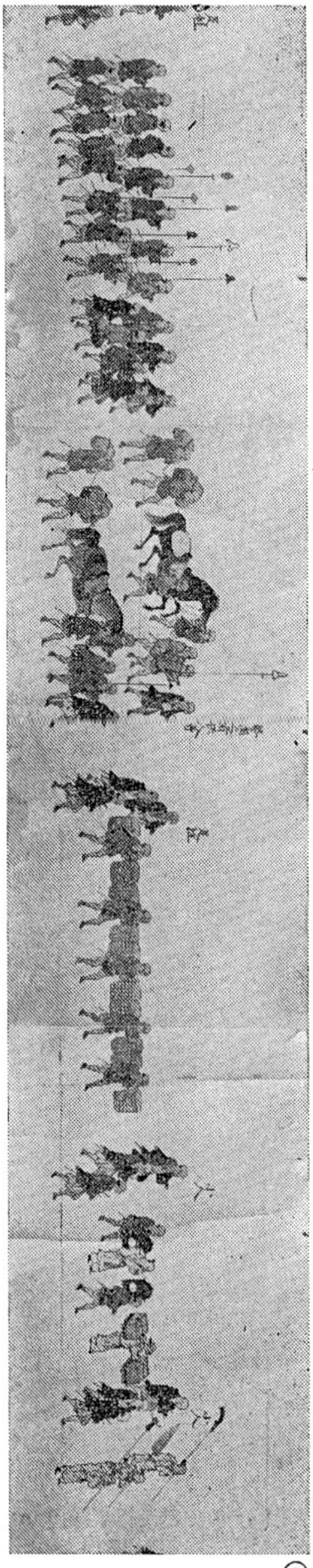

⑥

⑦

⑧

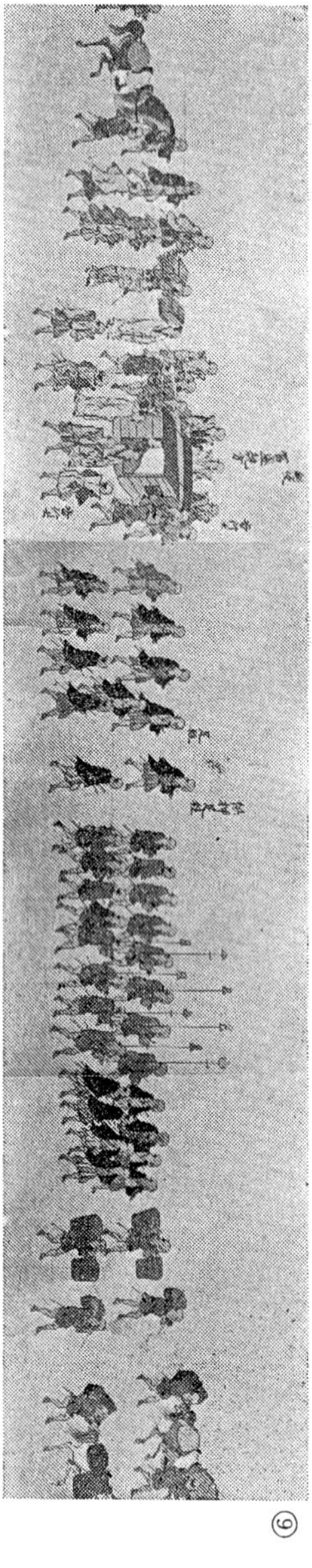
⑨

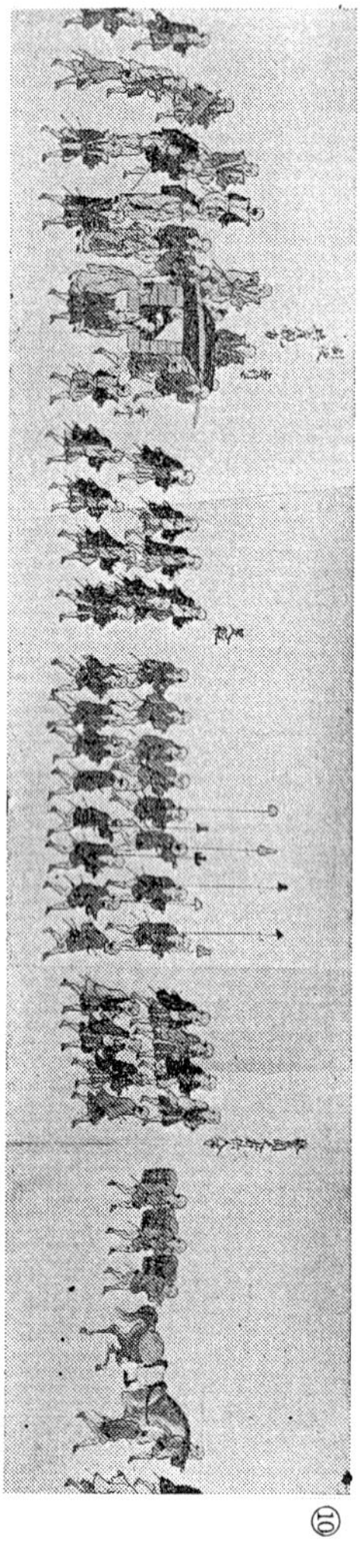
⑩

⑪

⑭

⑬

⑫

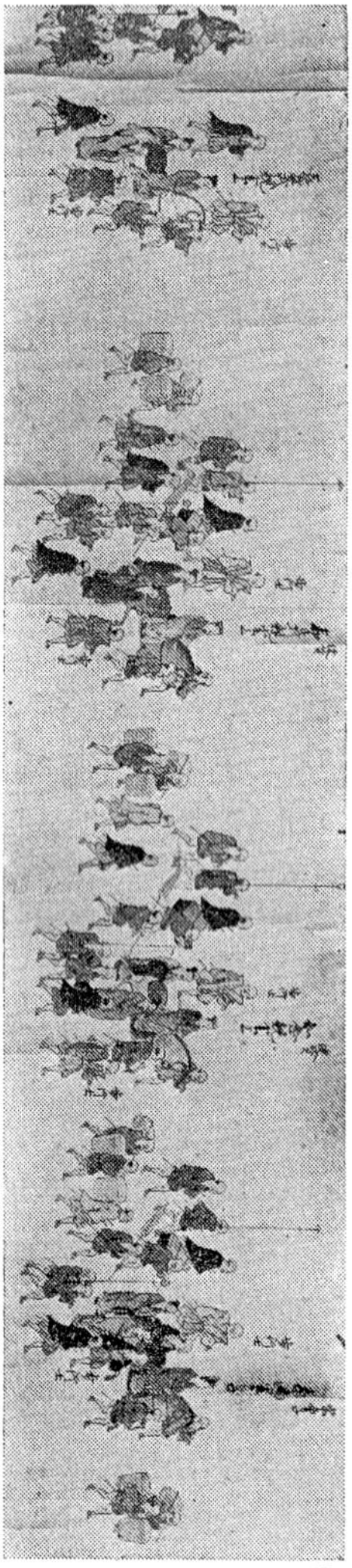

⑮

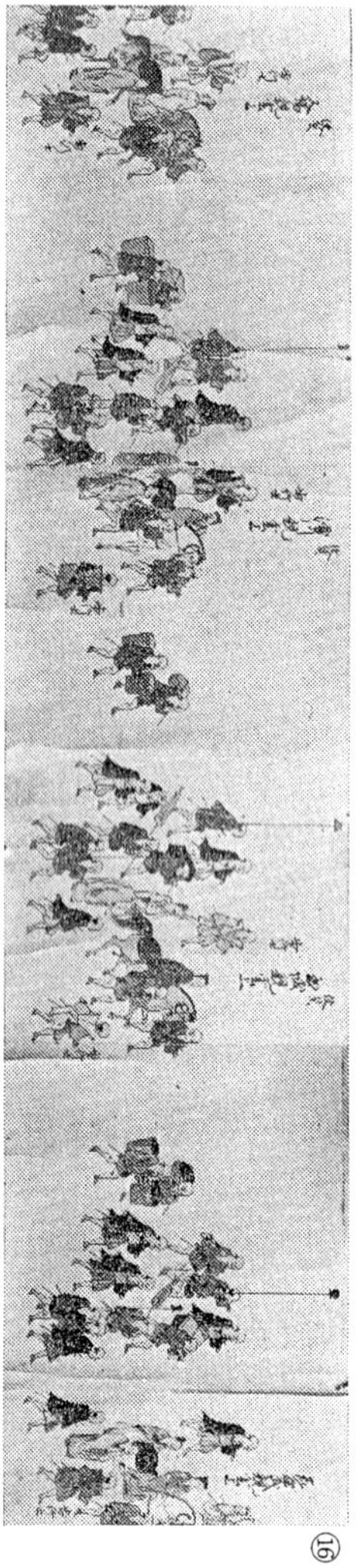

⑯

⑰

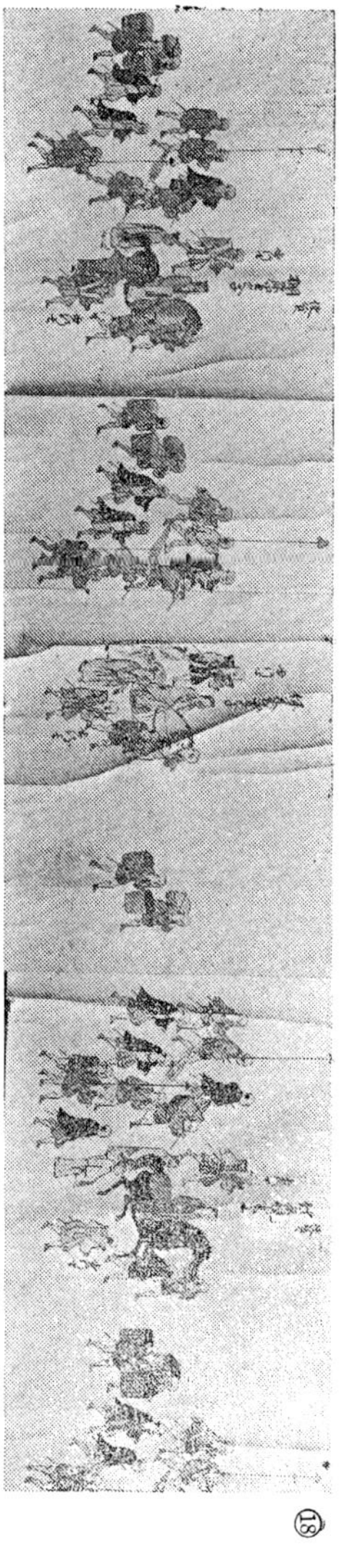

⑱

⑲

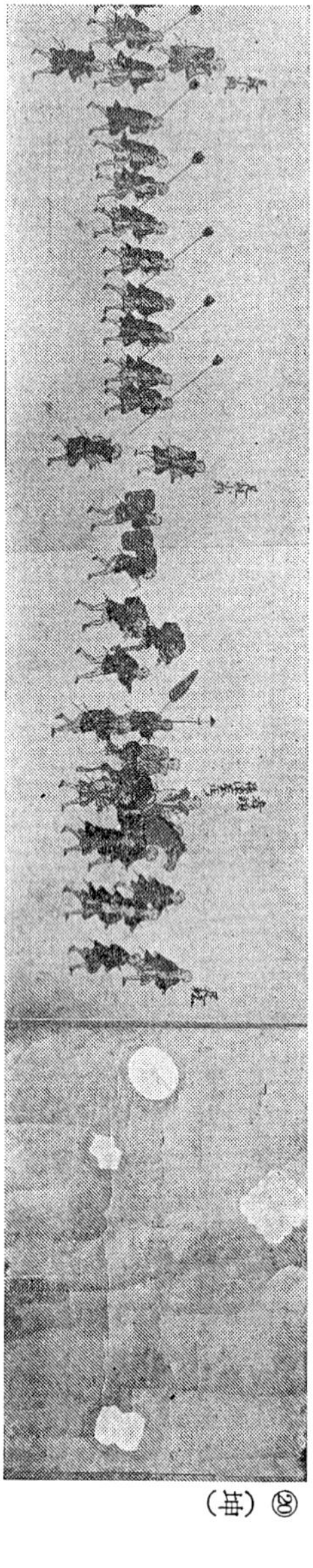

⑳（甲）

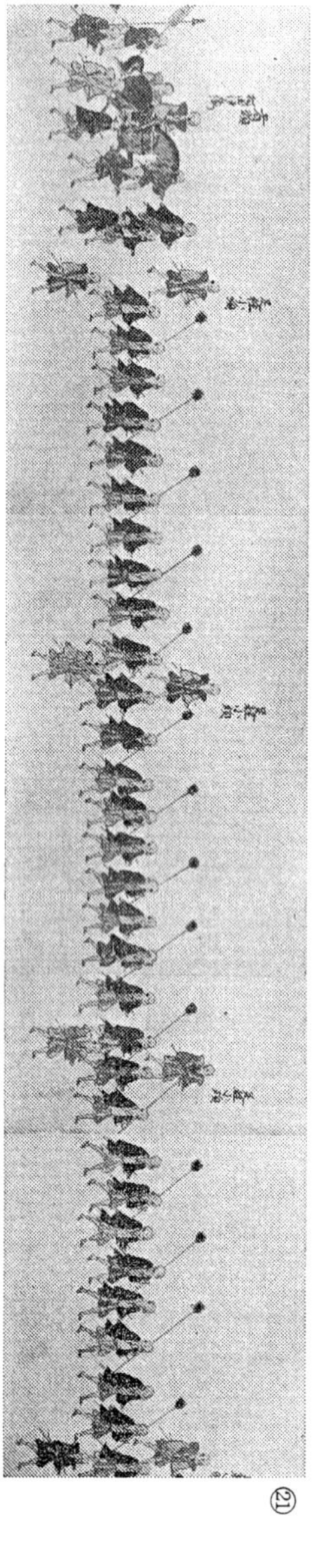

㉑

㉒

㉓

㉔

㉕

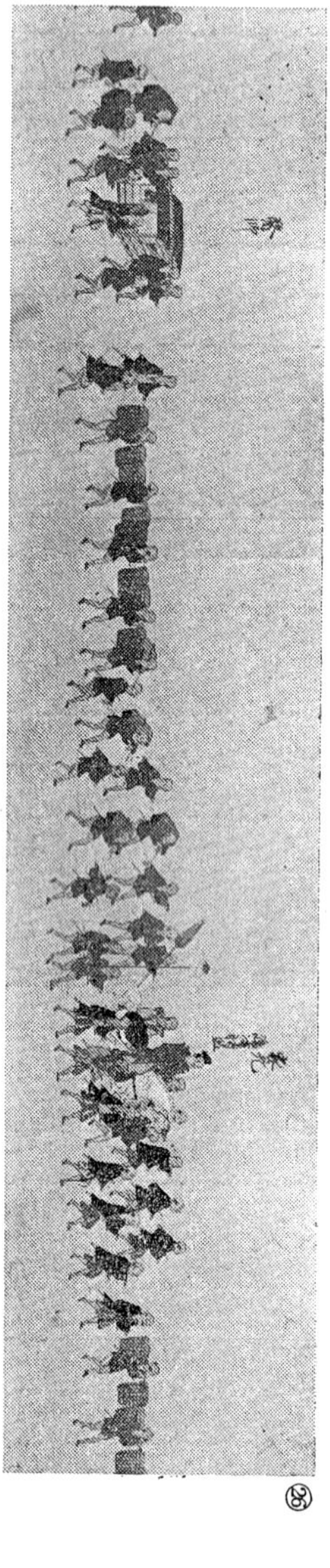
㉖

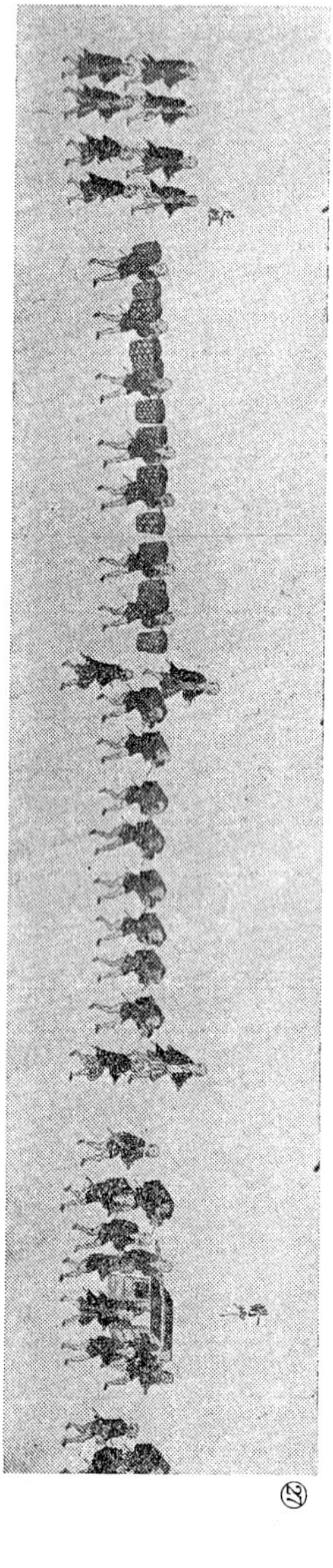
㉗

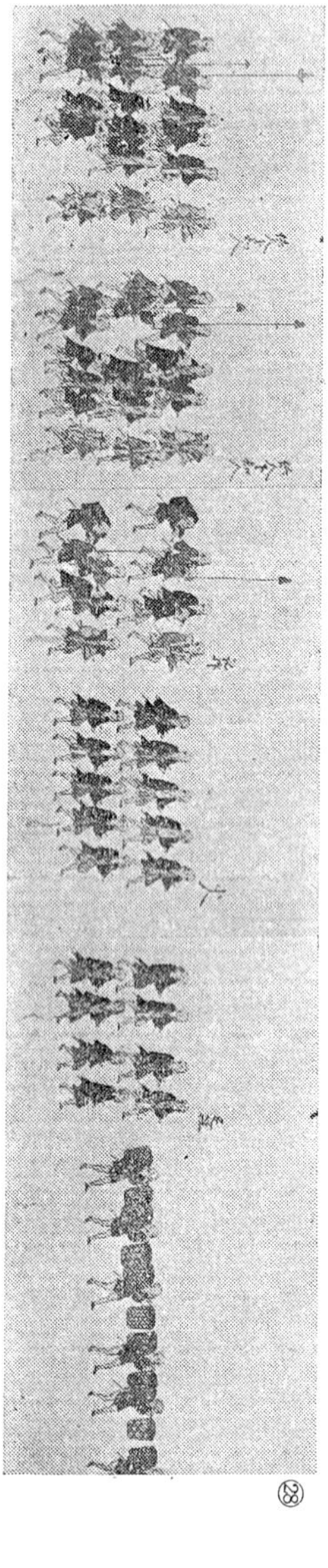
㉘

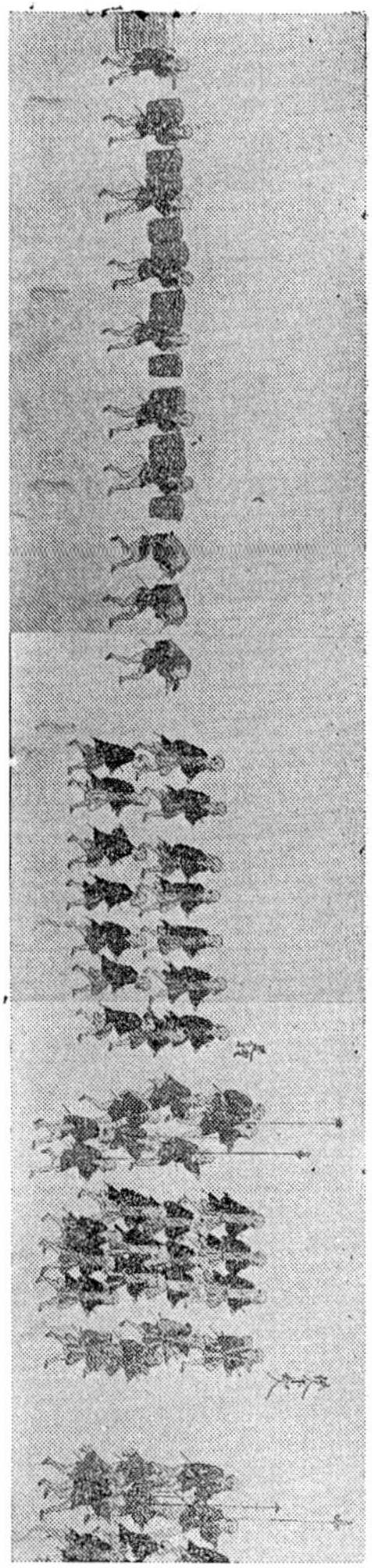

㉙

㉚

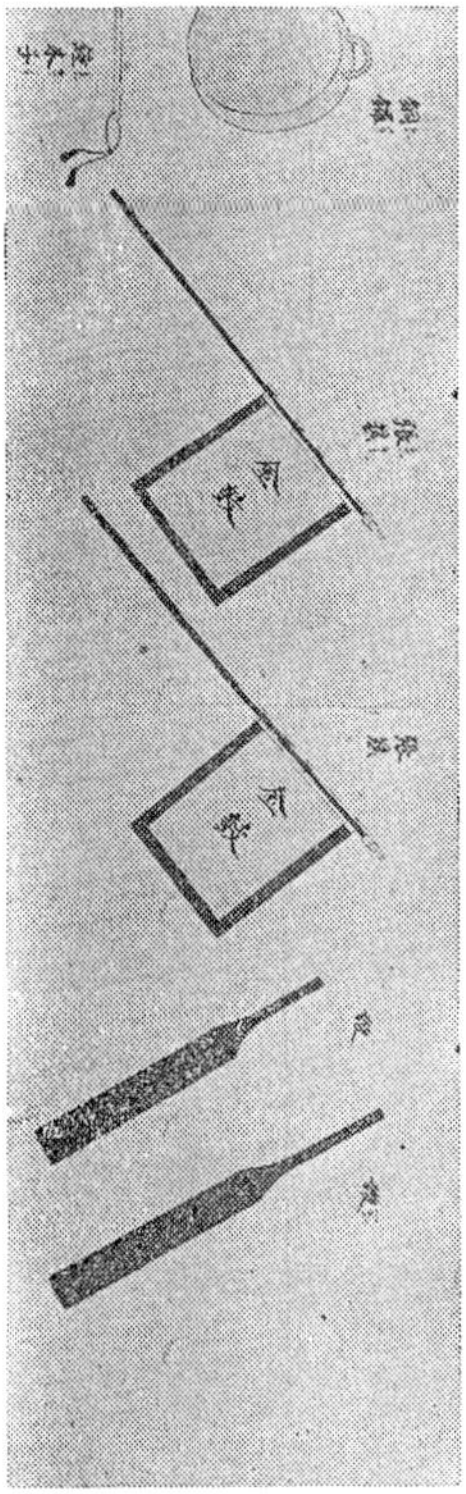

㉛

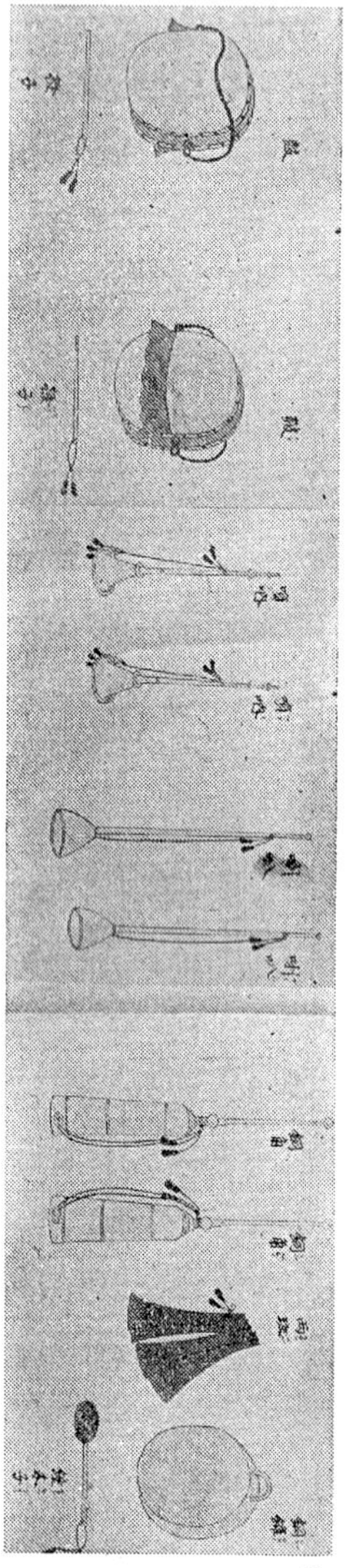
㉜

㉝

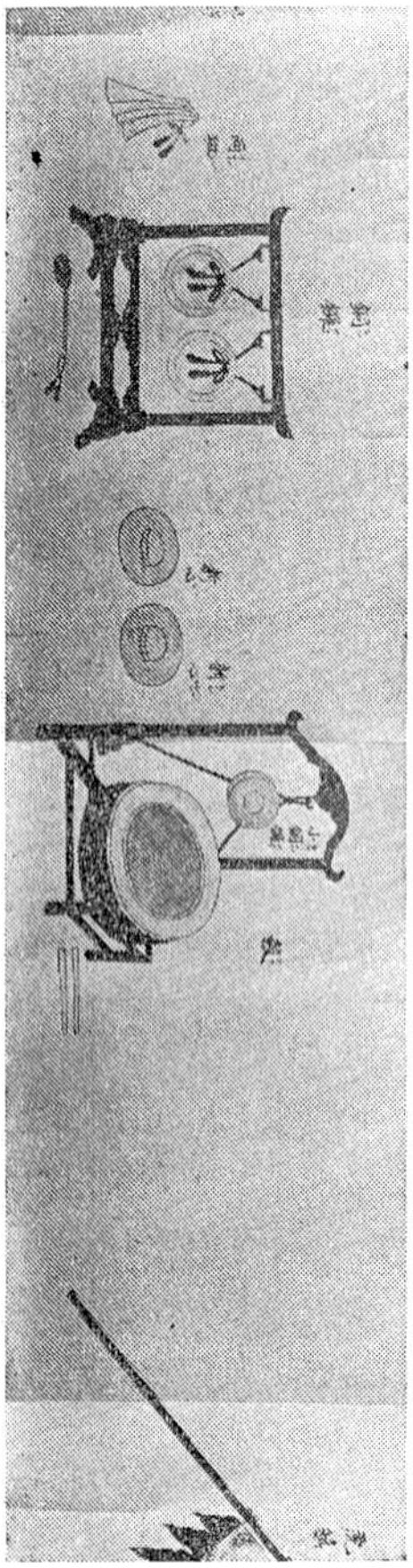
㉞

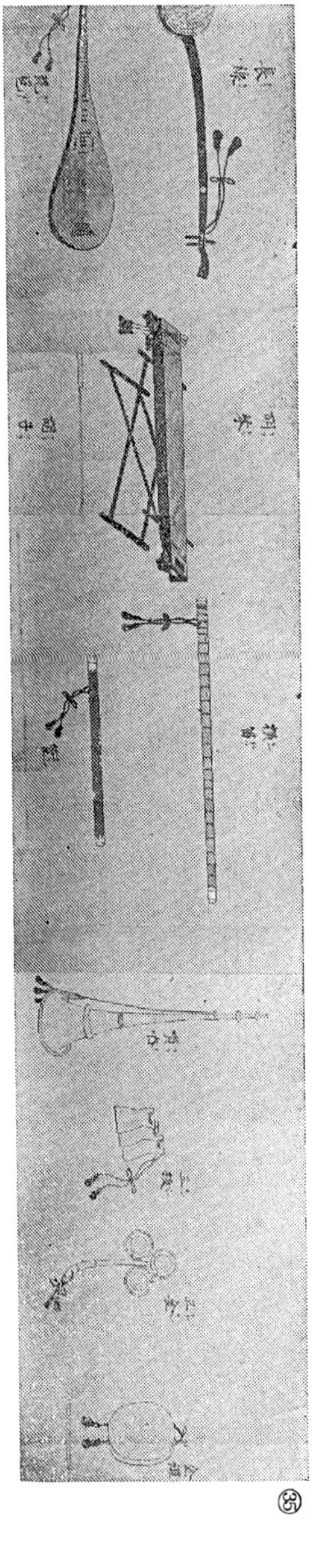

㉟

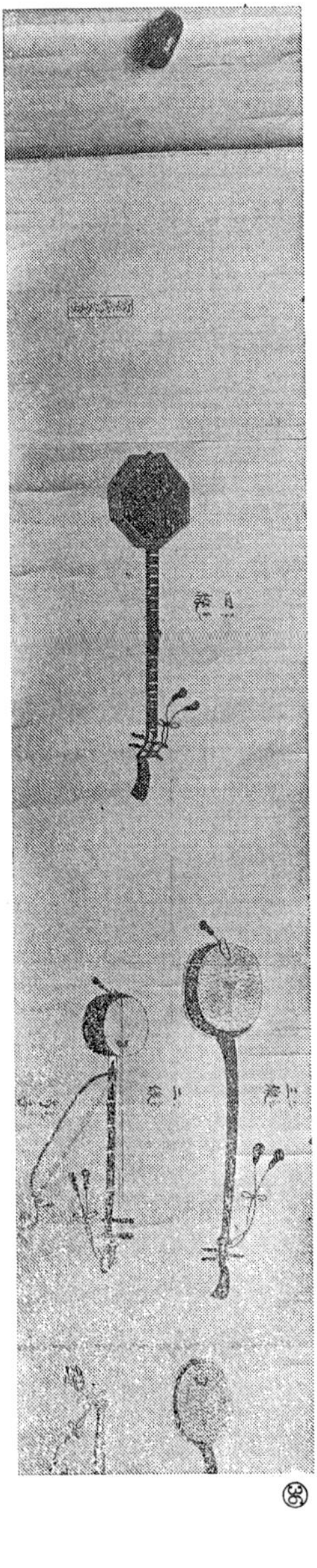

㊱

参考史料　一冊

『琉球使参府記』エール大学蔵

琉球使参府記　全」

◎宝永七年庚寅年閏八月二十六日薩州出船

琉球国王子参府記

御代替ニ就而　正月十日綱吉公薨死諡常憲院　宣綱公征夷大将軍

中山王ヨリ来聘使美里王子

中山王自分継目ノ使

豊見城王子

副使　富盛親方　副使　与座親方

志堅原親雲上　新城親雲上

江田親雲上　佐久本親雲上

屋宜親雲上　宮城親雲上」

真喜屋親雲上　知念親雲上

嘉手苅親雲上　喜屋武親雲上

玉城親雲上　湧川親雲上

宮里安忠　久場親雲上

仲嶺親雲上　照屋親雲上

前川親雲上　仲原親雲上
伊佐親雲上
楽童子　保江茂里之子　棚原里之子
伊舎堂里之子　根路銘里之子
内間里之子　小録里之子」
津覇里之子　野国里之子
内嶺里之子　糸満里之子
道楽拾六人
通人休庵
祐筆
下官五拾七人
薩摩守ヨリ
島津帯刀
」

◎大坂川口ゟ土佐堀ヨリ伏見島津淡路守屋敷迄之川御座船之式

川御座壱艘
路次楽人　主取上下三人
路次楽人　八人
薩摩守ゟ相附申候
歩行壱人足軽二人小人三人

川御座壱艘
路次楽人　八人
薩摩守ゟ相附申候
歩行壱人足軽二人小人三人

川御座壱艘
正使　美里王子
座楽主取　上下五人
副使附役　上下五人
親雲上四人　上下拾二人
小姓二人　上下六人
薩摩守ゟ相附申候
目付　壱人
用達　壱人
医師　壱人

楽童子　三人　上下九人
上下弐十人

川御座壱艘

川御座壱艘
副使　上下九人
副使与力　上下三人
祐筆　上下三人
別当　上下三人
中間四人
薩摩守ゟ相附申候
歩行三人足軽三人小人六人

正使
豊見城王子　上下弐拾人
咸角䇳吹　上下三人
副使附役　上下五人
親雲上四人　上下十二人
小姓二人　上下六人
楽童子三人　上下九人
薩摩守ゟ相附候
目付　壱人
用達　壱人
医師　壱人

川御座壱艘
副使　上下九人
副使与力　上下三人
祐筆　上下三人
別当　上下三人
中間四人
薩摩守ゟ相附申候
歩行三人足軽三人小人六人

◎宝永第七庚寅歳琉球来聘使閏八月廿六日薩州鹿児島発足十月中旬大坂着廿日伏見廿五日伏見発足

始
目付　足軽　足軽
弓十張
百矢箱　足軽　足軽
長柄十本　足軽　足軽
足軽足軽足軽
歩行歩行歩行歩行
足軽　足軽
儀衛正　佐久本親雲上
道楽器箱
鞭　鞭
張旗　張旗
銅鑼　両班

喇叭　銅角
哨吶　哨吶
皷　皷
皷　皷
虎旗　虎旗
足軽　足軽
中間　中間
献上馬
中間　中間
同
沓籠
圍師　真喜屋親雲上
牌　牌
書翰箱
掌翰使　屋宜親雲上

歩行　歩行
足軽足軽足軽
同同同
涼傘
歩行　歩行
正使　美里王子
歩行　歩行
同　小人　同
足軽　足軽
鑓　龍刀
傘　茶庫　衣家
小人
唐長持　唐長持
足軽　足軽
替乗物
足軽　足軽
牌　牌

書翰箱
掌翰使　宮城親雲上
歩行　歩行
足軽足軽足軽
同同同
涼傘
歩行　歩行
正使　豊見城王子
歩行　歩行
同　同
小人
足軽　足軽
鑓　龍刀
傘　茶庫　衣家
小人

唐長持　唐長持
足軽　足軽
替乗物
足軽　足軽
座楽器箱
用人
足軽　足軽
副使　富盛親方
傘　衣家
足軽　小人
与座親方
傘　衣家
足軽　小人
賛儀官　志堅原親雲上

歩行　小人　上に同 新城親雲上　小人　楽正 江田親雲上　小人 歩行　楽童子 伊舎堂里之子　足軽 足軽　小人　同 根路銘里之子　足軽 足軽　小人

同 内間里之子　足軽 足軽　小人　同 小録里之子　足軽 足軽　小人　同 津覇里之子　足軽 足軽　小人 歩行　同 野国里之子　足軽 足軽　小人

同 内嶺里之子　足軽 足軽　小人 歩行　同 糸満里之子　足軽 足軽　小人　使賛 知念親雲上　小人 歩行　上に同 嘉手苅親雲上　小人

上に同 喜屋武親雲上　小人　上に同 玉城親雲上　小人　歩行 上に同 湧川親雲上　小人　上に同 久場親雲上　小人　上に同 仲嶺親雲上　歩行

小人　上に同 照屋親雲上　小人　上に同 前川親雲上　小人　上に同 仲原親雲上　小人　上に同 保栄茂里之子　小人

上に同 棚原里之子　歩行 小人　伊佐親雲上　小人　医師 宮里安忠　歩行 小人　足軽 足軽　目付　医師　同　馬廻　同　同　同

家老　新番　同　足軽 足軽　同 同　同 同　小人 小人　同 同　同 同　同 同　足軽 足軽

終

注

(1)『毛姓九世盛昌家譜』『那覇市史』家譜資料(一)、那覇市役所、昭和五十一年二月。
(2)同右。
(3)朝日重章『鸚鵡籠中記』参之巻、遺漏、(名古屋叢書続編第一一巻)、名古屋市教育委員会、昭和四十三年三月。
(4)同右、六四二頁。
(5)注(1)書。
(6)同右。
(7)『入来琉球記』京都大学附属図書館蔵。『民俗学研究所紀要』第三集、昭和五十三年十二月、に翻刻文および平山敏治郎の解説が収められている。
(8)『薩藩旧記雑録　追録』(『鹿児島県史料』)、巻四四、三〇一九。
(9)『毛姓九世盛昌家譜』那覇市史編集室蔵本。
(10)注(8)書、巻四四、三〇一九。
(11)注(3)書、六二一頁。
(12)同右、六二一頁。
(13)『雑事記』、『通航一覧』巻一〇、所収。
(14)本論資料篇第二第一章「琉球国使節渡来の日程・行程」。
(15)注(1)書および注(8)書、巻四四、三〇一九。
(16)『儀衛正日記』東京大学史料編纂所蔵。
(17)『琉球使参府記』一冊、エール大学蔵。
(18)同右。
(19)『雑事記』、『通航一覧』巻九、所収。
(20)底本としては『宝永七年寅十一月十八日琉球中山王両使者登城行列』巻子本二巻、ハワイ大学旧宝玲文庫本を用いた。同一内容の異本が、内閣文庫に架蔵されている。

(21)『御触書寛保集成』、岩波書店、昭和十六年、三〇一一―三〇一六。
(22)同右、三〇一一・三〇一二。
(23)同右、三〇一三・三〇一四・三〇一五。
(24)同右、三〇一六。
(25)注(8)書、巻四四、三〇一九。
(26)同右、巻四四、三〇一九。
(27)注(17)に同じ。
(28)注(8)書、巻四四、三〇一九。
(29)『琉球国来聘使日記』一冊、ハワイ大学旧宝玲文庫本。
(30)『宝永七年従琉球国両使参上品節之帳』一冊、尊経閣文庫蔵。
(31)『琉球国来聘日記抄』一冊、内閣文庫蔵。
(32)注(8)書、巻四四、三〇一九。
(33)注(29)に同じ。
(34)同右。
(35)同右。
(36)注(8)書、巻四四、三〇一九。
(37)注(29)に同じ。
(38)注(30)書。十二月二日に届けられている。
(39)注(29)に同じ。
(40)同右。
(41)注(1)に同じ。
(42)注(29)に同じ。
(43)注(1)に同じ。

(44)　注(29)に同じ。
(45)　注(9)に同じ。
(46)　注(17)に同じ。
(47)　注(1)に同じ。
(48)　玉城朝薫については伊波普猷「琉球作戯の鼻祖玉城朝薫年譜――組踊の発生――」(『伊波普猷全集』第三巻、平凡社、昭和四十九年八月)、池宮正治「躍奉行――玉城朝薫任命の意味――」(『琉球の言語と文化』、仲宗根政善先生古稀記念論集刊行委員会、昭和五十七年六月三十日)がある。
(49)　注(8)書、巻四四、三〇三七。
(50)　注(1)に同じ。
(51)　『清見寺文書』一冊、昭和三十九年一月、私家版。
(52)　注(1)に同じ。
(53)　本論資料篇第二第四章「琉球国使節の路次楽と城中における音楽奏上」。
(54)　注(8)書、巻四九、四三四。
(55)　同右、巻四九、四三五。
(56)　同右、巻四九、四四六。
(57)　同右、巻四九、四四八。
(58)　同右、巻四九、四六五。
(59)　新井白石『折たく柴の記』(『新井白石全集』第三)。

第三節　新井白石等の琉球認識

第一項　新井白石の琉球認識「南倭構想」

新井白石と琉球との関わりは、白石が琉球国王の弔書を拝見した宝永六年九月三十日に始まる。同日の「委蛇日暦」[1]（『新井白石日記』）には、

廿日　出仕、禁裏仙洞新院之図、因州を以て御見せ、外題調進、越前殿昨夕之申上候趣之事御申きかせ、琉球弔之書御見せ也、

と記されている。この「琉球弔之書」とは、同年七月十二日夜死去した琉球国王尚貞に対する弔書である。[2]以後白石は、琉球王復書の草案を書くなど琉球との関わりを重ねてゆくが、中でも最も重要なものは、宝永七年と正徳四年の琉球国使節渡来時になされた琉球人との対話である。

『白石日記』（「庚寅　委蛇暦　十二」）宝永七年三月三日の項には「流求ノ日記御わたし」とある。これはこの年の琉球国使節渡来に際し、白石が準備を始めるため、それまでの渡来を記録した「日記」を借り出したことを示している。この「流求ノ日記」を用いて白石が作成したものが、『琉球来聘日記抄』[3]であると考えられる。この時期から、白石の琉球国使節を迎えるための活動が開始された。十一月十一日の使節到着を目前にした十月五日・八日・九日には、「琉球人御目見の座席等御尋」に対して即答をし、「琉球返翰案」を奏上し、「琉球図」を返上するなどしている。[4]し

かし白石は去る八月十日、京都において中御門天皇の即位式を拝観すべく沙汰されており、同月二十三日にはそのための「路費百金拝領」していた。[5] 当初白石は「九月琉球貢使来朝事済の上発足、霜月中ニ可下向之旨」と予定していたが、変更されたのである。[6] その事情を『折たく柴の記』は次のように記している。

かくて同(筆者注)(十月)十二日にうちたつ、かくては、琉球の使こゝに至らむ後に、打たつべかりしを、風便よからずして、来るべき期を愆りしかば、其来るを待つに及ばず、同廿四日に、京に入りぬ、此日琉球の使大津の駅に至れり、十一月の十一日、御即位の儀を観る事を得たり、[7]

翌宝永八年正月、天皇御元服の儀式を拝観して京都滞在中の白石は、帰途にあった琉球国使節と会している。このことは『折たく柴の記』に、

そののち、琉球の使聘事終りて帰るとて、伏見に来りとどまると聞て、同八日に、かしこにある薩摩守の第にゆきむかひて、美里豊見城両王子等に相遇ふ事を得たり、[8]

と記されている。これが、新井白石の琉球人との対話第一回である。江戸へ戻った白石は、その年正徳元年二月十六日、

琉球の献上物・御屏風等拝見、琉球人登城(去年十一月十八日参賀)之書付・巻物等拝借、

したと「辛卯　委蛇日暦　十三」に見える。[9]

次に白石が琉球国使節と会したのは、正徳四年極月(十二月)十八日島津吉貴屋敷においてである。この正徳の渡来に際しても、宝永七年の場合と同じく、琉球国王への書簡の草案および儀式の具体的進行に関与したであろうが、日記にはその記載が無い。ただ、

十八日　松平薩摩守方江参上、琉球人(十一月廿六日参府、十二月廿一日迄江戸滞在)対談、暮時帰ル、[10]

とあるのみである。この時の対話が『白石先生琉人問対』[11]と題する書物に記されており、その構成から、琉球人との対話は十二月十八日の他に少なくとも二度、多ければ四度なされていることが知れる。この正徳年度に生じた「書簡

問題」の経緯は前節に述べたとおりである。そこで展開された新井白石の論理には、行政官白石にとっての「琉球」の位置づけが明確に表われている。

さて、こうして琉球人と対話の機会を得た白石は、『白石先生琉人問対』に見られるごとく、琉球国使節へ数々の質問を投げかけ、琉球への認識を深めてゆくのである。官吏として在職中に得た知識を基に、職を辞した後に著わした琉球関係の著作が『南島志』・『琉球国事略』である。また友人たちに宛てた書簡類にも、その琉球認識の一端を窺わせる記述が見られる。

宮崎道生はその研究[12]において、新井白石の世界圏認識の推進力となったものを、

海外貿易とキリシタン問題の二つに対する関心であり、更につきつめれば国防的関心に帰着するものと思はれる。

としている。そして『南島志』・『琉球国事略』著述の動機については、

一つには清朝シナと我国とが此地を夫々隷属国と見做していたことから、紛争を惹起し得るといふ危惧の念があり、アジアとこれを動かすヨーロッパの一般情勢が次第に明かになるに伴はれ、琉球についての認識を深めようとして書きまとめられたものではないかと思はれる。

と、当時の琉球認識を深めようとする啓蒙的意図を指摘している。筆者も概ねこの宮崎説に従うものであるが、『南島志』・『琉球国事略』の著述意図において筆者が注目したいのは次の点である。すなわち、日本を倭国として中心に据えて、倭文化を共有する「南倭」「北倭」として琉球・蝦夷を位置づける白石の文化圏構想（「倭文化構想」）である。そこでまず『南島志』・『琉球国事略』について論じ、次に新井白石の「倭文化構想」を論じることとする。

『南島志』は、叢書本『白石子』[13]・『白石叢書』[14]・『白石叢書』[15]の他、刊本「甘雨亭叢書」に収録されており、単行本としても広く流布している。新井白石の自筆本は未見であるが、筆者の調査では、それに近い写本がハワイ大学旧宝玲文庫蔵本『南島志』（二冊）であると考える。本書は「上」（全三十八帳）と「下」（全二十帳）に二分冊されている。

構成は次の通りである。

一、「琉球国全図」（三帳半）・「琉球各島図」（三帳）
二、「南島志総序」（七帳半）
三、「南島志目録」（一帳）
四、「南島志　上巻」（十九帳半）
五、「南島志　下巻」（二十帳半）

また「南島志　上巻」・「南島志　下巻」は、それぞれ次の内容を含んでいる。

「南島志　上巻」
「地理第一」　七帳三行　「世系第二」　十二帳
「南島志　下巻」
「官職第三」　三帳三行　「礼刑第六」　二帳六行　「食貨第九」　三帳七行
「宮室第四」　一帳半二行　「文芸第七」　二帳四行　「物産第十」　二帳五行
「冠服第五」　一帳　「風俗第八」　二帳半

「琉球国全図」は、薩摩藩山川・坊津から与那国・波照間島までの全域を描き、航路を実線で記している。「琉球各島図」は、「大島」・「沖縄島」・「宮古島」（宮古・永良部・下地）・「八重山島」（石垣・入表）を描き、村名・間切名をも記した詳細なものである。(16)「総序」は半帳七行、一行十四字の字配りである。本文は半帳十行、一行十七字となっている。本書を自筆本に近い写本とする根拠は、新井白石の蔵印が各所に朱墨で書写されていることである。

(1)「琉球国全図」、内題の下に「玉縄」印の書写。
(2)「琉球各島図」、内題の下に「玉縄」印の書写。

(3)「南島志　上巻」、第一帳内題の下に瓢簞形の「白石」印の書写。
(4)「南島志　下巻」、終帳末尾に「君美」「一字在中」印の書写。

これらから旧宝玲文庫本『南島志』が上質の写本であることを推測したわけであるが、若干の問題が無いわけではない。それは、刊行された「甘雨亭叢書」本との字句の比較において、明らかに誤写と察せられる個所のあることである。形態においては原本に近いが、書写においては字句の校訂が厳密ではないといえる。『南島志』初稿本が栗田文庫に所蔵されていたことは、栗田元次の著書(17)により知ることが出来るが、現在その所在を確認することは出来ない(18)。

『南島志』を執筆するにあたり、新井白石が参考にした文献は極めて多い。文中に記された文献史料名は次の通りである(19)。

　隋書・山海経・後漢書・呉史・万国全図・野史・星槎勝覧・鄭士若琉球国図・皇明実記・続日本書紀・広輿図・閩書・続文献通考・島夷志・中山世系・日本書紀・唐書・延喜式・東鑑・宋史琉球国列伝・世纘図・皇明世法録・大明会典・南浦文集・皇明三大征考・大明一統志・使琉球録・琉球神道記

これらの史料のうち、特に『使琉球録』および『琉球神道記』からの引用が多い。両書とも実際の見聞に基づく記述であることから、白石がその内容に信頼を置いた故である。また「総序」において、

　宝永正徳之際中山来聘美毎蒙二教旨一得下見二其人一采中覧異言上

「世系第二」において、

　美問甲午使人

「官職第三」において、

　甲午慶賀使与那城王子知念親方謝恩使金武王子勝連親方

などと記されている如く、庚寅（宝永七年）および甲午（正徳四年）に渡来した使者たちから、白石自らが得た知識も素

材として組み込まれている。[20]

本書の成立は、「総序」の記年「享保己亥十二月戊源君美序」を以て享保四年とするのが一般である。しかし、享保三年に白石が小瀬復庵に宛てた書簡[21]には、「蝦夷考」の名と共に「琉球考・南倭志」の名が見えている。また、享保八年七月十二日付安積澹泊宛書簡[22]には「南北倭志」の記述があり、享保四年の書簡には「南倭志」を「浄書」した旨が記されている。『南島志』は、新井白石の文化軸「地理・世系・官職・宮室・冠服・礼刑・文芸・風俗・食貨・物産」に従い、史料を分類して琉球の文化を語ろうとしたものであるが、白石の論旨は「総序」に総て言い表わされている。また全体の構成において、上巻を「総序」・「地理」・「世系」で占め、他の八項目を上回る分量としたところに、白石の置いた力点を見ることが出来る。

『琉球国事略』は、「五事略」(「殊号事略」「外国通信事略」「琉球国事略」「本朝宝貨通用事略」「高野山事略」)の一篇として下巻に収められている。しかしこの「五事略」の撰定が白石自身によるものか、後人の手になるものかは不明である。[23]

本書の内容は、

異朝の書に見えし琉球国の事
琉球の国人所申其国の事
琉球冊封使幷朝貢使の事
琉球国職名の事

の四項目である。本文は、『南島志』が漢文で記されているのとは異なり、和文体である。本書執筆の目的は本文には明記されていないが、『新井白石全集』今泉定介の解題[24]には、

五事略二巻は、事略五種の惣名なり、当時大政に関して、或は御下問に応じて選述し、或は建議する事のあるに当りて、進呈せるものに係る、

とある。また『琉球国事略』成立については、

琉球事略は、想ふに一時御下問等の事あるによりて、草卒に筆記して進呈したるが、其の国王歴数等遺漏もあり
しかば、後更に改修して、南島志をば選ばれしものならん、

とあり、『南島志』に先立って記されたとしている。しかし白石は、「異朝の書に見えし琉球の事」の文中「琉球の相鄭迥」割注部において、

南島志には鄭礼とあり今また諸書を参考し迥に従ふ蓋し鄭礼は別に其人あり(25)、

と、『南島志』の記事を訂正している。成立の時期を確定することは出来ないが、このことから、『南島志』執筆時期より多少遅れて、この『琉球国事略』が著されたと考えられる。また本文中二個所に「琉球の人は申すなり」と記されており、『白石先生琉人問対』と関連する記事が認められる。本書執筆の目的は「解題」に従うとして、その主旨を各記事の分量より検討すると、その結果は次の通りである。

異朝の書に見えし琉球の事	35%
琉球の国人所申其国の事	42%
琉球冊封使幷朝貢使の事	19%
琉球国職名の事	4%

明らかに第一項と第二項によって本書の大半は占められており、そこに白石の関心と論点があると見るべきである。『南島志』執筆の目的が、対外危惧の念により琉球の地理的・歴史的実態を広く認識せしめることにあったとされることは、すでに述べた。これを執筆の外在的要因とするならば、その内在的なものとして次のことが考えられる。『南島志』「総序」には、琉球を指し示すものとして、「流求」「瑠求」「流虬」「琉球」「夷邪久」「邪久」「掖玖」「益久」「夜句」「益救」「多禰国」「多褹」「多尼」が用いられている。そこにあるものはこれらの名称の指す地域が、古

代「流求」から「琉球」へと連続して日本と「倭文化」を共有するという認識である。

　そこで「総序」の論旨を詳しく追ってみると、まず白石は『隋書』の「流求」記事を史実としてとらえ、日本国史に現われる「ヤク」（邪久・掖玖・益久・夜句・益救）が「流求」であるとする。また国史に現われる「タネ」（多禰国）も「流求」であって南海諸島を指し、「流求」「ヤク」「タネ」の南海諸島は後に「南島」と総称されたとする。しかしその後交渉が途絶え、「人哾国」「鬼嶋」と称され、「流求」が昔時の「南島」であることは忘れ去られた。中国へ藩属する国として、我国「西鄙」に市舶を通ずる時に再び「琉球」の名を聞いたのである、とする。さらに進めて、『山海経』の記事を引用して「南倭」「北倭」の存在を述べ、これに「流求」「蝦夷」を当てている。そして白石は「万国地図」(26)を用い、日本列島の地形を、

　東方輿地経短緯長限レ之以レ海莫レ有下海内可三以容二南北倭一者上

と表現している。倭国（日本）の北方・南方に位置する北倭・南倭が、蝦夷であり琉球であると考えたのである。そして、『後漢書』倭国列伝光武中元二年に朝貢したとある倭奴国は倭国の「極南界」であり、日本の記録には魏晋以前に中国へ朝貢した事実は無いのだから、この「極南界」は「古南倭」でなくてはならない、とするのである。また、同じく『後漢書』鮮卑伝に檀石槐が攻撃したとある倭人国は、蝦夷であると考えている。一方『呉志』には将軍衛温葛直等が甲士万人を率いて夷州亶州に至ったという記事があるが、この頃「我（日本）《筆者注》辺境」を擾す「異邦人」が来たという史実はない。これらを併せ考えると、「鮮卑伝」の記事は「古北倭」（＝蝦夷）を指し、『呉志』にある地域は「古南倭」（＝流求）を指し示すものである、としている。従って我国と地理的に繋がる蝦夷・流求の「方俗」「方言」は「此俗」（日本）と異なることはなく、また従来漢・魏晋の史書の事で内容的に「我国」のことではないとされてきたものは、総てこれら「南北二倭」のことである、この二者を「倭」と混ぜ考えている故の記載である、と論を導いている。

　このように白石は、「万国地図」という当時最新の地図を用いた地理的把握に基づき、日本の史書と中国の史書中

にある倭国記事を全面的に合理化した。そのうえで、倭（＝日本）を挟む古北倭・古南倭の存在を確信している。白石は、日本にとっての「タネ」「ヤク」と中国の命名した「流求」とを総括する地域の名称として「南島」を据え、文化的には倭文化を共有する「南倭」を『山海経』から見出したのである。つまり新井白石は『南島志』において、当時の琉球の実態を述べながら、古流求に遡り、そこに倭文化を共有する「古南倭」の姿を見出そうとしたのである。

宮崎道生は『南島志』（『新井白石全集』本）「総序」末尾に、

乃紬二繹旧聞一以作二南倭志一

とあることに注目し、本書の旧題が「南倭志」であり、命名の理由を白石の領土的関心の存在によるものである[27]、としている。しかし「甘雨亭叢書」本・内閣文庫本・旧宝玲文庫本においては、前述「総序」末尾は「南倭志」ではなく、「南嶋志」となっている。『新井白石全集』本の底本「広白石叢書」では未確認であるが、「南倭志」は「南嶋志」の誤写であると思われる。しかしながらこの誤写された「南倭志」の標題は、計らずも白石の論旨の本質に迫るものであった[28]。

本文の各所において、白石は琉球文化と日本文化（古の倭文化を含める）との関連性を具体的に見出そうと努めている。例えば「宮室第四」において、

使人曰正殿及門墻庭階皆倣二漢制一其余一皆如二本朝制一而有二広開書院玄関等所一皆鋪レ地用レ板坐設二畳席一所レ謂席レ地而坐也按正殿之制為二冊使一而設也如二其便殿一則蓋古制也但其所レ謂広開書院等所我有二此制一亦始レ自二近時一耳[29]

とあり、建築物の類似性を述べている。また醸造の方法について「食貨第九」で、

造醸之方酒醪醋醤及乾醤之属亦皆如二我制一[30]

とあり、また同項目で茶湯が日本と同一であることを、

茶茗之品此間所レ産尤為二珍惜一茶室茶具之式候湯立レ茶之法一皆倣二我制一[31]

と記している。さらに音楽については「礼刑第六」において、

凡燕会備レ楽楽有二国中中国二部一国楽其唱曲則如二我里謡一(32)

と国楽（琉球の音楽）は日本の里謡の如くであるとしている。また白石は言語・文字文化の重層性に着目している。例えば「文芸第七」に、

国無二文字一俗相伝云昔有二天人降一而教レ人以二文字一其礼如二古篆一然

さらに、

中世以来始伝二此閒文字一明初其王察度請以二子侄及陪臣子弟一入レ于二大学一(33)

また「風俗第八」には、

我観二流求之俗一若二其因革一則隋唐之際既無二考拠一況於二上世之事一乎今試聞二其方言一有下可二以解一者上焉有下不レ可二以解一者上焉蓋其可二以解一者此閒之語最為レ不レ少而如二漢語一亦有二十之一二一焉若下其不レ可二以解一者上則彼古之遺言而已矣若二彼方俗一亦然中世之俗与二此閒一同近世之俗略与レ漢同若二非レ此亦非レ彼者一(34)

と述べ、日本語で解せる語、漢語、そして「古之遺言」が混在することを指摘している。

倭文化の南に位置する南倭であった古の琉球という認識に立ち、白石は中世以後の琉球と日本との結び付きを為朝の渡琉によるものであるとした。つまり、古の倭文化の上に中世以後の日本文化が重ねられたという、文化の重層性を見ているのである。白石は「世系第二」において『中山世系図』・『保元紀事』・『東鑑』・『琉球神道記』を引用し、為朝の渡琉を史実として捕えた。保元の乱で伊豆へ流された為朝は、その後琉球へ流れ着き、土地の有力者大里按司の娘と相合し、その子舜天が後に琉球国を鎮め、琉球国王舜天となったとするのである。さらに『琉球国事略』では、

しからば彼国王は本朝の足利細川畠山等の流の諸家の源氏と同じく為朝の後と見えたり、(35)

と、琉球王朝と日本天皇との血脈の関係を述べている。この為朝の渡琉を史実として日本と琉球との結びつきの根拠となしたことは、古の「流求」が日本にとっての「南倭」であり「南島」であるとしたことと共に、後の琉球認識に重要

な影響を及ぼすことになるのである。

さて、新井白石の把握した琉球に誤認がなかったわけではない。『南島志』「地理第一」には、

大島〇島在二徳島東北十八里一琉球北界也(36)

とあり、琉球国の北端を「大島」としているが、これはその地域が当時すでに薩摩領となっていたことを知らなかった故の誤りである。「山北」「中山」「山南」の地域は、本来は沖縄本島内における区分だが、それを琉球全域に拡大するという誤りを犯している。また、『琉球国事略』に、

彼国に使をつかはされん事無益なりたゞその国の使の来れるものに詔書をわたしつかはさるべしといさめ申せしものありしかれどもすでに代代の例となりし事なればその事をとどめられがたしと見えたり(37)、

とあるが、対中国貿易に益が無いと見做したのは、進貢貿易の実態を知らない故の誤りである。白石は、「琉球＝異国」とする薩摩藩の演出と琉球国使節の傀儡性を見抜くことは出来なかったのである。

しかしこれらの誤りは、決して白石の琉球認識の根本的部分を揺がすものではない。白石の琉球認識を考える上で最も重要なことは、『山海経』より引用した「南倭」「北倭」であり、それに与えた白石の意味付けである。これについて武藤長平は、

「南倭」「北倭」の論は如何であろうか、「按ずるに流求は古の南倭なり」と論断するまでの経路が明かでない(38)。

と疑問を抱き、「南島」が「タネ」「ヤク」の総称で「流求」にあたるとする論理と、それが「南倭」であると結論づけるまでの論理の展開に飛躍があるとしている。一方、白石が「南倭」の論拠とした『山海経』については、すでに寛政九年に屋代弘賢による指摘がなされている。屋代弘賢は、知人たちに宛てた書簡体の論文の中で(39)、

南島志今按流求古南倭也南倭北倭并見山海経と記され候は句読の誤にて候蓋国在鉅燕南倭北倭属燕と申文にて候を鉅燕の南倭の北と読候へは南倭北倭と申名目は聞え不申候是は彰考館総裁立原伯時話にて御座候き推量いたし

候へは此句読まさしく異称日本伝にて誤られ候歟見林白石共に麁漏なる事にて候き今本書を見候へば第十二海内北経にて御座候此次に朝鮮在列陽東海山南列島属燕と有之此両条を併考候て句読の誤は不可有事と被存候、

と、新井白石が松下見林の『異称日本伝』の説をそのまま踏襲している旨を述べている。

『異称日本伝』は京の儒医松下見林による日本考証の著作である。元禄五年の自序に「西峰散人」と記され、元禄六年に摂州「手利田庄太郎開板」で刊行されている。問題の『山海経』の記事は、『異称日本伝』の「巻上一」の冒頭に(40)、

山海経巻第十二海内北経

南倭北倭属レ燕

と極く短い引用文があり、続けて長文にわたる見林の考証がある。その引用文を読む限りでは、「南倭」「北倭」が実在しそれは燕に所属する、と解するのが自然であり、屋代弘賢の指摘は正しいといえる。白石が「南倭」「北倭」を実在のものとして考えた理由は、この引用文のみからは察し難いが、次に続く見林の考証を読むことにより充分に納得がゆくのである。見林は「倭」名の考証に続けて、

南倭北倭者、日本自二遼東一則南也、自二呉越一則北也、故曰二南倭一曰二北倭一、属レ燕者非也(41)、

とその地理的位置に限定を加えている。この解釈を前述の『山海経』の引用文に付加して考えれば、「南島」の存在が「南倭」に繋がるとする白石の論理は理解し易いものとなる。また『南島志』「総序」冒頭の『隋書』流求伝の引用において、白石は、

東方古音皆通此云二掖玖一隋書以為二邪久一即是流求也(42)、

と述べ、『隋書』の「夷邪久国」と「流求国」とは同一であると論じている。これも見林の按文、

今按、邪久《ヤク》者、唐書所謂邪古《ヤコ》、日本書紀所謂掖玖《ヤク》也、字雖レ異音通、邪久為二我西南小島一(43)

を参考としたものと考えられる。この他にも、『後漢書』百十五東夷列伝第七十五の、

光武中元二年、倭奴国奉貢朝賀、使人自称二大夫一、倭国之極南界也、(44)

の引用や、「鮮卑伝」の記事の引用は、(45)『異称日本伝』(46)にも見出され、見林の考証と白石の論考に甚だ近いものを見るのである。新井白石が学問的に、松下見林の影響をいかほど受けたかは論証し得ない。しかしながら、白石の著述の中に『異称日本詩』と題する漢詩集や『日本考』と題する書物のあることに松下見林を意識した白石を見ることが出来る。(47)

新井白石の世界地理認識は、「万国地図」と、シドッチ・朝鮮通信使・琉球国使節との対話などから得た情報に基づくものであった。また、これら外国人と接して質の高い外国文化に触れた白石は、日本文化の基層としての倭文化と、その拡がりを想定していた。蝦夷・日本・南島を覆う倭文化という白石の構想に、見林による「南倭」「北倭」の地理的解釈は大きな啓示を与えるものであった。白石は見林の考証に添って「南倭」「北倭」を地理的に位置づけ、更に倭文化を共有する「南倭」「北倭」という「倭文化構想」を展開したのである。白石は『南島志』において当時の国としての琉球を論ずることよりも、琉球の中に古の流求（古南倭）の姿を見出そうとしたのである。

『南島志』は後に部分的には訂正されながらも、近代に至るまで、琉球研究の最も基本的文献の一つとされ続けた。白石の琉球認識は、論ずる者の立場によって部分的に強調され、或いは薄められながら受継がれていったのである。

注

（1）『新井白石日記』、東京大学史料編纂所編『大日本古記録』。

（2）『薩藩旧記雑録　追録』（『鹿児島県史料』）巻四二、二八四二に、

吉貴公御譜中

（宝永六年）同年七月十二日夜琉球中山尚貞卒、城代越来按司、三司官幸地親方、識名親方、池城親方以森山親雲上為使、飛扁舟先捧書於新納市正久珍監琉球之事告大故于国老、八月二十日稲嶺親方麑府在番携森山来島津将監久当当番之宅告訃。

とある。

（3）『琉球来聘日記抄』。宮崎道生の解題（「附考・白石の著書について」『新井白石の研究』）によれば、新井家所属の史料とし

て『琉球来聘事載』（白石自筆）があり、その第一帳に「琉球来聘日記抄」と標題があるという。内閣文庫に同書名『琉球来聘日記抄』一冊が所蔵されており、内容もまた先述解題に簡略に述べられたのと一致し、承応二年より天和二年までの使節渡来が記されている。全二十三帳。標題・内題とも同一。

（4）注（1）書「委蛇暦　十二」の十月五日・八日・九日の項。

（5）同右、「委蛇暦　十二」八月十日の項に、「十日　出仕、今日御使之事御内意あり、又武家儀式等の事仰承る」とある。又、同月二十三日の項に、「廿三日　今出仕、京都への御用御使、越前守殿被仰付、路費百金拝領、九月琉球貢使来朝事済の上発足、霜月中に可下向之旨也、弁供の人数の書付御見せ」とある。

（6）同右。

（7）新井白石『折たく柴の記』巻中、（『新井白石全集』第三）。

（8）同右。

（9）注（1）書。

「琉球人登城之書付」は、現存する宝永七年の渡来記録を通覧した結果、現在ハワイ大学に所蔵されている『琉球来聘使日記』（全四十六帳・一冊）（旧宝玲文庫本）であると推測する。また、「巻物」は現在大英博物館に所蔵されている「宝永七年庚寅十一月十八日琉球国両使登城之行列絵巻」上下二巻ではないかと考える。この絵巻物は、白石が中納言綱豊に進献した「詩経図」（宮内庁書陵部蔵）の挿絵を描いた藩邸絵師狩野春湖（岡澤宇右衛門）の手になる物である。

（10）同右、「委蛇日暦　十六」。

（11）『白石先生琉人問対』。宮崎道生『新井白石の洋学と海外知識』吉川弘文館、昭和四十八年三月。

（12）宮崎道生『新井白石の研究』、吉川弘文館、昭和三十三年、三七二頁、三七五頁。

（13）『白石子』全九巻、内閣文庫蔵。

（14）『白石叢書』全一七冊、宮内庁書陵部蔵。

（15）『白石叢書』全二八冊、内閣文庫蔵。

（16）白石にここまでの詳しい地図の描写を可能にした参考資料として、現在内閣文庫に所蔵の『元禄十五年八月幕府撰　元禄国絵図』中の「琉球国」「沖縄諸島」が推測される。

(17) 栗田元次『新井白石の文治政治』、石崎書店、昭和二十七年三月。巻末、「栗田文庫新井白石関係文献目録」。

(18) 宮崎道生「新井白石の琉球研究」『南島――その歴史と文化――』（国書刊行会）に「初稿本『南島志』について」と題する論考がある。

(19) 後述するように、新井白石は『南島志』の各所において、松下見林『異称日本伝』の解釈を踏襲したと解されるところが見られる。特に『隋書』『後漢書』『山海経』などは原典を用いることなく、『異称日本伝』を用いたと察せられる。

(20) 前掲、宮崎氏注(11)書所収の本書解説論考によれば、この『白石先生琉人問対』中の条項のうち『南島志』『琉球国事略』の記事と符合するものが、各四条ずつあるという。

(21) 「与小瀬復庵書」『白石先生手簡』、（『新井白石全集』第五）、二一八頁。

(22) 「与安積澹泊書」『白石先生手簡』、（『新井白石全集』第五）、三一六頁。
「名山蔵手簡」『白石先生手簡』、（『新井白石全集』第五）、二七一頁に「琉球の義も蝦夷同事に一書づつに仕立申儀御座候来年は何れも出来可仕候」とある。

(23) 単行本としては、内閣文庫に一件所蔵されており、その奥書によれば「元文改元之年」に「青木文龍」が書写した、とある。しかし、これが従来単行本であったものか、それとも「五事略」に叢書化されていたものを書写したものかは不明である。

(24) 『新井白石全集』第三、一～八頁。

(25) 同右、六五九頁。

(26) 「万国地図」。鮎沢信太郎は論文「耶蘇会士の支那に紹介した世界地理書が我国に及した影響」（『地理学史の研究』、原書房、昭和五十五年一月）において、新井白石がシ・ドッチと談じた折に用いた地図は「利瑪竇の世界図」であったとしている。宮崎道生は注(12)書において、白石の地理的考察は「マテオ＝リッチの万国坤輿図とヨアン＝ブラウの東西両半球図」とによった、としている。

(27) 宮崎氏注(12)書、三七九頁、および三七五頁。

(28) 宮崎道生は注(12)書、三七九頁において、白石の書簡・日記に見出される「琉球考」「蝦夷考」「南倭志」「北倭志」「蝦夷志」の異名を時代を追って整理し、結論として『南島志』の原題が『南倭志』であったろうことを指摘している。しかし『南倭志』は『南島志』の誤写であったことは、本文で指摘した通りである。筆者も白石が、「倭文化」の認識に立ち、「南倭志」「北倭志」という一対の著述を構想していたであろうと考える。しかし、『蝦夷志』の内容を『南島志』と比較すると、史料・情報の不足からか『南島志』ほどに系統だち充実したものには成り得ていない。『蝦夷志』が『北倭志』と題するには不十分であり、『南倭志』と一対にはなし得ないため、白石は単独に『蝦夷志』としたと考える。そして、琉球に関する著述には、日本の史書において「ヤク」「タネ」で表わされる南海諸島の地理的総称として用いられた「南島《みなみしま》」をその書名として冠し、『南島志』としたと考えるのである。

(29)『南島志』(『新井白石全集』第三)、七〇六頁。
(30)同右、七一一頁。
(31)同右、七一二頁。
(32)同右、七〇七頁。
(33)同右、七〇八頁、七〇九頁。
(34)同右、七〇九頁。
(35)『琉球国事略』(『新井白石全集』第三)、六六三頁。
(36)注(29)書、六九三頁。
(37)注(35)書、六六六頁。
(38)武藤長平「新井白石著『南島志』を読む」『西南文運史論』、岡書院、大正十五年六月。
(39)『琉球状』、寛政九年記、天保三年刊。拙著『江戸期琉球物資料集覧』第四巻「琉球物と琉使来聘」第二節、「琉球物刊本に見る琉球」および本論第四章第二節参照。
(40)『異称日本伝』、「元禄戊辰九月己亥西峰散人自序」、巻上、第一帳表。『改定史籍集覧』第二〇冊所収、七頁。
(41)同右。
(42)注(29)書、六九〇頁。
(43)注(40)書、五五頁。
(44)同右、九頁。
(45)『新井白石全集』第三、六九〇頁。

（46）注（40）書、一一頁。
（47）『異称日本詩』・『日本考』、共に新井白石自筆本。お茶の水図書館蔵本。各一冊。

第二項　『定西法師伝』・『琉球うみすずめ』

前項においては、新井白石の琉球認識とその「倭文化構想」を論じた。琉球を総合的に論じ且つ位置づけたのは新井白石が最初であり、白石以後は、冊封使録集『中山伝信録』が輸入・和刻されて広く読まれる時期（明和期）まで、総合的な琉球論は現われていない。それでは宝永・正徳の琉球国使節を迎えた頃、一般の人びとに「琉球」はどのように理解されていたのか。その頃広く流布していた物語二種に、当時の人びとの琉球に関する知識・情報と、その「琉球像」を見ることが出来る。その一つは元和元年に記したとされる『定西法師伝』である。『定西法師琉球話』・『定西法師琉球物語』・『定西琉球国営中見録』等の標題を有するものもあるが、内容は全く同じである。現存する諸写本の奥付で最も古いものは、

正徳二壬辰霜月下旬燈下書写之　　　　日下部景衛

であり、筆者の調査した写本の多くにこの奥書が記されている。『定西法師伝』は、正徳年間に新井白石の義兄・日下部景衛によって書写され、写本として流布したのである。もう一つは、刊本となって広く読まれた『琉球うみすずめ』である。これは宝永七年の琉球国使節渡来に際して刊行されたもので、後述する「琉球物刊本」の最初である。『定西法師伝』は元和年間、江戸霊巌寺門前で定西法師と著者が出会い、その身の上話を聞書きするところから始まる。物語の荒筋は次のようなものである。石見の百姓佃兵助は、十九歳の時、商いで身を立てて両親を安楽に暮さ

せようと決意した。父の賛意を得、家宝の太刀を譲り受けた兵助は京へ上る。京において太刀を黄金五枚百貫に換えて一旦帰郷するが、両親がその金を受取らないため、今度は広島へ赴く。財を成すには唐貿易が良いとの助言を得て、さらに薩摩へ渡る。その地で、或る医師に口中の腫物を治す妙薬を与えられる。琉球国の佐志貴王子がたまたま薩摩に滞在しており、佃兵助は知遇を得る。前述の医師が王子の治療をしたことから、兵助は渡琉の機会を得て佐志貴島へ渡る。そこで王子家臣の娘の口中腫物を治したのが切っ掛けとなり、国王后の病いも治療することになる。その功によって渡唐の願いが国王に聞き入れられ、また琉球人（琉球名・大和かな染）として遇せられて毒味役に任ぜられる。こうして、琉球において人望・美妻・愛児をも得るが、日本の父母を思う心耐え難く、ついに帰国を願い出て許される。その後郷里で結婚し、家業も栄え、両親に安楽な老後を過させることが出来た。佃兵助が石見に暮すうちに世が改まり、徳川幕府の代官・大久保十兵衛（石見守長安）が任官して銀山が開鉱される。兵助の娘が石見守に嫁し、兵助自身も重く用いられて銀山を任される。権勢を振うちに、石見守の悪業は幕府の知るところとなり、一族は処刑され、兵助も囚われの身となる。ここに至って栄華の夢は破れ、夜毎の夢で過去の悪業に悩まされるようになる。そこで救いを菩提に求め、念仏に帰依した佃兵助は名を定西と改める。石見守に仕えた時代に、島津氏の琉球攻めの結果関東に引連れられた佐志貴王子と再会し、旧交を温めている。王子は駿府で病没し、その亡骸は興津清見寺に葬られている。以上が物語の筋立てである。

この物語は定西法師からの聞書きの形で記されているが、その内容は、天竺徳兵衛的な海外渡航談と大久保長安の逸話から構成されている。その中で描かれた琉球の姿は、次の如く要約出来る。

(1)　琉球では唐貿易が行われている。

(2)　琉球へ渡るには薩摩を経由しなければならない。（薩摩と琉球の通交）

(3)　那波（那覇）には日本人町が存在し、九州・中国・近畿・大坂・堺・関東・奥州の者が居住している。

(4) 日本人が、琉球から外国へ渡ることは厳禁である。
(5) 琉球には日本の猿楽能が三十番も伝わっており、数寄屋（茶室）を構えて茶の湯が行われている。
(6) 琉球では弁才天を祀る。
(7) 琉球では鎮西八郎為朝を祀る。
(8) 島津氏琉球攻めの原因は、中国人若郡（那）親方が大明より渡琉し、日本との交渉を断ったことである。

この物語を東恩納寛惇は、全く架空のものとした。(1) しかし森銑三は、大久保長安・石見銀山奉行の実在の時期から考えて、定西が渡琉したのを天正六、七年頃、帰国したのを天正十四年と比定している。(2) この物語が史実であるか否かではなく、物語中に描かれた「琉球」の姿と、それが人びとの「琉球」理解に与えた影響という面において、筆者はこの物語に注目したい。琉球では容易に唐貿易を行い得ることと、そこへ渡るには薩摩を経由しなければならないことは記されているが、琉球と薩摩藩との政治的関係は正しくは述べられていない。この物語が流布した頃、人びとに理解されていた「琉球」の姿とはこのようなものだったのである。

刊本となった『琉球うみすずめ』(3) は、『定西法師伝』と殆ど同じ筋立ての物語である。本書は宝永八年正月吉日に江戸で刊行された。(4) 本文に前述の物語が載せられ、本文とは全く関係のない挿絵と文章が二種、版面の下三分の一に描かれている。挿絵は「寅十一月二十八日琉球人登城行烈図」であり、行列の供立が十五帳にわたって描かれている。また挿絵の個所に、使者名と献上物が記されている。本文の物語は『定西法師伝』とほぼ同じだが、主人公は定西（佃兵助）にかわって「才三郎」となっており、大久保石見守の話とその後定西が僧になる部分は省かれている。文末に、

才三郎衰老の夕、隣なる人に折々談話しけるを、珍事なることとなればとて書きとどめけるとなん。

とあり、さらに、

明暦四戊戌年八月四日書写之畢　一酔子

とある。両書の内容から、『琉球うみすずめ』が『定西法師伝』を底本にしたことは明白である。特に注目すべきことは、琉球国使節渡来によって高まった琉球への関心をあてこんで、使節に関する情報を盛り込んだ形で本書が刊行されたことである。これは後述する「琉球物刊本」の始まりである。『定西法師伝』が『琉球うみすずめ』として翻案される段階で、欠落しなかった要素として次のものがあげられる。

(1)　琉球および中国の事物・風俗の描写。
(2)　琉球において日本の猿楽能・茶の湯が行われていること。
(3)　琉球に日本人町が存在すること。
(4)　薩摩と琉球との関係。
(5)　琉球の中国貿易。
(6)　琉球の氏神は鎮西八郎為朝であること。
(7)　琉球は弁才天の島で、男子より女子を大切にすること。

特に(6)・(7)の二項目は、『定西法師伝』の説として後にしばしば引用される。これら、翻案の段階で欠落しなかった要素にこそ重要な意味がある。『琉球うみすずめ』に描かれた琉球の姿は、当時の人びとの共通概念としての「琉球」であったといえる。琉球国使節についての情報も収めて売出された『琉球うみすずめ』の物語は、多くの関心を呼んで広く読まれたのである。

注
（1）東恩納寛惇「泡盛雑考」の注釈「定西法師伝」『黎明期の海外交通史』昭和十六年十月。
（2）森銑三「定西の身の上話」『史伝逸話集類』（森銑三著作集第一巻）、昭和四十六年九月。

（3）『琉球うみすずめ』、一冊、専修大学図書館蔵。
松田武夫「『琉球うみすずめ』について」、および前田金五郎「『琉球うみすずめ』——解題と翻刻——」『専修人文論集』3、昭和四十五年六月。

前田金五郎「『琉球うみすずめ』解題と翻刻・補記」『専修大学人文論集』6、昭和四十六年六月。

右の解題によれば、本書は二二六×一四八ミリ。内題「琉球うみすゞめ」。本文二十二帳半。一帳表より十五帳裏までの本文の下三分の一は、「十一月二十八日琉球人登城行列図」、同十六帳より二十八帳までは「寅十一月八日就御代替従琉球国中山国王尚益使者」と一行に記し、次の行は上部の年号の箇所が破損し、「三月吉日　大伝馬三丁目　本問屋喜右衛門板」の部分が残存している。

（4）朝日定右衛門『鸚鵡籠中記』（名古屋叢書続編第一一巻）に、
○琉球海雀二冊。宝永八卯正月板行。江戸大伝馬町三丁目喜右衛門板也。下に琉球人江戸の御城へ登る絵図あり、上には石見国浜田の城下に才三郎と云百姓の子琉球へ渡り、国王の后妃の口中を療治て、大に幸を得。夫より福建へ商に渡り、大に利を得たる事あり。天正慶長の頃と云々。
とある。

第四章　琉球認識の展開と琉球国使節

第一節　天保期使節の実態

琉球国使節の渡来は、江戸時代において前後十九度あったが、迎える側の関心が最も高まったのは、天保三年の恩謝使渡来であった。この年には二十三件の琉球物刊本が刊行されており、これは江戸時代全体を通して出版された琉球物の約四分の一にあたっている。この事実からもこの年の渡来が一種の琉球ブームを引き起こしたであろうことを充分に察し得るのである。この使節の行列を見物した随筆などには、見物の賑わいが例年とは格別であったことが記されている。

天保三年の使節渡来に、ひとびとの関心が何故にこのような高まりをみせたのであろうか。まず考え得ることは、異国使節の大規模な渡来がしばらくなかったことである。文化三年に琉球国使節、そして文化八年に朝鮮通信使が渡来しているが、それから天保三年まで二十年の歳月が流れている。それ故使節の通行の前々からの道普請・町繕い・見物の規制などが作りあげる非日常的な雰囲気の中で、半ば薄れかかった記憶も蘇り、異国の行列への関心が高まったものと考えられる。『名陽見聞図会』[1]には、琉球人と朝鮮人を混同して描いた掛挑燈が人気を呼んだことが記されている。一方で琉球は生活用品の砂糖や琉球畳を通じて、庶民にその存在が意識されていたことも事実である。一般の庶民にとっては、朝鮮通信使も琉球国使節も異国の行列ということで大した違いを持つものではなかった。

この年度の行列見物の賑わいは、伏見での様子を記した『貢の八十船』、名古屋市中の様子を彩色豊かに描いた『琉球画誌』、そして江戸で見物した松浦静山の記録『保辰琉聘録』（『甲子夜話』所収）や滝沢馬琴の日記などからその詳細を知ることができる。これらの関心の高まりを理解するためには、当時の都市における文化現象を考慮しなくてはならない。西山松之助は、十九世紀初頭における江戸の庶民の動きを「行動文化」として次のように規定している。

神社・仏閣への参詣、名所めぐりの旅、温泉場への湯治遊び、物見遊山、納涼、花見、祭礼、盆踊り、縁日、開帳への見物参詣など、読み書きとか、考えるとか、そういう文化的なことではない、行動そのものが自己解放になるような、無目的な即自的行動、そういう行動をする人たちが、化政期にはたいへんな大人口になった。そういう新しい行動が広汎に展開した。こういう行動そのものを私は行動文化と考えてきたのである。(2)

縁日・開帳の見物参詣でさえも多くの群集が押し寄せたことを考えれば、異国人の行列通行がより大きな関心事として都市のひとびとに迎えられたことが充分に理解できるのである。また吉原健一郎は庶民の行動力の源泉の重要な側面として、庶民の平準化現象・均一性をあげ、

都市江戸に生活する庶民たちの共通意識は、共通の関心をもたらし、武士をも巻きこむような文化基盤を生じていると考えられる。(3)

としている。見物に関心を寄せたのが一般民衆ばかりでなかったことは、前述の馬琴や静山、そして『貢の八十船』などの記事からわかるのである。無論こうした文人・識者は琉球に関する一定の知識を有して、使節を待ち受けたのである。この使節渡来が、当時のひとびとの琉球認識に与えた影響は、非常に大きなものであった。

天保期における琉球認識の展開については第三節で述べることとし、ここでは琉球国使節渡来の実態を明らかにし、

これに対する庶民の対応をみてゆくことにする。

天保三年の琉球国使節は、尚育王の襲封を恩謝する為のものであり、天保元年に派遣すべく予定されていた。前年の文政十二年八月二十三日に琉球人参府御用として老中松平周防守康任が命ぜられていた。(4)天保元年四月六日には、大目付・御用付の役々が任命された。(5)ところが突然、同月二十八日になり、来聘を翌々年天保三年に「延引」すべく御届が出された。これは松平豊後守より出されたもので、「片山筆記」に、

天保元年四月廿八日松平豊後守より琉球使来聘貢物洋中漂没に依而、寅年延引来々辰年来聘之御届御用番松平周防守江差出す、(6)

とある。献上物を載せて薩摩へ向かっていた船が沈没したため、予定の参府は果たせなくなり、同年十月中国へ遣った接貢船の帰国を待って、翌々天保三年に使節を派遣することになったのである。江戸参府の行程に関しては、第三章第二節で宝永七年度を例にあげ詳しく述べた。天保三年度も宝永年度と概ね同じである。天保三年度は琉球国使節儀衛正の詳細な記録『儀衛正日記』が残っており、使節一行の日々の行動を追うことができる。

『儀衛正日記』は旧琉球王府の記録である「尚家文書」に属している。先の戦火で、旧王府の記録は大方が焼失した。島津琉球在番所の記録である「旧評定所記録」もまた、目録と外交関係の書写本を残して焼失してしまった。目録中に、使節派遣記録と思われる項目を数件見出すのみである。従って『儀衛正日記』は、使節側の記録として今日利用し得る唯一のものである。

「儀衛正」とは琉球国使節の役職名であり、行列および道中に奏する路次楽の責任者である。天保三年度は儀間親雲上(蔡修)が任ぜられたが、十月二十五日に伏見本陣で死亡したため、その後は澤岻親方(毛惟新)が引継いだ。(7)日記は九月朔日の鹿児島出発に始まり、江戸で大任を果たして、翌年天保四年三月に再び鹿児島に戻り、四月二十三日の返翰・目録上覧で終っている。その内容は、毎日の天候、海路における風向き、時刻を付した一日の行動記録、装束、

島津側よりの通達、一行内部の伝達事項など、使節一行の細部にわたる記録である。しかし、この日記に使節の行動のすべてが記されているわけではない。本文中に度々「委細正使方御日記ニ相見得候付略ス」とあることから、使節の記録として『正使方御日記』が別に存在したこと、また『儀衛正日記』は儀間親雲上もしくは澤岻親方が関与した事柄の記録であることがわかるのである。ここでは、江戸における使節の行動を『儀衛正日記』を用いて具体的に追ってゆきたい。またこの年度は使節を迎えた側のありさまを伝える多様な記録も数多く存在する。そこで使節を迎えた側の対応も合わせて見てゆきたい。

琉球側は、従来同様那覇出発の約一年前より、江戸参府の準備がなされたことが察せられる。(8) 六月十三日には、琉球よりの一行が鹿児島に到着した。九月一日、参勤交代の島津斉興の一行とは別に海路を取るべく、島津家老島津但馬久風に率いられ鹿児島を出発。六日、使節一行は海行するために川内河口にある久見崎に到着した。この時すでに正使豊見城王子は「国許（鹿児島）江到着仕候後不快罷在候」(9) という状態であったが、強いて出発したとある。久見崎で「汐見」をして出帆の機会を窺っていたが、九月十六日に豊見城王子が死去した。この重大な事態を迎え、正使の代理を立てることとなり、讃議官として同行の「讃議官宇地原親雲上」（実王子弟普天間親雲上即此）(10) が「正使豊見城王子」となった。豊見城王子死去の場所については二説ある。(11) ひとつは出発前の八月二十七日鹿児島で病卒とあり、他説には久見崎（櫪崎）にて九月十六日に死去とある。いずれにしても宇地原親雲上が正使となったにもかかわらず、正使豊見城王子として終始進行してゆくのである。さらには正使豊見城王子の残した和歌が伝えられている。(12) このような代役が公然となされたか否かの問題については他の研究を待たねばならぬが、この事件は、当時すでにかなりの人びとの間に風聞として伝わっている。

『儀衛正日記』によれば、同月十六日六ツ時に久見崎を出帆し、七ツ時には次の碇泊地脇元（脇本）に到着している。二十日に船飾をほどこして長崎沖を通過し、三重浦へ着船。二十七日には路次楽を奏しながら平戸城下前を船行列して田籾港に着船。(13)以後、十月六日に下関を通過し、瀬戸内海を通り、十七日には大坂木津川口へ着船した。この間通過した地点については、本論資料篇に記しておいた。大坂の薩摩藩邸には二十五日まで八日間滞在し、船旅の疲れを癒しまた「竹田からくり」等の芸能を鑑賞している。その後、使節一行は淀川を上り伏見に向かった。同月二十五日七ッ時に淀城下を路次楽・船行列で通過し、暮七ッ時に伏見・京橋東之浜に上陸し、伏見本陣・大塚小右衛門方へ到着した。淀川では、各大名より供出された川御座船四艘を美しく飾りつけ、使者たちが乗り込んで琉球音楽を奏じながら船行列をなした。またこれらの船の前後左右を供立の舟が囲んで、美しく華やかな情景がくり広げられたのである。宿場への到着・出立の度に奏じられる琉球音楽と共に、この船行列もまたひとびとの関心を強く引いたと見え、いくつかの行列記にはこの船行列の様が紹介されている。(14)

松浦静山の『甲子夜話』(15)によれば、従来使節一行の伏見上陸は夜五ッ時頃であるが、この度の上陸は七ッ時ということで、見物人の待ちうける様子を、

伏見の市中は、かねて待設けたることなれば、家々に桟鋪をかけ、紅氈紫幕、金屏風など壮観なりし、

と記している。ところが使節一行は、

琉客は更衣もせず、下官等儀服はしまい込置ければ、つぎ交ぜたる木綿の着物などにて上陸し、正使は、輿の掮を大坂の邸に忘れ置きたり抔にて、乗輿もせず、上陸せる体なりしと。

といった有様で、

伏見には見物美々しきが中、堂上方も微行して見られしが、案に相違し、琉人も亦思はぬ恥をかきけると聞く、とある。今度こそ美々しい使節たちを見物しようと待ち受けた人びとの前を侘びしく進む一行の様子が目に浮かぶ。

美濃路を通り十一月二日(16)には墨俣宿に「松平大隅」が宿泊し、翌三日には別行の「琉球王豊城《ママ》王子以下二百三十六人」が同所を通過している。先行する「献上品長持七十九棹」は十月十七日、すでに墨俣宿を通過しており、十八日

巳の刻には名古屋市中を通過した。[17] 一行は十一月三日に稲葉町を通過し、四日に名古屋へ入った。

使節一行の名古屋通行と、これを迎える市中の様子は、名古屋の絵師小田切春江の『琉球画誌』および『名陽見聞図会』によって知ることができる。彩色の挿絵と共に、その様子が詳しく生き生きと描かれているのである。[18]

それによれば、名古屋を十一月四日に通行することは、秋頃から世上に取り沙汰されていた。名古屋市中にいつ、いかなる御触書が達せられたかは不明であるが、「宿村一統」に達せられた村方触書をもって推測できる。この村方触書には、

今度琉球人通行に付、別紙之通相触候様御勘定奉行衆被申渡候間、宿村一統不洩様急度可相触之候、此旨承知之上早々先村え相廻し納所ゟ陣屋え可返候

十月十六日　　　　　　小　清右衛門

今度琉球人通行下向御領分通行之筈候間、右通り之節宿々村々共ニ作法等宜火之元別而入念可申事

一琉球人通行之節、高声笑ひ指ざし等堅不致、作法宜相慎可申事

一道筋掃除いたし出張候看板等通行之節ハ取除可申事

一右通行之節先番役人幷荷物等、夜中未明ゟ通り候節、将又琉球人泊り宿夜未明内出立、或ハ暮および到着之節ハ、宿内幷間之村々共ニ程を見合行燈ともし可申事

一見物人雨落ゟ外ニ差置申間敷候、往還通辻々ニ見物人多ク可有之候間、所役人共辻々え罷出混乱無之様ニ制止可加候、惣而見物人ハ家内ニ罷在、道筋ニハ不差置作法能様ニ可致事

一非人乞食、宿内村内ハ勿論野間松原之内ニも差置申間敷事

右之通尾州濃州御領分往還筋宿々村々共ニ急度可相守候已上

辰十月[19]

と細々とした指示がなされている。

使節通行の日が近づくと、「唐人出立」の仮装をした者が市中に現われる。その様はといえば、『琉球画誌』に、

一人は長刀を持今一人ハ金だらいをたゝきて琉球人の真似をなし歩行物もらいも見ゆ(20)

とある。また同書には『琉球画誌』の挿絵の中に、行列図を売歩く者の姿とその売詞が細かく記されている。

〽このたびりうきうだいがハりにつきましてゑどへこうたいするりうきうじんしう〴〵ぎやうれつのしだいをごらんわづか紙代とはんかうたいが八文(21)

これらの大半は、前年度渡来の際に刊行した物に少し手を加えただけであるが、その事については、

画草紙に種〴〵出たり初に出て町々を売あるきしハ琉球人行列大全（行列大全ハ寛延元年の画ざうしなり）を抜写しにして一まい画にし又ハ此前文化三年をさしていふの画草紙を名前の所をかへ画様ハ其まゝ再板したるも見ゆ予もとぢ本と一枚画の板下を書たり板元ハ胡月堂玉草堂大惣玉新のもやい板にして尤　御免の上売弘む但し至ての略画にして図面にあやまり多しまた同じ板元にて去大人の著ハされしあり其図ハ至て細密なる物にて官職姓名等をただし其巨細なる事いふ斗なしまことに絵草紙の最上といふべし(22)

と述べ、当時の刊行物の情況を物語っている。行列図などは立売りの他に、本屋の店先で売られることも当然あった。その店先の様子も挿絵となっている。「和漢書籍」と看板をかかげた店には、書物が並べられ、軒先からは「琉球人来朝之図　とぢ本一冊 同壹まいすり」と墨書きされた紙が垂れ下っている。(23)

このように前評判が高く刊行物も前売されるなかで、様々な町整備のお触書が出される。これに対応する町の様子が挿絵と共に具に描かれている。例えば町中総出で屋根を直し、瓦を葺き、道に土を蒔いて杵で搗き固める作業の挿絵があり、その本文には、

すべて琉球人の通行する道筋ハ一統に地行直りあるひハ屋根をふきがへかハらを見がく等数日を歴たりされバい

づくも殊の外きれいになりて誠に見まがふごとくなれり(24)

と記されている。これらの整備は、「はじめ八九月の十七日頃〆十月の末頃までにこと〳〵く出来せり」と長期にわたるもので、行列の通行する道筋が中心であったが、これを機に町が「見まがふばかり」になったとある。名古屋から熱田へ抜ける「熱田道」などは、このため、

取わき熱田道等ハ是がために往来とまる程の大群にて地行をなす(25)

とあり、その道筋整備の規模の大きさを語っている。

十月八日の入江町涼源寺薬師会には、「琉球人の行列」を模した「寒天」・「青のり」・「浅草海苔」などの人形が作られ、人びとの人気を呼んだ。

涼源寺薬師会　作物　琉球人来朝の評判高くいろ〳〵の見立等ある中に当寺の薬師会に琉球人道中の所を作る人物ハかんてんなどにて作り富士山其外の山々は青のり浅草海苔などにて作る尤よき細工也(26)

また、この頃に流行性の風邪が蔓延した。この風邪は琉球人が齎したものと見做されたようで、琉球風邪とも薩摩風邪とも呼ばれ、

△此頃（十四日と十八日の間頃）風流行る是ハ琉球人来朝に付琉球風といつていつの来朝にもはやるといふまたハ薩摩風ともいふよし府下に此風を引ぬ者ハ稀にしてどこの内にも一人か二人引ぬ者ハなし大丸井藤あたりすべて人多き所にてハ風薬を大釜にて煎じたる由是にて一統はやる事おしはかるべし(27)

此節落書ていの狂歌あり

さつまから風を車につんで来て引者もあり押者もあり

又風の神をおくり歩行物もらい或ハ琉球人の形にても乞食歩行(28)

と記している。十九日には、この流行風邪を鎮めるために神送りが行われ、本町が賑わったとある。江戸においても

風邪が流行したことは、

東都にてハ猶更流行して麹町の或薬店二日の間に五十両程の風薬を売しと也、[29]

とあることからも大方知れる。松浦静山もまた次のように書き残している。

△この度琉球人来都以前、冬節に至る頃より、西方より疫邪来ると覚しく、江都一般この邪に罹らざるは莫し。人因、琉球風と唱へたり。夫に就き何者か口占みけん、二首の詩あるを或人示。[30]

行列を迎える準備がほぼ整った十月十八日巳の刻頃になると、琉球国使節一行の先荷物の長持が通行した。これは前日十七日に墨俣宿を通過した「献上品長持七十九棹」である。『名陽見聞図会』にも、

△同日（十八日）琉球人先荷長持七十九釣巳刻頃本町通を通行す薩州御家臣宰領として前後に附添行[31]

とある。『琉球画誌』には加えて、「中山王長持」の札を立てた荷持を六人掛りで担いでいる人足の姿と、それを見物する女子供の姿が描かれている。見物の人の間では、この長持の内容に関心が集まり色々と取沙汰されたようである。それが「喰物」であるとか、「献上物」であるとかの噂が立っている。著者小田切春江の考えは、

琉球の喰物は此国とかハりたる事なきよしされば喰物ニてはあるまじ、[32]

であった。

さて行列当日になると、その賑わいは大変なもので、未明から家毎に提燈を出して照らし、人びとは早朝から集まり、まさに「錐をたつる地もなく通り筋に充満」したとある。通り筋には丸太や竹で囲いを組み桟敷とし、店屋筋では店先を開け屏風・毛氈を飾っている。通り道に面した店に知り合いを持つ人々は、前々から頼みおいたその店で、また知り合いのない人びとは通りの桟敷で見物することになる。この群集を当て込んだ商人たちは、絵草紙・菓子を売り歩き、「銭もうけはいふ斗なし」という様であった。『琉球画誌』には、広小路から本町通りにかけての行列とその見物の様子が描かれている。桟敷の見物料は「壱人前三十二文程づつ」であった。因みに江戸のお成道での桟敷見

物料は、「壱人前弐朱卜弐百文」であったと馬琴は記している。[33] 行列の通行まではかなり待たされたようである。巳刻（午前十時頃）から辻々は役人によって往来を禁ぜらるという体制が取られたものの、実際に本町一丁目へ行列の着いたのは「未の中刻頃」（午後二時頃）であった。そして「申の刻まへ」（午後三時頃）にようやく熱田へ着いたという。曰く、「待遠なる事言語にたへたり」[34]。

これらの行列の道筋をみると、清洲より枇杷嶋、五条橋を渡り京町壱丁目から本町通りを末広町に至り、熱田へ抜ける熱田道へ出ている。この間、伝馬町辺から広小路まで路次楽が奏された、とある。熱田では、正使は「赤本陣」、副使は「小出」にて休息を取り、その後五ツ時まえに鳴海宿に到着している。名古屋市中にも琉球正使死去の風聞は流れたと見えて、次の「見立」を春江は記している。

又はなしも一ツ聞けり是ハ将棋の見立なり左にしるす

〽王が死んだからししやで来るといふ事だどんなかくでくるだらふ

〽それハ金銀で来るといふ事だ漸きやうまでついたそふだ

〽こいつハけいまの高上りだなしかし歩あしらいな事もなるめへ[35]

正使は琉球王であるという受取り方が庶民の間では一般的であり、解釈すれば正使死去をからかったものと見える。また当時市中で広まった「なしづくしの見立」[36]をも記している。その中で、琉球に関する物は、

琉球人　きれいになし

琉球人　こしものなし

大将こしに　のりこなし

などである。最後の見立は、「大将輿に　乗りこなし」ということで、名古屋の方言では、「大将は輿に乗らずに来た」を意味する。したがって、琉球国使節の到着前にはすでにさまざまなうわさや臆説が広まっていたことを知るの

である。

琉球国使節一行を迎える名古屋市中の準備の様子は、『琉球画誌』等により具体的に知ることが出来た。江戸における準備については、市中にあらかじめ達せられた御触書からその内容を知ることが出来る。使節到着を翌月に控えた十月には、江戸市中に次の如くの数種の町触れが出されている。これらは、行列通行時の見物人に対する規制と、町繕いについての指示、および登城・御三家挨拶当日の通行道筋を示唆するものであった。

一琉球人参府ニ付見物被出候者共大勢可有之候町中ニ留らせ候而ハ往来之障ニ可相成旨町中ニ立休らひ不申様可仕候事琉球人通り道筋町々人留も無之候得共行掛りニ見物可致旨罷出候者前々ゟ多く道筋致群集夫々別候事者候得共怪我人有之茂難斗候ニ付近日琉球人登　城并御三家方御老中方若年寄衆江罷越候節上野拝参御当地出立之砌道筋之町々横町木戸有之候所ハ琉球人通り候少々前ゟ木戸立置可申候木戸無之町々者喰違竹矢来致尤馬駕籠等通候ニ差支無之様琉球人通り候節ハ人留可致候勿論用有之願又者病気或ハ見当之者ニ而茂参先随ニ改候分ハ相通可申事

右之通り可相触候

十月

申渡

一琉球人近々参府仕登　城退出并御三家方御老中方若年寄衆江罷越候道筋之道橋下水板橋木戸矢来等膳可申候但早速出来兼候木戸矢来者取払候而苦ク間敷分ハ取払可申候

但火之元盗賊等之ため各々在之□内町々仮木戸矢来申付置候処木戸矢来之内見苦敷分ハ琉球人通候節斗□取払相済候ハハ早速如元取付候様可申付候

右者琉球人江馳走ト申ニ而ハ無之候間馬足不危候様手廃ニ取繕可申候但難心得事ハ早々書付差出候
辰十月

一看板　一暖簾
右者先年も一様ニ無之勝手次第取外ニ致候此度も其通り相心得尤見苦敷看板ハ取外シ可申候事
一幕屏風
右同断右之□二階ニ者有合候簾掛可申候
一横町見通場所矢切不及候事
一町屋之内明地
右板囲ニ者不及竹垣□□ニ而取囲可申事
一町々木戸無之横町縄張致棒突人足差出置可申事
一琉球人登　城之節者芝大隅守屋敷ゟ幸橋屋敷迄夜中罷越候筈ニ候間道筋町々相応ニ挑灯差出可申事
一御暇之節通行候刻万一夜ニ入候ハヽ町々江挑灯差出候儀同断
一〆切人留手次等ニ不及候事
一日本橋肴商売之事
右者上野　御宮参詣帰路々候□刻限夕方相成可申間平生之通ニ而可相済事
一宇田川橋左右矢切致候ニ不及奇麗ニ掃除仰付置可申事
一高輪水茶屋冬之内者有之間鋪候若有之候ハヽ取払可申事
到着之日登　城之日其外所々江出候日茂大火焚候商売不及相止候事

一町々火消道具取入可申事
一名主裏付上下町人羽織立附着可申事
右之通　御奉行所被　仰渡候間前書ニ抜相心得間違無之様取斗可申候
　辰十月

　申渡
一琉球人通行之節見物之者別方かさつニ無之様可致候且通行筋ニ琉球表有之書記候暖簾看板等ハ取外可申事
右之趣相心得可申事
　辰十月
（以下略）(37)

こうして使節を迎える市中の準備が整い、行列の進行状況についての情報も伝わって、琉球国使節への関心は次第に盛り上がった。江戸に到着する前から行列図などが売出され、市中の人気を呼んだことを松浦静山は次のように記している。

△来都の前、琉球人行列とて、市街に売、絵店にも販ぐ摺もの有り。未だ視るに及ばず。孰かこの像を作すと、独笑しぬ。(38)

また滝沢馬琴の「日記」には、後述するごとく、一行の到着前から琉球に関する情報交換が盛んに行われていたことが記されている。このような前評判、前人気の高まりの中、琉球国使節一行は江戸に入ったのである。

天保三年十一月十六日、琉球国使節正使豊見城王子以下一行九三名は、島津斉興に先導されて江戸入りした。日記によれば、前夜十五日は島津斉興が神奈川本陣に、使節一行は川崎本陣にそれぞれ止宿している。十六日明六ツ時分、琉球国使節全員が宿所本陣玄関にて島津一行の通行を「拝見」することを命ぜられたが、これは一行を遣過ごして島津斉興先導の形をとるためであった。四ツ時分には使節たちも川崎宿を出立し、昼に品川脇本陣に到着した。九ツ時分に路次楽行列の隊形を組み、鈴ヶ森からは島津一行の後付けの形をとりながら進み、七ツ時分に芝高輪の島津藩邸に到着している。この日は朝からの雨が雪に変わったが、高輪屋敷附近には多くの見物人が集まっていた。日記には、

供琉球人并路次楽人は品川御本陣より歩行高輪御屋敷御見物大名様田町御見物え御隠居様其外様被為入上御屋敷東角御物見えは御前様被為入行列被遊御覧候段被仰渡候付其辺路次楽繁り仕候様申付候也(39)

とあり、御隠居島津斉宣ばかりでなく他大名の見物もあった様子である。(40)この時の使節一行の出で立ちは、王子・副使から中官までが琉球冠服、楽童子は金花花簪を挿していた。日記には装束について、さらに、

王子副使讃儀官楽正緞子儀衛正以下楽師迄綸子楽童子緞子従者士供紗綾兕子以上大帯着用下供色衣いつれも白足袋はきあい蹈候也(41)

とある。これらの装束は儀礼によって定められており、唐装束・琉球冠服・大帯の使いわけがなされているのである。このことについては後述する。

琉球国使節参府の第一の目的は、いうまでもなく将軍拝謁にあった。五七日間にわたる江戸滞在中の行事・行動が、すべてこれを中心に組立てられていた。江戸における使者の果たすべき任務は次の四点であった。

(1)　将軍拝謁（御目見登城・暇乞い登城）
(2)　上野宮参詣
(3)　御三家・老中・若年寄への挨拶廻り
(4)　島津藩邸における儀礼、各種の饗応

(1)～(3)は対幕府の公的儀礼であり、無論これが第一義の目的である。しかし、使者たちにとって、(4)も前者に劣らない意味を有していた。(1)～(4)のそれぞれについて、琉球人の行動を具体的にみてゆこう。

将軍に拝謁するのは、通常お目見登城と暇乞い登城の二度である。[42]天保三年度は閏十一月四日と七日に登城している。江戸入りして暫く休息の後、使節一行はこの登城の準備に明け暮れた。まず十一月二十四日、翌二十五日に「登城行列心得」のある旨が通達された。二十五日には、隠居斉宣・当主斉興・世嗣斉彬の三代が揃って出座し、お目見登城の打合せが行われた。王子（正使）以下楽童子までの使者へ登城の上意が伝えられ、斉興手ずから江戸城の図面を広げて式儀の指導がなされたのである。日記には、

今日八ツ時分王子副使讃儀官以下中官楽童子聞役案内にて玄関より罷上り御客間え暫相居追て御座之間え被召出御茶御菓子被下左候て大守様若殿様御出座御目見被仰付追て御隠居様えも被遊御出座何連も御前近被召寄段々難有御慈之被蒙上意登城節御次第書等大守様手つから王子え被成下御座之間絵図御引合御式向之儀御差図被成下暮六ツ時分退去いたし候事[43]

とある。この指導は八ツ時分から暮六ツまで行われ、その後琉球人から大守斉興へ唐菓子・砂糖の献上があった。さらに二十七日には、城中式儀の習礼が行われた。この日は斉興・斉彬が出座し、御用人・留守居衆の島津家臣に公儀御茶湯坊主を加えて、王子以下楽童子までに対して城中の儀式の指導がなされている。御目見之次第・御献上物之御礼・自分献上物御礼の具体的な手順ばかりでなく、座楽・歌楽の「稽古」が四ツ時から五ツ時まで続けられた。翌二十八日には、登城行列の練習が島津屋敷内で行われた。王子と副使は参加しなかったものの、装束・持道具・人足まで当日通りの支度であった。九ツ時から七ツ時まで続けられた練習を、斉興自身が「覗」している。晦には、登城の際に馬を用いる供立が乗馬の稽古を行っている。側役衆（二階堂右八郎）の指導の下に、馬場において八ツ時から六ツ時までの練習であった。『保辰琉聘録』によれば、江戸到着の折、島津邸前において楽童子が落馬するという事故が

起きている。[44] 登城当日にこのような不祥事が繰り返されることを恐れての指導であったろう。閏十一月三日、登城を翌日に控えて再び通達があった。四日の登城日は雪天であったが、八ツ半には正使宿所玄関に勢揃いし、斉輿・斉彬の後に続いて路次楽を奏しながら七ツ半に高輪邸を出発した。途中、芝町を通過する頃には夜も明けて、提灯を消して江戸城へ向かった。この時の道筋は、次の通りである。

将監橋増上寺表門前芝口橋より御堀端通幸橋御門え入桜田御屋敷前より松平肥後守様松平大膳太夫様御屋敷脇通日比谷御門八代洲河岸竜之口より松平能登守様御屋敷脇通大手後門より登城[45]

沿道警固のものものしさは幾つかの見聞記に記されているが、この『儀衛正日記』には、

道筋公儀御徒目付衆町中之与力足軽出御大名方御屋敷前手桶を出熨斗目着之士衆足軽相付警固有之に路々虎落結人留有之又は棒突所々御徒目付頭衆下知方有之候也[46]

とある。城中における儀式については、『通航一覧』および数々の「来朝記」類に詳しい。『儀衛正日記』の記述は半帳程の短いものである。この日記とは別に存在した『正使方御日記』に詳しく記されたもようである。下城後、島津氏より使者たちへ労いの食膳が出された。王子・副使・讃議官へは二汁三菜、中官・楽童子へは一汁三菜、従者以下士供へは一汁二菜、路次楽人・下供へは一汁一菜であった。一日置いて六日には、御用人から翌七日の登城の日程と注意書が伝えられた。七日の登城には御暇乞いと唐楽・琉楽奏上の二つの目的があったが、登城の順序と拝謁の次第は大広間における音楽奏上を除いて前回と全く同じであった。この日記にも式次第について三帳程の記述があるが、さほど詳しいものではなく、「御拝領物幷次第書等委細正使方御日記に相見得候」[47]とある。将軍からの拝領物は、中山王・正使・惣中へそれぞれ銀五〇〇枚・二〇〇枚・三〇〇枚というのが毎年度の定式であった。[48] 日記には、

一公方様より
　白銀三百枚
右従者惣中え

右拝領銀讃儀官以下楽童子迄江戸琉蔵役共より左之通主従割を以相渡候事

銀子六百弐拾九匁弐分六リ八毛弐シ主従四人分

一王子副使え拝領物之内左之通御裾分被下候事

一正使より　美濃紙　一本

一同　越前綿子　壱把

一副使より　杉原紙　壱本

一同　綿子　壱把(49)

とあることから、惣中へ下された銀三〇〇枚はその日の内に分配されたこと、正使・副使の拝領物の「御裾分」もあったことがわかる。

閏十一月九日は、一日がかりの上野宮参詣であった。朝六ツ半、島津斉興・斉彬に先導されて路次楽を奏しながら出発した。行列の道筋は次のとおりである。

芝松平大隅守屋敷将監橋増上寺表門前、夫より通町芝口橋際より左え入、大隅守屋敷脇松平肥前守屋敷脇通り、松平安芸守屋敷前御堀端通り、半蔵御門え入、竹橋御門出平川口御門前民部卿殿屋形前通り、神田橋御門出、本多伊勢守屋敷脇通り、稲葉丹後守屋敷前戸田因幡守屋敷前筋違橋御門出御成道通り、上野黒門文珠楼通、御宮之参詣、夫より文珠楼出、凌雲院前、本坊え罷越、夫より大隅守宿坊明王院え立寄、罷帰候節、元之道筋筋違橋御門え入、須田町通日本橋通芝口橋増上寺表門前通り、将監橋夫より芝大隅守屋敷(50)

「来朝記」類に見られない記述として、この日記には、

副使同（文珠楼）石壇下乗何れも下馬続て差越馬上之面々随身門迄二行に相備正使副使通詞一人付添随門被参候時大目附衆御出迎御案内にて御宮え参上献納物御使番方仕出にて兼て被相備置候付王子副使唐（ママ）被奉九拝済て大目附衆随身門

迄御案内御退去(51)

とあるごとく、正使・副使に通詞が付き添っての参詣であった。帰路は中官・楽童子も駕籠を用いた。これは寒気の厳しさを配慮して前日に特別許されたものであった。途中、谷中の天瑞山明王院で茶・煙草盆・料理の接待を受け、夜五ツ時分に帰館した。翌十日、王子が上野宮より拝領した蜜柑の「御裾分」があった。

十三日朝五ツ時分、「御台様・御簾中様」から使者が訪れた。中山王・前中山王への拝領物が届けられ、使者は五ツ時分に退出したが、この時の琉球側の出迎えは日記によれば次のとおりである。

中之御門外え両使 西方正使以下中官楽童子 東方御家老始御役々順々 罷出
御使御立宿所え通御送御役々并琉球人にも東西より入加へ罷出候(52)

登城・上野宮参詣に続く公的儀礼は老中・若年寄・御三家への御挨拶だが、日記にはその記載がない。おそらく、路次楽を伴わない行列であったので、儀衛正自身がこれに加わらなかった故であろう。天保三年度は、閏十一月十六日に老中・若年寄への御礼廻りが行われた。御三家のうち紀州侯は生母卒去の忌中のため、また水戸侯は普請中のため琉球人の訪問を辞し、十八日に尾州侯のみへ挨拶したことが『保辰琉聘録』に記されている(53)。

江戸における琉球人の大きな任務のひとつは、島津氏との儀礼である。しかし二度の登城および上野宮参詣の大任を果たすまでは、すべての日程がこれに向けて組まれており、文化交流の場であった舞楽上演や見物事は行われなかった。登城日の前に四度、使者たちは島津斉宣・斉興・斉彬の三代に対面しているが、そのうち二度は前述の十一月二十五日と二十七日で、登城の「習礼」のためであった。閏十一月朔日と二日にも対面しているが、前者は島津斉興に幕府より下された「参府御礼」への祝儀である。後者は斉興が正四位下に叙せられたことへの祝儀である。上野宮参詣の済んだ閏十一月十二日、使節は斉興・斉彬の前で座楽・歌楽・琉球踊・唐踊を演じた後、饗応を受けて楽正以下の役々に次の品が下された。

一　太守様より錦絵　一箱完
一　文庫之内　一完　品々入加
一　若殿様より絵半切紙　一箱完
一　文庫之内　一完　右同
右楽正以下役々え拝領被仰付候(54)

十五日には、幕府に対する斉興の昇進御礼が無事に済んだことに祝儀を申し述べた。その場には隠居斉宣・世嗣斉彬ばかりでなく、「三位様」(重豪)も出座しており、重豪から使節全員に拝領物があった。その翌日に重豪へ御礼を申し述べている。十七日は、楽正・楽師・楽童子・踊人が舞台で「音楽踊」(琉球楽)を披露し、饗応を受けた。十九日には朝の五ツ時分から「見物事」が催され、士供に至る使節全員が斉興・斉彬出座の下で見物をし、御庭を拝見した。その後王子以下楽童子までが御茶屋へ移り、琉球人従者から斉興・斉彬へ次の進上物が差出され、またそれぞれへ拝領物が下されて、暮れ五ツ時分に退出した。

三位様え
一　蘭花貢香　二箱
一　花氈毯　二枚
右楽正以下役々より進上物(55)

重豪からは儀衛正以下従者・士供へ「御包物一完」が下された。翌二十二日には前日同様の行列で白金御殿に参上して饗応を受け、隠居斉宣との間で前日同様に進上物・拝領物の授受があった。この場には儒学者佐藤一斎も招かれており、その時の見聞を松浦静山に伝えている。(56)続いて二十三日、当主斉興出座のもとで楽正以下楽童子が席書と琉球踊を演じ、「御包物一完」を拝領した。二十五日は朝六ツ半に行列を組み、再び高輪御殿へ向かった。この日は御囃子・猿芝居《(猿狂言)》・軽業を見物した後、お庭を拝見して拝領物があった。楽正以下の役々へは「御包物一完」が下され、四ツ時分に帰館した。二十七日にも朝六ツ時分から行列を組んで白金御殿へ向かい、大神楽を見物して御庭を拝見し、「手づま」を見物した。讃議官以下士供までお目通りし「御盃多葉粉入一完」が下された。翌二十八日には九ツ時から正使以下中官・楽童子までが御殿へ召され、御茶屋で検校の「琴挽」を拝見し、入相時分に帰館した。十二月八日、三位重豪から正使以下士供までに対してばかりでなく、「御国許え相詰候親雲上以上」(鹿児島琉球館詰)へ次の品々が下されている。

御寿盃　一完
米之御守　一完(57)

この日、「公辺勤」がすべて終了したので帰国を許すとの通達をもった使者が遣わされ、これに対して、王子《(正使)》・副使・讃議官は御殿に参上して御礼を言上した。江戸出立を間近に控えた十日、正使以下中官までが参上して、幕府から琉球国王への返翰書を受取り、使者全員の「名書」を差出してお礼を言上した。この時次の拝領物があった。

一　銀三拾枚　琉球人惣中
　大守様より
一　同拾五枚完　琉球人惣中
　三位様
　御隠居様
　若殿様より
右者
公辺勤向相済候付進上物有之候間右之通拝領被仰付候(58)

十二月十三日朝四ッ時分、すべての任務を終えた使節一行は帰路についた。一行の出で立ち・路次楽は江戸入りの時と同じであったが、楽童子は拝領の時服を着していた。

以上みてきたように、江戸における琉球人の行動は対幕府の公的な儀礼と対島津の儀礼との二つに大別し得るのである。『儀衛正日記』から明らかなように、琉球国使節にとって後者は前者に劣らず大きな比重を占めていた。二度の登城および上野宮参詣の後は、使者たちの日程は対島津の儀礼で占められている。閏十一月十二日から十二月十日まで、連日のように島津各邸において催事があった。使者は島津重豪・斉宣・斉興・斉彬に対面して、琉球楽・琉球踊・唐踊ばかりでなく日本踊も披露し、猿狂言・手づま・御囃子・軽業・大神楽を見物し、藩邸の御庭を拝見している。また使者たちは宴席で席書を求められてもいる。このような宴には儒学者・画師・謡曲師なども臨席していたようである。松浦静山はそれらの見聞を集め『保辰琉聘録』に収めている。閏十一月二十二日、佐藤一斎は島津斉宣が白金邸で催した使節饗応の宴に臨んでいる。[59] また画師狩野探信も斉宣に招かれて、琉球人の舞う姿を描くよう乞われている。[60] 謡曲師観世新九郎は、重豪が高輪邸で催した饗応の場で舞台を勤めた。[61] その日には黒田濃州（斉興の子）も同席し、王子（琉球国正使）とともに謡の助声をしている。新九郎はこの時の見聞を詳しく静山に報せている。[62] 即ち、琉球人は「琉冠」（琉球冠服）を着けず髪を結い上げ、金花花簪を挿しているとある。当日御囃子が演ぜられたこと、および琉球人の服装からこれは閏十一月二十五日のことと察せられる。使節には登城して音楽を奏する者以外にも芸能に秀でた琉球人が加えられたようである。これらの人びとにとって、島津氏による饗応は技量発揮の場であり、また日本芸能を目のあたりにする機会でもあった。

『儀衛正日記』にはその時々の装束が詳しく記されている。表3・4に明らかなように儀礼の対象によって装束がはっきりと使い分けられているのである。対幕府の儀礼においては、登城・上野宮参詣ばかりでなく「御台様・御簾中様」からの使者を迎えるにあたり必ず「唐装束」を用いている。一方対島津の儀礼においては、その軽重によって緞子・綸子・紗綾の違いはあるものの、「琉冠服」あるいは常の服装である「大帯」で通している。この装束の差異は、その場面において何が強調されねばならないかを明確に表わしている。つまり、幕府に対する儀礼において唐装束を用いることは、自らが「異国琉球」の使節であることを前面に押出すことを意味している。そして対島津の儀礼において琉球冠服を用いることは、「附庸国琉球」の使者としての礼を意味するのである。江戸の琉球人は、一国の使節であると同時に島津氏の臣下であるという二つの側面を有していたのである。

江戸において、琉球人と個人的に面談したという記述は随筆類にも見当らない。また、行列の通行以外に琉球人を市中で見かけたという記述もない。江戸における琉球人は、島津氏の邸内で厳しい監視の下に行動を制限され、外部との接触を断たれていたのである。その様子が、『保辰琉聘録』には次のように記されている。

△琉人着のうへは薩侯の上屋鋪に置る。其居処は、元来在りし家老の居舎《ナガヤ》を一軒あけ、其側道をへだてて者頭居《ナカ》舎《ヤ》二軒ありしを、一つに合はせ、中の道に廊家《ラウカ》を渡し、球人の通路とし、居所の周《メグリ》は竹やらひにて稠《キビシ》く囲み、外人は勿論、藩中の人にても入ることを固く禁ず。因て老侯両所の用事は別段、是まで球国へ薩州より在番せし輩、其故を以て、年来懇の球客に逢たく抔請ふ者は、臨時の指図にて入る(63)

『儀衛正日記』によれば、江戸入り直後の十一月十八日に出された諸事取締の通達は次の如くである。

一諸事取締向之儀兼而段々申渡置候通聊無緩疎可相守事
一火用心別而入念夜入寝所ニ火消させ正使御宿は当番之使讃副使御宿中は使讃楽正宿并楽師楽童子居間は楽正儀衛正宿并路次楽人居間は儀衛正ゟ毎晩消跡之首尾可取承届事
一各居間ゟ外出候節は広袖衣裳致着用小袖相用間敷事
一宿々荷物衣裳類不取扱大小用取々廉林無之様可致事
右之通御殿中之儀ニ候条就中取締向厳重行届候様毎々可被加下知候以上

十一月十八日　　　小禄親雲上儀衛正(64)

火の用心など宿所における注意事項と並び、第三項目では、人目につくところでは「広袖」(琉球衣裳)を着し「小袖」(大和風の室着)を用いることのないようにと指示されている。これは大和風衣裳の禁止であり、つまりは異国風の強調である。

また『儀衛正日記』によれば、対外的な場面では常に琉球人には「通詞」がつけられている。このように、幕府に対して示された姿は、琉球人本来のものではなかった。宝永七年以来島津氏によって入念に演出されてきた「異国琉球」の姿であったのである。

この島津氏の演出に疑問を感じた人びとがいなかったわけではない。宝永七年度の使節を見た荻生徂徠は『琉球国聘使記』の中で、島津氏の意気揚々たる様と幕府の厚遇にそぐわない琉球人の態度から、使節の傀儡性を見抜いている。松浦静山も琉球についての見聞を集める中で、幾つかの疑問を記している。例えば上野宮参詣の折、湯を求めて付近の民家に立寄った琉球人の言葉が「是等全く和語の優たる者」で、むしろ島津家臣のものよりも解し易かったとある。(65)また城中において「言はば、両使(正使・副使)其外とも何ごとも能く分るゆゑ、通辞は席に存るばかりにて、少しも通辞の用は無き体なりし」といった類の記事が幾つか見えるのである。(66)これらは当時「琉球」＝「異国」、すなわち琉球人は日本語を解さないという観念が存在していたことを意味している。

登城・上野参詣・挨拶廻りの道には、見物人が群れをなし、通行道筋の各所には桟敷・手摺が設けられ、前述の町触に従い混雑の規制がしかれた。閏十一月四日の登城日の様子を松浦静山は、

△四日には琉人登城すと聞へしかば、前達て増上寺中宿坊の雲晴院に命じて、彼の山内、一院を見物所の為借置たり。(中略)還行をぞ観んと、荘を五ッ半に立出、行ほどに、この本庄の地よりして両国橋を渡るに、稍人行多ふして、皆予が行くに逆ふ。予不審に念ひ行つゝ見るに、薬研堀、長谷川町、江戸橋に到るに増々多し。予思ふ。

これ琉人の行列を見る者ならんと。追々問は使むるに、果して然り。或は云ふ。何れの所に往て見る。又は何れに観て還ると。察するに、路傍に手摺を設けたる中を借て、登城の往道を観て還る者なりき。都下の広き、僅に一隅に帰る者斯の如きときは、此余の方角は何かにぞや。夫より行ほどに、新橋を渡れば、松坂屋の店前よりして、幸橋御門外に至る迄の間は、町家の構へ、前月の半ば大木戸へ往しときの如し。家により、早朝よりと覚しく、群客酒肴を陳ね、酔人抔も見へて、拳戯の声喧すし。夫より増上寺へ到り、暫く宿坊に憩ひ、出て大門の右傍米沢侯の坊浄雲院に抵り、楼上に在て琉人の帰るを待つ(67)。

と記している。しかしこの日の登城は早朝であった上、帰行は日が暮れてからであった。暗中に挑灯もなく、行列の様子は殆ど見えず、見物人たちは「坐に在る者皆笑を止めて撫然たり」ということであった。そのため、同月九日の上野参詣には多くの見物人が集まった。馬琴の「日記」には、前日に桟敷の予約をしたことが記されている。

○八日庚辰　曇終日不晴寒甚し

（中略）

一明九日、琉球人上野参詣　上覧有之。上覧処前通行、其外御三卿方御見物ニ付、昼比、戸田やしき前通行のよし。桟敷被拵候間、小児遣し候様、孫太郎申ニ付、約束いたし畢。其後、おミちゟお久和方へ、尚文を以、右之趣申遣ス。承知のよし、返事口状にて申来ル。此使、多見蔵也。此度ハ前々とふり合ちがひ、琉球人通行筋、桟敷をかけ、前日見分有之。麁末なる見ぐるしき屏風等、不為出候よし也。御成道も同断。かねて□めでたや久兵衛方へたのミ可遣存、過日お百を以、為申入候処、前約有之、こみ合候よし。且、壱人前桟敷弐朱ト弐百文のよしニ付、めでたやハ止メ候て、戸田桟敷へたのミ遣し候様、談じおく。

○九日辛巳　薄曇　昼前ゟ薄晴夕方ゟ風烈深夜風止

一四半時比、おさき来ル。琉球人見物の為也。家内一同、早昼飯ニて出宅。多見蔵供ニ召連、かねてハ戸田殿桟敷江罷越可申候つもりの処、もはや彼辺球人通行いたし、筋違門茶店ニて昼食のよし。依之、引返し、御成道めでたや久兵衛方ニて見物いたし、八半時比帰宅。宗伯ハ風邪ニ付、留守す。予ハ不趣、在宿也。お百・おさき・おみち・太郎・お次、同道也。

（中略）

一夕七時過、お久和らおミちへ使札。今日琉球人見物之事、昨日頼遣候処、不行ニ付（ムシ）、様子聞（ムシ）の為（ムシ）よし。菜漬一重到来。右ハ遅刻ニ付、間ニ不合。依之、御成道めでたやニて見物いたし候趣、則、返翰ニ申遣ス。[68]

また松浦静山は、その日の見物の賑わいを詳しく記している。

△是より九日には、琉人上野御宮参拝と聞へしかば、（中略）五ツには彼処に到て俟てり。さて行つる路々のやう体は、田原町より東門跡の前あたり、其先の諸店皆人無く、ただ買物を置く耳。思ふに、琉行を見物に出払ひたるならん〔先日も見物に増上寺に往たるとき、肴菓の類を市中に調に遣したるに、彼辺みな商を休みゐて、この如き売物一切なく、皆琉観の為に奔走して、ただ賑はしき計り也と。是等に因ても其時状を知るべし〕。途中は、男女老若賤あり士あり。種々の人陸続として絶へず。皆上野の方へ向行く。これ渾て見物の輩なり。其状、想みるべし。夫より山下の方に往つゝ、彼黒門前より広小路を流観するに、両辺の町家は何れも狭からぬ家居なるが、楼上には其者の幕をうち、或は侯家の幕と覚しきも有り。紫幕罽交も錯はれり。各牖には簾を垂れ、紅氈を掛く。観望頗る装麗なり。この簾内を窺ひ知るに、貴客有りと覚しく、或は富豪諸家、詳にすべからず。楼下店前には、手摺を囲みたる広坐鋪を二重に設け、天幕なくして席を敷く。其中に在る者、殆んど百を以て算ふべし。向畔の人を看れば、春山の芝草の如く、首頂の相連る、浜の真砂と云べし。阿房宮の賦も何かでか及ばん。予が楼下を臨み見るにも、一目三四百人には減るまじ。余は是を推て知るべし。又予が楼よりしては黒門の方は見へざりしが、亀山侯の警固ありて両方の人厳重なりしと聞く。（中略）夫より良久し見る中、見物の人弥増し、後は両辺の

手摺の外、行道に汎濫し、町吏制すれども聞かず。又制止も及ばずして、数百の人中路に回走す。[69]

松浦静山は、三橋下の町家を借置いて見物したが、筋違御門外の広場の様子も記している。

鷺仁右衛門前約なり迚、予が桟鋪に来る。鷺曰。某四ツ時に宅を出て赴く路次、筋違御門外に到りしかば、彼処の広場に琉勢屯をなし、上官の輩は彼辺の茶屋を借り、楼上に居て、却て吾が行人を臨みゐたり。下官の者は、地上に薄縁を敷てこれに坐し、乗馬は皆路頭に立て、休憩の体なりしと。さて琉使通行の前後、彼地の褓繰喧囂、云ばかりなし。其間、世に弄ぶ大神楽、角兵衛獅子、或は放下、幾隊ともなく往返し、又種々の行売交りて、或は鼓を鳴し、笛を吹き、人の為に舞ひ哥ひ、加ふるに販市の呼声耳に絶へず。其さま筆に尽すべからず。又池端中町より広小路に出来る人を見るに、堤壊て湛水の其口より漲り発るが如し。[70]

桟敷が組まれ、酒・肴を携えた人びとを目当に、大神楽・角兵衛獅子・放下が行き交い、物売りも出て祭場の賑わいを呈したのである。

老中・若年寄および御三家への挨拶廻りには、それぞれ一日ずつが宛てられた。どのような手順を踏んで行われたものか、静山も興味を抱き、縁籍である「閣老笹山侯」へ問い合わせている。これに対する閏十一月十五日の返事では、琉球国使節の出立は五ツ半、笹山侯宅へは八ツ半時到着の予定で、老中・若年寄宅では琉球音楽の奏上はなく、単に座敷へ通し茶烟草盆を差出すのみである、とある。さらに、挨拶日翌日の十七日には、より詳しい「御座鋪ニ而之手続」を、同家家臣が静山に報告している。その書付によれば、まず薩摩藩主島津家家来（家老一名・御用人二名・御留守居二名）が琉球国使節に先んじて進物を届けに来る。次に、琉球国使節（正使・副使・中官・楽童子）および通詞が到着し、薩摩藩家老が口上を述べ、御用人が進物の目録を差出す、とある。挨拶廻りの当日、三度静山は道筋途中にて使節を待ち構え、一行を見物し持道具などの詳しい描写記録を残している。

十八日には御三家を廻る予定であったが、使節が実際に挨拶に訪れたのは尾張徳川家のみであった。この日も四度、静山は琉球国使節を見物するために待ち構えるが、もはや江戸市中の人びとにとって物珍しさは遠のき、関心が薄れたことが次の記事にみられる。

五ッ半に出宅し、行つゝ芝宇田川町、神明町のあたりに到れば、左右の屋其家々の幕を張りたるが、或は有り、或は無く、是まで見し去月の江戸入り、過し上野登山の景色はなく、唯役目一篇と云んばかりに見へ、屋内の屏風、店前の毛氈等一切なく、手摺の設は勿論、見物の人は絶て居ず、肆も恒の如く買物を置て、中中球行を待つ体の者会て無し。間には罫れんの上に幕を掛しもあり。是は早く片づけん為の仕方也（或人云しは、今球人通ると云へば、店人顧もせず、琉球通るや抔云体なりと）。予つら〳〵惟ふ。十六日九日の大造、実に球人の眼をも驚かすべし。されども是は荘麗、外国にも誇るべし。今この寂然たるは爰んぞや。『詩』の所謂、鶉之奔々鵲之彊々とは是なるべし。恥かしき有様なりと思つゝ、浄雲院に抵り、定めし八ツ過には来るらん(71)

琉球国使節を迎えるにあたり、文人識者が琉球に関する情報を交換しあい、事前に様々な知識を得ようとしたことは、滝沢馬琴の「日記」から知ることができる。「日記」には、

（天保三年十一月）

○四日丙午　晴　風　昼後風止夕方曇

（中略）

一昼時、関忠蔵内儀〻使札。八犬伝八輯下帙借覧いたし度よし、申来ル。新板中山伝信略折本一冊、未見候ハヾ見候様申され、かさる。八犬伝、則、かし遣ス。

一近日、琉球人江戸着のよし、此度ハ中山王来朝の処、摂州にて死去のよし、風聞也。

○七日己酉　晴　美日

一今朝、地主杉浦氏老母入来ル。太郎江祝儀として、丹後嶋小立袴、お次江駒込(ママ)、被贈之。以茶果(ママ)、饗之。雑談

数刻、昼前帰去。中山伝信略折本、かし遣ス。琉球年代記一冊、被貸之。
○九日辛亥　明六時前ヨリ雨昼前ゟ止テ不晴終日曇
（中略）

一今朝、松浦家内ゟ、下女を以、中山伝信略稿本又かりニ来ル。則、かし遣ス。
○十五日丁巳　曇早朝小雨多くふらず止昼後ゟ雨夜ニ入猶雨深夜止
（中略）

一昼後、清右衛門、為当日祝儀、来ル。中やニて、ミのがミの事、小松やニて、黒ざたう注文申付、かよひ帳二冊わたし遣ス。右用事畢て、帰去。○杉浦ゟ、伝信略折本三通・琉球年代記、返却畢。

（中略）

一今日、琉球人江戸到着也。正使ハ道中ニて死去、則、代りを立らると云。琉球年代記・中山伝信略等の新刻蔵板もの、両三種出ル。
○十七日己未　雨昨日の雪昨夜中ゟの雨ニて過半ふりけし畢寒甚昼時ゟ雨止夜中折ゟ雨
一昼後、関忠蔵家内ゟ使札。過日貸進の八犬伝八輯下帙、被返之。右謝礼として、大根入煮肴、被贈之。右返翰、并ニ過日見せられ候中山伝信略折本、返却畢。(72)

とある。四日、関忠蔵から「中山伝信略折本一冊」を借り、十七日に返却している。その間、近くに住む地主杉浦宅へ二度にわたり同書を貸出している。記事によれば、最初に杉浦宅に貸したものは「折本」で、次の九日に貸したものは馬琴の用意した書写稿本であった模様である。馬琴は書物を集めるのに随分苦労したらしく、必要なものは書写させるか、もしくは苦心して破本を買ってそろえたりしたということである。

（天保三年閏十一月）

○六日戊寅　薄曇晴曇未定爾後薄晴昼前ゟ晴
一屋代太郎殿ゟ使札、てれんといふ事の出処幷ニ手くだといふこと、浄るり・長歌等に出候曲名、両三種の問也。幷ニ、御同人蔵板琉球状一巻おくらる。則、返翰に、てれんハ吉原大全ニ出候、奥州ヶ挑灯の事をしるし、手くだのもん句、曲名覚不申よし、返事ニ申遣ス。
（中略）
一右同刻（夕七時比）、お百、太郎、お次同道、お成道めでたや久兵衛方へ罷越、近日、琉球人通行の節、於右店、見物之事たのミおく。ほどなく帰路。(73)

翌閏十一月六日、馬琴は屋代太郎（弘賢）より、『琉球状』一巻を贈られている。『琉球状』は、屋代弘賢の私家版になる書物であり、本論第四章第二節「琉球物刊本に見る琉球認識」において詳しく述べた。本書が松浦静山にも贈られたことは前述の『甲子夜話』に記されており、書中に『琉球状』全文が書写されている。この年屋代弘賢は、他に二件の摺物を友人たちに贈っている。ひとつは二百字程の短文からなる一枚摺で、内容は前年天保二年に官版として刊行された『琉球国志略』の文中にある「切米」という語句についての弘賢の見解である。他の一件は、「村上良斎蔵板」になる「琉球人画」である。

滝沢馬琴は十一月四日の項に、近日琉球国使節の参着がある事と、使者死亡の風聞を記しており、十五日には死亡の使者が正使であることを摑んでいる。松浦静山も同様の情報を「狂言師鷺建次郎」から聞き及んでいる。すなわち、

この度出府する正使は、彼国王の叔父とやらにて、和漢の博学多才にして、傍ら武芸に達せし人なりしが、薩州かにて病死す。因て彼国より別に正使を遣すとか、副使を正使に昇するとか云ことなりと。

とあり、また薩摩藩邸に出入する町同心からも、

予が方も懇なるが語りしは、この度の正使は薩州にて没したり。其代りには三人目の者正使と成りしと。(74)

と記している。このように静山の得た琉球国使節に関する情報は、極めて正確であった。それは、肥前平戸城主であった松浦静山の立場によるもので、市中で馬琴などが得た情報とは質的に大きく異なっていたのである。

名古屋・江戸における使節一行を迎える様を詳しく見て来た。これら天保三年の使節それ自体は、実態において規模・日程ともに例年のものと変わることが無かった。しかも松浦静山も記しているように、待ちわびた使節の通行であったが、二度目三度目の見物となると興味は薄れて、見物人の数も減少している。すなわち、使節を迎えた庶民の関心は、琉球国使節の行列そのものに集まったのであり「琉球」に集まったのではなかった。ここに「行動文化」としての庶民の動きを見いだすのである。続く天保十三年度にあっては、出版文化の隆盛と外国へのより強い関心の存在にもかかわらず、琉球物の刊行数は天保三年度に比して大きく減少している。これは天保十三年に始まるいわゆる天保の改革に伴う出版規制によるものである。

表3　琉球人江戸滞在中日程表（『儀衛正日記』）（〔　〕内は表4参照）

（月　日）	（天候）	（刻　限）	（事項および装束）
十一月十六日	朝雨 雪降	明六ツ	太守、川崎本陣通過、本陣玄関にて拝見〔B—①〕
		四ツ	川崎出立
		昼	品川脇本陣昼休
		九ツ	行列操出
		七ツ半	芝屋敷到着
十七日	雪		
十八日	曇天		諸事取締達
十九日	〃		
二十日	晴天		

二十一日	〃		
二十二日	曇天		
二十三日	雨天		
二十四日	〃		二十五日登城行列心得ある旨の予告
二十五日	晴天	八ツ	登城の打合せ〔C—④〕
		暮六ツ	琉球人より太守へ進上物
二十六日	〃		来ル二十八日・晦日の内、天気次第登城行列御覗予告
二十七日	〃	四ツ	来月四日登城につき習礼〔C—②〕
二十八日	〃	九ツ〜七ツ	登城行列習礼（王子・副使は不参加）〔D〕
二十九日	〃		
晦	〃	八ツ〜暮六ツ	讃議官以下・乗馬の稽古〔E〕
閏十一月朔	雨天		唐暦冬至にて本殿御書院床上に向いて御香〔C—③〕
			太守参府御礼の御祝儀申上
二日	晴天	七ツ	太守昇進・白米拝領の旨貴聞〔B—⑤〕
			鹿児島琉球館へ飛脚
三日	晴天	八ツ	明日登城の注意
四日	雪天	九ツ半	一行揃〔A〕
		明七ツ半	太守・若君の後より本門を出発
			登城
			副使以下上屋敷にて御目見首尾能相済候付王子へお祝儀申上
五日	曇天		
六日	〃		暇乞登城の日程注意
七日	雪天	明八ツ半	一行揃・登城の様四日と同じ〔A〕
			暇乞・音楽奏上・拝領物
八日	曇天		聞役より明日上野宮参詣帰路の際駕籠使用の御免
九日	晴天	明六ツ半	上野宮参詣〔A〕

			明王院にて饗応
		暮五ツ	帰館
十日	〃		「上野宮様より王子へ拝領の蜜柑の御裾分被下候」
十一日	〃		
十二日	〃	四ツ〜暮六ツ	上屋敷にて座楽・歌楽御下タ見、琉球踊・唐踊
			饗応・拝領物〔B—④〕
十三日	〃	明五ツ〜八ツ	「御台様・御簾中様より中山王前中山王え拝領物」御使者ニ付挨拶〔A〕
十四日	雪天		
十五日	晴天	七ツ	「太守御位階昇進之御礼被為済」の祝領・拝領物〔B—⑤〕
十六日	〃		三位へ拝領物のお礼〔B—④〕
			(辰刻より御老中方若年寄衆御礼廻)『保辰琉聘録』
			明十七日音楽踊の諸式注意
十七日	曇天	五ツ半	於舞台音楽踊〔B—④〕
十八日	雪天		(辰刻より琉球使尾州殿市ケ谷御屋形へ)『保辰琉聘録』
十九日	晴天	明五ツ〜暮五ツ	見物事幷御庭拝見、王子以下楽童子迄御茶屋にて御目見〔B—③〕
			進上物・拝領物
二十日	雪天		斉興より楽正以下楽童子までに拝領物
二十一日	晴天	明六ツ半〜暮五ツ	高輪御殿へ行列〔B—②〕
			重豪へ進上物、重豪より拝領物
二十二日	〃	明六ツ〜暮五ツ	白金御殿へ行列〔B—②〕
			斉宣へ進上物、斉宣より拝領物
二十三日	〃	九ツ〜暮六ツ	席書幷踊御覧〔C—④〕
			斉興より楽正以下へ拝領物
二十四日	雪天		明二十五日高輪邸参上の達
二十五日	晴天	明六ツ〜暮四ツ	高輪御殿へ行列〔C—①〕
			御囃子・猿芝居・軽業・御庭拝見

			重豪より楽正以下へ拝領物
二十六日	曇天		明二十七日白金御殿参上の達
二十七日	朝曇	明六ッ～暮四ッ	白金御殿へ行列〔B―②〕
			大神楽・手つま見物・御庭拝見・重豪より讃議官以下士供へ拝領物
二十八日	晴天		正使以下中官楽童子迄於御茶屋検校琴挽拝見〔C―④〕
二十九日	曇天		帰路警固の達
十二月朔	雪天		江戸出立九日予定を十三日に延期
二日	〃		
三日	曇天		帰路東海道美濃路日数申渡
四日	雪天		
五日	晴天		
六日	〃		
七日	曇天		
八日	晴天		重豪より使者全員および国許詰親雲上以上へ拝領物〔B―⑥〕
			公辺勤向相済候付挨拶
九日	雪天		
十日	晴天	四ツ	十三日江戸立に付御目見〔B―⑥〕
			重豪・済宣・斉興・斉彬より拝領物
十一日	〃		
十二日	〃		
十三日	〃	四ツ	出立、但楽童子は拝領時服〔B―①〕

表4　装束・種類

A（唐装束）		王子・副使／儀衛正以下掌翰史	唐支度
		使讃・楽師	琉冠服
		楽童子	金花花簪
B（琉球服）	①	王子・副使・讃議官・楽正	緞子
		儀衛正以下楽師	綸子
		楽童子	緞子（金花花簪）
		従者・士供	紗綾
		粑子以上	大帯
		下供	色衣
	②	王子・副使・中官	緞子
		楽童子	緞子（金花花簪）
		従者・小姓	紗綾
		粑子・下供	（冠なし）
	③	王子・副使	緞子
		讃議官以下	綸子
		楽童子	綸子（金花花簪）
		従者・士供	紗綾（冠なし）
	④	王子・副使	緞子
		讃議官以下楽正	綸子
		儀衛正以下	紗綾
		楽童子	綸子
	⑤	王子・副使	綸子
		讃議官以下中官	紗綾
		楽童子	色衣大帯
	⑥	王子以下中官	琉球服
		楽童子	（金花花簪）
C（大帯）	①	王子・副使	緞子
		讃議官・楽正	綸子
		儀衛正以下	紗綾
		楽童子	綸子
		従者・士供	紗綾
	②	王子	緞子
		副使	綸子
		讃議官以下中官／楽童子・粑子	紗綾
	③	王子・副使	綸子
		中官・粑子	（冠）
		楽童子	紗綾
	④	王子・副使	綸子
		中官・楽童子	紗綾
D		中官	紗綾（冠）
		粑子	紬
		楽童子	紬（金花花簪）
E		常の装束	

注

（1）『名陽見聞図会』初編之上第十三帳裏に、「涼源寺薬師会作物」と題し、「琉球人来朝の評判高くいろいろの見立等ある中に当寺の薬師会に琉球人道中の所を作る人物ハかんてんなどにて作り富士山共外の山々は青のり浅草海苔などにて作る尤よき細工也」とある。
（2）西山松之助『江戸学入門』、五七頁。
（3）吉原健一郎『江戸の情報屋』、四八頁。
（4）「片山筆記」『通航一覧続輯』巻之一。
（5）「天保年録」『通航一覧続輯』巻之一。
（6）注（4）書。
（7）「琉官名上申書十二月朔日松平大隅守家来白石仲之進より御勘定所へ差出候書付」（『琉球関係書類』）。この年度には正使豊見城王子も途中で死去しており、終始宇治原親雲上が正使の代役を演じ通している。この件については「斉興公御譜中」（『薩藩旧記雑録　追録』巻一五九〔二六〇三〕）、「近秋野艸斉興公」（『薩藩旧記雑録　追録』巻一五九〔二六〇七〕）、「天保三辰ノ年公辺江御申上の御書付」（『琉球人来朝書類』第二冊）に記事がある。また拙論「天保三年辰年の琉使来聘と滝沢馬琴」（『沖縄文化』一四―一）を参照されたい。
（8）琉球側の準備作業については、家譜資料を見ることによりかなり詳しく知ることができる。那覇市史編集室により家譜の翻刻出版が進んでいるが、天保三年頃の記事を含む家譜は未刊である。宝永七年度の例（「毛姓九世　盛昌家譜」『那覇市史』家譜資料一）によれば、

宝永六年六月六日　幕府より島津吉貴へ賀慶使を遣るべく申渡さる。
同年十一月十一日　毛姓九世盛昌、「江戸上り」（江戸参府）の楽童子を命ぜらる。
七年六月六日　真和志御殿において餞宴を賜わる。
七月二日　那覇港出発。

とあり、その琉球側における前準備を窺わせる。
（9）「天保三辰ノ年公辺江御申上の御書付」（注（7）書）。

(10)『薩藩旧記雑録　追録』巻一五九〔二六〇三〕。
(11)『中山世譜附巻』道光十二年の記事、および「斉興公御譜中」『薩藩旧記雑録　追録』巻一五九〔二六〇二〕の記述によれば、豊見城王子は、八月二十七日の鹿児島出発前に「病卒」したことになっている。一方、「天保三辰ノ年公辺江御申上の御書付」（注(7)書）および「近秋野艸斎興公」（注(7)書）には鹿児島出発後九月十六日に久見崎（櫪崎）で「遂卒」したことになっている。
(12)『視聴草』十集之五。
(13)寛政二年の船行列の様を、松浦静山は『甲子夜話』三四巻に彩色豊かに記している。
(14)『琉球人行粧記』、『琉球人大行列記』など。拙著『江戸期琉球物資料集覧』所収。
(15)『甲子夜話続篇』巻八七「保辰琉聘録」。
(16)「御宿帳」『墨俣町史』昭和三十一年。
(17)『琉球画誌』、第四帳裏。
(18)『琉球画誌』および『名陽見聞図会』については、本論第四章第二節第一項において述べておいた。
(19)「尾張藩村方触書集」『新編一宮市史資料編』七巻所収。
(20)『琉球画誌』、第二帳裏。
(21)同右、第二帳表。
(22)同右、第二帳裏。
著者小田切春江が書いた「とぢ本と一枚画の板下」は、『琉球人来朝之図』と『琉球人来朝行列図』のことを指している。また文中に、「琉球人行列大全を抜写しにして一まい画にし」とあるのは、『天保三壬辰年琉球人来朝行列之図』（一枚摺、三三〇×九八〇ミリ、版元不明）である。また「前文化三年をさしていふの画草紙を名前の所をかへ画様ハ其まゝ再板したる」とあるのは、『御免天保三癸辰年琉球人行列附』（歌川国芳画、三枚組、二五〇×一〇二〇ミリ、但し一枚継ぎ、版元平野屋助三郎・大木屋平右衛門）を示すものである。また「前の画草紙」とは、『文化三丙寅年御免琉球人行列附』（三枚組、二五〇×三四五ミリ、版元山城屋善八・松代屋八三郎）を意味するものである。「去大人の著ハされしあり其図」というのは、『天保三壬辰年十一月琉球人来朝行列官職姓名録』（墨一枚摺）を示している。

(23)『琉球画誌』、第三帳表。
(24)同右、第三帳裏。
(25)『名陽見聞図会』初編之上、第十二帳裏。
(26)同右、初編之上、第十三帳裏。
(27)同右、初編之上、第十二帳裏。
(28)同右、初編之上、第十三帳表。
(29)同右、初編之上、第十三帳表。
(30)注(15)書、巻八七。
また後の嘉永三年の渡来時にも同種の流行があり、その年の風邪の流行と琉球使節の関連を取沙汰している。当年の瓦版「数え詞」に

五ツとや
いつもくるときやあめがふるゆきがふるとう人ぴようと人がいふもふします

と詠われている。
(31)『名陽見聞図会』初編之上、第十三帳表。
(32)『琉球画誌』、第四帳裏。
(33)滝沢馬琴『天保三年壬辰日記』閏十一月八日。『馬琴日記』昭和四十八年九月。
(34)『琉球画誌』、第七帳裏。
(35)同右、第十五帳裏。
(36)同右、第十五帳表。小寺玉晁『名府大平鑑』にも同様の見立が記録されている。
(37)『琉球人参府弐朱吹立御触書』一冊、旧宝玲文庫本、ハワイ大学図書館蔵。
(38)注(15)書、巻八七、二九一頁。
(39)『儀衛正日記』第七十八帳表。
(40)注(15)書、巻八七、二九一頁に「高輪大木戸の片町なる平左某と云が宅を借て往観る」と記しており、その場に静山の居

合わせたことを知るのである。

(41)『儀衛正日記』第七十八帳表。
(42)天和二年・宝永七年・正徳四年の三度は、朝鮮通信使の例と同じく三度の登城が行われた。享保三年度より音楽奏上を御暇乞い登城の際行うことになり、都合二度の登城が定式となった。
(43)『儀衛正日記』第八十三帳裏。
(44)注(15)書、巻八七、三〇二頁。
(45)『儀衛正日記』第九十三帳裏。
(46)同右、第九十四帳表。
(47)同右、第百一帳表。
(48)本論資料篇第二第三章「琉球国使節の献上物・拝領物」。
(49)『儀衛正日記』第百一帳表・裏。
(50)『通航一覧続輯』巻之二、四二頁。
(51)『儀衛正日記』第百二帳裏。
(52)同右、第百五帳表。
(53)注(15)書、巻八八、三三七頁。
(54)『儀衛正日記』第百四帳裏。
(55)同右、第百十一帳裏。
(56)注(15)書、巻八八、三五二頁。
(57)『儀衛正日記』第百二十二帳裏。
(58)同右、第百二十三帳裏。
(59)注(15)書、巻八八、三五二頁。
(60)同右、三五六頁。
(61)同右、三五五頁。

(62) 同右、三五五頁。
(63) 同右、三四九頁。
(64) 『儀衛正日記』第七八帳裏。
(65) 注(15)書、巻八八、三四四頁。
(66) 同右、三五三頁。
(67) 同右、三〇九頁。
(68) 注(33)書、第三巻、二五四頁。
(69) 注(15)書、巻八八、三二三頁。
(70) 同右、三二四頁。
(71) 同右、三三七頁。
(72) 注(33)書、第三巻、二二九頁。
(73) 同右、二五三頁。
(74) 注(15)書、巻八七、二九八頁。

第二節　琉球物刊本に見る琉球認識

江戸時代には「琉球」に題材を求めた書物が数多く刊行されており、その数は重版・異版を異本と考えれば九十件余に及ぶ。それらの多くは、後述するように琉球国使節の渡来年度に集中的に刊行されたものである。江戸時代の「琉球」に関する刊行物（以後これを「琉球物刊本」とする）は、従来の研究においては「雑本」として扱われ殆ど顧みられることがなかった。例えば東恩納寛惇は、その著書において幾つかの刊本に解題を加えているのだが、それらを

「興味中心の雑著」と呼び、続けて、

然らば研究者に取って、どれほどの価値があるかと云ふに、厳格に云えば無価値と云ってよい。勿論揃えて置くと云ふ点からは、無くても困るが、学問の足しには何等役立たないものである。(1)

と述べている。他の研究者の取扱いもほぼ同様で、今日においても何等変わるところはない。確かに琉球物刊本の多くは、個々の内容に重要な記述を含むとは言い難い。しかしながら、それらが複数の刊行物であり、生産にみあうだけの読者層を必要とする出版物（商品）であることを考えに入れれば、また新たな価値が生じるのである。個々には史料的な意味を見出せない書物や刷物も、江戸時代を通じて刊行された需要側を睨んだ商品として全体を見渡すとき、読者の「琉球」に対する興味の焦点や関心対象の時代的変容などが浮かび上って来る。そしてそれらの記述は、後に述べる如く興味や関心を懐いた側の問題をも探り出す手懸りともなり、汲出すべき要素は甚だ多いのである。東恩納寛惇は琉球物刊本を「無価値」と評価したそのすぐ後に、

但し、吾々に取っては、それらの雑本の供給された時代に、どれほど琉球に対する認識が不足していたかを見る資料としては屈強のものである。

と続けている。ここに筆者は逆説的な価値を見出すのである。従来「雑本」として重きをおかれなかった琉球物刊本を量的に扱うことによって、内在する問題を新たに探ろうとしたのが筆者の研究の基点の一つである。琉球物刊本の全体を把握することによって、当時の日本人の描いた琉球像と、どれ程の琉球に関する情報が存在したかを読取ることが出来る。その情報は時代が下るにつれて膨らんでゆき、記事にも変化が見られるが、一方で江戸時代を通じて変わらない基調となる部分も見出される。琉球物刊本は当時の一般化された琉球認識を我々に示してくれるものである。そして「琉球」への関心の方向は、当時の日本人が琉球に求めたもの、琉球にどうあって欲しいと考えたかをも表わしているのである。

このような問題意識に基づいて琉球物刊本を検討するためには、まず刊本を出来得る限り収集・分類することから始めねばならない。そこで第一項においては琉球物刊本を整理し、刊行状況の推移や内容の系統および版元の問題に考察を加える。次に第二項において、時代的背景を踏まえながら、代表的な琉球物刊本に著された琉球像を探ってゆくこととする。

注

（1）東恩納寛惇『南島論攷』、『東恩納寛惇全集』第五巻、昭和五十三年十二月刊。

第一項　江戸期琉球物刊本について

現存する琉球物刊本の全容を摑むため、日本各地の図書館およびハワイ大学旧宝玲文庫所蔵の刊本を調査した。そしてまず刊本を分類し、刊行年に従い整理した。次に図版の転用について考察し、記事内容の分類を試み、版元等の問題に考察を加えた。その方法および原則は次の通りである。

(1) 琉球物刊本を、東恩納寛惇による三種の分類に従いながら四種に分ける。つまり、文章が主体のものを「読物」、絵や図版が主体のものを「絵物」、それらの中間のものを「中間物」とし、内容的に大衆版とは言えないものを「その他」としておく。絵や図版が主体の「絵物」は最も大衆的で、「読物」と比べて多くの人びとに親しまれたと考えられる。しかしこの分類は極めて便宜的なものである。

(2) 刊行年は、刊記もしくは序文の記年を根拠とし、版元名は「書賈集覧」[1]などを参考とする。

(3) 図版の転用から刊本の系統を考察し、基本的な琉球に関する情報の流れを探る。

(4) 二十件の琉球物刊本の記事内容を分析し、人びとの関心の所在を探る。

⑸　琉球物を刊行した版元と、天保・嘉永期における貸本屋「大惣」の琉球物刊行に考察を加える。

琉球物刊本を刊行年順に並べ、前述の四分類のどれに属するか、および版元とその所在地を一覧出来るよう作表したのが表5である。これを見ると、寛延元年以後に盛んに刊行されるようになったことが分かる。初期のものは、行列図に人名・持道具等多少の説明を付して琉球の歴史の概略を記した、行列記などの「中間物」が中心である。この「中間物」は江戸時代を通じて刊行され続ける。時代が下ると、琉球の地誌・風俗を詳しく記した「読物」も刊行されるようになる。そして天保期に入ると、一枚摺や錦絵を含む続きものの「絵物」が目立ち、さらに琉球を論じて専門書的内容を含む著述（「その他」）が現われて来るのである。森島中良・大田南畝・山崎美成・屋代弘賢等の著名な文人識者が「読物」の書き手となっていることに、商品としての琉球物刊本を考える上で注目しなければならない。またこの図表から、刊行・販売された場所に時代的な推移の見られること、特定の版元が琉球物刊本を手掛けていることなども分かるのである。表5を年表化し、琉球国使節の渡来年度を併記したものが表6である。この表は、長期にわたって同一書名で繰返し刊行されているものの存在と、琉球物刊本が使節渡来の年度に集中的に刊行されていること、および特定の時期に刊行数が急増している事実を示している。重版・再刻されたものについて、版元とその所在地をまとめたものが表7である。このように琉球物刊本を整理して明らかなことは、その刊行が琉球国使節の渡来とはっきりとした関係を有していることと、江戸時代に一種の「琉球ブーム」が存在したことである。

宝永八年に刊行された『琉球うみすずめ』は、琉球渡航物語と宝永七年度琉球国使節の行列図をその内容としており、使節渡来によって引き起こされた琉球への関心の高まりに乗じて刊行されたものである。これが際物出版としての琉球物刊本の初出である。現在確認し得る限りにおいて、それ以前に刊行された琉球に関する書物は、『南浦文集』と『琉球神道記』のみである。『南浦文集』は琉球に関する記載のある最初の刊本とされており、『琉球神道記』は後後まで引用されて江戸時代における琉球関係の基本的文献の一つとなっている。琉球物が盛んに刊行されるようにな

表5　琉球物刊本目録　　＊出版目録等においてのみ確認できるもの

西暦	年　号	件　　　名	著者又は版権者	刊 行 地	類　別	No.
1648	慶安元	琉球神道記	袋　中	京	その他	1
49	2	南浦文集　下巻	南浦文之	?	〃	2
70	寛文10	琉球神道記	袋　中	?	〃　＊	3
71	11	〃	〃	京	〃　＊	4
73	13	〃	〃	〃	〃　＊	5
75	延宝 3	〃	〃	〃	〃　＊	6
81	9	〃	〃	〃	〃　＊	7
92	元禄 5	〃	〃	〃	〃　＊	8
96	9	〃	〃	〃	〃　＊	9
1700	13	〃	〃	〃	〃　＊	10
11	宝永 8	琉球うみすずめ		江	読　物	11
15	正徳 5	琉球神道記	袋　中	?	その他＊	12
48	寛延元	琉球人大行列記	辨装堂	京 京	中間物	13
		琉球人行粧記		大	〃	14
52	宝暦 2	琉球人大行列記	辨装堂	京 京	〃	15
54	4	琉球人行粧記		?	〃	16
64	明和元	琉球人大行列記(1)	辨装堂	京 京 江 大		17
		琉球人大行列記(2)	辨装堂	大 京 京	中間物	18
		琉球人行粧記		京 京 江 大	中間物	19
		中山詩稿	立花玉蘭			20
66	3	中山伝信録	石泊和校合	京	その他	21
72	9	琉球人大行列記			中間物＊	22
		琉球人行粧記			〃　＊	23
85	天明 5	三国通覧図説	林　子平	江	その他	24
88	8	琉球雑話	華坊素善	江	読　物	25
90	寛政 2	琉球談	森島中良	江	〃	26
		琉球人大行列記(1)	辨装堂	江 大	中間物	27
		琉球人大行列記(2)	辨装堂	江 大 京		28
		琉球人行粧記(1)	辨装堂	大 京	中間物	29
		琉球人行粧記(2)		京 江	中間物	30
		琉球人行列附		江	絵　物	31
95	7	琉球談	森島中良	京	読　物	32

96	8	琉球人大行列記(1)	華誘斎	江 大 京	中間物	33
		琉球人大行列記(2)	華誘斎	江 大 尾州 津 伏見 京	中間物	34
		琉球人大行列記(3)	華誘斎	江 京	中間物	35
		琉球人行粧記(1)	華誘斎	京 江	中間物	36
		琉球人行粧記(2)	華誘斎	江 大 京		37
		琉球人行列附		江 江	絵　物	38
1806	文化 3	琉球人大行列記	華誘斎	京 江	中間物	39
		琉球人行粧記	華誘斎	京 江	〃	40
		琉球人行列附		江 江	〃	41
		琉球人来朝之図			読　物	42
		琉球人行列			絵　物	43
		琉球百韻	牧野履		その他	44
07 〜 11	4 〜 8	椿説弓張月	滝沢馬琴	江	その他	45
31	天保 2	琉球国志略	（官版）		その他	46
32	3	琉球年代記	大田南畝		読　物	47
		琉人行列之図		伏見 伏見 京	絵　物	48
		琉球人行列記		伏見 伏見 京	中間物	49
		琉球入貢紀略	山崎美成		読　物	50
		琉球奇譚	米　山子		〃	51
		琉球器物之図	阪本純宅		絵　物	52
		中山聘使略	〃		中間物	53
		貢の八十船	松田直兄	京 京	その他＊	54
		琉球状	屋代弘賢	江	その他＊	55
		琉球楽略図	豊寿軒		絵　物	56
		琉球使長歌	梅花道人張良道			57
		琉球人行列附		江 江	絵　物	58
		琉球論（稿本）	前田夏蔭		その他＊	59
		琉球人来朝行列之図			絵　物	60
		琉人行列之図		大 京 京	絵　物	61

		〔琉人行列図〕			絵　物	62
		琉球人来朝行列図	小田切春江	名 名 名	〃	63
		〔琉球人来朝之図〕			〃	64
		天保三年琉球人来朝之図	小田切春江	名 名 名	〃	65
		〔琉球人来朝行列之図〕	泉屋市兵衛	江	錦　絵	66
		琉球人来朝行列官職姓名録		名 名	絵　物	67
		〔琉球人之図〕	屋代弘賢	江	その他	68
		中山世譜	源直温	江	〃	69
34	天保 5	為朝外伝琉球軍記	東西庵主人		〃	70
36	7	絵本豊臣琉球軍記	宮田南北		〃	71
37	8	万国人物絵図		長崎	絵　物	72
40	11	中山伝信録	永田忠原校	京	その他	73
42	13	琉球人行列記			中間物	74
		琉球賀慶使略	読谷房		〃	75
		琉球人行列附		江	絵　物	76
		琉球人行列道順附			〃	77
		琉球人行列之図		江	〃	78
		琉人行列之図	田中氏	江 京 その他	〃	79
50	嘉永 3	琉球解語	富岡手暠校正	江	読　物	80
		琉球恩謝使略		江	絵　物	81
		中山国使略	富岡手暠校正	江	中間物	82
		琉球入貢紀略	山崎美成	江	読　物	83
		琉球人行列附(1)		江	絵　物	84
		琉球人行列附(2)			〃	85
		琉球聘使略	文華山房		中間物	86
		御登城拝領物附			絵　物	87
		琉球人行列記		名古屋 伏見 伏見 京	中間物	88
		琉球人行列之図	歌亀板		絵　物	89
		琉人行列之図(1)	津嶋堂	伏見 伏見	〃	90
		琉人行列之図(2)	生栄堂		〃	91
		太平無彊諸蛮入貢漂流略年鑑			〃	92
51	4	新はんりうきうじん手まりうた			〃	93
63	文久 3	琉球通宝新吹御免の戯うた				94
	?	〔外国人の図〕			絵　物	95

表6　琉球物刊本刊行年表
（○→琉球賀慶使　×→琉球恩謝使　←朝鮮通信使　番号は表5の目録と一致する）

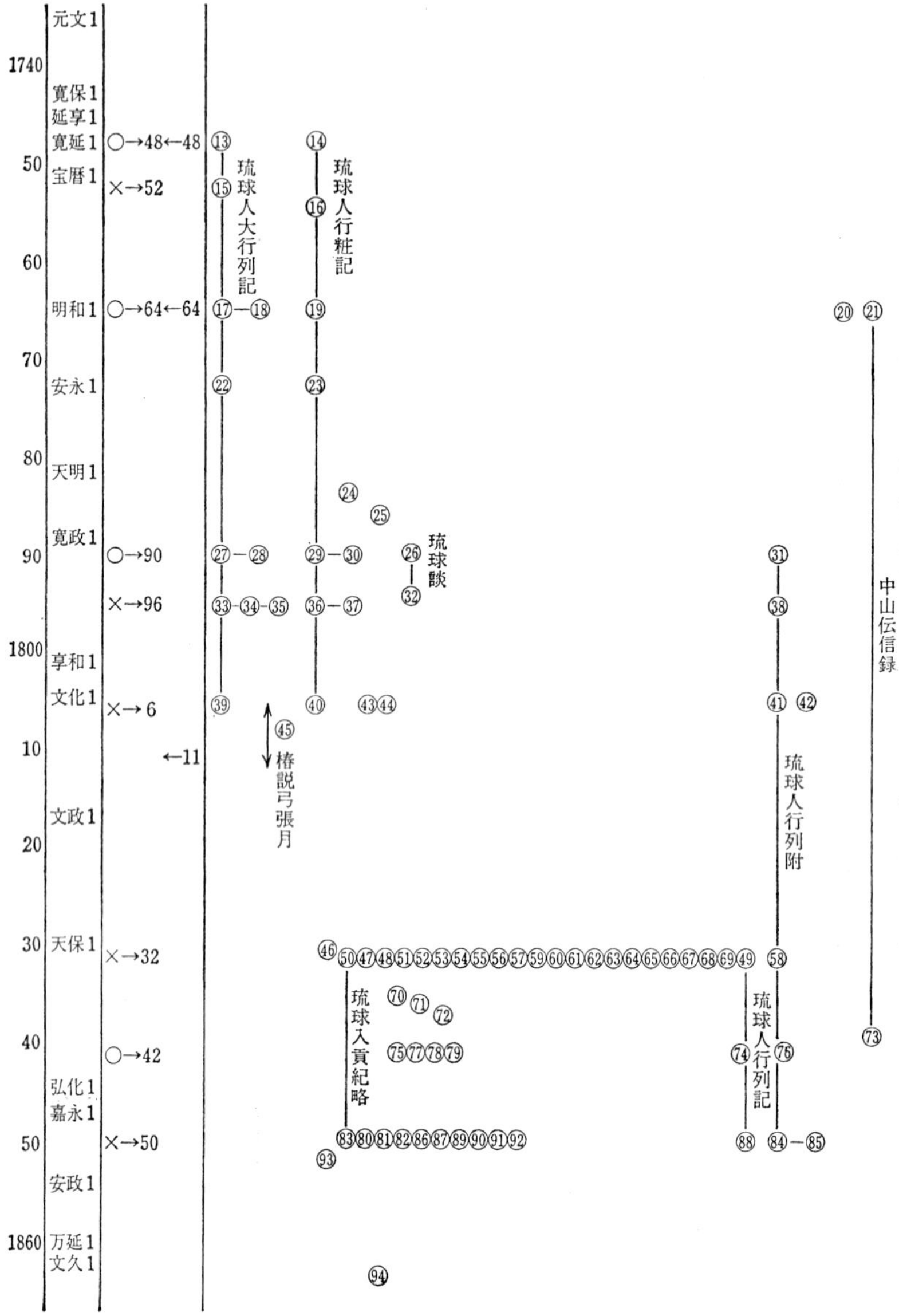

表7　刊本重版再雕一覧

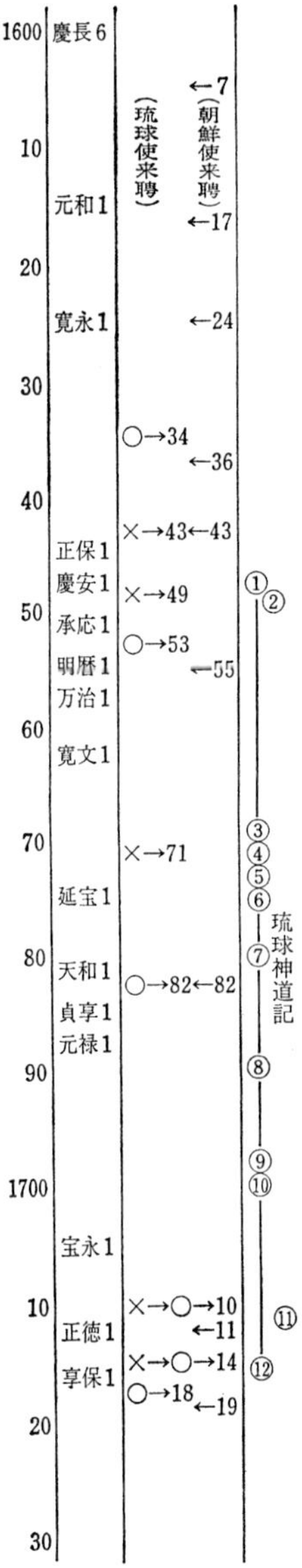

〈琉球談〉				
①	寛政2	江戸		
②	寛政7	京		
③	？	京		
④	？	京		
〈琉球人行粧記〉				
①	寛延元	大阪		
②	宝暦4	？		
③	明和元	京 京 江戸 大阪		
④	明和9			
⑤	寛政2	京 江戸		柳花堂主人
⑥	寛政8	京 江戸		華誘斎
⑦	文化3	京 江戸		華誘斎
〈琉球人行列記〉				
①	天保3	伏見 伏見 京		
②	天保13	？		
③	嘉永3	名古屋 伏見 伏見 京		
〈琉球人大行列記〉				
①	寛延元	京 〃	河南四郎右衛門 日野屋半兵衛	辨装堂
②	宝暦2	京 〃	河南四郎右衛門 日野屋半兵衛	辨装堂
③	明和元	京 〃 江戸 大阪	河南四郎右衛門 河南四郎兵衛 須原屋茂兵衛 渋川大蔵	辨装堂
④	明和元	大阪 京 〃	渋川大蔵 河南四郎右衛門 日野屋半兵衛	辨装堂
⑤	明和9	？	？	？
⑥	寛政2	江戸 大阪 京	前川六左衛門 塩屋喜助 伊勢屋庄助	辨装堂
⑦	寛政8	江戸 大阪 京	須原屋茂兵衛 塩屋喜助 伊勢屋庄助	華誘斎

⑧寛政8	江戸 大阪 尾州 京 伏見 京	須原屋茂兵衛 塩屋喜助 湯堂茂三郎 叶屋嘉太郎 升屋勘太郎 松坂屋儀兵衛	華誘斎
⑨文化3	（京 江戸	松坂屋儀兵衛 須原屋茂兵衛	華誘斎
⑩嘉永3	?	?	?

〈琉球入貢紀略〉

①天保3	?
②嘉永3	江戸

るのは、寛延元年以後のことである。この年度に出された『琉球人大行列記』と『琉球人行粧記』は、後述する如く同一板木を用いて文化年間まで刊行され続ける。これら琉球物の刊行は、当時の出版業の事情と大きな関連を持つものである。現在のところ書誌学における出版業の研究はあまり盛んではないが、「出版書目」等からある程度の出版事情を推定し得る。江戸時代の出版活動を考える場合、書店の数および出版部数が基礎的な資料である。森田誠吾は『増訂慶長以来書賈集覧』の書店数を集計分析してその特質を述べている。[2] 森田によれば、全国書店発生数の増加する時期が三期ある。つまり、正保年間から元禄年間（一六四四年〜一七〇四年）、宝暦年間から文化年間（一七五一年〜一八一八年）、そして天保年間より嘉永年間（一八三〇年〜一八五四年）である。また阿部隆一は『江戸時代書林出版書籍目録集成』[3]の解題の中で、

寛永以後の出版物の増加は、当時の人々にとって、前代に比し、洪水の汎濫の如き、まことに目覚しい思いを抱かしめたに相違ない。

と述べている。この時代の出版事情の変遷を概観すると次のようになる。慶長年間に朝鮮より活字印刷が入り、盛んに経典の印刷が行われた後を受け、板木を用いた印刷が盛んになり始めるのが寛文年間（一六六一—一六七二）である。このことは、出版そのものが商業として充分に成り立つようになったことを意味している。寛文年間から元禄年間において、出版物の内容も大きく変わってゆく。原田伴彦の示す資料[4]によれば、寛文十年から元禄五年の二十二年間に、出版部数が一・八六倍に増加している。そしてその中に占める「仮名書き書」等の割合は二六・五％から三四・三％

へと大きく増加しているのである。仏書・教養書の出版が減り仮名書き書が増加してゆくこの傾向は、当時の江戸文化の特徴を表わしている。武士階級の戦国時代回顧が戦記物・軍記物・兵書を求めさせ、幕藩体制が確立してゆくと共にその過程を説明する実録物や伝記物が求められるようになり、また一般には物語・詩歌が求められたのである。その後全国的な規模で発達した交通と商品の流通を背景に商人社会の台頭が見られ、案内記・手引書・年中行事類が盛んに刊行されるようになった。このことが一般庶民の教養の向上をもたらし、またその向上が出版を盛んになさしめたといえる。つまり、出版文化の町人への浸透である。仮名草子本や貸本屋の出現、八文字屋本等の安価な浮世草子・洒落本の出現などがその大衆化を示している。これらの大きな変化の一部として、寛延元年の琉球国使節渡来を機に、一般町人を読者とする琉球物刊本が出現したものと考えたい。

数多くの琉球物刊本のうちには、使節渡来の度毎にその内容が一新されたものもあるが、使者名等のみを訂正・加筆したもの、単に版元名や刊記を埋木して刊行されたものもある。次にこれら重版・再刻の実情を見てゆこう。寛政二年に刊行された森島中良著『琉球談』は、明和二年刊の和刻版『中山伝信録』をさらに読み易く書き直したもので、その後少なくとも三度にわたって重版されている。それぞれを詳しく見てゆくと、『琉球談』の諸本は四種ある。それらの差異は、刊記・冊数・題簽・版元・跋文(申椒堂)の有無・書告の有無・「起文堂」の見返し・標題の有無・「製

表8　『琉球談』の諸本

	刊記		題簽	版元	跋文	書告		
(1)	寛政2	一冊本	「琉球談」	(江)須原屋市兵衛	申椒堂	須原屋市兵衛		
(2)	寛政7	一冊本	「琉球談」	(京)皇都書林文錦堂	なし	林　伊兵衛		
(3)	?	二冊本	「琉球はなし」	(京)京都起文堂	なし	なし	「製本所橋屋嘉助」	表紙見返しに「起文堂」の刷標題あり
(4)	?	二冊本	「琉球はなし」	(京)石田治兵衛	申椒堂	なし		

図2　『琉球談』諸本の系統

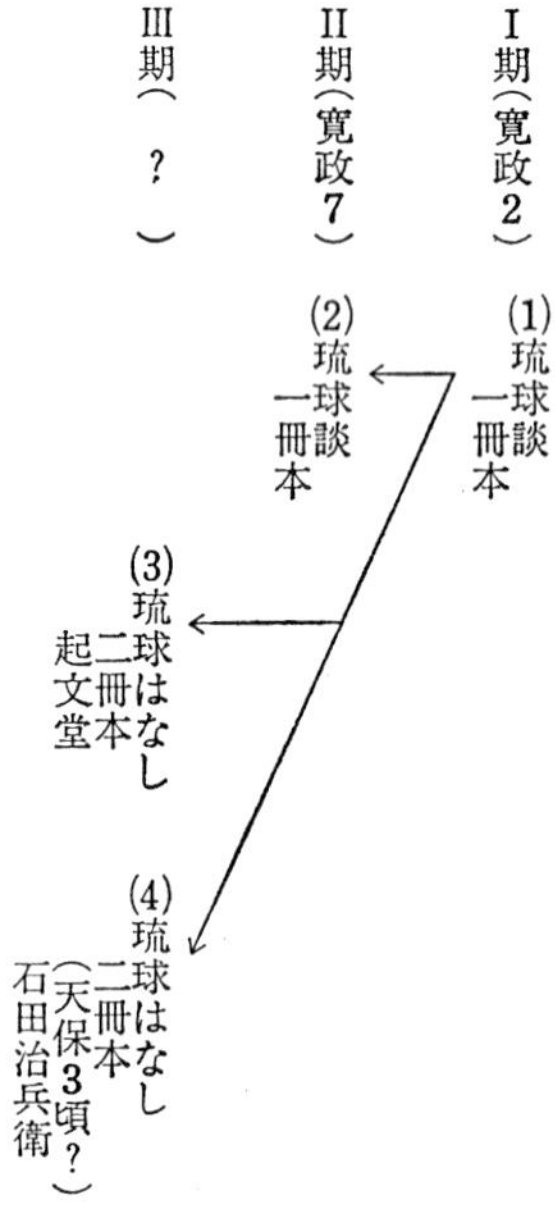

本所　橋屋嘉助」の刷込の有無に認められ、表8の通りである。

内容は総て同一で、本文の帳数・図版にも相違はない。大きく異なる点は、題簽が(1)(2)本では「琉球談」とあるが(3)(4)本は「琉球はなし」とあること、(1)(2)本が一冊仕立てなのに対し、(3)(4)本は本文第二十帳裏までとその後とが上・下巻の二分冊となっていることである。これら四種の『琉球談』に少し推察を加えてみよう。本の体裁が一冊本から二冊本へと移るのは、書肆の営業上の常套手段である。今日同様、分冊に仕立てて書物代金の値上げを意図するものである。内容が同一であっても題簽を変えるのは、元版に対して新規を打出すためである。また同一内容の書物が江戸と京都の二個所・四書肆から刊行されたことについては、板木の譲渡や似せて再刻することなどが行われたと見るべきである。これら四種の系統は図2の如くである。

つまり、寛政二年九月に江戸・申椒堂（須原屋市兵衛店）より刊行された『琉球談』（一冊本）は、寛政七年六月に京都・文錦堂（林伊兵衛店）から再刊された。ハワイ大学旧宝玲文庫には双方とも所蔵されており、比較すると同一板木を用いた可能性の極めて高いことが分かる。ここで板木の譲渡があったと見て良いであろう。この折当然のことながら「申椒堂」の跋文は外され、「須原屋市兵衛」店の書告にかわって「林伊兵衛」店の書告が付されることとなる。一方、京都・起文堂から「製本所　橋屋嘉助」の名で『琉球はなし』（二冊本）が刊行された。(3)本と(4)本の違いは、表紙見返しに「起文堂」の刷題簽が付されているか否かの点である。二冊本刊行の時期は一冊本刊行の時期より後と見るべきである。さらに『増訂慶長以来書賈集覧』に従えば、橋屋嘉助（京都）の店の営業時期は「文化・文政」とされている。(4)石田治兵衛店本は『琉球はなし』（二冊本）として「申椒堂」の跋文を付したままで刊行したものである。同店からは琉球冊封使録である『重刻中山伝信録』が天保十一年に刊行されており、他の琉球物との関連を考えると、(3)(4)本の刊行は天保三年・十三年の使節渡来の頃と見て良いであろう。つまり、初版から評判の高かった『琉球談』が、琉球国使節渡来による関心の高まりをあてこんで重版され、三期にわたって四個所から刊行されたと考えられる。山崎美成著『琉球入貢紀略』[5]は天保三年と嘉永三年の二度刊行されている。内容は両書ともほぼ同じで、天保三年刊のものに手を加え増訂版とし、板木も改めて嘉永三年に刊行されている。琉球国使節の行列の様子を描いた「絵物」の『琉球人行列附』[6]などは、寛政二年以来使節渡来の度毎に刊行されている。版元は年度毎に変わり、図柄も形態もほぼ似たようなものであるが、同一のものはない[7]。天保十三年には地本問屋が連名で十枚継にも及ぶ行列図の刊行を願出たことがあるが、最終的に不許可となった[8]。「中間物」の『琉球人大行列記』[9]『琉球人行粧記』[10]『琉球人行列記』[11]などは、大部分が前年度の板木をそのまま用い、人名や行列内容などで前回と著しく異なる記事・刊記・版元名は「埋木」をして補い版を重ねている。寛延元年（一七四八）から文化三年（一八〇六）までの五十年余に、琉球国使節の渡来は六度あった。その間、出版目録等においてのみ確認出来るものを含めて、『琉球人大行列記』は七度十一種、『琉球人行粧記』は七度九種、『琉球人行列記』は三度三種が重版されている。

琉球物を刊行した版元は、明和期頃までは京都と大坂に集中しているが、その後漸次江戸へ移ってゆく。琉球物のベストセラーといえる『琉球人大行列記』の版元の移動を見てゆこう。表7に記した如く、『琉球人大行列記』は寛延元年（一七四八）から明和元年（一七六四）まで京都の「河南四郎右衛門」・「日野屋半兵衛」から刊行されている。この明和元年には大坂の「渋川大蔵」・江戸の「須原屋茂兵衛」が関係してきており、以後少なくとも寛政八年までは京都・大坂・江戸でそれぞれ売出されている。寛政八年の奥付には、

江戸　須原屋茂兵衛

大坂　塩屋喜助
尾州　湖月堂茂三郎
京津　叶屋嘉太郎
伏見　升屋勘太郎
京都　松坂屋茂兵衛

と六個所の版元名が連なっており、当時の盛んな出版情況を見ることが出来る。またおそらく版権者を意味していたであろう「辨装堂」の名が、寛政八年からは「華誘斎」と変わっている。さらにこの年度から「河南四郎右衛門」の版元名が消え、「須原屋茂兵衛」の名が現われる。このことは、当時出版業者間における版木の譲渡が頻繁に行われていた事実から考えて、次のように推察される。つまり、それまで「辨装堂」として版権を有していた「河南四郎右衛門」の店が天明年間に衰えたため、[12]版権を「須原屋茂兵衛」が引継ぎ、「華誘斎」と改めたものであろう。この「須原屋茂兵衛」という版元の存在に注目したい。今田洋三の研究[13]に従えば、この店は万治元年から明治に至るまで栄え、「江戸書林の魁」であったという。特に目覚しい発展を示すのは宝暦期の四代茂兵衛からである。寛政末には六代茂兵衛が上方の出店勢力に抗して逆に京都に出店を置くほどで、刊行点数二七三を数える積極的な経営拡大をなしている。出版内容においても、江戸の文人たちにしっかりと根を張り、まさに「書商の代名詞のごとく喧伝された大手出版業者」[14]であった。後に触れる須原屋市兵衛も、寛政期に栄えた「須原屋茂兵衛の分家」である。この「須原屋」は『琉球人大行列記』『琉球人行粧記』を手がけ、『琉球談』の版元または売出元である「若林堂」こと「若狭屋與市」は『琉球解語』『中山国使略』『琉球恩謝使略』『琉球人行列附』(嘉永三年本)を、また「石田治兵衛」は『琉球談』『中山伝信録』をそれぞれ手がけている。以上のことから、琉球物刊本を取扱う特定の書肆が存在していたことが考えられる。

ここで上方と江戸の出版活動に目を向けてみよう。今田洋三は論文の中で[15]、「江戸における出版書・売弘書店数の変遷」を示し、上方・江戸市場における出版業展開の特質を論じている。まず寛延三年から宝暦四年の時期に京都を中心とする出版界の秩序が破られ、次に文化三年から十一年の時期以後に江戸出版書が急増してゆくことを述べ、天明五年から寛政元年の時期に上方・江戸の従来の位置が逆転していると指摘している。この逆転の時期がまさに版元「須原屋市兵衛」より『三国通覧図説』『琉球談』が出された時であり、しばらく後の寛政八年には『琉球人大行列記』等の版元が「辨装堂」から「華誘斎」へと変わったのである。『琉球人行粧記』も同じく寛延元年から刊行され始める。寛政八年本および文化三年本の版元が『琉球人大行列記』と全く同じであることから、「行粧記」も「大行列記」同様、寛延元年から寛政二年までの版元は「辨装堂」であったと考える[16]。なお「版元」「版権者」「売出願人」の区別を奥附から見分けることは、今日未だ問題が多いとされている。したがって本論では敢えて区別を行わずに、総てを版元としてとらえた。

刊行物は本来「商品」である。従ってその内容には需要者側の求めたものが色濃く反映されているのである。これら琉球物刊本の記述内容から、読者が「琉球」の何に興味を抱き「琉球」のどのような事柄に関心を寄せたのかを探ることが出来ると考える。先に琉球物刊本を四分類したが、それぞれから代表的なもの計二十件を選び出し、それらが具体的にどのような記事内容から構成されているかを見てゆくこととする。ここで取上げたのは次の二十件である。

1『琉球神道記』 2『三国通覧図説』 3『中山伝信録』 4『琉球談』 5『琉球入貢紀略』(天保三) 6同(嘉永三) 7『琉球年代記』 8『琉球奇譚』 9『琉球解語』 10『琉球人大行列記』 11『琉球人行粧記』 12『琉球人行列記』 13『中山聘使略』 14『琉球賀慶使略』 15『琉球人行列附』 16『琉球人来朝行列図』 17『琉人行列之図』 18『御登城拝領物附』 19『琉球人行列道順附』 20『しんはん琉球人手まりうた』

まずこれらの記事に含まれる要素を一つずつ取出し、関連するものごとに集めたところ、八群に集約することが出来た。各群に含まれる要素は次のものである。

Ⅰ行列に関するもの
a来聘の歴史　入貢の歴史・来聘の由来・日本と往来の始まり
b来聘年度
c行列図
d道筋・宿泊所
e行列の様子　人数・服装・演奏音楽等
f献上物　琉球王より将軍・御台所・御三家へ
g拝領物　将軍より琉球王・使者等へ
h持道具
i人名

Ⅱ歴史に関するもの
a琉球国の略歴
b薩琉関係
c為朝伝説
dその他　古琉球と夜久島多祢島について・海宮について・宇留摩島について・古典に見る琉球について・国名について

Ⅲ中山王朝に関するもの
a世系

b官位・官制
c その他　琉球国王の図・女帝の図・国王の印・花押の図
Ⅳ地理に関するもの
a 地図　琉球国全図・三十六島図・琉球国内図等
b 琉球国の位置
c その他　蛇島・鬼島等
Ⅴ琉球国内の文化に関するもの
a 名所・旧跡　寺院および祭祀所・宝剣重金丸の図と由来・王廟がくの図
b 琉球の信仰　禅宗・僧侶・宗派・神祇・託女・主護霊験
c 風俗　年中行事・葬式・元服・剃髪歌舞の図・板舞の図・女市の図
Ⅵ器物・建物に関するもの
Ⅶことばに関するもの
a 琉球語
b 琉球歌
c 琉球人の和歌・狂言
Ⅷその他　Ⅰ—Ⅶに入らない要素

各刊本の記事が、これらの項目の何を含んでいるかを一覧表にしたものが表9である。これらの項目は刊本における諸要素の扱い方を尊重したもので、必ずしも厳密な最終的なものではない。しかしこの表から、琉球物刊本の特質をある程度把握できると考える。つまり次の四点である。

その他			読物						中間物				絵物						
中山伝信録	三国通覧図説	琉球神道記	琉球入貢紀略(天保3)	琉球入貢紀略(嘉永3)	琉球年代記	琉球奇譚	琉球談	琉球解語	中山聘使略	琉球人行粧記	琉球人大行列記	琉球人行列記	しんはん琉球人手まりうた	琉球賀慶使略	琉球人行列附	琉球人来朝行列図	琉人行列之図	御登城拝領物附	琉球人行列道順附
			○	○			○	○	○	○				○		○			
					○	○					○					○			
								○		○	○			○					○
									○		○	○					○		○
									○	○	○	○	○	○	○	○	○		○
							○		○	○	○								
										○									
								○	○	○	○	○	○		○	○			
								○	○	○	○	○		○	○	○			
○					○		○			○						○	○	○	
			○	○															
	○		○	○	○		○			○									
			○	○					○										
	○			○	○	○			○					○					
○				○		○	○	○											
					○		○												
○	○			○		○			○										
	○					○				○	○					○			
			○																
○		○			○	○													
○	○	○		○	○	○	○	○											
○		○			○	○	○	○	○										
○					○		○	○											
○						○	○	○		○	○	○				○		○	
						○	○			○				○					
	○						○	○	○										
○					○														

表9　琉球物刊本内容一覧

内容＼書名		
Ⅰ 行列に関するもの	a	来聘の歴史
	b	来聘年度
	c	行列図
	d	道筋・宿泊所
	e	行列の様子
	f	献上物
	g	拝領物
	h	持道具
	i	人名
Ⅱ 歴史	a	琉球国の略歴
	b	薩琉関係
	c	為朝伝説
	d	その他の歴史的考察
Ⅲ 中山王朝について	a	世系
	b	官位・官制
	c	その他
Ⅳ 地理	a	琉球国地図
	b	琉球国の位置
	c	その他
Ⅴ 琉球国内の文化	a	名所・旧跡
	b	琉球における信仰
	c	風俗について
Ⅵ 器物・建物・その他		
Ⅶ ことば	a	方言（琉球語）
	b	琉球歌
	c	琉球人の和歌・狂言
Ⅷ その他		

(1)　「中間物」とした大衆版の刊本、『琉球人大行列記』『琉球人行列記』『琉球人来朝行列図』『琉球人行粧記』『中山聘使略』等の主題は使節の行列であり、行列の様子や使節の人名に重きを置いている。またその殆どが行列の持道具・献上物・拝領物にふれている。

(2)　「中間物」には琉球人の言語的な特徴にもふれたものが多い。

(3)　『琉球人行列附』『琉球賀慶使略』等、「絵物」に分類した瓦版・奉書摺には、多くの場合行列の様子が描かれている。

(4)　『琉球談』『琉球入貢紀略』『琉球奇譚』『琉球年代記』等、「読物」に分類した刊本では、行列にふれた記事はなく、一様に来聘の歴史や琉球との関係および琉球国についての全般に関心が向けられ、「中間物」に較べてかなり高い内容の知識を含んでいる。

「絵物」「中間物」に分類した刊本は即物的な関心を持った一般庶民に読まれ、より質の高い琉球に関する情報を求める人々の間に『中山伝信録』や「読物」は流布したのである。

琉球物刊本においては、先に刊行された書物の図版転用がしばしばみられる。諸本の本文を詳しく比較分析することが、各本の系統を考える上で重要なことは言うまでもないが、図版の転用からも系統を追うことが出来る。『中山伝信録』の図版の多くは、『琉球談』『琉球解語』に用いられている。『琉球談』では、「琉球楽毬舞之図」(第二十五帳裏・第二十六帳表)の外はすべて『中山伝信録』の図版通りである。また『琉球解語』も、巻頭にある「行列図」を除いてすべて『中山伝信録』の図版通りである。『琉球奇譚』の「舞い」の図版(第十五帳裏・第十六帳表)は、『琉球年代記』の「おどりの図」(第十七帳表)と極めて強い共通性を持って描かれている。つまり、踊り女の手に持つ扇、その振り、足の構え方、簪の形、卓子上に置かれた物が共通しているのである。しかも『琉球奇譚』の方が『琉球年代記』より一層強調して描いてある。刊記によれば相方とも刊行は天保三年で、相互の模倣関係は判断し難い。『中山伝信録』には「扇」の図はあるが「舞い」の描写は見られないことから、『中山伝信録』が両書の直接の底本ではないと考えられる。従って両書の「舞いの図」の底本となった、『中山伝信録』以外の書物の存在を仮想することが出来る。『琉球年代記』は天保三年以前にも刊行されたことが、滝沢馬琴の日記から推測される。(17)天保三年刊のものがそれ以前に刊行された本の図版を転用しているとすれば、『琉球奇譚』は『琉球年代記』から「舞いの図」を転用したとも考えられる。いずれにしても両書の図から判断して、未確認本には実際に琉球の舞いを観察したのではない者の描いた図版が掲載されていたと思われる。また『中山伝信録』所収の地図(「琉球三十六島図」「琉球国図」)は、『三国通覧図説』附巻の「琉球三省幷三十六島図」、『中山聘使略』と『琉球奇譚』所収の「琉球三十六島図」「琉球国全図」

に転用されている。さらに『琉球入貢紀略』（嘉永三年刊）と『中山聘使略』の「琉球国全図」「三十六島図」にも転用されている。『中山伝信録』中の「琉球三十六島図」は、その本文に従えば程順則の『指南広義』所収の地図「琉球国三十六島図」を参考にしたということである。以上の図版の関係については図3を参照されたい。

天保三年の使節渡来が取り分け前評判の高いものであったことは、前述の通り当時の刊行物の数が示している。名

図3　図版の転用

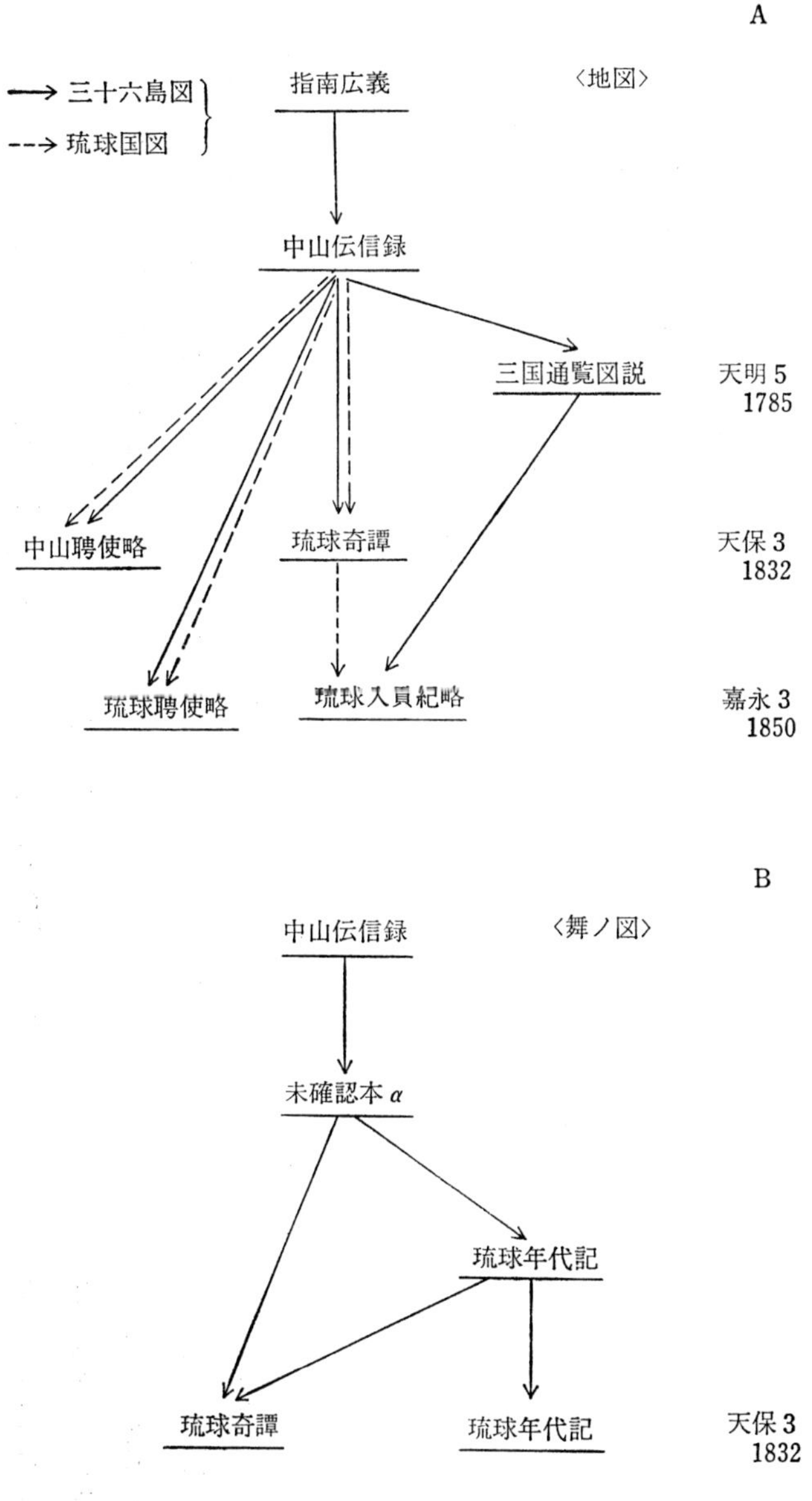

古屋において代々貸本屋を営んでいた「大惣」[18]（大野屋惣八）が、この機を見込んで際物出版を行った。また出入りの絵師である猿猴庵（高力種信）や歌月庵（小田切春江）に書かせた琉球についての絵草紙の類を、稿本とはいえ書物の体裁に仕立てて店先に並べている。それが『琉球画誌』[19]『名陽見聞図会』[20]である。これらの稿本に使節渡来時の名古屋の様子が生き生きと描かれていることは前節で述べた通りである。このことは名古屋市中の琉球国使節への関心の高さを示しており、また使節渡来が出版活動に及ぼした影響を考えさせる。天保三年に「大惣」より刊行されたものは三種で、そのうち一種は嘉永三年の渡来時に再び同板を用いて刊行されている。「大惣」を版元とする琉球物刊本として、次の四件が確認できる。

(a)『天保三年琉球人来朝之図』
墨　一枚　一八三×一四五ミリ　歌月庵（画）
版元　玉野屋新右ェ門
　味岡久次郎
　大野屋惣八

(b)『琉球人来朝行列図』
墨　全六帳　縦本　一八五×一二七ミリ　歌月庵（画）
版元　玉新（玉野屋新右ェ門）
　大惣（大野屋惣八）

(c)『天保三壬辰年十一月　琉球人来朝行列官職姓名録』
墨　一枚　一八六×四八五ミリ
版元　玉野屋新右ェ門

大野屋惣八

(d)『嘉永三庚戌十一月　琉球人来朝行列官職姓名録』

彩色　一枚　一八六×四八五ミリ

版元　大野屋惣八

(a)の来朝図は墨摺一色一枚の瓦版サイズであるが、他の行列図と較べて構図的にまとまっている。バランスのとれた美しい図版である。他種のように持道具や人物の服装を詳しく具体的に表現するのではなく、シンプルな輪郭線で的確に行列の様子を描き成功しており、絵師小田切春江の特徴がよくあらわれている。全体の七分目程までに描き、行列の上段に使者の官職名を記している。正使と副使のみ姓名があり、行列図の後には「琉球道具大略」が記され、槍・長刀・長柄等十九品目とその数量が示されている。末部「書林板元」の後には、次の文句が記され、(b)『琉球人来朝行列図』の書告が付されている。

右之外ゆらい姓名等委しきとぢ本御座候御求御高覧可被下候

(b)の冊子本は、表紙が縦綴の小型版である。表紙左肩には、円窓の中より髭をたくわえた人物（琉球人）が表紙中央の標題をながめているように描かれている。版元は「玉新大惣板」とのみ記されているが、これは玉野屋新右ェ門と大野屋惣八を指すものである。全体は六帳から成り、その構成は次の如くである。

① 1表　序文

② 1裏　御治世来朝

③ 2表〜4表（行列図）

④ 4裏　琉球の略説・来朝の由来

⑤　5表　官位大略
⑥　5裏
⑦　6表　天保来朝琉球人官職姓名
⑧　6裏　琉球詞

この冊子本の如き縦綴小型版の琉球物刊本は、「大惣」が初めて考案したものではない。寛延元年時より渡来毎に刊行された『琉球人行粧記』の形態・構成を真似たものである。『琉球人行粧記』の構成は、前半に行列図※（薩州よりの道順）・琉球の略説※（来朝の始まり）・琉球国語・琉球の小歌・琉球人献上物・琉球人拝領物となっており、構成の上でも類似が見られる（※印は両本に共通）。『琉球人来朝行列図』には他本からの引用・借用が多く見られる。具体的には、①〜③は著者の手になるものと思われるが、④⑤は明らかに『琉球談』（第一帳表より第五帳表まで）を引用している。⑧の「琉球詞」は宝永七年以来渡来毎に刊行された『琉球人大行列記』中の「琉球弁」（第十九帳上段）と同文である。このことは著者も序文において

宇留麻の嶋人通行のあらましを愚筆にまかせ画くといへどもまだ見ぬうちの図画にして只一ツ二ツむかしゟ伝ハれる冊子をたよりて誌せバ今年の粧ひとハ異なる所も有んか四方の諸君子見ゆるし玉ふ事を希のミ

と述べている如く、当時流布していた同種刊本を参考にしたことが分かる。(a)(b)に関して著者小田切春江は『琉球画誌』において「とぢ本と一枚画」を書いたと記している。

(c)『琉球人来朝行列官職姓名録』は、墨一枚摺でサイズも(a)とほぼ同じである。また版元も、味岡久次郎を除いて(a)(b)と同じである。この行列図について歌月庵（小田切春江）は、『琉球画誌』で、

また同じ版元にて去大人の著ハされしあり其図は至て細密なる物にて官職姓名等をただし其巨細なる事いふ斗なしまことに絵草紙の最上といふべし

と賛辞を呈している。絵師の名は不明だが、描かれた線も細かく人物の表情も豊かであることから、同種のものの中でも良質の部類であるといえる。構図は上下を二段に分かち、上段右を行列先頭にし、下段左を尾部にしている。約百三十名に及ぶ人物が、各々持道具を携えて描かれ、行列の様子を如実に思い浮かべさせる表現である。(d)の図は(c)の板木を用い、標題と人名のみを埋木で補って改めたものだが、「讃度使」「讃議官従者」など八名の人名は訂正されていない。

琉球物を刊行した当時、「大惣」の当主は二代目惣八で、歴代の当主のなかでも最も家業が盛んな時であり、馬琴や十返舎をはじめ多くの著名な文人たちも出入りして店が栄えていた。また天保三年七月には書林行司を仰付けられ、刊行の条件は極めて整っていたといえる。このような時期に琉球国使節の渡来があって、貸本屋「大惣」が際物出版である琉球物刊本を手がけたのであろう。

注

(1) 井上和雄編『慶長以来書賈集覧』、大正五年。
井上和雄編坂本宗子増訂『増訂慶長以来書賈集覧』、昭和四十五年。

(2) 森田誠吾「江戸期書店の発生動向――〈増訂慶長以来書賈集覧〉の集計――」『文学』、昭和四十九年九月。

(3) 慶応義塾大学附属斯道文庫編『江戸時代書林出版書籍目録集成』全三巻、昭和三十九年。

(4) 原田伴彦「元禄文化」『岩波講座日本歴史』巻一一。

(5) 『琉球入貢紀略』、一冊本。天保三年に刊行された後、嘉永三年に改版されている。内容はほぼ同一である。ただ天保三年本は、本文中に引用書目を明記しているが、嘉永三年本では「引用書目」として序文の後に連記している。文中に示されている図版は、行列図の一件を除いて両本とも違えてある。又、嘉永三年本中の図版は、『琉球談』『琉球奇譚』のものを転用している。

(6) 『琉球人行列附』、半紙三枚継。寛政二年以来嘉永三年まで渡来の年毎に刊行されている。行列の様子を先頭より末尾にわたって描写しており、人名持道具を詳しく記入してある。道具名をすべて中国音で表記していることは注目すべき点である。ほとんどのものが墨一色摺りであるが、天保三年版には墨・藍・橙色の三色摺りと単色摺りの二種が同一版で刊行されている。この種のものはいわゆる瓦版とは異なり、描写はあざやかで人物の表現も丁寧である。

(7)『琉球人行列附』は、寛政二年・八年・天保三年・十三年にそれぞれ一種ずつ、又嘉永三年には二種が刊行されている。そのうち文化三年・天保三年・嘉永三年の一種は、行列の人物像の配列や持道具の種類・形が極めて類似している。同一の版木によるものではないが、同系統と見て良い。嘉永三年の一種を除いて他の「行列附」は、総て標題の上に「御免」と付されている。

(8) 拙稿「市中取締類集に見る琉球物板行願について」『南島史学』一六号、昭和五十五年十一月。

(9)『琉球人大行列記』、一冊本、総帳二十一帳。「琉球物刊本」の内で最も多く重版されたものである。寛延元年より嘉永三年まで部分的に埋木で手を加えながら、百年余にわたり同一の板木を用いている。

(10)『琉球人行粧記』、一冊本、横本、総帳十八帳。『琉球人大行列記』と同様、寛延元年より嘉永三年まで、渡来の度毎に重版された。又「大行列記」と同じ「辨装堂」もしくは「華誘斎」の名が刊記に見えている。

(11)『琉球人行列記』、一冊本、総帳十九帳。本書は天保三年・十三年・嘉永三年と三度刊行されている。『琉人行列之図』（天保三年刊）の末尾に、「琉球国由来幷行列之次第琉人名前等委鋪義ハ別本有之候間御求可被下候」とあり、版元が同年刊行の『琉球人行列記』と同一であることから、この二件の書物は一括して売出されていたことがわかる。

(12)『慶長以来書賈集覧』によれば、「河南四郎右衛門」の店は「英華堂」として、元禄より天明まで営まれた、とある。

(13) 今田洋三「江戸の出版資本」『江戸町人の研究』第三巻、において「須原屋茂兵衛」の業績を論じている。

(14) 同右論文。

(15) 今田洋三「江戸出版業の展開とその特質」『出版研究』第三号、昭和四十七年十月。

(16) その後の調査で、寛政二年本が二種あり、一方は「柳花堂主人」の蔵版となっていることが明らかとなった。

(17)『馬琴日記』、天保三年十一月三日の項。

(18) 貸本屋「大惣」・高力種信・小田切春江。「大惣」というのは、明和四年より明治三十二年まで、百五十六年間続いた名古屋の貸本屋である。知多郡大野の出であることから屋号を「大野屋」と称し、また「胡月堂」（もしくは「湖月堂」）と称した。江口家系譜によれば、江口家の三代目富次郎が貸本屋を創業して「大惣」を名乗り、大惣五代目元三に至るまで続いている。明和の創業当初には、本重町に店を構えたが、その後長嶋町に移り明治に至り廃業となる。この貸本屋「大惣」は、広く名古屋の町人の文庫として親しまれ、武士階級に至るまで利用された。当然のことながら、「大惣」に足を運んだ人びとのなかには著名なひともいる。滝沢馬琴や十返舎一九、大田南畝等が出入りしたことは有名である。所蔵されていた書物は、蔵に三個分、部数にして二万一千部にも及んでいる。長友千代治の分類に従えば、一万六千七百三十四種、置本七百十部、不明本五百四十三部、総部数二万一千四百一部であったという。また「大惣」を度々利用した水谷不倒によれば、

　二三代前から貸本を始め、家の掟として買ふこどもあるも、決して売らぬ。で年々増加して蔵書数万巻に及び、屋後三棟の書庫に満載し、なほ不足を感じた程である。和漢の典籍、仏書、国文、歌書は素より、江戸時代に出版された雑書、殊に小説類、芝居関係書、台帳、評判記、名所物、絵本類、通俗文学的蔵書の豊富なることは、先づ全国第一と称して差支へあるまいと思ふ。

とある。「大惣」旧蔵の書物に関しては、売立てに用いた「大野屋惣兵衛蔵書目録」を用いて、その蔵書の内容を考察した長友千代治および柴田光彦の研究がある。四代を通じて栄えた貸本業も、明治になっての出版業の発達、さらに公共図書館、大学図書館の整備に伴い、その価値は減少していった。明治三十年九月、四代目当主惣太郎の死後後継者を失った「大惣」は、明治三十二年に親族会議の末貸本屋を廃業するに至った。この後、蔵書の売立てが十五年間に渡って続き、大正六年には書物の整理・処理を終えている。「大惣」旧蔵本の行方については詳しくは不明であるが、現在は国会・鶴舞・岩瀬・尾崎久弥・蓬左・岩崎・東京大学・筑波大学・慶応大学等々の図書館に分散して所蔵されている事実から考えると、散り散りに分売されたようである。特に柴田の著した『大惣蔵書目録と研究』には、「大野屋惣兵衛蔵書目録」全十五冊を翻刻したうえで現在所蔵の各図書館図書番号と書名索引が付されている。さらに「大惣の旧蔵本について」においては売却後の「大野屋惣兵衛蔵書」行方について詳しい研究がなされている。

　貸本屋「大惣」は、単に市販されている刊本を店本として並べたのみならず、めぼしい物は筆写させたり、「大惣」の好みに応じて出入りの絵師たちに絵本を書かせ、その稿本を書物の体裁に整えてそのまま店本としている。さらには、自ら絵草紙本や一枚物の行列図を出版している、「大惣」に出入したひとたちの中に、筆耕を専らとした小寺玉晁や絵師として通った猿猴庵（高力種信）やその弟子である歌月庵（小田切春江）がいる。高力種信は通称新蔵、名は種信といい、尾張徳川家

の藩士で師を持たず絵本を能くした。名古屋に住み、祭典・法会・開帳・年中行事等の儀式や群衆雑介の様子を写している。投影画法や浮世絵を研究し、人物風俗の写生が巧妙であった。日記随筆類が多く残されており、開帳や祭典に関する記事は豊富で、その面における研究には貴重な資料となる。種信は文化三年琉球国使節渡来の行列を見物し、その有様を『絵本江崎の春』（文化四年奥書）に描いている。同書は文化四年正月の松飾を熱田の各所で写生したもので、「駅今道」という場面において、琉球国使節一行と松飾を描いている。これは文化三年度渡来の帰途である。同書には小田切春江の手になる別本が一件ある。この別本には、「駅今道」の場面のみが除かれている。春江が『琉球画誌』の自序において、

　猿猴庵故翁の琉球人通行の記を見るにこたびの行粧とは大同小違あり

とあるのは、この『絵本江崎の春』を示すものである。種信は天保二年七月三日七十六歳で没した。法名祥光院慶堂恵雲居士である。

小田切春江は、名は忠近、通称伝之丞、春江と号し、歌月庵・喜笑の号を用いた。尾張藩士小田切松三郎の長子として生まれ、世々禄百石を受けた。当初種信の弟子となり種信の書物の副本を描いたり、自らいくつかの稿本を「大惣」のために書いている。種信に学んだ後、森高雅に彩色法を学んでいる。特に『尾張名所図会』において挿絵の殆どを手がけたことは有名である。明治二十一年十月十九日七十九歳で没した。法名雅称院清誉春江居士である。

種信と春江、両者の画風を各々の草稿により比較すると次のことがいえる。種信の画は半紙半切版程の手帳に極めて細密に描かれている。例えば建築物の柱数や間取、配置のバランスを遠近画法を用いて正確に描写しようとしている。他方、春江の画は、細かな描写は無く大まかなタッチで勢いよく描かれており、同じような寺社を描くにしても、春江の物は大まかな屋根の輪郭や、二三本の柱で建物の位置を示し、どちらかといえば情景・構図に重きを置いている。人物を描写する場合、種信の筆太で素朴な描写に比べ、春江の浮世絵的な形の良い顔の輪郭は洗練されており対照的である。稿本に見る双方の色付けは、春江の方が彩色法において勝れている。

(19)『琉球画誌』。歌月庵・小田切春江の自筆稿本である。岩波書店『国書総目録』によれば、同書名の書物は二件ある。岩崎文庫および個人・林良幹の二個所である。岩崎本を底本に体裁を述べると、次のとおりである。書題簽（重郭）「琉球画誌全」（左肩）、題簽の左下部に［大惣かし本］の墨印がある。全十六帳。但し『新版琉球人行列記』（刊本）二十帳が後部に合綴されている。サイズは二三三×一六九ミリ。罫線は上下左右の周辺のみ、内部には無し。版心には、上魚尾のみの「白口」。

綴じ際の部分下方に［大野屋惣八］と刷込みがある。全帳著者の自筆稿本である。挿絵には彩色がほどこされ、構図に遠近法が用いられている。巻本には著者歌月庵の手になる稿本『名陽見聞図会』の書告が書かれ、「書林大野屋貸本」の名が見えている。本書は天保三年渡来の琉球国使節一行が名古屋城下を通行した様を、詳しく挿絵と共に記したものである。「自序」に従えば、歌月庵の師猿猴庵（高力種信）の描いた琉球人通行の記と、今回の通行の実際とは大同小異であるので、著者が新たに「伝信録」（中山伝信録）や『琉球談』、その他絵草紙を参考にして画き改めた、とある。当時の言葉遊びが巧みに用いられている。例えば自序に、

されば予《おのれ》が拙き筆《ふで》もて今茲《ことし》あらたに画《ゑが》き改号《あらためなづけ》て新製琉球画誌《しんせいりうきうぐわし》といふ蓋《けだ》し生委糖《しやうがとう》の生写しにあらずけし板《いた》のけし程も違ハぬにてハ全《まつた》くなし只《ただ》かりやけのにつき絵にあるへい糖《とう》の彩色《いろどり》をくわへ文面《ぶんめん》ハ伝信録琉球談《でんしんろくりうきうだん》或ハ絵草紙《ゑざうし》のたぐひを引《ひき》ざとうにし元来上菓子のうまきにあらねば落雁《らくがん》のらく書《しよ》ハ誌《しる》さず砂糖《さとう》の味《あぢ》にあらねともあまねく子供衆のねふりさましにもと終《つひ》にひとつのとぢぶミとはなりぬ

とあり、『琉球画誌』を琉球菓子と捩っている。本書には大別して次の四項が含まれている。

① 著者が詳しく書き写した町の様子、行列通行の前から当日までの様が詳細に描かれている。「読売り」の様子は売詞までが詞されている。挿画中の店の様子も細密で、店頭には歌月庵の行列図の書告（「琉球人来朝之図　とぢ本一冊、同壱まいすり」）が掛けられている。

② 著者が聞き及んだ町の様子、道直し、屋根直し、町の規則が具体的に詞書や挿絵として記されている。

③ 序文にあるごとく、「献上品」「来朝の由来」「琉球詞」などは、『琉球談』から引用している。

④ 当時流行していた、渡来に関する町の見立が記されている。

本書の構成は左の通りである。

① 1・表
　 1・裏　序文

② 2・表　まえがき

③ 2・裏　前売・前評判

④ 3・表　行列図を売る店先

⑤ 3・裏 4・表　通行道の道直し・屋根直し
⑥ 4・裏 5・表　十月十八日先長持・先荷物通行
⑦ 5・裏 6・表　当日行列・本町通り
⑧ 6・裏 7・表　広小路さじき
⑨ 7・裏 8・表　本町・京町・塩町・堀江町行列
⑩ 8・裏〜12・表　行列見物
⑪ 12・裏〜14・表　「附録」琉球詞
⑫ 14・裏 15・表　御すき見図・官制・渡来見立
⑬ 16・表　（渡来使の旗）
⑭ 16・裏　書告

別本である林艮幹本（林家本）についても少しふれておきたい。林家本の題箋は、書題箋（重郭）で「新製琉球画誌　全」とあり、ルビが付されている。表紙は無地レンガ色であり、岩崎文庫本とは異なる。綴糸は比較的新しく、綴じ直されたものと思われる。帳数は岩崎文庫本と同じ全十六帳。サイズは二三〇×一六二ミリ。用箋は周囲の罫線のみ、魚尾も無い。岩崎文庫本では綴じの際に［大野屋惣八］の墨印が刷込まれていたが、林家本では確認出来ない。しかしながら、サイズを比べて林家本の方が天地で三ミリ、左右で七ミリほど小さくなっており、また綴糸が表紙の手擦に比して新しいことなどを考えると、当初のものを後に装丁し直したことが考えられる。林家本では、見開きの状態で左右の帳の縦の罫線がほぼ接する位置に綴じている。岩崎文庫本と同程度の手擦れが見うけられる。第一帳右肩に「小田切」の朱印がある。岩崎文庫本と林家本とを比較すると、本文はほぼ同一、挿絵については図版・彩色ともに極めて高い割合における類似である。しかし双方には部分的に無彩色の個所や、ルビに相違が見られる。漢字と仮名書の相違がある。双方とも天保三年十一月十五日序の、著者小田切春江の自筆本である。双方の内容や文章の相違点は次の通りである。林家本の方が本文の漢字にルビが多く付されている。文章自体を比較すると、岩崎文庫本の方が林家本に比べてこなれている。林家本には無い記事が岩崎文庫本にはある。林家本には彩色の塗り残しの個所があり、また岩崎本の巻末にある「書告」が、林家本ではそのまま白紙となっているなど、本としての体裁は岩崎文庫本の方が整っている。つまり推測すると、著者小田切春江が自分用もしくは「大惣」に見せる為に書いた物が林家本であったろう。さらに「大惣」の希望により林家本を詳しく書き写し、「書告」を書き加えて「書林大野屋貸本」として体裁を整え、貸本用として店に並べたものが岩崎本であろう。そして、自分用として手元に残したものが現在の林家本であり、それに「小田切」の蔵印が付され後に小田切家の縁者である林家に伝わったものである。

(20)『名陽見聞図会』。同じく、小田切春江の手になるものである。書題簽（単郭）に「名陽見聞図会　初編之上・一」とあり、内題に「名陽聞見（ママ）図会」とある。上下二巻、全十二冊からなり、サイズは二三四×一六七ミリである。内容の構成は次の通りである。

上	第一冊初編上	天保三年の記	二十三帳
	第二冊初編下	天保四年正月成	二十三帳
	第三冊二編上	天保四年の記	三十一帳
	第四冊二編下	天保五年正月成	三十三帳
	第五冊一編上	天保五年の記	三十一帳
下	第六冊三編下	天保六年成	二十一帳
	第七冊四編下	天保六年の記・天保七年正月出来	二十九帳
	第八冊五編上	天保八年の記	二十九帳
	第九冊五編下	天保九年正月成	三十三帳
	第十冊六編上	天保八年の記	二十九帳

罫線は『琉球画誌』と同一である。本書はその年の主だった出来事を挿絵を交えて日記風に書き綴ったものである。この書物のことは『琉球画誌』巻末に書告として掲げられている。書店によれば、まず、「此前に紙のあきがござります故じまんらしく御ひろう申上ます」と始まり、続けて、

当辰としの略日記名陽聞見図会　全三冊　先達て画きましたる絵本つしまの渡りの末に蓬左聞見図会と表題をかきまして御ひろう申置ましたる当辰年の略日記でございます」

とすでに『蓬左聞見図会』として世間に披露してあることを述べている。またさらに、

おひ〳〵草稿出来いたしますれば正月にハぜひ〳〵さし出しまするつもりにございますもつとも図面にはこと〴〵くさいしきをいたしたれバ御子供様方の御なぐさミにはしごくよろしうござります　撰者　喜笑　敬白

と続けている。喜笑は歌月庵と同じく、小田切春江の号である。本書の内容も、この書告により十分に察し得る。この文章と本書の構成を検討してみると、天保三年から天保八年にかけての「略日記」を、翌年の正月毎に貸本用として「大惣」の店先へ備えたことがわかる。本書第二冊初編下・天保三年十月から十二月にかけての項に琉球人通行の様子が記されており、挿絵も三枚描かれている。『琉球画誌』とは内容において重複する個所はなく、双方を参照することで市中の様子をさらに具体的に伺うことができる。欠落している「第四編上」および「第六編下」のうち前書は、現在名古屋市立鶴舞図書館に所蔵されている。

〈参考文献〉


「江口家系譜」・『平岩弥一郎見聞談記』・「小田切家系譜」・「高岳院過去帳」・安藤直太郎「貸本屋大惣の研究」『郷土文化論集』昭和四十八年。

長友千代治「大野屋惣兵衛の貸本について」『愛知県立大学十周年記念論集』昭和五十一年。

柴田光彦『大惣蔵書目録と研究』日本書誌学大系27(1)・(2)昭和五十八年三月。

水谷不倒「貸本屋大惣」『古書の研究』。

坪内逍遙「歌舞伎の追憶」『逍遙選集』第一二巻。

江口元三「貸本屋『大惣』の今昔」『郷土文化』八巻二号・四号。および「貸本屋『大惣』を語る」『郷土文化』八巻一号。

朝倉治彦『貸本屋大惣』（古通豆本32）昭和五十二年。

尾崎久弥「偉才　猿猴庵種信」『郷土文化』四巻一号。
「中京画談」『名古屋新聞』明治四十三年十月二十七日より掲載。
北原聰「尾張開帳年表」『郷土文化』三〇巻二号。および「近世尾張における開帳――猿猴庵日記を中心として」『社会文化史学』第一二巻。

第二項　琉球物刊本に見る「琉球」

琉球物の刊行が琉球国使節渡来年度の前後に集中することは、すでに指摘したとおりである。(1) 刊本が、購読者の需要を背景とする商業生産物であることを考慮に入れれば、各版元が需要者の関心を巧みに捉え時期を狙って刊行を試みたことは当然のこととして理解される。このような刊行は、琉球国使節の渡来時に限られたものではない。朝鮮通信使の渡来の際にもほぼ同様の刊行物が売り出されている。

刊記の明らかな朝鮮物刊本（琉球物刊本と同じ範疇で用いる）を、試みに岩波版『国書総目録』からざっと拾い出してみるだけでも六十九件を数えることが出来る。朝鮮物にはどのような刊本があるのか、幾つか例をあげてみよう。まず、万治二年刊行の『朝鮮征伐記』がそれらの最初のものと思われる。また天和二年時には、日朝の儒者間で交わされた問答が『朝鮮筆談集』或いは『和韓唱酬集』等と題して四件刊行されている。その後正徳元年・二年になると、筆談集の類の外、通信使の行列を取扱ったいわゆる「行列記」が五件刊行されている。通信使の渡来年度と刊行物の書名については表10を参照されたい。

これら朝鮮物の内容は、その関心の向けられ方からほぼ三通りに大別し得る。まず第一は、秀吉の朝鮮出兵（いわゆる「朝鮮攻め」）についての記述である。第二は、儒学の先達としての朝鮮へ向けられた儒学者たちの関心である。

表10　朝鮮物刊本一覧

万治2	×	朝鮮征伐記
天和2	△	朝鮮筆談集
	△	朝鮮人筆談并贈答詩（桑韓筆語唱和集）
	△	和韓唱酬集
	△	朝鮮国中直大夫詩学教授菊軒権拭筆語（題簽・朝鮮国菊軒筆語）
	○	朝鮮人来朝図
宝永2	×	朝鮮軍記大全
	×	朝鮮太平記
正徳元	△	朝鮮筆談集
	○	朝鮮人来聘記
	○	朝鮮人来朝物語
	○	朝鮮人来朝儀式并同御登城之次第并詞つかひ并御名付
	○	朝鮮人行烈次第
	○	朝鮮人行列
	△	両東唱和後録
	△	辛卯和韓唱酬
	△	朝鮮客館詩文稿
	△	槎客通筒集
正徳2	△	問槎畸賞
	△	問槎二種
享保4	△	桑韓星槎答響
5	△	両関唱和集
	△	桑韓唱酬集
	△	桑韓唱和塤篪集
	△	韓客筆語
	△	客館璀粲集
6	△	和韓唱和集
	△	桑韓唱酬集追加
延享5	○	朝鮮人来朝記
	△	和韓筆談薫風篇
	△	対麗筆語
	△	善隣風雅
	○	朝鮮人来朝物語
	○	朝鮮官職考
寛延元	△	和韓筆談薫風編
	△	和韓文会
	△	長門戌辰問槎
	△	桑韓鏘鏗録
	△	（龍門先生）鴻臚傾蓋集
	○	朝鮮人大行列記
2	○	朝鮮人行烈
3	○	朝鮮物語
宝暦12	○	朝鮮人三使登城行列
	○	大船用文
13	○	朝鮮人大行列記
	○	朝鮮年代記
	○	朝鮮人行列記小鑑
14	○	朝鮮通信使一行座目

	△	桑韓筆記
明和元	△	講館独覧
	△	問槎館実
	△	両好録話
	△	東渡筆談
	△	長門癸申問槎
	△	殊服同調集
	△	桑韓筆語
	△	問槎余響
寛政元	△	江関筆談
	△	半間筆語
享和2	×	朝鮮征伐記
文化3	△	朝鮮世表
8	○	朝鮮人来朝行列記
	○	御免朝鮮人来朝行列之記
	○	朝鮮使人名氏

	○	朝鮮人来聘大行列略図
	○	朝鮮人来朝行列記
12	×	朝鮮珍花鑑集
嘉永7	×	朝鮮征伐記
	×	朝鮮征討始末記

○印　来朝・行列通行に関する物
△印　筆語・唱和集に類する物
×印　戦記に類する物

朝鮮からの使者には従者として儒学者が加わっており、日朝間の儒者による交流が対談集として公刊された。そして第三には、外国人としての朝鮮人に向けられた興味に応えて、行列の様子、来朝の由来、朝鮮の風俗を記した行列物の存在である。

これら朝鮮物の内容は、一見すると琉球物の分類に類似しているかに見えるが、両者の間には大きな違いが存在するのである。美しく着飾って街道を行き、道々楽奏や騎馬の曲舞を行う外国人使節に向けられた人びとの関心は、目新しく耳珍しい物を求める、表層的な興味である。この点では琉球国使節の行列に向けられた関心と同質である。しかし、文人識者の関心の向け方には大きな相違がみられる。純外国である朝鮮への関心は、儒学の先達として或いは漢法医学の方面から本草学、または征韓論的な関心に限定されている。これに対して琉球への関心は時代を追って変化し深まってゆくのである。つまり、異国風への興味から一見異質なもののなかに同質性を探る方向へと変化し、文人識者間での「琉球像」は成長してゆくのである。

(一)　明和より寛政期の「琉球」

最初の「琉球物刊本」である『琉球うみすずめ』が宝永年間に刊行され、寛延年間以後は琉球国使節渡来の度毎に「行列記」の類が刊行され続けた。明和から天明・寛政期には特に琉球への関心が高まり、多くの琉球物が刊行された。この時期はいわゆる田沼時代で、旱魃・大火などの天変地異があいつぎ、また外国との接触の機会も生じ始めた。そして一方、将軍吉宗の奨励した学問の種も実学研究として少しずつ成長して来た時代でもある。

杉本勲は近世実学思想史を五段階に分け、この時期を、新井白石に続きさらに佐藤信淵に至る間の第三・第四段階であるとしている(2)。つまり幕府の大改革であった享保改革と徂徠学の提唱、それに続く平賀源内・三浦梅園の活躍した時期が第三段階。次に杉田玄白・前野良沢・高野長英・渡辺崋山等が活躍し、実学思想を蘭学として具体的に確立した時期を第四段階としているのである。

また内田銀蔵は、この時代を二点において特徴づけている。つまり「一つには国学および勤王論の興起した事、二つには蘭学の盛んになった事」であるとしている(3)。この時期の国学者には、素朴なますらおぶりを奈良・藤原朝に求め尊んだ賀茂真淵がいる。その賀茂真淵に本居宣長が出会い「松坂の一夜」を過したのが宝暦十三年、宣長が「道の学」として『古事記伝』に着手するのは明和元年である。その後宣長に続く門人たちが日本の歴史性・文学性・古代言語などを論究し、国学は盛んになってゆく。また当時の実学奨励の動きを受けて、地方物産が奨励され、本草学など「物」に対する関心が高まった。この関心は実学として海外の学問にも眼を向けさせることとなり、平賀源内や桂川家の一門・青木昆陽・本多利明・大槻玄沢・前野良沢・杉田玄白などなど、多くの人びとが蘭学を学び活躍したのである。一方この時期は、ロシア船の渡来や漂着によって北方問題の台頭した時でもあった。外国人ベニョフスキーの警告(4)は思いの外夥しい影響を与え、蝦夷地の探険が行われ、数多くの蝦夷地誌が編纂され、さらには林子平の『海国兵談』著述の筆禍事件にまで及んでゆく(5)。実学の立場から北方に向けられた地誌的関心は、そこに止ることなく、広く日本を取囲む国々へも向けられていったのである。そして前野良澤・長久保赤水・工藤平助・林子平・桂川国瑞・森島中良などが数々の世界地理書を著した。

このように、物事の本質を古い時代に遡って求めようとする復古の学が国学に働く一方、それを飛び越えた合理的な論及が実学・蘭学へ向かうという、一見相反する動きがこの時期に盛上った。これら相方の学問的姿勢と興味の下で亜外国としての琉球問題が取扱われてゆくのである。そしてその結果、琉球物刊本の『琉球雑話』『琉球談』、関連書物である『華夷通商考』『紅毛談』『万国新話』『三国通覧図説』『重刻中山伝信録』等があいついで刊行されたのである。

まず天明八年に『琉球雑話』(一冊)が「儒医　華坊素善」の手により江戸「神田かぢ町二丁目　本屋彦右衛門」店より刊行されている。本書は「宝玲文庫」本以外には未だ見い出せず、稀覯本といえる(6)。その内容は序文に、

琉球国の天度。地理。人物。風俗。土産ニ至ルマテ書記ス。

とあり、また、

其外此世界ノサイゲンヲ見トテ。海中ニ乗シタルハナシ。又海中ニ異類異形ノ獣魚等アルノ。奇談ヲ書記ス。

とあるごとく、次の三つの主題から成っている。

(1)　琉球の天度・地理・人物・風俗・土産について。

(2)　世界の際限を見ようとして船出した話。

(3)　海中の異類異形の獣魚とその奇談。

(1)の琉球に関する記述は二つの史料に基づいている。一つは「聞伝へたる事」とする撰者の聞書きであり、もう一つの史料は「通商考」(『華夷通商考』)である。本書は聞書きによるとはいえ、その内容は紀行文的というよりむしろ戦記物の観があり、薩琉戦記にその材料を求めたものと思われる。例えば「要濱灘」「千里山」「肺竹城」「米倉嶋」「乱炮録」「高鳳門」「都入門」「日頂山」の地名があるが、これらは『琉球征伐記』[7]の文中に記された「要渓」「千里山」「虎竹城」「米倉嶋」「乱蚫浦」「高鳳門」「都城門」「日頂山」の地名と類似している。同一ではないことから『琉球征伐記』を出典とするとは出来ないまでも、少なくとも同種の合戦記を基にしたであろうことは確かである。[8]山崎美成はその著書[9]において、当時流布していた「妄誕無稽」の書として『薩琉軍談』の書名をあげている。次に「通商考」こと『華夷通商考』よりの引用がある。西川如見の『華夷通商考』についてはすでに鮎沢信太郎による研究[10]があるので、内容の詳しい説明は省く。『琉球雑話』はこの『増補華夷通商考』(宝永五年刊)の巻三第五帳より第六帳までをそっくり引用している。(2)(3)の題材は『紅毛談』(上下二冊)に求めている。[11]『紅毛談』の内容は、「紅毛国風土ふぞくの事」「同暦法他国とかわる事」「四民他国とかわる事」「世界のはてを見きわめし事」「薬種るいおりもの諸道具禽獣草木しなしなの事」「せうぜうひ深草の事」「大浣布の事」「おらんだこく医術の事」「ミいらのせつ」「うんかうるのせつ」「すらんがすてんのせつ」「ゑれきてり療治道具の事」等である。また、序文は桂川甫三国訓の手になるものであるが、この人物は後に取上げる『琉球談』の著者森島中良(桂川中良)の父であり、人物の関連という点で注目されるべきであろう。

さて、『琉球雑話』の性格を、内容を整理しながら検討してゆこう。標題を『琉球雑話』としてはいるものの、琉球に関する内容は全体の約半分程の分量である。琉球に関する題材は、先に述べたように「戦記物」と『華夷通商考』の二件からとっており、その他は『紅毛談』によっている。『琉球雑話』においては、「琉球」は次のように記述されている。

(1)　琉球は日本に隣たる嶋にて五穀豊饒たる嶋也。（第二帳表）
(2)　もと朝鮮国の幕下なりしが近来彼国にも伏さず、勿論日本へも随ハざりき。（第三帳裏）
(3)　〔慶長十四年嶋津琉球攻の事〕（第三帳裏）
(4)　六風の草木をなびかすがごとく日本の威風になびき永く日本の属国と成依之。（第四帳表）
(5)　〔琉球の地理〕（戦記・華夷通商考による）（第四帳裏）

これらの琉球に関する記事は、後半に収められた海外奇談と内容的には必ずしも繋がるものではない。強いてその関連をいうならば、琉球が海上の遙か三百余里に位置することから、海行談や海獣の説を後ろに連ねたものであろう。この点からも『琉球雑話』は琉球国使節渡来を契機に際物として刊行されたのではないと考えられる。しかし琉球に題材をとった刊行物を求める機運が当時存在したことは確かである。この求めに応じて刊行された『琉球雑話』に描かれた琉球の姿が、当時の琉球に関する知識の水準を示している点に注目したい。『琉球雑話』の琉球に関する記事を、その内容に含まれた要素に分けて整理しなおすと次のようになる。

(1)　詞は中国と不通。
(2)　日本鎮西八郎為朝の位牌を安置。
(3)　日本の詞と同じ事多し。
(4)　仏神儒道を学び、日本の風儀をならふ者多し。
(5)　琵琶・三味線を用ゆ。
(6)　琉球の漂船は、長崎より薩摩を経由して帰国さる。
(7)　琉球の土産。

(8)　琉球の唐貿易の事実。
(9)　日本の三味線は琉球より来たる。

先にも述べたように、『琉球雑話』のこの部分は『華夷通商考』琉球国の項を全面的に引用しており、これらの認識は『華夷通商考』成立の宝永五年時のものである。その段階から新しい情報の加わることなく、天明八年においてもそのまま充分に琉球の知識・常識として用いられていることを知るのである。

その後寛政二年には森島中良による『琉球談』が江戸・須原屋市兵衛店から刊行される。この書物は前項で述べたごとく、以後少なくとも二度重版されており、都合四種の『琉球談』(『琉球はなし』)が確認できる。[12]このことから、当時いかに多くの人々に求められ広く流布したかが察せられる。また刊本を全く透写しにしたがごとき写本も存在するなど、その人気の程が伺われる。[13]事実、後世の文人識者の著述にはこの書名が度々見出される。『琉球談』以後の琉球物の殆どが、これを引用し、あるいは多かれ少なかれ何らかの形で記述の論拠をこれに求めているのである。[14]

それでは『琉球談』の内容とはいかなるもので、一体何が主体となって語られているのであろうか。著者森島中良が琉球に何を見ようとしたのか、表11にその記述内容の目録を示す。

『琉球談』の刊行主旨および経緯は次の前野良澤の序文に見ることが出来る。

琉球在薩之南鄙海中蓋一小島也慶長中臣附于薩然在其上世源鎮西宏垂国統即其為属于我也亦已尚矣万象主人嘗著万国新話亜細亜一部業巳梓行琉球談亦収其中而以韓琉蝦久属本朝世亦粗諳其国事故臨梓除之日者書賈重請其初稿以梓之需予序之然国業大体民事細碩詳悉書中予更何言即書此言以序寛政庚戌秋九月　　蘭渓　前野達

序文によれば、琉球は地理的には薩摩の南に位置し、慶長の役によって薩摩に属した。しかしその昔に鎮西八郎為朝が国を一統しており、それ以来琉球は日本に属しているのである。韓(朝鮮)琉(琉球)蝦(蝦夷)は久しく日本に属しているにもかかわらず、それらの国については知られていない。そこですでに亜細亜に関して著述してあった「万

表11　『琉球談』内容典拠

『琉　球　談』目　次	典拠（文中の指示および内容からの推察による）
琉球国の略説	中山世譜・神代記・万象雑俎
開闢の始附鎮西八郎鬼ヶ島へ	中山世鑑・琉球国事略・和漢三才図会・保元物語
日本へ往来の始	琉球国事略
官位并官服図説	中山伝信録　巻5
琉球国王の図	〃　　巻2
年中行事	〃　　巻6
元服の事	
剃髪	中山伝信録　巻6
家作図式	〃
米蔵の図	〃
器財図説	定西法師伝
駕籠の図	中山伝信録　巻6
馬の図説	〃
女市図説	〃
婦人の風俗	〃
嚏を好む	
歌舞の図説	中山伝信録　巻2
琉球の狂言	〃
琉球歌	琉球聘使記
神祇	琉球国事略
宗派	中山伝信録　巻5
葬式	〃　　巻6
棺　墳墓	〃
書法	
耕作	中山伝信録　巻6
貢物	
産物	中山伝信録　巻6
琉球語	〃　　　・和漢三才図会
屏風	
読谷山王子日本紀行の詠歌	桂川国訓より
鎮西八郎の部	中山世譜
琉球の書翰	

国新話」のうち、琉球に関する一部をここに刊行して国事・民事を紹介したい、とある。

また巻末の書告から、朝鮮に関するものを『朝鮮談』として同時に刊行の予定であったことが知れる。[15] 森島中良はすでに天明七年に『紅毛談』(五巻二冊)を著しており、『万国新話』はさらに地理的に拡大したものであって、『琉球談』『朝鮮談』はその一部である。ここに蘭学的興味によって系統づけられた一連の著作構想を見出すことが出来る。

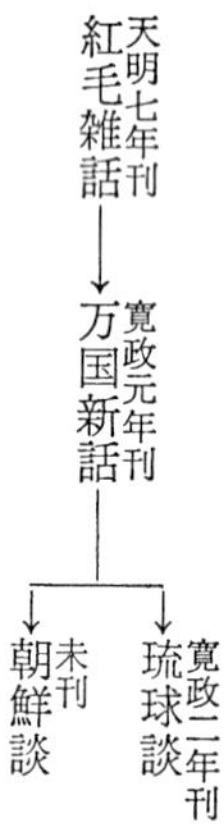

しかし、その興味は蘭学的なものに始まるとはいえ、森島中良が琉球について論じ語らんとしたことは、「然在其上世源鎮西宏垂国統即其為属于我也」と序文にあるごとく、琉球王舜天が鎮西為朝の子であり、それはまさに日本清和天皇の流れにつながるという点である。このことは、本文においてさらに明確に述べられ強調されている。先に表11で示したごとく、『琉球談』は多数の引用文献によって構成されているが、最も多く引用している書物は『中山伝信録』である。明和三年に和刻本として刊行された『重刻中山伝信録』の巻六から大半を引用し、歌舞と為朝舜天説については巻二・巻三を用いている。そこで『琉球談』の内容の検討に入る前に『中山伝信録』とその与えた影響について見てゆこう。

『中山伝信録』は中国(清)の冊封使録である。撰者徐葆光は琉球国王尚敬に対する冊封副使として渡琉し、康熙五十八年(一七一九)六月より五十九年二月までの半年間滞在した。帰国後中国皇帝への報告書としてこの本を編纂し、「二友斎」より康熙六十年(一七二一)に刊行した。清国の琉球への冊封記録であるこの『中山伝信録』が日本にもたらされた正確な時期は知り難いが、すでに元文五年(一七四〇)の『商舶載来書』および宝暦九年(一七五九)の『長崎官府貿易外船斎来書目』にその書名を見出すことが出来る。[16] また、桂山彩樹は『琉球事略』[17]の識語の中で「元文中我国伝此書」と記してある。中国で刊行後二十年を経た元文年間には、すでに日本国内へ渡来しつつあったことが知れる。明和三年（一七六六）には最初の和刻版『重刻中山伝信録』が、京都の文錦堂（林伊兵衛店）と西山房（銭屋善兵衛店）の二個所から同時に刊行された。さらにその後、天保十一年には星文堂（石田治兵衛店）からも刊行され、都合四種の和刻版が流布している。この書物の影響を受けたのは森島中良のみではない。和刻版刊行の三年後の明和六年には、本草学者田村藍水が『中山伝信録物産考』を著している。この書物は琉球の草木から動物に至る産物に、彩色の図と共に説明を加えたものである。刊本に成っていないが、写本として八件もの存在が確認されていることから、この『中山伝信録物産考』の人気の高かったことが窺われる。

『中山伝信録』は全六巻からなっており、その内容は次の通りである。

巻第一
封舟・渡海兵役・更（針盤　玻璃漏）・針路・前海行日記・後海行日記・歴次封舟渡海日期・風信（風暴日期）・天妃霊応記・諭祭海神文・春秋祀典疏
巻第二
封宴礼儀・封舟到港・天使館（旧使館　支応七司）・天妃宮行香（上天妃宮　附下天妃宮）・中山先王廟・諭祭儀注・諭祭文・中山王府・冊封儀注・冊封詔勅・中山王肆館儀仗（賀封路供）・*中秋宴・重陽宴（拝辞宴　餞別宴　望舟宴）・中山王謝恩表疏（貢物）・礼部義覆疏
巻第三
中山世系（封貢事蹟附）
巻第四
星野・潮・琉球三十六島・琉球地図・紀遊

巻第五
官制*・冠服・儀従・氏族・取士・采地（禄）・土田・暦・礼儀・先王廟神主昭穆図・円覚寺本宗昭穆図・学（国学読書*）・禅宗*・僧禄
巻第六
風俗*・屋舎*・米廩*・器具*・女集（銭　女飾）・舟・轎・馬*・弓箭・月令*・土産*・字母*・琉球語
（『琉球談』に引用された個所を＊印で示した）

康熙六十年に清国で刊行され、元文・宝暦頃に日本にもたらされた『中山伝信録』が、何故明和三年に至って京都で和刻され刊行されたのであろうか。また、寛政二年に森島中良は何故この『中山伝信録』を主に用いて『琉球談』を著したのであろうか。和刻の主旨を『中山伝信録』の序文にみてみよう[18]。序文は儒学者服部天游伯和（服部蘇門）によって識されており、以下序文に従う。琉球の我邦通行の最初は明らかではない。しかし国史には南島の記載があり、「薩南諸島」がこれに相当する。為朝の琉球に渡ったことは世上に伝わっている。今この『中山伝信録』を見ると、中山王系舜天記に「日本人皇後裔朝公」とあるのは、まさに為朝に当たる。これは世間の伝承を裏付けるものである。舜天は琉球の「文教之始祖」である。以後琉球と日本との関わりは深いのであるが、「則吾邦学者。而不知其国事可乎。」ここに岡瑞卿[19]がこれを重刻する意がある、と述べている。また、琉球の日中両属について客人の問いに答えて、「古明王之待夷狄。羈縻不売備也。」と中国の立場を説明し、「今吾之　国家亦然耶。則益足以見其柔懐之徳爾。」と日本国の徳の高さを示すものであると述べている。ここに読みとれるごとく、当時世上で論議のあった「為朝渡琉説」の裏付けとしてこの『中山伝信録』に注目し、また、琉球の国事を紹介する書物の無い事を感じて重刻するに至ったのである。そしてまた服部天游は序文中で、琉球は国史に南島として記述の始まった頃から日本に通っており「非夫三韓渤。一葦可杭之属」であるとして、琉球との関係は朝鮮・渤海とは異なることを明確に述べている。

以上二書の序文から読み取れるように、『中山伝信録』和刻刊行の主旨には『琉球談』刊行の主旨と共通のものがある。森島中良が『重刻中山伝信録』のこの主旨に賛同し、『中山伝信録』にさらに他の文献の引用傍証を加えながら、その一部を一般の人びとに読みやすい形に書改めたものが『琉球談』であると見做すべきである。しかし、森島中良が為朝国王始祖説を支持し、それを主題に『琉球談』を著したとはいえ、森島中良における日琉関係考察の根拠にはより深いものがある。次に本文の内容を検討してゆこう。目録で明らかなように『琉球談』は琉球の事物・風俗を紹介すると共に日琉の関係を説いている。そして琉球独自の特色ある事柄を紹介しつつも、「平人の家ハ。日本の作りさままで替りたる事なく。」(第十三帳表)、「日本の銭を用ゆ。」(第十六帳表)、「馬ハ日本と替る事なく」(第二十一帳表)、「日本の馬具とかはる事なし。」(第二十一帳表)など各所で日本との類似性に注目している。また「歌舞」(第二十三帳裏)においては、物語の筋を『中山伝信録』(巻二)から長々と引用して読み下し、それが日本の曽我物語に酷似していると指摘しているのである。[20] 森島中良は必ずしも為朝伝説のみに琉球と日本との関係の根拠をおいているのではない。本文中の処々にみられるごとく、より具体的な事柄の共通性に注目して日琉関係に考察を加えている。また、古代日本と琉球との交流についても述べている。例えば、ウルマの国・海宮などと古代日本で称したのは皆琉球であるとか、[21] 始祖神話の「アマミキユ」は「阿摩美久」であるなど日本の古語が混在すると指摘している。[22] 寛政のこの頃は、先にも述べたごとく復古学が盛んな時であった。古えの日本の姿を探ろうとするこの時代の志向が、森島中良の関心を古えの日琉関係に向けさせたのであろう。琉球に対する日本の優位性については、慶長の役以後恩謝・賀慶使の来聘があること、国王は将軍の拝命を待って即位すること、両属はしているが日本の扶助なくしては常住の用も弁じえないことなどをあげ、[23] そして為朝渡琉説を述べているのである。[24] 為朝渡琉説は序文においても強調されているが、中良は舜天王の父は為朝である旨の記事を『中山世譜』に見出し、附録として追加補説している。このことは当時の一般的関心がその点に集まっており、論議のあったことを窺わせる。また、『琉球談』刊行の意図もそのあたりに存在したのであろう。『琉球談』は後の日琉観に強い影響を与え、著者の主旨とは関わりなく日本の琉球に対する優位性を語る論拠とされてゆくのである。

『琉球談』の果たした役割は大きい。「琉球」について最も詳しい読物として、当時知り得た情報・知識を具体的に著述してあり、いわば「琉球」についての百科事典的役割をその後も果たしてゆくのである。また著者が森島中良であり、序文が前野良澤であったことも、それらの知識への信頼性を一層高めたと考えられる。加えて図版を多く収め、平易な文章で叮嚀に述べてあることが、この本が世上に広く流布した要因の一つといえよう。そしてこの書は、日琉関係とその文化の類似性および為朝渡琉説に強い根拠を与えたのである。

この広く読まれた『琉球談』と、関心の高まった為朝渡琉説に題材をとって、滝沢馬琴は一大長編小説『椿説弓張月』を著述した。『椿説弓張月』が「鎮西八郎為朝」を意味し、為朝が琉球へ渡って武功をたて、その子尊敦が琉球国王となるという筋立ては衆知のことである。『椿説弓張月』の当時果たした役割として注目すべきことは、『重刻中山伝信録』は勿論、『琉球談』をも読まない「女・子供」の層にまで、為朝渡琉説を広く浸透させたことである。このいわば固定・常識化した琉球像が天保期の琉球像へ繋がりその下地となったのである。

明和から天明・寛政の頃には、外国との接触が生じてくる。従来外国へ向けられた関心は漠然としたものであったが、外からの刺激によって蘭学・実学が興隆し、地誌的な眼が日本の周囲の国々へ向けられる。琉球に対しても、以前から関係のあった身近な国として関心が向けられ、それに応え具体的な地誌的書物が刊行されたのである。そして「琉球」の中に日本文化との共通性を見出し、その源を為朝渡琉説に求めてゆく。しかしこの時期には、後の天保期の様に皇国的優劣関係から琉球が論じられているのではなく、むしろ日本と血脈関係にある親しい隣国琉球という意識である。後の天保期になると、地誌的関心としての「琉球」から、自説補強のための手段としての「琉球」へと、その捉え方は展開されてゆくのである。

(二)　天保期の「琉球」

江戸期を通じて最も多くの琉球物が刊行されるのは、天保三年である。天保三年秋に渡来した琉球国使節に寄せられた人びとの関心の高さは、約九十点という当時の刊行点数から充分に窺うことができる。寛政二年の『琉球談』以降も、琉球国使節渡来の度毎に瓦版・一枚物等は数々刊行されたが、琉球に関するまとまった記述はこの年度になって集中して刊行されるのである。

出版文化の興隆もその大きな要因ではあるが、市民生活の成熟も見逃すことは出来ない。人の移動が活発化し、多くの人びとが各地を旅行する。地方の遺跡・珍物への関心は、単に新奇な物を求めるのに止まらず、より詳細な具体的な情報が求められ、それに応ずべく実際の見聞の記録が琉球物に限らず刊行されたのである。一方、ロシアの南下と北海道での通商の要求、次第に多くなる外国船の渡来・漂着、さらに風説書としてもたらされた鄭成功の乱やアヘン戦争の情報により、外からの脅威を感じ始める。この外の刺激に対する内側の緊張が国家意識を育ててゆく。琉球に対しても、単に地誌的関心が向けられるだけでなく、日本にとっての琉球の位置を確認しようとしてゆくのである。

ここで取上げる琉球物は大きく二つに分けることができる。一つは、実際の見聞に基づいたと考えられる、具体的な記述を特色とする『琉球奇譚』『琉球年代記』である。もう一つは国学系の識者の手になる諸著述である。『琉球入貢紀略』『琉球状』『琉球論』はその論拠を厳密に示して考証を重ねたものであり、一方『貢の八十船』は賀茂神社の神官を中心とする歌学系の人々によって綴られたものである。それらに表われた琉球認識とはいかなるものであるかを、個々にあたってみてゆこう。

『琉球奇譚』(25)は米山子によって、「聞きしままにかいしるしておきたりし」ものである。琉球の地理的記述が豊富に盛込まれているのが特色で、海獣・土地の俗神についての記述は具体的で興味深い。本書における琉球は、

⑴　琉球国は往昔我が国の「宇留麻久爾」である。
⑵　いわゆる「竜宮」は琉球である。
⑶　舜天王は為朝の子である。

としてとらえられている。またその風俗については、本来は「夷狄にて礼儀も道も調はざる国」であったのが為朝の渡琉以来「日本の風俗と成る」が、その後一時期明朝に「媚び」中国の冊封を受けることにより「両国の風俗」に相半している、とする。つまり、本来は日本にとって「夷」であった地域を為朝が日本に教化せしめたが、その後中国とも関わりを持ったことで風俗に中国風が混じている、と捉えているのである。「衣冠」は清朝にならっていても、本質文化そのものの言語は「日本に真似いでいる」としているところに、本書における琉球の位置づけを見ることが出来る。

『琉球年代記』[26]は大田南畝の遺稿を、門人たちがまとめて一書となしたものである。本書は内容的に「琉球年代記」と「琉球雑話」の二部に大別できる。前項の「琉球年代記」は『中山伝信録』巻一の項目「中山世系」を抄書したものと察せられる。また「琉球雑話」の求めた題材は、『中山伝信録』と『琉球国志略』（天保二年に官板として和刻本が刊行されている）、および「諳厄利亜の人、紀行書」と「中国のことつぱらにありて西湖の景なんどあたりゆひさすがこと」き書、さらに加えて琉球の具体的聞き書等によるものである。まずこの「琉球雑話」の特徴として、琉球の風俗紹介の具体性があげられる。つまり、他文献の引用は見られず、実際の琉球の様子を見聞した者による情報を多く含んでいるのである。例えば「託女荒神ばらひ弁図」[27]における記述には、民俗学的に興味深い個所もあり、ユタの姿を連想させる。次に紀行文を二件引用している。まず「諳厄利亜人」の書は、原典は不明であるが、一八一六年に渡琉した英国船「アルセスト号」に関するものである。他の一件は、周防国の古郡八郎という人物が、中国・西湖に漂流した折の漂流譚である。但しこの原典も未だ確認出来ていない。これらの諸特徴は、当時の次第に外に対して向けられはじめた具体的なものへの関心と、好事家たちの間で交換された外国紀聞などの情報を窺わせるものである。

さて、この『琉球年代記』における「琉球」の位置を探ってみよう。本書の場合、『琉球談』や『重刻中山伝信録』の序文に見られる「琉球王は為朝の子孫」という強調された意識はみられない。ただ為朝との関連性については、文中で額文「鎮面君真物《ちんめんくんしんぶつ》」を「鎮西君真物《チンゼイキンマモン》」であろうと考察している。[28] また古郡八郎の漂流譚の中で、八郎という名が八郎為朝と共通していることから、琉球において親しく接せられたという一節[29]などは、為朝の渡琉伝説と、そして為朝崇拝の信仰の存在を示唆するものである。また東条琴台の序文に「豈得兆昇平膏沢之所厚也哉」とあるごとく、さらに南畝の跋文（狂歌）に、

昇平のめでたきままに鶴亀の二首

とあるごとく、当時の太平・昇平を祝う気持があるのみである。そしてここには、後述する国学系の人びとの著述に見られる「政治性」は認められない。

次に天保期における琉球研究の一定の水準を示す書物として、『琉球入貢紀略』『琉球状』をとりあげたい。『琉球入貢紀略』[30]は山崎美成の著したもので、全二十一帳ほどの短編であるが、数々の典拠を示しながら内容的に考証がゆきとどき、語句の用い方も厳密である。刊行主旨を晶山間人（鍋田三善）[31]による序文に窺うことができる。序文では、まず北峰山崎久卿（山崎美成）の博学を称えたうえで、

余竊惟琉球入貢我皇国、其来尚矣、況復慶元鞬櫜、政治休明、徳化広被海内外、朝鮮聘問、琉球入貢、因襲故常、修明礼典、二百有余年于茲、豈不盛大平

と皇国の教化の広く及んだことを悦んでいる。ここには先の「隣国・血脈としての琉球」からさらに一層強調明確化された「教化の及ぶ国としての琉球」への展開が示されており、日本・琉球の関係が従来とは変化した形で現われているのである。

本書『琉球入貢紀略』の内容は、十五項目にわたり、次のほぼ三つに大別し得る。
(1) 上代から当時に至るまでの日琉交渉史。
(2) 特定の事項（琉球国名の初出、鬼島の問題、為朝の史実）に関して。
(3) 当時における琉球知識の誤りをただす。

これらの考究の内に、山崎美成自身のとらえた「琉球の位置」を見出すことができる。まず、

琉球ハ、我邦南海にあたるところの一ツの島国なり、いにしへその国の名ハ聞えざれど、もとより筑紫に隷たる島なり（第一帳表）

と上代から日本に隷属していたことを明瞭に述べ、推古期の史実よりさらに古い関係のあることを論じている。そのち交渉が断たれ、再び日本との通信が開かれたのは、明の宣徳七年・永享四年であるとしている。同じことを、弁誤「永享以後琉球使来れる」においては、史料を示しながら考証している。但し、ここに示されている典拠『中山伝信録』は『琉球国志略』の誤記であることは、自筆稿本を参照することにより明らかである。次に、嘉吉元年に足利義政より島津忠国が琉球国との交易を許されたことを「琉球薩摩被附庸」の始りとして、両国間の歴史的関係を述べている。また、「附録」においては、書籍に見られる「琉球」および、それに関わる蛇海・鬼界島についての考証を加えている。これによれば、弘法大師の『性霊集』『今昔物語』（智証大師伝）に見られる島、鑑真和尚の至った島、そして為朝の至った島はすべて琉球であるとして、琉球がいかに日本の歴史に関わっているかを示している。

しかし総てを琉球と結びつけているのではない。そのことは次の「弁誤」に記されている。まず、従来「海宮」は琉球であるという見解があったが、山崎美成はこれをはっきりと否定している。この「海宮＝琉球」説は、『琉球談』において、森島中良によって支持されている。『琉球談』には、

又、神代紀に海宮といへるハ此国なるべき事、予か撰する万象雑俎の中、地之部の条にくハしく載せたり（第一帳

裏）

とある。但し、『万象雑俎』についてはその存在が未確認である。次に、「うるまの島」は琉球である、という『琉球談』の見解をも否定している。

「うるま＝琉球」説は『笈埃随筆』『夏山雑談』の記事にも述べられているが、山崎美成はこの説を、原典である『千載集』『本朝麗集』に遡ることにより否定している。同様の考え方は、後述する『琉球論』を著した前田夏蔭にも見られる。また、美成は当時流布していた薩琉の戦記物『薩琉軍談』を頭から妄誕・無稽の書として否定し、さらに前年（天保二年）に昌平黌より官板として和刻刊行された『琉球国志略』の誤記も指摘している。なお、この『琉球国志略』中の誤記については、屋代弘賢も『琉球状』において指摘している。

この『琉球入貢紀略』はいかなる意図をもって著されたのであろうか。鍋田三善の序文により、その契機は琉球国使節の渡来であり皇国の昇平を称えるものであることを知り得る。また著者山崎美成の著述意図を本文の構成に窺うことができる。幸いにも本書『琉球入貢紀略』の自筆稿本とされている物が、早稲田大学図書館に所蔵されている。(32)

注目すべきことは、この自筆稿本には著者自身以外の朱沢文が付されており、他の琉球研究者の手による添削がなされている点である。さらに、推敲の段階で取捨されていった旧稿を見ることが出来る。まずこの稿本により新たに知り得たことは、当初この十五項目の論は二軸に大別されていたことである。つまり、本文と「弁誤六条」の二つである。それが刊本に移る段階で、「琉球の名載籍に見えし」「蛇海国鬼が島」「舜天王ハ為朝の子」の三項目を取り出し、「附録」として「弁誤」の前に付したのである。この組み変えにより、日本と琉球の関係を歴史的に述べるという本書の論旨は一層明確化してくることになる。

朱沢を付した人物は不明であるが、琉球についての見識も深く、山崎美成の文章を根拠を示しつつ訂正している点から考えて、同門の先輩筋の者ではなかろうかと思われる。当時琉球研究に熱心であった学者には、山崎美成の他屋

代弘賢・伴信友・前田夏蔭などが居るが、今のところ人物の確定は出来ない。朱沢文で、頭注に、

南島志の説ハ無稽の事也詮議たまふべし

とあり、また本文中の掖玖に関する『南島志』の記事を半帳（十行）も削除している点は興味深い。また、稿本の文章を所々で、

此御弁論甚面白承る

とか、

此弁尤確論と承候

と評価している一方で、語句の使用について厳密な指摘をなしている。これらのことから、山崎美成が『琉球入貢紀略』を著すにあたり、親しい同門の識者に頼み、推敲の末刊本となったことを知る。そしてここに琉球に関する盛んな論議が存在し、文人識者間で熱心な交渉があったことをみることができるのである。(33)

このことは『琉球状』(34)においても同様であった。『琉球状』は屋代弘賢の手になる総帳七帳ほどの小冊子で、その門人源直温により天保三年に刊行された。この『琉球状』（刊本）の自筆稿本(35)が、輪池叢書の中に収められており、刊本となる以前の形を見ることが出来る。本書の刊記に、

輪池先生寛政九年贈桑山氏琉球状天保三年冬小木示同好　源直温

とある如く、去る寛政九年に輪池（屋代弘賢）が桑山氏に宛てた書簡を底本にして、刊行したことがわかる。同種の書簡は桑山氏以外にも差出されており、他にも細川吉太郎宛のものも確認されている。(36)

次にこの両書を比較することにより内容にせまってみよう。『琉球状』（刊本）には次のことが述べられている。

(1)　琉球の字について。

(2)　扶桑は琉球に非ず。

(3)　『南島志』文中の「南倭」は琉球に非ず。

(4)　宝徳三年琉球人、皇国往来は最初ではない。

(5)　宇留麻硒久爾は琉球に非ず。

(6)　硯屏に題せし詩の御諱の件に関し、日本限の制である旨をもってよしとする。

書簡および自筆稿本により以下のことがわかる。まずこの『琉球状』は「龍宮状」として差出されたようで、稿本の内題が「龍宮状」となっている点や、本文中に「龍宮留求流椕」を並記している個所のうち「龍宮」の字句のみを削除している点などにより推測し得る。また、細川吉太郎に宛てた寛政九年の書簡には、

尚日本書紀通証に龍宮城といへる額の事も異称日本伝より誤を伝へたるに候此条□にて見出申候見林ならす荒井谷川大家を誤申又琉球談にのせし読谷王子詠歌のうち伏見にての歌一首おこし申しかもよきうたにて候き

と追伸がある。見林とは松下見林、荒井は新井白石、谷川は谷川士清を指すと思われる。

『琉球状』の書名は『琉球入貢紀略』の文中にも見出し得る。また馬琴の日記によれば、天保三年閏十一月六日に、馬琴は屋代弘賢よりこの刊本を贈られている。したがって山崎美成も馬琴とほぼ同じ頃『琉球状』を入手したと考えれば、稿本『琉球入貢紀略』の成立時期をある程度測ることができる。『琉球状』の刊行については次の推測ができる。まず、寛政八年の琉球国使節渡来を迎え熱心な論議があったであろう。そこで本書冒頭にあるごとく当時識者の間で基本史料とされていた『南島志』『中山伝信録』はあるものの、屋代弘賢が「一一見当」の義をしたためた書簡が翌年の寛政九年に知人たちに差出された。天保三年の琉球国使節渡来は、文政十三年の渡来が延引されたもので前評判も高く、琉球への関心が高まり、弘賢を慕う門人たちが前年の書簡を改めて刊本としたのであろう。この折、寛政九年にあっては、「龍宮＝琉球」という考えの存在したのに対し、その頃には「龍宮非琉球」となり、書名も文中の字句も改められたと考えてよい。そしてここに否定されたいくつかの当時の「琉球」像は、『琉球入貢紀略』にお

いても否定された型で載っている。

この『琉球入貢紀略』および『琉球状』に共通な点は、漢籍への信頼と中国の制を否定するところである。『琉球入貢紀略』の巻末には、

因に云初学の輩、我邦の事蹟、たまたま唐土の載籍に見ゆるときハかならず引て証とす、我邦の人我邦の事を記する、猶誤りなきことあたハず、況や唐土の書にいふところ、多くハミな懸聞の誤り臆度の妄のミ(第二十一帳表)

とある。また『琉球状』においても諱の件についてふれながら、

皇国は皇国の風に字訓のかたにて避られ候との義は至極有かたき御掟と奉存候也(第七帳表)

と、唐の制を否定している。これらは反唐心の意思であり、この両書に当時の国学系の人びとの間における「琉球」の位置づけをはっきり見出すことが出来る。

同じく国学考証学系の仕事を多く残している前田夏蔭が、やはり琉球に関する概論を著しており、文中に夏蔭による「琉球」の位置づけを見ることができる。前田夏蔭は村田春海門下の清水浜臣に師事した国学者で、学問に入ったのは三十歳の時である。晩年(六十歳の折)幕府に召され、『蝦夷史料』(二百十巻)を編纂したことは有名である。その夏蔭が四十歳の折、琉球に関心を示して、今日自筆稿本(ハワイ大学旧宝玲文庫本)という形で『琉球論』[37](一枚)が残されている。『琉球論』は奉書一枚摺りを予定したものであり、表には上下二段に詞書が並べられ、裏面には琉球国の地図が線描されているが、その形というのはまさに開闢神話に表現されている「浮べる雲の根係る所無き」が如く、「浮脂の如く」して「水母《くらげ》」なし漂よう様を描いている。本書は異本は確認されておらず、稿本の体裁から見て版下として用意されたもののように察せられる。

さてその『琉球論』中で夏蔭は次のごとく「琉球」を位置づけている。まず、琉球は、

古い皇国の蕃屏にて仕奉れる臣国なり

と日本との関係を明確に述べている。そして、

其国初より恭く。皇朝を畏ミ仰きて蕃臣と服従る国

である、としている。その根拠とするところが、夏蔭の場合他の学者とは異なっている。つまり、琉球国が地域的に「国頭」「中頭」「嶋尻」と三区分されている点に注目し、これを日本上代の「道口」「道中」「道後」という国境に引き当てている。そして、

国中の地名皇国の語なるか十に七八にして其余ハ方言に云るか後世訛りて塡当たる漢字の音に移れることのなり。

と地名においても日本との関連性を語っている。さらにこれらが「皇国の俗」に同じなのは、

開国の初より吾　皇国人の教令つるが伝はりて国俗と為れるなるべし。

と結論づけている。夏蔭の本書を著した主旨は、次の言葉で明らかである。つまり、

皇国の威令遠く海外に光輝く便にていといと畏くめてたりといふへし。

である。夏蔭の琉球認識の特徴はその地理的構想にある。まず本書の裏面に琉球国の地図を描き、「皇国」と「漢土」に対する位置を示したうえで、国界や地名の類似に注目している点は、夏蔭が後に蝦夷地誌の研究に向かうのに通じている。著書『蝦夷東西考』（嘉永七年成立・二巻）において、蝦夷各地の考証を試み、外国人の名づけたあらゆる地名を排して土地の呼称を漢字であて、日本語として用いるべく唱えている。また、「属地《ツキグニ》」たるその地の荒蕪を嘆じて、産業開発の必要性を力説するなど、国家的な視点・経世的な精神を識ることが出来る。[38] この視点・意識は『琉球論』にも見いだされるのである。

同じ国学系の文人たちとはいえ、次に取りあげる『貢の八十船』[39]を著した人びととは、「皇国《すめらみくに》」の昇平を祝うことでは共通しているが、琉球国に対する認識や当時の日本の政治的状況を把握することにおいて大きく不足している点で、先の考証学系の人びとと明らかに異なっている。『貢の八十船』という書物が刊行された経緯は、賀茂季鷹の序文に

よって知ることができる。賀茂季鷹は賀茂真淵の門人加藤千陰に学び、本書の著者松田直兄はさらにその季鷹に学んでいる。巻末にしるされた和歌の作者のうち「内直」とは松田内直を示し、直兄の係累と思われる。したがってこの書物に関わった人たちは賀茂季鷹の門下生であったと思われる。

序文によれば、琉球国使節の行列通行があると聞き知った一同が、伝を求めて見物に出かけた。そして、琉球という言葉を親しく聞き、異国然とした行列を眼にすることでさまざまな思をなし、それを書き記した、というのである。一行は行列を伏見で見物した。琉球国使節の渡来を知るやまず賀茂季鷹は、琉球から「竜宮」を連想し、

皇御国の天下にすくれたるはあやにたうときかも（序・第一帳表）

と皇国の栄えを称えている。しかもこの連想は直ちに「韓国」（朝鮮）との関係に拡大され、神功皇后の代より朝貢の形態をとっていることへのなつかしみに及んでいる。そして義経と関わりのある韃靼国の末である清、神功皇后よりの朝鮮、為朝の子孫が王である琉球国、この三国を日本に従う国として捉えている。巻末に並べられた数々の琉球を詠う和歌やこれらのことは、みやびの世界にふけり、もののあわれを求める彼らの意識そのものであった。しかし江戸の考証学系の国学者たちはすでに「竜宮＝琉球」を否定し、「うるまの国」を否定し、当時の琉球王は為朝の子といわれる舜天王とは系類ではないことを唱えていた。こうした皇国へのたゆまぬ崇拝と愛着を有する一方で琉球への認識の浅さは、彼ら季鷹等を中心とする歌学系の国学の人びとの特徴といえる。

以上第三章第三節および本節において、具体的に琉球物に当りながら、その中に表われている「意識」された琉球像を見てきた。これを整理していえば次のごとくである。慶長以前の史実として『定西法師伝』などの琉球見聞譚が伝わり、また琉球国使節渡来により琉球に対する人びとの関心が生じた。この関心の高まりを契機にまず『琉球海すずめ』が宝永年間に刊行され、以後琉球国使節渡来の度毎にこの種の刊行物が出され、その種類と質は多様化してゆ

くのである。

天明・寛政に至ると、蘭学の興隆がみえ、日本をとりまく情況に地誌的な関心を向けるようになる。その中で琉球も取扱われてゆき、『琉球雑話』『琉球談』などが刊行された。また一方、国学の発展にも注目しなくてはならない。すでに本居宣長は安永六年に『馭戎慨言』において、

昔を思へば、此朝鮮は、今も琉球などとひとしなみに、大御国には、みやつこ《称臣》と申て、つかへまつるべき国なるぞかし（上之巻上）

と述べ、朝鮮と琉球を「大御国」（皇国）に仕える国として位置づけている。

ロシアの南下、北海道での通商の要求、そして次第に多くなる外国船の渡来・漂着、さらにまた風説書として「鄭成功の乱」や「アヘン戦争」の情報がもたらされる。天保三年の琉球国使節渡来に際して、これら内憂外患に刺激され緊張してゆく国学系の文人識者たちは、史料を獲り考証を重ねてさらに明確に琉球を日本の版図として「外藩」「藩屏」として位置づけようとした。こうして『琉球入貢紀略』『琉球状』『琉球論』が著されたのである。一方で、実際の見聞に基づくと思われる具体的記述を含む『琉球奇譚』『琉球年代記』が刊行された。琉球国使節を見て朝鮮通信使を思い起こし、「皇国」への朝貢をただただ喜ぶ『貢の八十船』も刊行された。

これらの著述に表われた琉球認識は、江戸時代を通じて展開された一連の琉球認識のなかで位置づけられねばならない。しかしまた一方でこれらは、次章で述べる琉球認識とは公刊されたという意味において大きく異なるのである。つまり、商品である以上需要に応えて読み手を意識したものであり、複数の読者の琉球認識に影響を与え、その内容を琉球に関する知識・情報として浸透・定着させる役割を果たしたからである。

琉球物刊本の多くは、使節渡来に関する情報を盛り込んだ行列図や行列記などの絵物・読本類であった。これらは琉球物刊本の出現の当初から幕末まで、繰返し刊行され続けた。その内容は、一般民衆の興味と関心の所在を映し出

している。鎖国という閉鎖情況下で、日頃は目にできない舶来物への関心が琉球国使節の服装・音楽・持来物に集められたのである。また南へ向けられた解放性の夢（いわゆるユートピア）を琉球の背後に見て、為朝渡琉伝説を育てる素地となった。これを見抜いた馬琴は『椿説弓張月』を著述し、多くの読者を得るのである。そして、この南に向けられた「解放性」への関心の存在が、明治以降に展開されるいわゆる「南進論」を支えてゆくのである。

注

(1) 本論第四章第二節第一項「江戸期琉球物刊本について」。同標題、『南島史学』第八号、昭和五十一年五月所収。
(2) 杉本勲「近世実学思想の諸段階とその特色について」『近世の洋学と海外交渉』、昭和五十四年八月。
(3) 内田銀蔵『近世の日本』、昭和十三年十月。（東洋文庫二七九、平凡社、昭和五十年十一月）。
(4) ベニョフスキーの警句。ドナルド・キーン『日本人の西洋発見』（「〈おろしあ〉からきた奇妙な話」）。
(5) 『琉球雑話』の引用書である『紅毛談』は林子平の『三国通覧図説』と共に、アルハベットを文中に記したという理由で幕府より禁書とされた。『紅毛談』の筆禍については、『筆禍史』（宮武外骨）に詳しい。
(6) 『琉球雑話』が稀覯本であることについては、フランク・ホーレーの書入れや、反町弘文荘の「月明荘」の押印により察せられる。詳しくは拙著『江戸期琉球物資料集覧』第四巻、史料解題篇を参照。
(7) 『琉球征伐記』。慶長十四年島津氏琉球攻めの記録である。「島津家来由事」より始まり「義弘入道与琉球王謁見事」まで十四項の記事がある。巻末に、
　寛永元年仲秋日　薩州之隠士　喜水軒書
と奥書があり、これを本書の成立と見る。早稲田大学図書館蔵。
(8) 島津氏の琉球攻めに関する記録は、筆者の調査では二十七件ある。本論資料篇第一参照。
(9) 山崎美成『琉球入貢紀略』。拙著『江戸期琉球物資料集覧』所収。
(10) 鮎沢信太郎『地理学史の研究』、昭和二十三年八月。
(11) 『江戸期琉球物資料集覧』第四巻、翻刻史料篇『琉球雑話』および解題参照。
(12) 本論第四章第二節第一項参照。

（13）　板本と見まがうほどの丁寧な筆写本が、早稲田大学図書館に一件所蔵されている。

（14）　典拠の示されているものをいくつか取りあげ次に示しておいた。この他にも『琉球解語』がほぼ全文および図版を『琉球談』に典拠を求め、折本『中山国使略』『琉球楽略図』も『琉球談』を参考にしている。

和漢三才図会　一七八五年　林子平著

中山伝信録
琉球国事略

琉球状　一七九七年成立（一八三二年版）　尾代弘賢著

南島志
琉球国事略
中山伝信録
琉球神道記
鑑真和尚東征録
元享釈書
性霊集
琉球談

椿説弓張月　一八〇七年〜一八一一年　滝沢馬琴著

参考保元物語
難太平記
陸奥話記
和漢三才図会
大系図
筑前続風土記
監尻
木朝蒙求
神社考
幸庵対話記
保暦間記
古松軒筆記
常山楼筆録
橘窻茶話
海嶼漫録
元史類編
異称日本伝
中山伝信録
本草綱目
洪邁俗考
五雑俎
史記
南州草堂集
金詩選
文献通考
論衡
杜騙新書

以上〈後篇巻之一〉
千載集
和漢三才図会
中山伝信録
源平盛衰記
日本書紀
五雑俎
俗説辨
本朝怪談故事
中山世鑑〈中山伝信録中〉
琉球談
以上〈続篇巻之一〉〈拾遺考證〉の部
〈拾遺考證〉の部
文露叢
享保日記
歴史要説
速水私記
琉球談
性霊集
今昔物語
鑑真東征伝
元亨釈書
琉球状
保元物語
南島志
中山世譜
琉球国志略
笈埃随筆
夏山雑談
狭衣
紹巴の下紐
大納言公任集
定西法師物語
薩琉軍談
琉球神道記
琉球奇譚　一八三二年　米山子著
和漢三才図会
中山伝信録
千載集
琉球事略
琉球談
琉球年代記　一八三二年　大田南畝著
隋書
中山伝信録
琉球事略
中山世譜

和漢三才図会　　　　斉藤親基日記
琉球国志略（周煌が志るせし）　　和漢合運
定西法師伝　　　　異国往来記
使琉球録　　　　系図
琉球談　　　　政事録
琉球聘使記　　　　南浦文書
諳厄利亜の人紀行の書　　　　元寛日記
琉球入貢紀略　一八三二年　山崎美成著　　　　輪池掌録
隋書　　　　琉球事略
日本書紀　　　　羅山文集
中山伝信録　　　　萬天日記
旧伝集　　　　近世武家編年略
諸門跡譜　　　　歴代備考
分類年代記　　　　甘露叢
京都採筆家譜　　　　琉球聘使紀事

(15)『朝鮮談』。この書物は最終的に未刊行であったことを岩波版『図書総目録』によって知ることができる。

(16)『商舶載来書目』および『長崎官府貿易外船斎来書目』は、『江戸時代における唐船持渡書の研究』（昭和四十二年三月）に所収。

(17)『琉球事略』、甘雨亭叢書三。

(18) 重刻中山伝信録序、是歳丙戌之夏、予友岡瑞卿、将重梓中山伝信録、属予校且序之、予病懶不堪煩、則使門人永忠原代校之、及秋校乃成矣、因為之序曰、原夫琉球之通吾邦、未詳始於何時、歴考国史、不少概見、或以其所謂南島者当之、然此泛称薩南諸島耳、未足次為的証、豈以其地僻遠、且風濤艱険、非夫三韓渤海、一葦可杭之属、而置之度外而不問耶、但世伝保元之後、源公為朝之放于豆大島也、遂乃航洋、至琉球而止焉、今閲是録、中山世系王舜天紀、所謂日本人皇後裔朝公者、時相当矣、名相符矣、則世之所伝、信而有徴、夫舜天為球陽文教之始祖、而実公之男也、則雖彼未嘗庭于我、而既陰被其化也久矣、厥後二百余年、室町喜山覇政之時、乃纔有貢之信、而亦唯互市是利、嚮化未醇、且方是之時、海内板蕩、干戈日尋、尚何問殊域之暇及也哉、逮至　神祖戡定、疆宇一統、風化之所訖、朝鮮既納款、於是乎石曼子侯、震其余勇、奉　教南征也、蝥弧所指、望風奔竄、遂乃長驅入中山、繫王尚寧、而致之　闕下、自是之後、修聘進貢、永為我附庸矣、則今吾邦学者、而不知其国事可乎、岡端卿重刻之挙、意在斯乎、有客謂予曰、夫琉球既為我影国、而猶且貳於清、奉其正朔、受其冊封、而吾之　国家不討之、何也、曰、古明王之待夷狄、羈縻不責備也、今吾之　国家亦然耶、則益足以見其柔懐之徳爾、客唯々而退　旨

大日本明和三年冬十月　平安　服天游伯和文撰

(19) 岡瑞卿。岡本霞嵩、瑞・彩卿・赤城と号す。備中の人で大坂（北葦屋街）に住み、書家（画）として知られる。『新撰浪華名流記』（弘化二年）および『安己新撰文苑人名録』（安政四年）による。
(20) 『琉球談』（第二十七帳裏）。
(21) 同右（第一帳表）。
(22) 同右（第三十四帳表）。
(23) 同右（第四帳裏）。
(24) 同右（第二帳裏）。
(25) 『琉球奇譚』、拙著注(11)書所収。
(26) 『琉球年代記』、拙著注(11)書所収。
(27) 同右（第二十帳表）。
(28) 同右（第二十四帳表）。
(29) 同右（第二十二帳裏）。
(30) 『琉球入貢紀略』拙著注(11)書所収。
(31) 鍋田三善。磐城平の士。晶山と号す。小宮山楓軒と親しく交わる。「市中取締類集」の『琉球入貢紀略』（嘉永三年）板行願書には、「安藤長門守藩中鍋田舎人」とある。
(32) 『琉球入貢紀略』自筆稿本。早稲田大学図書館蔵。拙著注(11)書、解題篇参照。

(33) 天保三年に、滝沢馬琴を中心に情報の交わされた様子はいわゆる「馬琴日記」にみえる。当時盛んにおこなわれたサロン活動としては、「疑問会」「兎園会」「耽奇会」などあり、山崎美成や滝沢馬琴を中心に集いがあった。本論第四章第一節参照。拙著「天保三辰年琉使来聘と滝沢馬琴」、(注(11)書所収)参照。
(34) 『琉球状』拙著注(11)書所収。
(35) 『琉球状』自筆稿本。宮内庁書陵部蔵「輪池叢書」に収録されており、これについては同右書解題篇『琉球状』の項参照。
(36) 京都大学図書館蔵『琉球聘使記　全』に収録。
(37) 『琉球論』、拙著注(11)書所収。
(38) 萩永光子「前田夏蔭と蝦夷研究」、『学苑』二月号、第九巻第二号、昭和十七年二月。
(39) 『貢の八十船』、拙著注(11)書所収。

第三節　琉球認識の展開

天保三年は江戸時代を通じて琉球物が最も多く刊行された年であり、この時の使節渡来に向けられた関心が大きな高まりを見せたことは前節で述べた通りである。行列図や行列記なども例年より多く刊行されているが、この年度の琉球物刊本の特色は、『琉球状』『琉球入貢紀略』『琉球論』など詳細な考証に基づく著述が現われたことである。それらはこの時期の国学系文人・識者の考証の積重ねを背景として著述されたものである。そこで本節では、この時期に琉球に関する著述を残した白尾国柱・佐藤成裕・橘南谿・中山信名・伴信友・高井蘭山・滝沢馬琴の七名を取上げ、その「琉球」認識を探ってゆくこととする。学問的背景も立場も関心の方向も様々なこれらの人々の琉球認識は、時代的背景による共通性を有しながらも多様である。まず鹿児島で実際に「琉球文化」に触れた白尾国柱・佐藤成裕・橘南谿の琉球認識を探り、次に国学系の考証学者伴信友・中山信名における琉球の位置づけを検討し、そして多数の読者を有する滝沢馬琴と高井蘭山の琉球へ向けた関心の方向を見てゆくこととする。

第一項　白尾国柱と佐藤成裕・橘南谿

新井白石の琉球認識を受け継いだ国学者白尾国柱と、島津重豪に招聘されてその文化事業の一端を荷った佐藤成裕、同じ頃薩摩を訪れ地誌を著わした橘南谿の著述に現われた琉球認識には共通の視点があった。白尾国柱は薩摩藩士で国学に通じ、島津重豪に仕えて多くの地誌・本草の著書がある。本草家・佐藤成裕は天明元年に島津重豪に招聘され入薩した。三年の滞在期間、領内において薬草の採集を行った。[1]橘南谿は佐藤成裕に一年遅れて入薩し、やはり三月間滞在して優れた見聞録を残している。[2]この三人は薩摩藩主島津重豪の一連の政策・文化事業によって本草地誌の著述を残したのである。[3]立場と学問的背景の差異から三人の琉球の認識の深さは当然異なっていた。しかし、共通しているのは、実際の琉球人とその生活文化との接触が認識の基礎となっていることである。江戸で展開された琉球に関する議論は、文献史書を用いた概念としての琉球の位置づけであり、実際に見聞できる琉球文化とは、薩摩によって演出された異国然とした公的使節としての琉球であった。これに対して白尾国柱は、薩摩藩内に居住する琉球人の生活文化を体験として了解した。そのうえでの白石の琉球認識の肯定であり、また佐藤成裕は本草に関する興味に基づく珍草奇木を産する地域・琉球としての認識であった。そして橘南谿も、数ヵ月という比較的短期間の薩摩滞在ではあったが、日本各地の風土・風俗を知ったうえで琉球人と交わり、情報を得た結果の琉球認識であった。

㈠　白尾国柱

当時の薩摩藩は、島津重豪という極めて個性の強い藩主の下、様々な新政策が打ち出され文化事業が推進されていた。生涯を通じて文化事業を精力的に推進した島津重豪は、宝暦八年六月十三日十四歳で元服して藩主となり、江戸で藩主としての教育を受けた。その間生活を共にした祖母竹姫は、将軍家重の妹にあたり、京で生まれ江戸で育った人物であった。江戸で生長したこととこの竹姫の影響によって重豪は、薩摩の気風から自由であり、隠居後まで鹿児島ばなれした政策を行い、御国振りの矯正、言語・容貌の矯正を続けた。進取の気性に富む重豪は、明和末から盛んになりつつあったいわゆる「洋学」にも目を向けた。明和八年七月には、参勤の帰途に幕府の許可を得て長崎まで足を延ばし、二十三日間滞在した。その間、唐人館や唐人寺である「興福寺」・「崇福寺」に参詣し、オランダ商館を訪問し、オランダ船を見学し、また自らの茶亭にオランダ人を招待するなど、大いに見聞を広めその好奇心を満たした。

島津重豪の近くにいて、重豪の編纂事業に大きな役割を果たしたのが、白尾国柱である。(4)白尾国柱は名を親白といい、号を親磨・国柱・皷泉・皷川・瑞楓と名乗った。本田親昌を父とし、坂本氏の娘を母とした。宝暦十二年（一七六二）八月一日鹿児島城下岩崎にて次男として出生、文政四年（一八二一）二月十五日に歿した。寛政二年（一七九〇）二十九歳の折、白尾国倫の養嗣子となった。若くして国学を学び、江戸において村田春海、塙保己一らと共に国典研究に入り、寛政十一年（一七九九）に江戸藩邸に召された。寛政十二年記録方見習となり、享和元年（一八〇一）に国史館に進んだ。文政二年（一八一九）に記録奉行となる。

白尾国柱は、確認できる限りで、十八件の著述を残しており、それらは大きく三種に分類できる。まず第一は山陵の実地調査を行い、詳しい図を引き、その由来を考証したもので、

『山陵図志並薩日隅神陵図』（宮内庁書陵部蔵）

『神代山陵考』〈寛政四年〉

『神代三陵図状及由来記』

『神代三陵取調書』〈文化十一年〉

『神代三陵図』（宮内庁書陵部蔵）

などがある。この山陵に関する一連の著述は、藩主島津重豪の合理的学問意識に基づき命ぜられた調査によるものである。これら三山陵は、古来藩内で神州比類なき霊場として畏敬され、神廟が建てられ、またその霊験を伝える伝承があった。そこで重豪は国柱に命じ、これらを史書に基づき調査考証せしめたのである。第二に藩の風俗・風土記に関するものとして

『麑藩名勝考』〈寛政八年〉

『南　島　考』〈寛政七年〉
『流求名勝考』〈寛政七年〉
『栗野磨欲踊』
『古事記伝日向古名弁』
『西遊記聞庭作法』
『倭 文 麻　環』〈文化九年〉
『日向古墳備考』

などがある。そして第三に本草関係の著述があり、曽槃と共に編した、

『成 形 図 説』〈文化元年〉

はその代表的なものである。

　これら国柱の著作のうち、特に琉球に関する記述のあるものとしては、『麑藩名勝考』(5)（第三巻）・『流求名勝考』(6)（『南島考』）および『倭文麻環』(7)と『神代山陵考』(8)「附記」がある。『麑藩名勝考』（第三巻）・『流求名勝考』・『南島考』の三件は、内容的には同一のものである。『麑藩名勝考』全三巻は、いわゆる薩摩風土記として著述された「薩摩国」と「大隅国・日向国」の二巻に、「寛政七年歳在己卯爰六月十三日」に脱稿した『南島考』を付加して三巻仕立てとしたものである。「同年秋八月五日」に「小序」を記し、また「同年秋八月十五日」に献上本となすため、凡例の末尾に「賜閲乃君子幸察焉」と記したのである。また『流求名勝考』は『南島考』を後に、国柱もしくは他の人物が標題・内題を改めて仕立てたものである。まず「南島」の項目に始まり「南倭」・「沖縄島」など従来の史書に見出される琉球国の別称を考証しつつ、「海宮」・「鴨着宮」にまで言及している。また、琉球国内島名・地名・神社名等についての地理・祭神・由来などを史書を引用して著述し、さらに自らの考証を「按文」として書き加えている。

『倭文麻環』（巻之一より巻之十二）は上・下二巻から成る。本書の内容は薩摩の風俗・故事・歌謡・怪談等を広く集め、国柱自らの挿絵とともに随筆風にしたためたものである。村田熙の解題によれば、本書の内容は四つに分かつことができるという。まず、合戦などにまつわる逸話、法会・祭礼・歌舞などの由来を述べたもの、次に怪異談、そして最後に球美島・八重山など南島に関するものである。この『倭文麻環』の執筆主旨は、その序文によれば、

みくらゐに在して天さかる鄙の小事視さむとては異国風を聞こしめしそがことわざをも献らせ給へりしこそ上れる世のならはしになむそのよしは朝政に臨み給ふにも目に見えけるは限りあるものなれば

と君主が国風や諺を求め、

文化のはじめ東の御館にて今も見ついにしも聞えたるをこの事わざとも書つづりて暫時の御中で遊びに備へまつれとかしこき仰承りし

と、文化のはじめに江戸において見聞するものを集めて献上するように命令されたことを述べている。そして、「丙寅の火」（文化三年）により焼失し、再び「文化の九とせ気更来の朔日」献上した旨記されている。先の『南島考』（『流求名勝考』・『麑藩名勝考』）と比べ、文体も随筆体であり、物語として挿絵を混えて記述されている。本書において琉球に関わる個所は、「巻之十二」に所収の「球美島天馬」・「八重山島長人」・「漂到四鞄韃国幷相馬領漂民」の三話である。「球美島天馬」には二つの物語が記されている。まず、琉球の略史及び日琉の関係史が国柱の説を混えつつ八分目ほどあり、あとは「球美島」（久米島）の名馬「テンクルマ」を中国に貢納したことが記されている。「八重山島長人」は、石垣島に住む怪力人「岩ドム」を日本から遣わされた役人が捕える話である。末尾に国柱の按文がある。また、「漂到四鞄韃国幷相馬領漂民」は典型的南方漂流譚の一つである。漂着した島で、先に漂着した日本人と再会したこと、食物が甘藷、団飯、椰子で水田が無いこと、また位置として「台湾府より凡その道程百七八十里」と限定し、また帰国時に通過した地名を「厦門府」「福州府」「杭州府」「嘉興府」「平胡県」「乍甫」と正確に具体的にあげてい

ること、さらに「四鞄鑾国蛮語」として米を「ハン」甘藷を「オコカ」明日を「ミナチャ」と称することなどが記されている。つまり、かなり具体的な情報を含む漂流譚であるといえる。琉球は古来南方との関わりが深く、この説話は、琉球において中国南方地域の情報が豊かであったことを裏付けるものである。

『神代三陵考』（全一冊）は寛政四年の成立で、国柱の著述としては最も早いものである。本書には「寛政四年壬子夏五月二十三日」の国柱の奥書があり、内容的に二部に分かつことができる。まず、可愛山陵・高屋山陵・吾平山陵の三陵について『延喜式』『古事記』『日本書紀』『神書鈔』『石清水伝記』等の史書を比較・分析し、その考証を試みている。その結果、「天津彦火瓊瓊杵尊」を葬る「可愛山陵」は高城郡水引郷五台村中山の嶺とし、「彦火火出見尊」を葬る「高屋山陵」は大隅国肝属郡内浦郷北方村高屋山の嶺とし、「彦波瀲武鸕鶿草葺不合尊」を葬る「吾平山陵」は大隅国肝属郡姶良郷上名村之巌中であることを確認した。これが本文である。次に「附記」では「海宮」について考証を加え、新井白石の『南島志』の総序をほぼ全文引用して部分的に国柱の注釈を加えている。白尾国柱の琉球に対する認識の核となる部分は、この『神代三陵考』「附記」に明瞭に記されている。まず最初に『日本書紀』巻二の「彦火火出見尊」の神話における「海宮」について考証を加え、開聞神社との比定において「則海宮開聞神社之地也(9)」と結論を導き出している。屋代弘賢が『龍宮状』を著わした寛政九年以前に、すでに国柱は「海宮」を論じているのである。次に「豊玉彦」の性格を「豊玉彦海島酋主故色弗日海神(10)」と規定した後に、

而諸島沿辺仰豊玉彦為君長往来統属之也今尚如南海諸島臣附于吾薩藩也盖今大琉球古名沖縄島或作悪鬼納島琉球方言宇喜耶也(11)

と諸島を従える「豊玉彦」の神格を、琉球を従える薩摩藩に置きかえている。次に、琉球と日本との関連性を説く根拠として、琉球の言語・地名や建築物を「天朝」（日本）との繋りで見ている。例えば、

言語雖侏離徐而諦之則皆東方之言唯其声韻差転訛耳(12)

と言語的同一性を述べる。また「国頭村」という地名に注目し、この村を国神の居処と解釈し、首里城に設けられている城門（守礼門・歓会門・中山門）を、

又立大鳥居于城門外但柱四脚掛扁額於其上(13)

として鳥居と考えている。その他、首里城中の清水「玉井」を「豊玉彦」と関連づけ、琉球国内の神社縁起の古いことに注目し、これを「以見天朝属国其来已旧矣」と日本との古い関係を物語るものとしている。このような地名・言語や社寺名を国柱が『琉球神道記』などで知ったのだとしても、この具体的な事象に迫っての考証は、薩摩藩士であって琉球の知識・情報を豊富に入手し得た国柱の立場故に可能であったのである。

この『神代三陵考』「附記」の前半は、以上のような国柱の考証であるが、全体の約半分は、新井白石の『南島志』（総序）の引用とその考証である。国柱は『南島志』の本文を入手できなかったようで、

国柱曰余見南島志序説而未見其全書(14)

とあり、「総序」の殆ど全文を引用している。この考証は白石の認識を受け継ぐものであり、補足した個所はあっても一個所を除いて訂正した個所は無い。「琉球即古南倭」もこれをそのまま是としており、国柱による白石の琉球認識の継承とその理解を見ることができる。結論として白尾国柱は、

謂夫琉球国厥初我天孫氏所発迹然後源為朝復為中興之主焉固　天朝属国古之南倭也自永亨《ママ》中世為吾薩藩附庸之国矣至于明嘉靖之初其国越境于彼且奉其爵命遂叛服不一(15)

と琉球は「古南倭」であることを明確に述べている。そして続けて、

吾侯赫怒奉将以律罪逮王尚寧数之訊治王自伏罪(16)

と島津家久の琉球入りの理由を述べ、さらに、

王白吾侯曰臣弊居頻年饑荒難支(17)

と琉球の王の申し出があったので、琉球の清国への貢市による救済を認めたとし、そしてこれこそ、

此豈非　天朝覆育之仁字小之徳歟(18)

と天朝の徳をたたえている。しかし、

而世人大率不察琉球列於吾薩蕃内属臣外視以為日本海表之蕃種不亦誤乎(19)

と、世人が、琉球が薩摩藩に内属の臣下として列していることを知らず、「日本海表の蕃種」とするのは全く不見識なことであると批判し、続けて新井白石の説を訂正している。つまり、

新井氏猶謂称藩中国且通市舶於我西鄙其実藩我天朝且通商于彼也(20)

と、白石までもが、琉球は中国の藩であり日本と交易する外国であるとしているが、それは誤りで、正しくは琉球は中国と交易する日本の藩である、と琉球の日本への帰属を明確に論じている。白石の説の訂正は、この一個所のみである。

この『神代山陵考』「附記」に述べられた白尾国柱の琉球認識は、後の『南島考』『倭文麻環』等に見られる認識の原型をなすものである。それ故、明瞭な論旨となっている。後の著述においては、国柱がさらに収集した琉球の実情・事象の知識・情報によって具体的に肉付けしてゆくのである。まず『倭文麻環』では、琉球人が金銀の笄を用いることに注目し、「遣唐使吉士長丹肖像」と琉球人の髪型の類似から「我朝の古俗の南島に遺れる(21)」とする。第二に、鹿児島各地に実在する為朝関係の遺跡や位牌に論拠を求め、為朝渡琉を史実として確信している。この点は、後述する滝沢馬琴の論拠と共通するものがある。第三に、琉球国那覇がもとは薩摩藩の河辺郡に含まれていたとする。「貞治二年四月上旬所領注文」に「薩摩国守護転同国河辺郡同十八島」とあること、さらに南浦文之の『南浦文集』に「那覇是下河辺」とあることから、南浦の見聞した頃までは那覇が河辺郡と称されていたと考えたのである(22)。これにより貞治二年（一三六三）には、すでに薩摩の藩内、日本の領域であったと見做している。白尾国柱の琉球認識は、新

井白石の認識を受け継ぐものである。『神代山陵考』「附記」末尾に、

夫如琉球是南海一島夷耳亦有皇朝習俗焉則安知非我先王風化之漸所以因循也明人既認其風土灼然而我人不知其邦内事可乎清人徐葆光所著中山伝信録載琉球事周悉雖然古今詳略所根拠少而摘支葉者多不若南島志之泝源窮派得簡要研覈也(23)

とあるごとく、琉球が先王風化を受けて皇朝の習俗のあることを明人でさえ明らかに認めている、にもかかわらず、日本人が国内である琉球のことを知らずして良いものであろうか、と批判する。そして清人徐葆光の『中山伝信録』の記述には、古今入り混じり詳略があるので、『南島志』に遡るべきである、とする。

国柱が白石の説を訂正したのは、琉球が中国の藩とする一点であった。琉球を「日本海外の蕃種」と解するのは誤りであるとし、嘉吉元年に島津貴久が琉球を受けたのも、

実は固より吾藩の旧規に復古せるにて新に賜へるにはあらざりけり(24)

としている。これは、薩摩藩が琉球を領有することの正統性を史実に求めた論理である。そしてこの薩摩国家主義の論理を支えたのが、新井白石著述『南島志』の白尾国柱による理解であったのである。

(二)　佐藤成裕

島津重豪の招きを受けて入薩した佐藤成裕は、平三郎・平四郎といい、中陵・綽・荐莪堂と号した。宝暦十二年(一七六二)二月十一日江戸青山に生まれ、安永七年十七歳の時関八州に遊学した。天明元年薩摩藩に招かれて三年をその地で過ごした。天明三年に江戸へ戻り、寛政五年には上杉侯の招きで米沢藩へ赴く。その後九州各地を遊歴し、大坂の木村蒹葭堂を訪れる。寛政十二年には水戸徳川家に招聘され、嘉永元年(一八四八)六月六日に歿した。(25)

佐藤成裕の著作は数多く残されている。本草関係がその殆どを占めるが、他に随筆集『中陵漫録』『閒見小録』お

よび『薩州産物録』などがある。直接琉球を題材にした著作は『流虬百花譜』（寛政十年成）のみであるが、著述するなかで琉球にふれたものは多く『聞見小録』（寛政四年壬子正月壬寅・自序）・『薩州産物録』（寛政四年春日・奥書）・『中陵漫録』（文政九年丙戌季夏・序文）などがある。

『流虬百花譜』国会図書館本は一冊（全八十六帳）で、巻末に、

流虬百花譜　巻之終

寛政十庚申十月　原玄与献納上

とあることから、寛政十年に献上本として著わされたことを知る。また巻頭に、

水戸　滕　成裕　著

鶴城　石　恭胤

平　康済

同校

とあり、この時期すでに、成裕が水戸家へ招かれていたことを知る。本書には序文も付されておらず、内容も草木類の図および名称を記すに止まっており、成裕の琉球認識をこの書に求めることは出来ない。

『薩州産物録』は『周游雑話』と合一冊となっており、「編脩地志備用典籍」および「綿貫」の蔵印があることから、昌平坂学問所の旧蔵本であったことを知る。本文十八帳、跋文三帳半である。奥書は「寛政四年壬子春日」、跋文の年記は「寛政壬子秋　小子信書」とあり、寛政四年春の成立である。本書には都合八十三項目、百四十九品の産物の名称があげられ、一行から四、五行の説明が付されている。興味深いことは、他藩でも産出する物についてはその品質を比較し、他藩へ輸出する物にはその商い先までが記してあることである。これら数多の品目のうち、珍草木・泡盛・蛇皮・香具・砂糖などが琉球からもたらされる薩摩藩の産物として数えられている。また煙草・茶・紙・鯨腸・

フカノ鱶・茯苓・陳皮の品々は薩摩から琉球に運ばれ、さらに中国へ渡っている事が記されている。そして、中国に送られる樟脳の類似品片脳が逆に長崎へもたらされ、それをまた阿蘭陀が「カンプラ」と称して「毎歳二万斤」も買い上げていること、藩内で「ハルシャ国」の馬が「番馬」として繁昌していることなど、薩摩藩の産物の実情を詳しく記している。

巻末に「水録」と称して薩摩藩の概略を記した個所があり、その中に琉球に関する記事がある。琉球の珍しい産物が多量に薩州に持ち込まれ、それが江戸・大坂へ商品として流出している事実が正確に捉えられている。執筆時の寛政年間は、外国への関心が盛り上った時期であった。成裕もまた海外への興味を有していたことが、薩摩の産物を記述する中に窺える。この「水録」に記された、成裕の琉球に対する認識は次の通りである。

(1) 琉球は中国の福州と交易を行う一方、毎年薩摩に貢納している。薩摩はこの琉球産物を大坂へ運び、自藩用の品および琉球・中国へ送る商品に換える。
(2) 琉球からの貢納十二万石の半分は砂糖であり、半分は他の琉球産物と中国産の品々である。
(3) 琉球国では三、五年に一度凶歳があり、薩摩はこれに対して穀物を与えている。
(4) 琉球から運ばれる品物の半分は貢納品ではなく、薩摩の産物と交換する為に積み込まれたものである。この交易によって生じる相方の利益は大きい。そのため薩摩の商人は琉球へ品物を運び、富を作る。

ここで重要なのは、琉球が薩摩の経済の中に完全に組み込まれている事実の認識である。琉球に渡って富を築いたのは商人ばかりではなかったようで、白尾国柱の書(26)に次の記述がある。

我藩の命を奉じてかの地に勤戍するものは任を経る事凡そ三年を一限とすその暇日余閑琉球諸島の風俗を諮詢し地理を観察してかの地の風土記を編輯し是を公の秘府文庫に蔵られて他日の考に備へたき事なり然るに年々歳々の行人唯財を得利を計るに過ぎずして筆を運し書を作るに懶く今に到りて一小冊の官本なし

利に走る余り琉球を記録した史料の少ないこと、一般藩士の認識の浅いことを国柱は嘆いている。

『中陵漫録』は「文政九年丙戌季夏」成立の十五巻からなる随筆集である。(27) 琉球に関する個所の多くは説明的記述に過ぎないが、興味深いのは、成裕が参考とした琉球関係書目の記載のあることである。その中に、成裕自身の著書『琉球紀聞』『南島紀聞』（後述の『竜宮新話』とも考えられる）の書名が見えるが、未確認である。他に『中山伝信録』『台湾府志・琉球伝』『大島筆記』『琉球神道記』『三才図会』などが挙げられている。『大島筆記』は、土佐藩戸部良煕の手に成るもので、宝暦十二年高知大島浦に漂着した琉球船乗組員の聞き書をまとめたものである。

『琉球進貢録』は、佐藤成裕が『大島筆記』の抜き書に序文を付したものである。序文には次のように記されている。

余か薩州に在りし事数年彼の琉球の諸説を集て一書を作る名付て龍宮新話と云丙辰の秋江陵に至て楊子景に序を乞ふ幾も無にして子景是を携て京師に上り半年ならすして逝く此書も亦た随蹤影を失す嗚呼命なるかな再ひ其琉人相交て親しく彼の雑話を聞ニあらすんハ十余巻の書を為す事を得す予か命を以其思を絶と雖も往々に夢魂に廻て思を焦す今春関西の林芸期か東都に来るに及て始て此進貢録を請て閲すれハ予か新話と其説符節を合る如し予か悦ひ察すへし此書薩州の学士植木愃斎深尾春説安喜権七吉田孫助有沢助三郎戸部介五郎が集る所なり此数人再三彼地に至り已に又琉人を先導して東都へ来ると云予か某々親雲上《バイケン》某筑登之《チクドン》等々常々会して聞く所も此書の如しかれとも其旨差誤あり其唐音も亦た誤あり予か旧聞に因て相改て善書とす此他予か珍蔵する所の彼の国の書十数部なり此等を以て纂校して互に相択て同志に示すしかり

文化庚午正月　　　　東都　滕成裕題

琉球進貢録序終(28)

嘗て薩州に滞在中、琉球人からの聞き書を基に『龍宮新話』（十余巻）を著わしたが、友人揚子景に序文を依頼している間にその死によって紛失してしまい、残念に思っていた。関西の林芸期の持参した書物を見たところ、失った『龍宮新話』と内容が符合するので、珍蔵の琉球文献を用いてその誤りを纂校し、同志の閲覧に供したい、と述べている。この序文によって、成裕が薩摩滞在中、琉球人との交渉の成果を基に『龍宮新話』と題する「十巻余」の著作を完成させていたことが分かる。また『琉球進貢録』静嘉堂文庫本には、「右佐藤成裕本文化辛未夏六月写　小宮山昌秀」の奥書が付されている。この写本は、成裕が水戸に召されていた時、小宮山楓軒・昌秀が借りて書写したものであることを知る。

『琉球進貢録』(全一冊)は「巻之始」および「巻之終」の二部に分かれ、各々に「戸部良熙輯」と記されている。成裕は土佐藩大島浦を奄美大島と誤認しているのだが、内容は戸部良熙の著わした『大島筆記』中の「雑話下」の全文と同一である。但し、成裕が序文で自ら述べた如く、加筆が一個所ある。加筆部分は、潮平親雲上を中心とする琉球漂着船乗組員の語る中国事情の部分で、抗州・福州の史跡・旧聞に続いて台湾の「朱一貫」の反乱を記したすぐ後に挿入されている。それは、為朝が鬼界島に渡ったのは史実でありその地が琉球であるとする事、さらに、『今昔物語』『鑑真和尚伝』『琉球神道記』に記された琉球・龍宮は今日の琉球であるとする説である。加筆の内容は、寛政九年に屋代弘賢が友人に宛てて琉球に関する私見を述べた書簡、『龍宮状』の部分的引用である。『琉球進貢録』と『大島筆記』には、成裕が序文で加筆・訂正をなしたと自ら述べた程の差異は無い。『龍宮状』からの引用文が約三丁に亙り加えられているのみである。しかし、薩摩で琉球に関する具体的な知識を得た成裕が、敢えて『大島筆記』(「雑話下」)に『龍宮状』の一部を書き加えたことに注目すべきである。

佐藤成裕は三年間の薩摩滞在中に、琉球が産業・経済的に完全に薩摩に組み込まれていることを知り、『薩州産物録』を著わした。その上で、龍宮が琉球であり、為朝が渡琉してその子孫が琉球王となったことを史実として肯定したのである。実際に琉球文化に触れ、幾人もの琉球人と親しく交わって得た、成裕の実感でもあったであろう。成裕が『大島筆記』に欠けているのが琉球と日本との結び付きの説明であると考えたからこそ、敢えて『竜宮状』を引用して補足したのであると考える。本草家として著名な佐藤成裕の琉球認識が、乞われて各地を廻るうちに、人々の琉球認識に影響を与えていったであろうことは想像に難くない。

㈢　橘南谿

橘南谿は宝暦三年（一七五三）に生まれ、文化二年（一八〇五）五十三歳で歿した。医学を修業したが、本草学・博物学にも通じていた。天明二年より八年に至るまで、四度に亙り山陽・九州・四国・近畿・南海・北陸・東北・関東を巡歴した。こうして見聞したものを、『東遊記』『西遊記』『東遊記後編』『西遊記続編』と題して刊行した。(29)これは近世後期のベストセラーズの一書であった。他にも『傷寒邇言』『雑病記聞』『北窓瑣談』など多くの著書があり、広く読まれていた。

橘南谿が九州を旅したのは天明二年から三年にかけてであり、三年の正月を鹿児島で迎え、二月初めにその地を発っている。宗政五十緒の研究によれば、「当初これら東遊記・西遊記は、写本として友人知人に回覧されたものが、後に公刊された」とされる。(30)しかし写本には含まれながら、公刊の際に除かれた個所も少なくない。写本『西遊記』の琉球に関する記述のうち、「琉球人」と題する六千字にのぼる部分が刊行の際に削除されている。(31)これだけのまとまりを有する部分が除かれたのは、それなりの理由があってのことに違いない。(32)

南谿による琉球の記述は、

それ琉球国は南方の一国にして我朝に従ひ来れる事久し。其国の中興開祖舜天といひしは鎮西八郎為朝にてぞおわすとかや。(33)

に始まり、琉球の歴史を記す。三山の統一後は唐土から冊封を受けてきたことに続けて、慶長の琉球入りについて述

べ、

それよりこのかたは表一通りは唐土の幕下たりといへども、実は薩摩の家臣にて、薩摩の城下に琉球の屋敷を構へ、彼国へも薩摩より奉行至りて押への役をつとむ。(34)

と、かなり正確に薩摩と琉球の関係を把握している。また、南谿の鹿児島滞在中の見聞に、

薩摩の姫君、将軍家と御縁組の御吉事調ひしにより、琉球国の王子兄弟弐人御悦びとして国王の名代に薩摩へ渡れり。(35)

とあるのは、一橋家と島津重豪娘茂姫との縁組のことである。この時の使者行列を見物し、鹿児島に渡り来た琉球人は「千人の余に及べり」と記している。この折、南谿が京の医者であることを知った琉球人の医者二名（当間筑登之・喜屋武筑登之）と親しく交わっている。琉球人との知遇を喜び、興味の満たされる様を、

琉球国の事はもとより唐土へも毎度渡りたりし人あれば、くわしく尋問ふに、耳驚く斗り珍らしき事のみなり。

と記し続けて次のように述べている。

長崎にて唐人にまじはるとは違ひて、薩州にて琉球人御領分の者の事なれば、いか程往来して親しく交はりても誰はゞかる事もなく、(36)

琉球の国情・風俗の記述では、琉球が文字・言語・教養などで日本と関係が深いとしている。また、薩摩における琉球の地位について、次のような興味深い記述がある。

すべて薩州にては彼方を軽く取あつかふ也。王子たちの逗留中に、見物事などにて薩州の御家中と同じやうに桟敷を打たるに、王子の桟敷ははるかに末のかたなり。彼国の在番には薩州の番頭ぐらいの格式の人行事なるに、彼国にて国王と参会の時も対座なりといふ。(37)

これらの待遇は、琉球国使節江戸参府の際の城中における諸式および市中取締の内容と比較すると、格段の差が見

られる。南谿の見聞した薩摩藩内での琉球の取り扱いは、附庸国としてのそれである。しかし一方南谿は、佐藤成裕が見抜いた如く、薩摩が琉球より貿易品の半数以上を貢納品として得ていることまでは、知り及んでいない。

琉球は唐と日本に両属したる国なれば、両方へ商ひ通行して、金銀の自由よく、大なる利徳を得て大富国也。(38)

と誤認している。

これら南谿の琉球に関する見聞では、前述の佐藤成裕に比して滞在期間が遙かに短いことによって、多少の誤認が生じている。しかしながら薩摩と琉球との主従関係については、南谿の知り得た情報の方がより詳しく正確である。これは、佐藤成裕が薩主島津重豪の客人として招かれた本草学者であったのに対し、橘南谿は、医師とはいえ一旅人であったことによるものである。立場の違いから、それぞれが交わった琉球人から得た知識・情報にも差が生じたのであろう。

注

(1) 佐藤成裕。芳即正『島津重豪』(人物叢書一八一)、吉川弘文館、昭和五十五年二月。

(2) 橘南谿。宗政五十緒「解説」『東西遊記』1(東洋文庫二四八)、平凡社、昭和四十九年二月。

(3) 『島津正統系図』によれば、明和四年(一七六七)四月三日に薩摩藩は「四書五経」にはじまる儒書・史書・和歌関係の図書百冊を購入している。また同年冬十一月には『南山俗語考』と題する、中国東南部の語彙辞典の編纂を島津重豪が命じている。他に重豪が直接編纂に関与した物だけでも『成形図説』『長短雑話』(明和四年)『南山考講記』『鳥名便覧』などがある。また、白尾国柱や曽槃など藩士に命じて編纂せしめた物に、『君道』(明和六年・郡山遜志らに命ず)『島津世家』(明和六年)『成形実録』(安永二年)『質問本草』(天明六年)『琉客談記』(寛政九年)などがある。明和九年六月および十年四月には、城下の繁栄を意図し、藩内への他国者立入りや他国への旅行を認め、開帳などを自由に開く事を許している。(黒田安雄「安永期における薩摩藩の動向」『地方史研究』一二〇号)。このことにより、橘南谿・古河古松軒などが自由に薩摩藩内に出入することが可能となった。また安永・天明期においては、重豪は職制を正し「造士館」「演武館」「医学館」「明時館」などの文武修養施設を設けた。安永二年には江戸の「医学館」にならい、「医学院」を創建し「山川」「佐多」「吉野」

の三薬草園の開設・増設を行っている。この事業のために、後述する佐藤成裕が天明元年に招かれ、藩内の薬草を採取することになる。次いで安永八年には、天文暦学の研究に力をそそぎ、「明時館」が創建される。

(4) 白尾国柱。『神代三山陵』、(鹿児島史談会、昭和十年十一月)所収「著者略伝」による。
村田煕「解説・倭文麻環について」・原口虎雄「倭文麻環・解題」『倭文麻環』、青史社、昭和四十九年六月。
(5) 『麑藩名勝考』三巻・三冊、国立国会図書館蔵。
(6) 『流求名勝考』、一冊、静嘉堂文庫蔵。
(7) 白尾国柱『倭文麻環』二巻、青史社、昭和四十九年六月。
(8) 『神代山陵考』一冊、白尾国柱注(4)書所収。
(9) 同右、第八帳表。
(10) 同右、第八帳裏。
(11) 同右、第九帳表。
(12) 同右。
(13) 同右。
(14) 同右、第十三帳裏。
(15) 同右。
(16) 同右。
(17) 同右。
(18) 同右。
(19) 同右。
(20) 同右、第十三帳裏・第十四帳表。
(21) 注(7)書、巻之十二。
(22) 同右。
(23) 注(8)書、第十四帳表・第十四帳裏。

(24) 注(7)書、巻之十二。

(25) 佐藤成裕。『中陵漫録』解題、『日本随筆大成』第三期第二巻所収。
『流虬百花譜』(寛政十年)にはすでに「水戸　滕成裕」を名乗っている。

(26) 注(7)書、巻之十二。

(27) 『中陵漫録』にはこの他に、「米奇」(口嚼酒の製法)・「琉球の渡海」(薩州より琉球までの海路里程)・「琉球の朝市」・「流朱」(琉球で用いる朱について)・「琉球の妓女」・「丁銀」(琉球通用の貨幣)・「琉球の飲食」・「琉球人の墓銘」・「琉球唱歌」・「斫木蛇」(はぶ)・「琉球方薬」・「琉球撮話」などの項目に添い短文ながら記述がある。これらは薩摩滞在中に、成裕が直接得たと思われる琉球知識である。

(28) 『琉球進貢録』、静嘉堂文庫蔵本。

(29) 『西遊記』五巻五冊、寛政七年三月刊。
『東遊記』五巻五冊、寛政七年八月刊。
『西遊記続編』五巻五冊、寛政十年六月刊。
『東遊記後編』五巻五冊、寛政九年正月刊。

(30) 宗政五十緒「解説」『東西遊記』1(東洋文庫二四八)、平凡社、昭和五十一年二月。

(31) 『西遊記　補遺』、『東西遊記』2(東洋文庫二四九)、平凡社、昭和四十九年三月。
宗政五十緒「橘南谿『東西遊記』の写本と刊本」『日本近世文苑の研究』、未来社、昭和五十二年十一月。

(32) 宗政氏同右論文によれば、『東西遊記』は写本のうちから刊行に適する諸章を随時抜き出し、刊行してゆき、版本に収められなかった章が都合四十四章分残った、ということである。さらに、その刊行されなかった残りの部分に注目し、その理由として当時の出版規制を指摘している。「琉球」の項目の場合も、これほどの詳しい情報は、当然ながらこの規制を意識して除かれたものと思われる。

(33) 『西遊記　補遺』、注(31)書『東西遊記』2、所収。二二一頁。

(34) 同右、二二一頁。

(35) 同右、二二二頁。

『薩藩旧記雑録・追録』巻一三五（一九〇八）によれば、天明二年六月二十六日に義村王子が名代使者として鹿児島に到り、同十一月十五日重豪より中山王に返礼状が出されている。

(36) 注(33)書、二二五頁。

(37) 同右、二二八頁。

(38) 同右、二二九頁。

第二項　中山信名と伴信友

(一) 中山信名

中山信名は天明七年（一七八七）に常陸国久慈郡石名坂村において、坂本玄卜（医師）の子として生まれた。名は文幹といい、字名を平四または平四郎と称した。号を柳淵と称したが、これは信名の住居が隅田川の東・柳島にあったことによる。水戸藩士石川久徴に就いて地歴学を修め、十六歳（享保二年）のとき江戸に上り、塙保己一の門に入った。二十三歳（文化六年）のとき、幕臣中山平蔵有村の養子となり、翌年には養父の後を継いで七十俵五人扶持を賜り、書物御用出役となった。信名と名乗ったのはこの時である。塙保己一の信任厚く、群書類従の編纂に参加し、また塙保己一が私学講談所教授となった折には、信名をその属僚とした。天保七年（一八三六）十一月十日五十歳で歿した。(1)

中山信名の著書は一冊も公刊されることはなかったが、その数は現在確認し得るところで六十三件にのぼる。これらの殆どは、常陸国の地誌である。信名の歿後、蔵書は色川三中が買取って整理し、『中山信名蔵書目録』(2)と共に今日静嘉堂文庫に架蔵されている。著書の中には未定稿があり、後に色川三中が整理分類して書物に仕立てたものも幾つかある。しかも、料紙に背紙を用いており、判読の困難なものもままある。

筆者が注目した書物に『阿児奈波志』および『蝦夷島志』の二書がある。ここでは、この二書の概略を説明し、特に『阿児奈波志』中に見出される中山信名の「琉球」認識を探りたい。

『阿児奈波志』の成立年については、明確な記載がない。しかし、第五冊に「島主璽」(首里之印)を書写して考証する文中に、

○文化来聘ノ時或人コノ事書ヲ以テ琉球人ニ示シタルニ解シ得サリシトナリ

とあり、文化三年の琉球国使節渡来以後であることが知れる。信名が中山家の養子となるのが文化六年であり、内題に「中山信名平四郎」とあることから、その後であることが分かる。また、各所に「白尾国柱記」「白尾国柱曰」とあることにより、薩州藩士白尾国柱との交渉が知れる。さらに文政元年に「塙保己一に従い西国を巡遊し旧祠古刹の秘書を捜った(3)」ことを合わせ考えると、その折に白尾国柱と会したとすればその成立はさらに下って、文政元年以後となる。

『阿児奈波志』は全九冊からなり、その内題は次の通りである。

(1)　阿児奈波志　第一冊　中山信名平四郎修撰　島主代序上
(2)　阿児奈波志　第二冊　柳洲　中山信名平四郎修撰　島主代序中
(3)　阿児奈波志　第三冊　三島志一之三　中山信名平四郎修撰　島主代序下
阿児奈波志考証　第二冊　柳洲　中山信名平四輯録
(4)　琉球考略　第一冊　中山信名平四著
(5)　技芸
物産第

(6)　言辞第

(7)　（内題なし）

阿児奈波志考証第三冊　職官第○

(8)　（内題なし）

(9)　（内題なし）

但し、巻首に「前後闕題名ヲ失ス故ニ三十八号雑類ノ中ニ入ル今採テ阿児奈波志ノ附トス」と墨書がある。蔵印は、首帳右肩に「色川参中蔵書」（朱・カク）、および右下に「静嘉堂蔵書」の印がある。墨付第一冊十九帳、第二冊三十八帳、第三冊三十三帳、第四冊二十四帳、第五冊二十一帳、第六冊二十八帳、第七冊三十五帳、第八冊六十帳となっている。

『蝦夷島志』全二冊の内題は、次の通りである。

(1)　蝦夷島志第三冊　三島志二之三　中山信名平四郎修撰

(2)　（内題なし）

但し、首巻に「題号欠　蝦夷島志ノ末ナリ今第三十号本書ニツク」とある。蔵印は、首帳右肩に「色川参中蔵書」、および右下に「静嘉堂蔵書」の印がある。墨付第一冊二十一帳、第二冊三十九帳である。

両書とも背紙を用いた全くの未定稿本である。比較的内容のまとまりのある部分は、「阿児奈波志」の中の第一冊より第三冊前半までの「島主代序」上・中・下のみである。当初、信名は「三島志」として三件の書物を構想していたことが、「阿児奈波志」第三冊と「蝦夷島志」第一冊の内題にそれぞれ「三島志一之三」、「三島志二之三」とあることにより知れる。他の一書は不明であるが、推測するに、「三韓考略」であろう。琉球（阿児奈波）・蝦夷・朝鮮は、当時における日本の地誌的概念の基本であった。両書とも、様々な書物から琉球および蝦夷に関わる記事を抜書し、その末尾に「信名按」との書き出しで、信名の考証を加えている。先述したまとまりを持つ個所の外は、文字も不統一であり、折々の抜書を集成したものである。これら両書はもとより完結したものではなく、琉球国・蝦夷に関する文献を可能な限り集成したものであり、したがって、一項を設けて信名自身の考えを論じたものではない。しかし、幾つかの史料を提示した後、「信名按」として短文ながらその考証や判断を記しており、そこに中山信名の「琉球」認識を見出すことが出来る。

信名が意図した「三島志」の全容は正確には知り得ないが、少なくともこれら両書が新井白石の『南島志』・『蝦夷志』を、意識した物であることは、その内容および標題から推察し得る。『阿児奈波志』をその標題とした所以は、本文「島主代序上」に「阿児奈波島鑒真東征伝 延暦僧録 又沖縄ニ作ル今俗皆コレニ拠ル長門本平家物語琉球国図 一名ハ琉球ト云」とあり、また、

天地者神造也、国土之広狭、山川之大小、及至田野之沃墳摎捔、皆有神意之在而所成也、如彼南荒洋中之洲嶼、大小有数広狭不一或絶或連、在邇為端為沖、都謂之南島、阿児奈波、亦其一島也、雖壌地褊少也、然比之其左右島嶼、稍為大、由来旧矣、隋之流求、至明転為琉球

とあるごとく、日本の版図たる「南島」の「一島」（地域）である「阿児奈波」として捉え、「沖縄」と称する以前の呼称として「阿児奈波」を用いているのである。しかも、日本に属することは「高千穂之古」からであり、

及尚氏為島主、善服島民、阿児奈波統一、君臣之分始定矣、世、為我南方藩屏、職貢不怠、作島主代序、

とあるごとく、尚氏が島主となって後は、日本と琉球の関係において「君主之分」が始まり、「琉球」は我国（日本）の「南方藩屏」であるとし、入貢を続けているとしている。

次に第四冊に「元亨釈書」中の鑒真法進等の入唐の記事を引用し、その考証として、

信名按ニ鑒真伝及延暦僧録ニ所謂ユル阿児奈波島ハ後ノ沖縄島ナリ大古ニハコレヲ豊玉国ト称シ今ハ大流球(ママ)ト云薩摩人白尾国柱云ク琉球人自其国ヲ呼テ宇喜那也ト云フ即沖縄ノ訛ナリ今其大港ヲ称シテ那覇港ト称ス亦縄港ノ意ナリ釈書ニコレヲ龍宮ニ作ルハ即流求ノ音ヲ仮レルナリ流求ヲ龍宮ニ作ルモノ始テママニ見ユ蓋当時ノ文人或ハ比字ヲ仮借スルモノアリシト見ユ僧袋中琉球神道記ニ琉球国王宮ノ榜ニ竜宮城トアリト云因テ意フニ皇朝仮借ノ字遂ニ彼地ニ及ヒシナルベシ白尾国柱云ク其国人自言フ地勢龍虬ニ類ス首里ヲ以テ竜首ニ擬スト云

と述べ、「竜宮」という呼び名は中国の呼称「流求」の音を借りたものであり、また白尾国柱の論を借りて「那覇港」は、「縄港」の意味があるとしている。信名は白尾国柱の説を多く引用している。例えば、白尾国柱の『神代三陵考』「附記」に、

蓋今大琉球古名沖縄島(4)

とあり、また、

釈袋中日琉球国王宮榜以龍宮城云云而海宮之説近所謂龍宮琉球龍宮音近又其国人自言地勢類龍虬以首里擬龍首云々遂以附会之歟(5)

とあり、この考えを信名が受けたものであることが知れる。さらに本書『阿児奈波志』第四冊において琉球の創世神話（アマミク）を考証する中で、「我開闢ノ祖阿摩美久」を

白尾国柱ノ説ニハ阿摩美久筑之ト云伝信録ニハ筑之ノ二字ナシ

とする。これは、白尾国柱の『神代三陵考』に、

又嘗閲其宗図日蓋我開闢天神阿摩美久筑之(6)

とある記事に拠っており、白尾国柱の説の影響大なるを知るのである。また、第六冊「言辞」において琉球語の考証をなすなかで信名は

ママ皇国ノ古言我ニ亡ビテ彼ニ存セルアリ電ヲハタダ城ヲ支トシ妻ヲ刀自トシ蛇ヲ波武ト云ノ類是ナリ

として、言語の古い時代における結びつきを述べている。

中山信名の「琉球」認識は、当時の国学者に共通の意識である。つまり、琉球は皇国日本の南島における藩屏で、その関係は上古に遡ることができ、そのことは日本の亡びた言語が琉球語の中に見出されることにより知れる、とする。「琉球」は明代に中国より付された名で「流求」が転じたものであり、「龍宮」と我国で称しているのは「流求」の音を借りた呼び方である。日本史書においては「阿児奈波」が最も古い名称であるが、これは、琉球国全体を指すのではなく、その中で大きい島（本島）を指すものである、とする。そして前述のごとく、中山信名の論旨には白尾国柱の説が多く含まれており、そこに思想的影響の強さを見ることができる。

また、中山信名と同じく塙保己一に師事した山崎美成は、天保三年に『琉球入貢紀略』を著述した。この文中で屋代弘賢と同様「龍宮」＝「琉球」の説を否定している。(7) 特に、『琉球入貢紀略』本文中に「或説に云々」（十七帳表）とあるのは、内容から推測して白尾国柱の説である。文政元年に塙保己一が西国遊行の折に、白尾国柱とこのことに関し論を交えたという資料は未だないが、前述の諸事実から考えて、白尾国柱の考証は中山信名や山崎美成にかなりの影響を及ぼしたものと考えられる。

(二)　伴信友

伴信友は安永二年（一七七三）二月二十五日に、若狭国小浜竹原的場前山岸次郎太夫惟智の四男として生まれた。十四歳の折、藩士伴平左衛門信当の養子となる。幼名鋭五郎、後に州五郎と改め、特・事負と号した。信友の生まれた安永二年は、賀茂真淵が歿して四年を経、また本居宣長四十四歳の時であった。その翌年には前野良沢、杉田玄白らが『解体新書』を刊行し新しい学問として蘭学が育ちつつある一方、宣長は『史記』・『古今集』・『直霊』の講義を始めるなど、国学がようやく日本の思想社会において力強い存在となりつつあった。そして、宣長、平田篤胤と続き、日本が復古的・神道的に目覚めようとする時期であった。

享保元年信友二十九歳の秋に、その学風に私淑し学徳を蒙った本居宣長の霊前に名簿を捧げ、鈴屋の門人となった。国学者伴信友の学問・思想に最も大きな影響を与えたのは、本居宣長であった。信友が活躍した時期、学問界は大きく変わりつつあった。かつての単なる知識としての南蛮文化は、学問としての蘭学に受け継がれた。この西欧文化との接触により、一方では国体論が意識されはじめ、国学が盛んとなってゆくのである。信友が歿したのは、諸外国の船が琉球を訪れ、また日本に開国を迫るなど、国情の慌しくなってゆく弘化三年（一八四六）十月十四日であった。伴信友の略伝および思想的研究についてはすでに多くの論文がある。

伴信友の数多い著述は、大きく分けて次の五種にまとめられる。(8) まず、『神名帳考証』（六十九巻）や『神社私考』（六巻）などに代表される「神社に関するもの」、『正卜考』（二巻）や『鎮魂伝』（一巻）などの「神祇思想および神道に関するもの」、『神璽三弁』（一巻）および『宝鏡秘考』（一巻）などの「重要史実並びに古文献に関するもの」、『仮字本末』（四巻）や『古詠考』（一巻）などの「日本文化並びに国文学に関するもの」、そして『比古婆衣』（二十巻）や『動植名彙』（十巻）など随筆や和歌を含む「雑著」である。ここで取りあげる『中外経緯伝草稿』(9) は第三項に属するものである。

『中外経緯伝草稿』（六巻）は、日本・朝鮮・中国の交渉を思想・文化・軍事の方面より考証検討したものである。「巻一」は上代における天日矛一族の帰化、漢文化伝来、魏志倭人伝から日本の国号の問題が論じられている。「巻二」には、大鷦鷯尊と菟道稚郎子との皇位争いを考察し、また上代より中世に至る満州や蝦夷島の事情が述べられている。「巻三」には琉球に関して詳しい論述がなされている。「巻四」より「巻五」は、「征戎遺文類」と称して、天正十一年より慶長四年に至るまでの朝鮮・琉球各役に関する古文書を載せている。本書の成立を河野省三は、

天保九年、六十六歳の十月ほぼ一先づその草稿がまとまったものである。

としているが、東洋文庫所蔵の自筆稿本によれば、

「天保六十一朔稿成

信友[10]」

とあり、天保六年十一月朔日を脱稿の日とすべきである。

新井白石のなした琉球研究を受け継いだものとして、また天保期における琉球認識の水準として、筆者は伴信友の『中外経緯伝草稿』（巻三）に注目したい。また、伴信友は交際広く、前述の白尾国柱・中山信名・滝沢馬琴、および本章の第二節において論じた屋代弘賢などとも交わり、「琉球」に関する知識を交わしている。従って、信友は当時の琉球知識の殆どを集めていたと察せられる。[11]

信友が、新井白石の『南島志』を再検討することから自らの琉球研究を出発せしめたことは、本書「巻三」の冒頭の文章より知れる。すなわち、

琉球国の事は、はやく新井君美ぬしの、南島志といふ書になむ、めでたくかき著はされたりける、然ありける中に、源為朝の子舜天と云けるが、其国の王となりて、初国しりて治けるより、漸に皇国風に化りて、遂にきはやかなる臣国《ミヤツコクニ》となりぬる本末の趣、また其国の始の古事、そのほかすべて皇国に関係《カヽ》れる事どもを記されたれど、その書漢文に切略《ツヾ》めて、こときりて記されたれば、いかにぞやきこゆる事もすくなからず、そのかみの実《マコト》のありさまよくもきこへがたく、又見漏されたる、書もありげにて、あかぬこゝちせらるれば、さらにこなたかなたの書どもに拠りて、証考たる事のあるを書つゞりて見むとす。[12]

と、為朝渡琉伝説を史実として全面的に肯定したうえで、『南島志』の記事を再び考証し直している。『南島志』には、

而王舜天当二其国一先レ是保元之乱、故将軍源朝臣義家孫廷尉為義子為朝竄二伊豆州一及三平氏擅レ権朝政日衰当憤憤欲レ復二祖業一因浮二海上一略二諸島之地一遂至二南島一為朝為レ人魁岸絶力猨臂善レ射南島人皆以為レ神莫三不レ服者一乃狗二其地一而還居未レ幾官兵襲二攻之一竟自殺有三遺孤在二南中一母大里按司妹育レ于二母氏一幼而岐嶷有二乃父之風一及レ長衆

推為二浦添按司一方三是時一島兵起戦闘不レ息按司年二十二乃率二其衆一、一匡清レ乱挙国尊称以為レ王舜天王是已是歳文治三年也(13)

と簡略に記してあるのみである。信友はこれに対し新たな見解を示している。まず、従来の説が為朝の渡琉は『保元物語』に記されている永万元年のみであるとするのに対し、信友は、それ以前、鎮西に居た時にも一度琉球に渡ったことが考えられることを『八島の記』を引用して述べている。『八島の記』には、貴海国とも龍宮国ともいう国は常に管絃を好む国で、源為朝が九州に居た時に渡り、国王の聟になって子孫がおり、また家人阿多平権守をその地に残して帰国したと記されている。そこで、

白鷺青鷺二つ連れて、沖の方へ飛び行くを見て、鷲だに一羽に千里を飛ぶといふに、況んや鷺は一二里にはよも過さじ。此の鳥の飛ぶ様は、定めて島ぞあらん。追って見ん。(14)

として行き至った鬼ガ島はすなわち、先に渡ったことのある貴海国・龍宮国であるとする。(15)そして、この渡行は計画的なものであり、大島に帰った後も島民には琉球に渡ったことは語らなかった。

いはゆる鬼が島より渡りたる事は慥なるを、保元物語にも何にもきこえざるは、為朝大島に帰りて、鬼が島の事のみ披露して、琉球にものしたる事をば隠したりしものなるべし、さるは為朝はじめより、琉球に渡らむこゝろざしなりつれど、そは島人どもには、おしかくして、鷺の飛行を見て、あからさまなるわざの如くものして、まづ鬼界島にわたり、島民を平伏《マツロ》へ、嚮導として、琉球にわたりたりしものなり。(16)

と述べ、『保元物語』に、

此の島具して七島知行す

とあるのは、「おのづから琉球かけたることばと聞ゆる」としている。つまり、鬼界島は本来十二島であり、五島七島と名付けている。それを七島と呼んだのは、琉球の部分を除いたものであるとするのである。そして、この為朝の

計画について信友はさらに、

又その島々（筆者注 貴海国・龍宮国すなわち琉球）に、内地《ミクニ》より阿多がほかにも、はふれ来て在けむものどもをはじめ、其島人どもを率《アトモ》ひたてゝ、軍を起し、阿多が本国の薩摩がたよりあからさまにおしわたりて、むかしのよしみありし兵どもをかたらひ、都に攻上り平家を討滅し、憤をはるけ、家を興さむの志にて、その謀をかたらひおきて、大島に還り、よくしたためて、阿多が告などを待て、妻子郎従を具して、ふたゝび琉球に渡り来らむ意がまへ。(17)

であったと、その源氏再興の志によることを述べている。龍宮・貴海について信友は、

(1)「鬼界」は鬼界島を中心に五島・七島からなる十二島の島々である。

(2)「貴海」は鬼界である。

(3)「龍宮」は琉球の音を写したものである。

と解釈している。

次に信友は、『中山伝信録』中に琉球で用いられている日本の仮名文字と日本語（皇国語）を発見し、その伝播について次の如く推測する。

推考ふるに、舜天王となりて後、阿多等とかたらひて、いろは仮字をはじめ、平生上国にて書あへる文字づかひを、教習はしめ、のちまた漸に、漢字漢籍をも上国にて用ふさまに、よみ書きを教習はしめたりしなるべし。(18)

と、仮名文字が伝わったのは為朝の渡琉以後としている。次に、現在の琉球国王が為朝の血を引くものであることを論じている。これは、寛政二年以後都合四種もの刊行がなされ、当時最もよく読まれた琉球物刊行物である『琉球談』において、

此俗今の琉球ハ為朝の血脈なりと云ハ誤なり。(19)

と森島中良が述べたことに対する反駁である。信友は、舜天・舜馬順熙王・義本王と続いた後琉球はいわゆる「三国

の世」となったとし、その後尚巴志が三王を亡して一統し、父尚思紹を王に立て、以後尚徳に至る。尚徳は若くして歿するが、国人が内間里主御鎖側金丸を推奉して王位につけ、尚円王とし、以後代々琉球の王位は一統である、とするのである。一方森島中良は、義本王が亡んだ後、

其子義本にいたりて天孫氏の末裔に位を譲る。[20]

と記し、血脈が断たれたとした。これに対し信友は『中山伝信録』後序に、

如中国之老舜、尚巴志雄武、能一其国、尚円掘起山、臣庶推戴如中国之湯武[21]

とあることに注目している。「後序」を書いた翁長祚は、『中山伝信録』の著者徐葆光の談客として琉球に渡った人物で、葆光が記し漏らした事象を補った。中国皇帝への奏覧の後であるため、本文を訂正することを憚り、「後序」においてそのように記した、とする。すなわち、義本王は位を尚巴志に譲った後に北山に隠れ住み、その子孫が内間里主御鎖側金丸として国人から挙げられて王位についたとするのである。そして併せ考えるべきは、琉球国において為朝の位牌が祀られていることおよび八幡宮が存在するなどの事実である、とする。そして、

かくて今の王は、尚円が裔にて、義本が後といへる説の正しきこゆれば、尚円より為朝の後胤のさらに王となりて、相続きて七世に当れる尚寧が世に、慶長十四年より永く、皇国の臣国となりて在るなりけり。[22]

と結論づけている。

次に、琉球の創世神話に出てくる男神・アマミクについて論じ、阿摩美島（大島）から出たものであるとする白石の『南島志』を支持し、琉球国においてその旨が語られないのは、

属島より初れる事を不足おもひて除きたるものなるべし

とする。さらに、国号については次のごとく述べている。

(1)「リュウキュウ」、もとは隋の世に名付け「流求」と書いたが、後には、字は「とりどりに記たるもの」である。

(2) 此国のもとよりの名は、オキナハであり「沖縄」と書く。これは白尾国柱の説である。此国を海中遠くから見放げた形が、沖に縄を流せるごとく見えることにより、皇国（日本）の人の着けた名である。

以上のごとく、伴信友の琉球認識は新井白石の『南島志』に続くものである。しかし、新井白石が「琉球古南倭」として論じた倭文化の構想は、国学の盛隆と共に発展し、琉球は皇国の意識をもって捉えられるようになった。『南島志』においては日本と琉球との繋りを示す要素としてほんの数行用いられたにすぎない為朝渡琉の記事が、伴信友にとっては琉球と皇国日本との関係を示す絶好の題材であったのである。新井白石は、基本的には琉球と日本とは「倭文化」で連なっているとしながらも、琉球独自の文化を認めようとしている。これに対し信友の場合は、その皇国意識が徹底しており、言語・王統ばかりでなく「沖縄」（オキナワ）という国号まで皇国（日本人）の付した名であるとするのである。両者の琉球認識は、その基本において大きく異なっている。また、国号問題では見解を同じくする白尾国柱とも信友は異なっている。その差異は生きた史料、つまり琉球人・琉球文化との接触が信友には無かったことから生ずるものである。文献史料を徹底して操作した信友の描いた「琉球」は、実在感を全く持たない「琉球」となっている。しかしこの『中外経緯伝草稿』巻三の主題は、為朝渡琉伝説の考証により琉球と日本との関係を明らかにすることであった。本書は、江戸時代における為朝渡琉伝説研究の最も詳しいものである。信友がこの伝説の論証にこれほどの力を注いだこと自体が、両国関係の根拠としてこの伝説の果たした役割の大きさを語っている。また、信友の論証は、当時の国学系考証学者の琉球認識の水準をも示すものである。

注

（1）田中義成「渉史漫筆・中山信名ノ事」『史学雑誌』第四編第四六号、明治二十六年。大手敏子「郷土史家中山信名」『学苑』第六巻第一二号、日本女子高等学校水葉会、昭和十二年。

（2）『中山信名蔵書目録』、一冊、静嘉堂文庫蔵。

(3) 大手氏注(1)論文。
(4) 白尾国柱『神代山陵考』第九帳表。
(5) 同右。
(6) 同右、第九帳裏。
(7) 山崎美成『琉球入貢紀略』天保三年刊、第十七帳表「海宮今の琉球国といふの弁」。
(8) 河野省三『伴信友』、若狭史学会、昭和四十七年十月。
(9) 『伴信友全集』第三巻（国書刊行会、明治四十二年）所収。
(10) 『中外経緯伝』、東洋文庫蔵、自筆稿本。
(11) 河野氏注(8)書に、信友の交友として若狭藩主・紀州徳川侯・三条実方・日野資愛・徳川斉昭・松平定信等の公卿諸侯、先輩学友として平田篤胤・東条義門・杉田玄白・高田与清・中山信名・村田春門・本居太平・本居内遠・加納諸平・殿村常久・千家清主・橋村正兌・斎藤彦磨・屋代弘賢・足代弘訓・内山真竜・長瀬真幸・植松茂岳・北静廬・木原楯臣・西野宣明・大石千引・藤井高尚・城戸千楯・本間游清・稲井田忠友・色川三中・竹尾武鞆などを記している。また後輩若しくは教え子と見るべきものとして、提朝風・伴林光平・岡部東平・長沢伴雄・羽田野敬雄・八田知紀・天野玄道・近藤芳樹・山崎知雄・鈴鹿連胤・谷村種松等がいるとしている。さらに、佐藤信淵・野之口隆正・滝沢馬琴・菊池容斎・近藤重蔵・藤田東湖・鬼沢大海・梅辻飛騨などの人物の名がその交友関係としてあげられている。
(12) 『中外経緯伝草稿』、注(9)書、二五二頁。
(13) 『南島志』（新井白石全集第三）、六九八頁。
(14) 『保元物語』（日本文学大系一四巻）、誠文堂新光社、昭和十三年。
(15) 幸田學人は著書『頼朝・為朝』（改造社刊）の中で、「青鷺丸二艘の船に、九州の猛者は乗って出たのである。其嘴は磁石の針である。其翼は日に照った帆影であった。で、為朝は其後に踵いた。」と記している。
(16) 注(12)書、二六三頁。
(17) 同右、二六四頁。
(18) 同右、二七一頁。

(19) 森島中良『琉球談』、寛政二年刊、第二帳裏。
(20) 同右、第二帳裏。
(21) 徐葆光『重刻中山伝信録』第六巻、「中山伝信録序」第二帳裏、序文末尾に「康熙六十辛丑秋八月、海槎従客、建安翁長祚、謹述於京師之粱氏園」とある。
(22) 注(12)書、二八二頁。
(23) 注(13)書「総序」、六九〇頁。

第三項　滝沢馬琴『椿説弓張月』と高井蘭山

(一) 滝沢馬琴

寛延元年以後、琉球国使節渡来の度毎に「琉球物刊本」が刊行されたことは、当時の人々の「琉球」への関心の高さを示すものである。このような関心の高まりは、近世文学へも微妙な影響を与えている。「琉球ブーム」の波を大きく受止めた作品として、滝沢馬琴の『椿説弓張月』を取り上げたい。当時の『椿説弓張月』の評判は『兎園小説』(1)に、

当日営中にて諸吏琉球の事を見るには何の書がよかるべきやなどいへりしを、貂皮君聞て、琉球の事実を知らましほりせば、弓張月を見給へ。詳にして尽せしものは、彼小説にますことなしと宣ひにしと、ある人の話也。この節弓張月を見るもの尠からずといふ。

とあることから、その持て囃された様と、この『椿説弓張月』が単に読み物として人気を得たばかりか、琉球紹介の書として評価されていたことを知ることが出来る。

『椿説弓張月』は、正しくは『鎮西八郎為朝外伝椿説弓張月』といい、文化四年(一八〇七)に前篇六巻として発刊後、

後篇・続篇・拾遺と続刊し、文化八年（一八一一）三月に残篇をもって完結した。馬琴、四十歳の時であった。「椿説」は「珍しい説」の意で、伊豆大島に「鎮西《チンゼイ》」為朝が流されたことを、「椿」にひっかけて「椿説」としたのであろう。後藤丹治によれば、馬琴は当初これほどの長編を書きあげるつもりはなかったようで、時好に投じて書きつなぐうちに三十冊もの大作となった、ということである。(2)

滝沢馬琴は本名を滝沢解、字を瑣吉、通称を佐五郎、別名を著作堂主人等と称し、明和四年（一七六七）六月九日に江戸深川で生まれた。二十四歳の時（寛政二年、一七九〇）に山東京伝を訪ねて門人となった。当初、京伝の代作をつとめたりしながら修業を積み、京伝と並び称されるようになり、京伝の没後は馬琴の独壇場となった。嘉永元年（一八四八）十一月六日八十二歳で他界するまで数多くの名篇、大作を残している。

『椿説弓張月』の後半部が物語の舞台を琉球に求めて展開されていることは衆知のことである。物語は為朝の流刑から始まる。大島に流された為朝が琉球に渡って国内の内乱を鎮め、威徳を発揮してその地で子供をつくり、その子は舜天と名乗り、後に琉球国王となるのである。さらに為朝の子孫が琉球を統一したとまでしている。物語の展開は、保元物語における為朝伝と、水滸伝における地煞星混江童季俊が暹羅国王となる筋を合わせたものである。(3)

『椿説弓張月』の琉球に関しての出典は、前篇執筆当時は『和漢三才図会』(4)であり、後篇以後は『中山伝信録』(5)『琉球談』(6)を用いている。しかし馬琴が「援引書目」(7)としてあげている書物以外にも、馬琴の眼に触れたと思われるものがある。本章の第一節「天保期使節の実態」において述べた如く、「琉球ブーム」といえる年には多くの琉球紹介の書物が発刊されている。『琉球神道記』『和漢三才図会』『琉球人大行列記』『琉球人行粧記』『琉球人行列記』『中山伝信録』などである。特に本書執筆に関係のある時期には、以前に刊行されたものが何度も再刊されるとともに、『三国通覧図説』（一七八五）、『琉球談』（一七九〇）が刊行された。『琉球談』は版元名の異なるものが四種も出されている。これらが「援引書目」に挙げられていない理由は　林子平著『三国通覧図説』は発刊と同時に発禁となったこと、『琉球談』『中山伝信録』を除いた刊行物は馬琴も手にしたと思われるが内容的に取り上げるに足らないものであったこと、によるであろう。

馬琴執筆当時の状況から執筆の過程を推測すると次のようになる。前篇六巻は文化四年（一八〇七）に発刊された。当時の日記類を参照できれば詳しく知ることが出来るのだが、現在のところ確めることが出来ない。前篇終わりの部分に、

　　前篇六環乙丑年冬十一月上浣起草

とあり、

　　同年十二月十有四日編成投于書肆

とある。文化二年十一月上旬に書き始め、同年十二月十四日に書肆に原稿を渡したことが分かる。この年は文化三年（一八〇六）の琉球国使節渡来の前年に当っており、実際に刊行されたのは脱稿の翌々年、文化四年の正月である。後篇は文化四年三月に筆を起こし、同年九月に六巻目を書き終えている。後篇は翌年正月の刊行である。前篇の折は書肆が出版を見合わせていたが、人気が高くなったので後篇以後はすぐに発刊されたと考えられる。後篇巻六の末尾に、

　　且この書、後篇六冊にしてなほ局を結ぶに至らず。是より以下、為朝父子の船、風濤の難にあふて、海底に沈淪し、船中の従悉く魚腹に葬らるるとき、讃岐院の冥助、白鶴の応報ありし事、為朝ひとり漂流して、球州へ岸船し給ふこと、寧王女、廉夫人の薄命、曚雲国師の幻術、佞臣利勇等が烈伝は、拾遺六冊に著して、来載梨棗にのぼせんとす。

　　冀は四方の観官、嗣篇発兌の日を俟て、更に高評を加給へかし

　　　丁卯季秋の日　曲亭主人再識

とあり、この時すでに為朝渡琉後の粗筋を予告している。続篇は文化五年春三月下旬に起筆し秋八月脱稿、拾遺は文

化六年に、残篇は文化七年に脱稿している。つまり『椿説弓張月』の中で琉球が取り扱われるのは後篇以後であり、文化三年の使節渡来以後であることが分かる。しかしこれは必ずしも、馬琴が当初から琉球における為朝の活躍を考えていなかったことを意味しない。構想としてあったものが、琉球国使節の渡来と市中の関心の高まりによって具体的に発展していったものであろう。使節渡来は、当時の街道・市中の人々の興味を引きつけるものであった。刊本の数がそれを示している。勿論馬琴も大いに興味を引かれた一人であったであろう。馬琴は『和漢三才図会』(一七一三)、『中山伝信録』(和刻本明和三年)等によってすでに為朝伝説を知っており、『椿説弓張月』の構想に組み込むことを考えていたのであろう。

この『椿説弓張月』は単に小説として大きな人気を得た許りでなく、当時の琉球認識の形成に大きく力を貸したことに注目しなければならない。先に『兎園小説』の引用で示した如く、一般の人々の琉球への関心を一層高め、為朝渡琉伝説を確固としたものとして人々に定着せしめたことに、まず第一に注目すべきである。また馬琴は、『南島志』を多く引用することによって、新井白石の「南倭構想」を『椿説弓張月』の中に生かしている。この意味において白石の「南倭構想」を継ぐ者であることが、注目すべき第二点である。

為朝渡琉伝説を当時の人々に広く紹介したのは、寛政二年に刊行された森島中良著『琉球談』である。これが当時の人々の琉球認識に大きな影響を与えたことは前述の通りであるが、馬琴の『弓張月』はより多くの読者層の琉球認識に影響を与え、為朝渡琉伝説を浸透・定着させたのである。寛政二年・八年と琉球国使節が渡来し、寛政二年刊行の『琉球談』は版を重ねて多くの人々に読まれた。高まる琉球への関心と馬琴自身の小説の構想とがあいまって、文化の使節渡来を翌年に控えた文化二年に、『椿説弓張月』は起筆された。この小説の特質は次の四点に集約される。まず、主人公源為朝という失意の英雄の末路を、決して憐れむべきものとしていない。次に、それを典型的な異郷遍歴説話として構成した。そして、読本としてあくまで大衆小説の素地を保有した。さらに第四点は、琉球の天孫は我が皇祖神の裔であり当然にして琉球は日本の属国たるべきである、としたことである。これらのうち、筆者の最も注目するのは第四点である。この、琉球を日本の属国として位置付け、血脈の関係として説明する点にこそ、馬琴による新井白石の「南倭構想」の理解が見い出されるからである。

馬琴は『椿説弓張月』の中で、琉球について様々な考証を行っている。例えば「続篇巻之一」の「拾遺考証」では『和漢三才図会』と『中山伝信録』を用いて琉球語と日本語を比較し、

おもふに、和漢三才図会に載たる琉球語は、彼国の古言なるべし。彼処の土人、下郷に居るものは、今もわが邦の古言を称るもあるにや。

と日琉の言語的な同一性を述べている。また『日本書紀』神代記の「海宮・海郷」、『本朝怪談故事』、『中山伝信録』等を合わせて考証し、

これらの縁故をもて推すときは、大古にいへる海宮、今俗の称る龍宮城、みな琉球のこととしるべし（続篇巻之一）

と結論を下している。また琉球の地名・人名に注目して、

琉球は、人名、地名に、和訓唐音相雑てこれを称ふ。ここに録するもの、作者の杜撰にあらず。(8)

と和訓（日本語読み）と唐音（中国語読み）の混在することを指摘し、その文化の複合性を論じている。そして、琉球の位置付けを「南倭」として、

さてもわが流求は、神代に海宮と唱へ、人の世となりての後は、これを南倭と唱へたり。されば唐山の史などに、倭と称すれども大日本の、国史にあはざることあるは、みなこれ南倭のことにして、わが流求を斥していふのみ。(9)

と論ずる。琉球の言語・人名・地名をよく観察すると、日本の古語がかなり存在する。また日本の史書に「海宮」とあり今日「龍宮」といって自らの領域の内に認めている地域は、琉球のことである。中国の史書に「倭」として記された記事で、日本の実態と異なるところのものは琉球を示すとしており、琉球が大きな倭地域の一部を成すものであ

ると馬琴は位置付けたのである。

　読本の記事の中にどれほどの真実性を見るかは、読者の見解の異なるところである。しかし馬琴は自ら、

　今弓張月の一書は、小説と云ふ雖も、然も故実を引用し、悉く正史に遵ひ、並びに巧みに一事を借り妄りに一語を設け以て世人の惑を滋くせず。故に源あり委あり、徴すべく拠るべし。独り一時に膾炙するのみならず、允に信を千古に伝ふ。(10)

と、その実証性を明確に打ち出している。事実馬琴は「残篇巻之五の下」に記された「為朝神社并南嶋地名弁略」では、『本朝怪談故事』『摂陽群談』『増補越後名寄』他数多の史料を抜書して考証の助けとしている。この馬琴の考証は「活用の範囲を逸脱して、今日から見れば殆ど俗書を用いた無用の考証がいたる所に氾濫して、今の識者の顰蹙を買っている。(中略)この方法は、京伝(山東京伝)に得たもの(11)」であると、国文学の側から批判されている。一方、柳田国男はその著書『海南小記』の中で、『椿説弓張月』を評して次の如く述べている。

　江戸時代の来聘記の類には、琉球を異国と見て珍らしがった形が有る。之に比べると馬琴の弓張月の方は(中略)わざとかと思う椿説は多いが、気楽に時代の距離を短縮した一点を除けば、其態度は所謂写実であった。国姓爺などゝはちやうど正反対に、我々二つの島の者が、大昔手を取つた同胞では無いかと云ふことを、此書に由って感じ始めた者が多かったやうに思ふ。(12)

『椿説弓張月』が琉球認識の形成に果たした役割は大きく、その影響は明治期まで続いた。菊池幽芳に至っては、馬琴の書を手に沖縄に史跡を辿り、その結果を著わしたのが『琉球と為朝』(13)である。当時の多くの人びとが琉球を想うとき、『椿説弓張月』を思い起こし、為朝と琉球を結び付けたのである。

　先に引用した馬琴の「南倭」に関する一節は、新井白石の『南島志』を全面的に踏襲したものである。馬琴の新井白石への傾倒ぶりを、馬琴旧蔵本「白石叢書(14)」の手沢文に見ることが出来る。この叢書は全三十冊からなり、「文化

五年秋九月」に購入したものである。馬琴の白石を尊んだ様は、叢書巻十七『南島志』巻末に記された朱沢に、

（朱）余嘗以《オモヘラク》-謂是書与二清徐葆光《ノ》中山伝信録一比校《スレハ》 則非《ス》下但有《ル》二異同一耳《ニ》上。其文簡《シテ》 而易《リ》二通-暁一。其言約《テ》而無《シ》臆説。其勝《レル》也《ヤ》亦遠《シ》矣。是本年-来蔵弆《スレトモ》 而未レ遑二校正一《ニ》。頃《コノコロ》 黴-雨滛霖。第-舎無《シ》レ客。因《テ》凭《テ》二紙窗下《ノ》一《ニ》校《ス》-訂点-裁《メ》以為レ界《ニノコサン》二児孫一《ニ》両三日《ニメ》。而方卒レ業。余素《ヨリ》 景二仰《ス》先生学術一《ヲ》其遺-書所蔵豈一朝夕《ナランヤ》。児孫倘有《ラハ》二嗜《ムコトヲ》レ読《ヲ》レ 書者一。校-点亦《モ》与二是書一倶《ニ》遺《ラン》焉。

文政五年壬午夏五月十二日　滝沢鮮識

（墨）甘雨亭叢書亦収南嶋志可併見焉（浣）

とある如く、『南島志』を『中山伝信録』と比較して「其文簡而易通暁。其言約而無臆説」と高く評価している。また校訂する訳を、景仰するところの「先生学術」を「児孫」に遺すためとしている。

このように、景仰する白石の『南島志』における「琉球」の位置付けを基とし、『琉球談』『中山伝信録』など広く流布していた琉球の概説書を史料として用い、自らの小説の構想としては『水滸伝』の翻案を『保元物語』の為朝伝に付加したものが、この『為朝外伝椿説弓張月』である。

㈡　高井蘭山

滝沢馬琴と同じ世代の和漢文学者であり、多数の中国作品を翻案して世に出した高井蘭山もまた、琉球国使節に心を惹かれ、自らの為に一書を残した一人である。蘭山は宝暦十二年に生まれ、江戸芝御組屋敷与力を勤めた。高井伴寛、字名は思明、通称文左衛門と称した。北斎が『新編水滸伝』刊行中に翻案作家である馬琴と仲違いをし、十二巻以後蘭山が馬琴に代わったことは有名である。蘭山は文化三年琉球国使節の渡来に際して『琉球国私説』(15)と題する写本一冊を残している。また遡る寛政元年には『蝦夷国私説』(16)（一冊）を著わしている。

『蝦夷国私説』は写本一冊で、全七十二帳にも及ぶ大部なものである。一帳十行、一行約三十字、標題は『蝦夷国私説』、内題は『蝦夷国私説　乾』とあるが、その篇の終行には『蝦夷国私説終』とある。内容は、

(1)　蝦夷国私説　第十二帳表まで
(2)　蝦夷の言語　第十七帳表まで
(3)　寛文中蝦夷合戦之次第　第二十六帳裏まで（シャクシャインの乱）
(4)　松前家世代略記　第二十九帳裏まで
(5)　寛政五癸丑年魯西亜船松前江着彼女王与命蒙　第四十四帳表まで
(6)　（文化元年）因幡守殿肥内豊後守殿此度異国船入津ニ付西国諸侯方へ警固被仰付　第四十六帳裏まで
(7)　ヲロシヤ船渡来一件　第六十三帳表まで
(8)　文化五戊辰年御使者番　第六十六帳表まで
(9)　落書の類　第七十二帳裏まで

となっており、標題と本文の内容が必ずしも一致していない。(2)蝦夷の言語の終行に、「寛政元己酉年孟秋」とあることから、この辺り迄は寛政元年の記述と考えられる。明記された年号の最も新しいものは「文化五年」である。このことから、寛政元年に起筆した後文化五年まで随時書き加えていったものと思われる。

寛政元年五月、クナシリ島に蝦夷の反乱が起こり、蝦夷地への関心が俄に高まった。高井蘭山はこれを切掛けとして、蝦夷の風俗・地理・言語を調べて『蝦夷国私説』とし、さらに過去における「シャクシャインの乱」、蝦夷地に迫るロシア船の記事などを抜書し加筆して綴ったものと思われる。また、表紙の裏面には琉球国使節の記事が十行ほど記されており、言わば蘭山にとっての外国関係雑録の類いであったと考えられる。幕臣・与力であり、翻案戯作者であった蘭山の、当時得た外国知識の質と量を語るものとして興味深い。

『琉球国私説』は前書に比べ、まとまりのある内容となっている。本書は、全帳二十四帳、一帳十行、一行約三十字詰である。蔵印は、首帳に「洒竹文庫」および「高蘭翁蔵書印」、「国立博物館之印」の三種が押印されている。標題は題簽に「琉球国私説」と墨書されており、内題も同様である。

高井蘭山は、寛政二年・寛政八年・文化三年・天保三年と、四度琉球国使節を江戸で迎えた。但し寛政八年の折には、痔疾を患い見物の機会を逃している。本書冒頭には、使節渡来を目前にした期待の大きさが、次のように記されている。

> 愚嘗て外邦の事実を詳にせんことを希ふこと年あり琉球小さしといへとも地球に散在せる一国なれハ和漢の書に出る処子細に記臆をとり去る寛政庚戌の冬琉球使登営の街に親是を見るに及び其冠服刀鎗器類悉く認んとするに一品に意を留れハ暫時ハ経過し僅に二三を熟覧す其後東叡山拝礼の日を待ち街に是を見る此時□其品を見て退て□れハ半疑少からず両眼有て足ざるハ盲に等しと思へど力及す其後中山代替に依て寛政丙辰琉球使来る此時愚痔を愁て起こと能ず□空しく見ること叶ず当文化丙寅の冬又中山代替りにつきて琉球往来す往年疑き品に意を留て見れば諸物始て洞然たるごとし於是一々図にあらハし愚がごとき同好に便す。[17]

寛政二年の渡来を見物して以来、見ることを待ち望んでいた琉球人一行の姿を目の当りにし、その詳細を記録に留めようとする蘭山の思いが生き生きと記されている。寛政二年、初めて琉球国使節の行列を見物し感激した様子を次の漢詩が伝えている。

> 寛政庚戌路傍に佇立て一律を賦セリ
>
> 見琉球使登　城　五言排律
>
> 中山慶賀使冠服向　大城涼傘一竿直
>
> 張旗二行撃朱輿輝旭日錦衣整鮮明

官者悉儀表少童都秀英為想涙潜々
千里故郷情外国親臣服堪観本朝栄

右　　蘭山　高伴寛思明(18)

朝日を受けて、色彩鮮かな正使・副使の輿や涼傘や張旗などの琉装が眩しいほどに輝く。整然とした供立てや秀英な顔立の少童は千里の彼方からやって来ている。外国が臣従する姿を見るのは真に本朝の栄であると、蘭山二十八歳の感激を詠んでいる。

本文の内容の多くは、寛政二年に刊行されて以来琉球に関する最も基本的な概説書となった『琉球談』の引用である。しかし、所々に蘭山自身の集めた知識も書き加えられている。琉球に関する知識を、蘭山は薩摩藩士から直接に得ている。文中、

御改暦に依て薩州の大守台聴を経て其暦官を司天台より統しめ新暦の数術を学しむ薩陽の暦官水間良純俗名升藤太下司の同寮両三子ともに本所番場に旅宿を構へ日々暦数を学こと四年にして帰国セリ水間氏父も喜右衛門と云て暦官なりしが愚天学を以て一面の交あり比因に依てかの旅宿に数詣て物語の序琉球国の土風を問愚が聞を博すること多し。(19)

とあり、蘭山が予て面識のあった水間喜右衛門の子良純を度々訪れ、琉球の知識を得たことが分かる。寛政の改暦は寛政四年から準備がなされ、九年に宣下されている。(20)この準備の為に水間良純が派遣されたとすれば、蘭山と会した時期は寛政四年から九年の間と考えられる。

蘭山自身の意見を記した個所はさほど多くないが、琉球をいかに認識していたかを知り得る記述がある。

按するに日本の内といへとも西国九州東奥北越遠国辺鄙に至ては称呼も違ひ言語奇怪なるハ水土の自然也されば琉球の言語薩州と大に似たり訳官を用に及ず朝鮮紅毛等の類にあらず。(21)

日本の内であっても地理的に遠ければ言葉の違いが生じている。琉球の言語は薩摩のものと大いに似ており、通訳の必要はないのだから、その意味で琉球は朝鮮や紅毛とは異なるとしている。また、薩摩藩の附庸国であるという琉球の立場をはっきりと知っており、

朝鮮人は来朝と称す朝廷に来るの依之琉球ハ朝ヘ来る格式にあらず薩州の大守就て御老中の執達を伝のミ又琉球の軍事ハ薩琉軍記に委し。(22)

と記し、同じく使節の渡来とはいっても朝鮮とは格式も幕府への立場も異なること、薩摩藩琉球支配の事実とその歴史を知っていることを述べている。本書に特徴的なのは、蘭山が幕臣としての立場から幾つか得た知識もそのままには記していない点で、興味深い。例えば、

琉球使登城幷音楽御暇等の式享保戊戌十一月越来王子慶賀を述奉たる節の式去方に便て委物に記たるを写し置けれども恐あればここに記さず。(23)

また、

去ル寛文十一年辛亥琉球使持参の書簡中山王尚貞より薩州迄御拝領□の書翰等御返簡を去ル方より文躰を乞得て写し至れども憚なきにあらず爰に誌さず。(24)

とあり、幕府の意向を気にしつつ記した様が知れる。

幕臣であり中国文学に造詣の深かった高井蘭山は、焦がれるようにして琉球国使節渡来を待ち望んだ。寛政二年に初めて使節一行を見た感激が、長く蘭山に琉球への関心を持ち続けさせた。琉球が本朝に臣従することへの感激から、後には薩摩と琉球の関係も詳しく知るようになり、琉球への認識も深まった。しかし、蘭山の関心は一貫して、琉球国使節一行の装いや持道具の異国的なきらびやかさに強く向けられていたのである。琉球文化の中に憧れの中国文化を見ようとしたからであろう。薩摩の意図を受け、殊更に異国風・中国然を強調した使節一行の様子は、中国文化に

魅了された蘭山の心を引付けるのに充分であった。薩摩藩と琉球国の関係を知りつつも、「異国風」に酔う蘭山の様子は、当時の人々の琉球への関心の一面を語るものである。また蘭山の琉球知識と琉球認識に、『琉球談』の与えた影響の大きさを見ることが出来る。

注

(1)『兎園小説』滝沢馬琴編、十二巻、文政八年刊。滝沢馬琴を中心に、山崎美成・屋代弘賢・二代目蜀山人亀屋久右衛門・西原弘和・大郷良則・清水赤城など十二名が、毎月一度会し互いに奇事異聞を披講しあった「兎園会」で集めた記事を公刊したものである。

(2) 後藤丹治「解説」『椿説弓張月』上、(日本古典文学大系六〇)、昭和三十三年八月、岩波書店刊。

(3) 学海居士「椿説弓張月細評」『馬琴』(日本文学研究資料叢書)、昭和四十九年十二月、有精堂刊。

(4) 寺島良安『和漢三才図会』、正徳三年序。巻一三の「異国人物」に「琉球」の項が六帳半記されている。また、巻六四の「地理琉球」の項に一帳半にわたり記述と「琉球国之図」が記されている。

(5) 徐葆光『中山伝信録』、康熙六十年刊。日本に渡来したのは元文年間で、明和三年に和刻版が刊行され、以後三度、都合四種の和刻版が出される。江戸時代における琉球知識として最も引用された書物のひとつである。本論第四章第二節「琉球物刊本に見る琉球認識」を参照。

(6) 森島中良『琉球談』、寛政二年刊。拙著『江戸期琉球物資料集覧』刊本解題・翻刻史料篇参照。

(7)『椿説弓張月』の「援引書目」は本論第四章第二節第二項の注(14)にあげておいた。

(8) 前掲、『椿説弓張月』続篇巻之二。

(9) 同右、残篇巻之五。

(10) 同右、拾遺巻之一。

(11) 中村幸彦「椿説弓張月の史的位置」『馬琴』(日本文学研究資料叢書)、昭和四十九年十二月、有精堂刊。

(12) 柳田国男『海南小記』「小さな誤解」、大正十四年四月、大岡山書店刊、『柳田国男全集』第一巻所収。

(13) 明治における為朝渡琉伝説の論議については、本論第一章第一節「琉球の位置」参照。

(14)『白石叢書』全三十冊、筑波大学附属図書館蔵。
(15)『琉球国私説』、一冊、東京国立博物館蔵。
(16)『蝦夷国私説』、一冊、東京国立博物館蔵。
(17) 注(15)書、第一帳表。
(18) 同右、第八帳裏。
(19) 同右、第一帳裏。
(20) 岡田芳朗『日本の暦』、昭和四十七年七月、木耳社刊。
(21) 注(15)書、第七帳裏。
(22) 同右、第四帳裏。
(23) 同右、第七帳裏。
(24) 同右、第五帳表。

新井白石以前の琉球に関する記述は、知識・情報の集合という色彩が強い。荻生徂徠の『琉球国聘使記』も、琉球国使節の見聞録に過ぎない。しかし徂徠は、幕府による琉球国使節処遇の高さと矛盾する使節の傀儡性を見抜いていた。この視点は白石には欠けるものであった。しかし琉球を総合的に論じ且つ位置付けたという意味において、白石は琉球研究の出発点であり、『南島志』『琉球国事略』は琉球を知る為の基本的文献として読み継がれていった。白石の『南島志』における琉球認識の基本は、琉球の古は倭文化の南に位置する南倭、であった。

伴信友は『南島志』を再検討し、文献的に詳細な考証を加えた。信友は日本と琉球との交渉史の中核に為朝の渡琉を据え、琉球は皇国日本の南島における藩屏でありその関係は上代に遡れるとした。古くから倭文化で繋がっていた南島という白石の「倭文化構想」は、信友には受け継がれなかった。この信友による琉球の位置付けは、当時の国学系文人識者に共通のものであった。中山信名も、琉球は日本の版図たる南島の一島であり、「高千穂の古」から日本に属していた「阿児奈波」で、それ故日本の古語を琉球語の中に見い出し得るとした。

前節で述べた如く、山崎美成・屋代弘賢の著書は公刊されて広く読まれた。美成の『琉球入貢紀略』は、日琉の交渉史を分かり易く述べたもので、琉球に関する従来の知識に幾つかの訂正を加えた。弘賢は『琉球状』の中で、『南島志』の「南倭」は白石の読み誤りであると指摘し、琉球について幾つかの考証を行った。しかし、美成も弘賢も、琉球認識の基本においては当時の文人・識者に一般的な認識と同じであった。『琉球状』は、初め私家版として友人・知人に配られたものである。これが琉球に関心を抱く人びとに広く読まれたことは、松浦静山・佐藤成裕・大槻磐水・滝沢馬琴などが入手し引用している事実から分かる。また、これらの人々が相互に知識・情報を交わしていたことも窺える。

薩摩の白尾国柱は、白石の『南島志』総序を克明に読んで注釈を加えた。訂正した唯一点は、白石が琉球を中国の藩としたことである。国柱は当時の国学系文人・識者の一般的琉球認識を一歩進めて、薩摩国家主義に立って、琉球が薩摩に属することの正統性を論じた。伴信友や中山信名はその著書の中で、国柱の言を引用している。

さらに前節で述べた前田夏蔭は『琉球論』の中で、琉球が「古ハ皇国の藩屏にて仕奉れる臣国」であり、「初より恭く皇国を畏ミ仰きて蕃臣と服従る国」であるとした。白石においては、倭文化を共有する南倭として併置関係にあった琉球は、夏蔭に代表される人びとにとっては、古くから日本の領土であり藩屏であるという上下関係に、その位置付けが発展したのである。明治になって琉球の所属が問題となった時、夏蔭の論は明治政府による琉球の位置付けを代弁するものとして用いられた。

これら国学系の文人・識者の文献考証による琉球の位置付けとは別に、本草・地誌など具体的な関心から琉球を捉えたのが、佐藤成裕と橘南谿である。成裕は琉球が産業・経済的に完全に薩摩に組み込まれていることを見聞し、南谿は一旅人として薩摩における琉球の地位を実感として捉えた。薩摩に入って琉球の人と生活文化に触れた二人の記述は、当時の実際を知る上で貴重である。また、この二人が各地を巡歴するなかで、多くの人びとの琉球認識に影響を与えたと考えられる。

琉球人とその文化に直接触れる機会は持たなかったが、琉球国使節を見物して琉球に想いを寄せた人びとの中に高井蘭山と松田直兄がいる。中国文学に造詣の深い蘭山は、焦がれるようにして使節の渡来を待ち望んだ。琉球が薩摩の属国であることを知りながらも、異国琉球が朝貢することに感激し、使節の異国的なきらびやかさの後ろに憧れの中国を見ようとした。同様に、前節で述べた松田直兄は、『貢の八十船』で、清・朝鮮・琉球を並べて、異国が本朝に朝貢するのは「皇御国の天下にすくれたるはあやにたうときかも」と皇国の栄えを唯々称えている。蘭山と直兄の著述は当時の琉球認識の一面を表わすものである。

新井白石の『南島志』は基本的文献として読み継がれた。しかし、後の国学系の文人・識者は『南島志』を琉球と日本との関係を古く遡って考証したものとして読み、「南倭」の誤りを訂正したが、白石の意識した倭文化に言及することはなかった。つまり、その総序で論じられた琉球と日本の関係は日琉交渉史として考証が深められ、琉球の位置付けは古くから日本に属する藩屛として展開された。しかし、白石の認識の基本にあった「倭文化構想」は受け継がれなかったのである。滝沢馬琴も、白石の「倭文化構想」を恐らく理解はしていなかったであろう。しかし、『椿説弓張月』が、琉球を舞台に為朝を活躍させるなかで、琉球文化と日本文化の繋がりという感触を、読者に伝えて定着させた役割は大きかった。白石の「倭文化構想」は、近代になってようやく柳田国男の南島研究に受け継がれ展開されるのである。

『定西法師伝』や『琉球神道記』などが琉球における「日本文化の要素」を紹介したこと、特に『琉球神道記』が為朝渡琉の伝承を「為朝を祟る社」の存在などで紹介したことは、それ以後の日本における琉球の位置づけに大きな根拠を与えることになった。為朝が大島の地で自殺したという『保元物語』(1)の筋が拡大され、逃げのびて南方の島「琉球」へ至り、さらに加えてその地を一統し、子息が琉球王となるという構想は江戸時代に入って成長するもので、琉球と日本との関わりを知っていた当時の人びとが、容易に迎え入れることの出来る筋立てであった。これは蝦夷地へ逃げたという義経伝説にも共通することであった。寛延三年頃に著わされた山口幸充著『嘉良喜随筆』には、

琉球ノ今ノ王ハ、鎮西八郎為朝ノ末也。為朝大島ニテ死去ノ分ニテ、琉球ヘ渡リ伐平ゲテ主トナレリ。松前ハ義経ノ末ト云。

とあり、すでにこの頃より義経・為朝の併置のあったことがわかる。

森島中良の『琉球談』が刊行されたのは寛政二年のことである。『琉球談』は前節で詳しく述べたごとく、明和三年に刊行の和刻版『中山伝信録』を読み易くしたものである。和刻版は『中山伝信録』の為朝の記事に注目して刊行され、文人・識者に広く読まれた。森島中良も為朝の記事に注目して『琉球談』を刊行し、この書はより広い層に読まれて版を重ねた。この時期以後、琉球と日本との関係が論じられる時、為朝の渡琉が中心的に語られるようになるのである。そしてこの『琉球談』などを用いて著わされたのが、滝沢馬琴の『椿説弓張月』である。これによって為朝伝説はさらに広い層へ浸透してゆき、人びとは琉球を思う時「弓張月」を思い起こし、為朝と琉球とを結び付けたのである。この影響は近代にまで引継がれてゆく。

江戸時代の日本人に琉球への関心を懐かせたものは琉球国使節の渡来であり、日本と琉球の近さの拠所となったものは「為朝渡琉伝説」であった。かつてその史実性についての議論が交わされたが、それらは総て史実か否かの問題に限定されていた。琉球に向けられた関心は、その時代の情況を反映し、見る側の立場や意図を表わしている。見る人にとって琉球はどうあってほしいのか、見る立場からすればいかにあれば都合良いのかを、はっきりと映し出している。このように見てゆくとき、もはや「為朝伝説」の史実性は問題ではなく、その果たした役割が重要なものとな

ってくるのである。

琉球認識の展開は系譜としてたどれるものではない。論ずる者の置かれた立場と琉球への関心の向け方によって、琉球は様々にとらえられている。基本的な部分では共通していても、それぞれの学問的背景・情報の質と量・相互の繋がりなどにより、その琉球認識は微妙に異なるのである。しかし文献に表われた琉球認識の変容については、概ね把握出来たと考える。江戸時代における琉球の知識・情報は限られていたとはいえ、次第に積重ねられていった。『琉球神道記』『南島志』『中山伝信録』『琉球談』は琉球に関する基本的文献として読み継がれ、それらを基に新しい知識・情報が少しずつ加わって、琉球と日本との関係の考証は深められていった。宝永の『琉球うみすずめ』刊行時においては、唐貿易のできる国、というのが一般の琉球認識であった。それが幕末に、古くから日本の「藩屏たる国」、と位置づけられるまでの、琉球認識の展開を追うことが出来た。だがこれらの人々の琉球認識が、その時代の認識の総てではなかった。琉球を論じた人々とその著作を読んだ文人・識者では認識も異なっており、また、それらの著作に触れることなく使節行列を見物した一般庶民の認識はさらに別である。一方で、幕府による公の琉球認識も存在した。琉球国使節派遣の経緯と幕府の対応を具体的に述べてきたが、そこから幕府が琉球をどうとらえようとしていたかを窺うことが出来る。はっきりと形をなした琉球認識もあれば、形にならない印象の積重ねとしての認識も存在した。読者の関心に応えた商品としての琉球物刊本を整理して、庶民の関心が使節の行列や持道具・琉球ことば等生活レベルの情報に集中していたことが分かった。庶民の琉球認識はこうした情報から構成されていたのである。幕府・文人識者・庶民における琉球の位置をさらに明らかにするためには、異国としての朝鮮・蝦夷・紅毛の認識がどうであったかを探り比較検討する必要があり、それが今後の課題である。

異国然とした使節行列の装束や音楽から琉球を遠い異国と感じた者もあろうし、その中に日本との近さを見出した者もあったであろう。琉球に感じた近さ遠さは様々であったと考えられる。前述の多様な認識の混然とした集合が近世の琉球観であったといえる。従って、ある命題が与えられるとそれが刺激となり、特定の論理の下に意識されないものも凝結して、相反する意見として表出する可能性を含んでいる。近代に入って、琉球国を琉球藩として国内化しようとする動きが出たとき、異議が唱えられたことも、こうした近世の琉球認識の在り方を示している。

注

（1）『保元物語』、伝本により多少の差異が認められ、為朝が鬼が島に至る条を付加しているのは刊本となった流布本の系統である。

第五章　最後の琉球国使節──明治五年の使節渡来・王国から藩へ──

明治五年九月十四日、王政維新の祝儀と御機嫌伺を目的として琉球国王尚泰からの使者が、明治天皇に拝謁した。この使者は、明治新政府の要請によって急遽派遣されたもので、これが日本に遣わされた最後の琉球国使節となったのである。

明治五年六月二十二日、鹿児島県参事大山綱良から使節派遣を求める内訓が達せられ、七月十二日には大山参事から正式の書面が、琉球国中山王に渡された。これを受けた琉球側は、同月十六日「王政一新祝賀正副使」として、伊江王子・宜野湾親方を任じ、その他の使節随行員も任命した。十九日には、明治天皇への賀表草案を完成し、鹿児島から派遣された権典事等の検閲を受け、二十五日には豊瑞丸に乗船し、那覇港から鹿児島へ向った。八月二十日鹿児島を発ち、蒸気船三邦丸で東京へ向い、九月三日に到着した。東京では愛宕下の毛利高謙邸を宿所とし、九月十四日の朝賀に臨んだ。一行の構成は、琉球人が正使外三十六名、他に鹿児島県側から参事・典事・権大属・史生の四名、船中差引・琉球館聞役・医師・使部・卒・手代の八名、都合四十九名であった。(1)

朝賀の当日九月十四日の使節一行の行動は「琉球使臣参　朝次第」(2)に詳しく記されている。伊地知七等官（貞馨）に案内された琉球国使者三名（正使・副使・讃議官）は、琉球服を着用して、午後一字（時）に参賀、外務丞の出迎えを受けて休息ののち式場の大広間へ向った。当日出仕の官員は、直垂を着用し、大広間には琉球国王より天皇・皇后への献上物と、天皇・皇后から琉球国王・王妃への拝領物が陳列されていた。天皇が出御し、太政大臣・外務卿を始め諸省長官次官が立列する中を進み出た正使が、尚泰王からの「上表」と「貢献目録」を献じた。これらを嘉納する旨の勅語があり、続いて使者からの「献物目録」を呈し、これに対しても勅語があった。次に「冊封ノ詔」を外務卿が読み上げ、使者が尚泰に代ってこれを受けた。天皇・皇后から、琉球王・王妃への「賜賚ノ目録」が読上げられ、拝礼の後使者は退出した。この儀式を他の使者たちは、廊下椽外から拝見した。控の間では、太政大臣以下参列の官吏から封冊の祝いが述べられ、遠来の労をねぎらわれた。使者への賜物があって、外務丞の見送りを受けて帰還した。この儀式をもって琉球国は、琉球藩となったのである。この時の献上物・拝領物は次の通りである。

貢献目録

主上へ

一唐筆	三箱
一唐墨	一箱
一唐硯	二方
一唐画手巻二	劉松年 趙仲穆
一紺地島細上布	十端
一紺島細上布	十端
一白大綸子	五本
一縮緬	十巻 白紅
一金入龍紋子	一本
一青貝料紙硯箱	一通
一焼酎	十壺

右中山王ヨリ

○

皇后へ

一紺地島細上布　五端

一紺縞細上布　五端

一白大綸子　五本

一紗綾　十巻白紅

一縮緬　十巻白紅

一金入龍紋純子　一本

一金入龍紋紗　一本

一焼酎　五壺

右中山王ヨリ

○

主上へ

一紺地縞細上布　五端

一紺縞細上布　五端

一縞紬　五端

一円金　一本

一焼酎　五壺

右　王使伊江王子ヨリ

○

主上へ

一紺地縞細上布　三端

一紺縞細上布　三端

一縞紬　三端

一片金　一本

一焼酎　三壺

右　副使宜野湾親方ヨリ

○

主上へ

一紺地縞細上布　二端

一紺地細上布　二端

一縞紬　二端

一焼酎　二壺

右　讃議官喜屋武親雲上ヨリ

賜物目録

琉球藩王へ

大和錦　五巻
遊猟銃　三挺
鞍鐙　一具
琉球藩王夫人へ
大和錦　五巻
七宝焼大花瓶　一双
新製紙敷物　三枚

皇后ヨリ賜物目録
琉球藩王へ
金地織天鵝絨　二巻
博多織　三巻
西洋敷物　三巻
琉球藩王夫人へ
天鵝絨　五巻
西洋敷物　三巻

賜物目録
正使伊江王子へ
大和錦　三巻
天鵝絨　三巻

白縮緬　二匹
紫縮緬　一匹
七宝焼小判形盆　二枚
松島蒔絵文台硯箱　一組
新貨幣　二百円

副使宜野湾へ

大和錦　三巻
白縮緬　一匹
緋縮緬　二匹
紅絹　五匹
七宝焼皿　二枚
蒔絵花台　一個
新貨幣　百五十円

讃議官喜屋武へ

大和錦　二巻
紅絹　五巻
紅白縮緬　二巻
蒔絵料紙硯箱　一組
七宝焼鉢　二枚

新貨幣　　　　百円(3)

九月十八日、吹上御苑で催された「聖上歌会」に出席した副使宜野湾親方は、勅題を詠進している。二十日、藩内の融通のため貨幣三万円を賜わる。二十二日、使者三名へ「折烏帽子・素襖・直垂」が下され、同日の天長節の参賀にこれを着用した。二十四日、請暇のため参内の時、尚泰王へ冠服一式が下されている。二十九日、琉球藩主は一等官の待遇と、飯田町擒木阪の邸宅を賜わった。この間、使節一行は外務卿副島種臣の指示の下に、次の個所を見学している。

第一　海軍省諸器械一覧
第二　御軍艦ニテ横須賀製鋳所ニ至ル
第三　製鋳所諸器械一覧
第四　御軍艦ニテ横浜ニ帰リ同所上陸
第五　横浜巡視
第六　蒸気車ニテ帰(4)

翌十月に帰国の途につくが、鹿児島からの船便が悪しく那覇に到着したのは、翌明治六年一月二十八日であった。(5)

近代国家を目指す明治新政府の懸案の一つに、領土の確定があった。北の樺太を巡るロシアとの交渉、東の小笠原諸島の主権の確立、西の朝鮮問題、そして南の琉球の所属問題であった。明治四年七月十四日の廃藩置県の詔書によって、琉球国と薩摩藩の関係は琉球国と鹿児島県の関係へと移行された。次に急務とされたのは、歴史的に清国と冊封関係にあり日清に両属する琉球を、名実ともに日本の国内に統合することであった。そのための第一段階として、琉球国を琉球藩として内政に組み込むため、琉球から使節を迎え藩王宣下の儀式をする必要があったのである。明治五年五月三十日、琉球から使節を迎えるにあたり、大蔵卿井上馨が正院に対し「琉球ノ版籍ヲ収メシムル儀ニ付建議」(6)

を出している。これを正院は左院に咨問し、答審を求めている。その討議の結果は次の九条に要約できる。

(1) 琉球国が日・清に両属することの確認。
(2) 我(日本)・琉球間は「実」、清・琉球間は「名」の関係である。
(3) 琉球が日本にのみ属するとしたとき、紛争がおこるなら日本は「要務」を取り、清国には「名義」を与えてもよい。
(4) 琉球使人(使節)の接待は、外務省にて行う。
(5) 外務省が琉球使人を待遇するのであるが、内国事務の心得をもってあたる。属国の扱いとなすべし。西洋各国使節の接待と同じに看做してはならない。
(6) 琉球国と外国との私交は停止すべし。琉球王を華族に列することには次の異議がある。
　① 琉球の人類と日本の人類とを同一に見做して華族に列するのは反対。
　② 琉球王、又は中山王に封じるのは良いが、藩王とするのは置県の令に反する。また、琉球は皇国の藩屏としては兵力が単弱であるから藩号を授けるだけの実が伴わない。
(7) 帝国の内に王国が存在するのは問題ではなく、その意味で琉球王の宣下は可である。
(8) したがって、日本よりも琉球王を宣下し、清からの冊封をも許し、明確に両属と見做すべし。
(9) 琉球国の番兵は、国内鎮撫のためとす。

(6)①にある琉球国主を華族に列することへの異議は、「琉球国主ハ乃チ琉球ノ人類ニシテ国内ノ人類ト同一ニハ混看スヘカラス」をその理由としている。当時の日本人に、琉球人を自らと区別する意識のあったことが、ここに明確に表われている。この琉球への認識は、近世に培われ近代に持越された琉球認識の一側面であり、その後の沖縄認識へと繋がってゆくのである。左院の答審は以上の如きものであったが、九月十四日の琉球国使節朝賀の式で下された勅諚は次の通りである。

朕上天ノ景命ニ膺リ万世一系ノ帝祚ヲ紹キ奄ニ四海ヲ有チ八荒ニ君臨ス今琉球近ク南服ニ在リ気類相同ク言文殊ナル無ク薩摩附庸ノ藩タリ而ソ爾尚泰能ク勤誠ヲ致ス宜ク顕爵ヲ予フヘシ陞シテ琉球藩王ト為シ叙ソ華族ニ列ス咨爾尚泰其レ藩屛ノ任ヲ重シ衆庶ノ上ニ立チ切ニ朕カ意ヲ体ソ永ク皇室ニ輔タレ欽ヨ哉

明治五年壬申九月十四日(7)

琉球は(日本と)気候が同じで言語文化も殊なることなく薩摩附庸の琉球国であったとし、国主尚泰を琉球藩王となして華族に列したのである。そして、同月十五日外務卿副島種臣は、正院に五項目にわたる「藩属ノ体制ニ付建議」(8)を行った。すなわち、

(1) 琉球藩は外国人の「航渡・応接」のある地なので、外務省官員を在勤させたい。
(2) 租税・民政以下一体の風俗視察のため、大蔵省官員を同行させたい。
(3) 琉球国王を一等官に任ぜられたい。
(4) 尚泰は華族に列したうえは、厚遇して帰嚮の志を強くすることが必要であるから、府下に邸宅を賜りたい。
(5) 藩王へ冠装束類を、使臣三名へは直垂等を一領ずつ賜りたい。

である。これらは総て許可され実行されている。また副島は、過る九月十日に「琉球人横浜及横須賀遊覧ノ義ニ付伺書」を正院に提出し、十四日に了承を得ている。(9)これは尚泰を厚遇する一方、使節に近代的な兵制器械を見せることで琉球の置かれた時代的情況を知らしめようとするものであった。前述の使節の見学は、副島のこの意図の下に行われたのである。

明治政府にとって、名目的には清国から冊封を受け実質的には鹿児島の附庸国である琉球を、日本の領土として確定することが急務であった。しかし直ちに国内に統合することは難しく、段階を踏まえねばならなかった。そこでま

ず、琉球国王を琉球藩王とし、薩摩藩（鹿児島県）との関係を断ち、名目的にも琉球を日本の一部としたのである。明治政府が琉球に使節派遣を要請し、琉球国王を藩王に宣下したことは、琉球所属問題解決のための第一段階であった。使節滞在中の十月二十日、米国公使ディロングはこの琉球藩設置を認めたうえで、琉球とアメリカにおいて取り結ばれた条約の有効性について問い合わせを政府にしている。これに対し副島外務卿は「琉球島ハ我帝国ノ部ニ候故」当然その条約は日本国外務省が遵守する旨を答えている。これによりアメリカは琉球国を日本領土として認めたことになるのである。琉球と条約を結んでいたその他の諸外国にも、琉球の条約上の問題は日本政府が責任を負うことを通知した。(10)

この問題の第二段階は、副島の建議で認められた大蔵省官員による琉球の内務調査を進めることにより、沖縄県設置の準備を行うことであった。この間に生じたのが「台湾事件」である。明治四年に漂流した琉球宮古島の漁民が、台湾で殺害されたことを、翌五年七月二十八日に大山鹿児島県参事が政府に報告し「問罪出師」を建言した。(11)清国と修好条約は締結したものの、その内容に不満のあった日本にとって、この事件は交渉優位化を計る絶好の機会であった。外務卿副島は、米国公使ディロングから台湾の事情を聴取するとともに、前アモイ領事リゼンドル（漢名・李仙得）を外務省顧問として雇い入れ、台湾と琉球の地理的重要性の認識を得、台湾攻略の策を教授されている。翌六年、条約批准書交換のため清国に渡った副島は「特命全権大師」として李鴻章と交渉する中で、間接的にではあるが琉球が日本に所属することを認めさせ、台湾は中国にとって「化外の地」であるという言質を得たのである。(12)こうして明治七年の台湾出兵が断行された。この出兵は、国内的には反政府の動きをみせる士族たちの力を外征に向けるという意味もあった。政府は台湾平定を終えた明治七年七月、琉球藩の管轄を外務省から内務省へ移し、その後は内政問題として廃藩置県を進めるため内務大丞松田道之を処分官として三度琉球に派遣した。明治十二年四月一日、沖縄県設置が強行され、琉球の国内化が完了した。しかし一方で琉球の所属を巡る清国との対立は、利害のからむ欧米各国をまき込んで国際問題となった。日本国内の英字新聞は勿論のこと、欧米の一流紙上においても「琉球処分」の意義と妥当性が盛んに論じられた。[13]ロンドン・タイムズ紙上では、エドワード・リード、ロバート・ダグラス、ジョン・ヤングが歴史・地理・言語・習俗・宗教の面から琉球日本所属の当否を論議したのである。[14]明治五年の琉球国使節に対し明治政府が与えた役割は、県設置の前段階としての琉球藩王宣下であり、一連の琉球国内化の第一段階であったのである。

さて、この使節を遣った琉球国側は、当時まだ新政府樹立の意味を充分には理解していなかった。明治四年七月の廃藩置県の報告を、鹿児島の琉球館から受けた琉球王府は、九月にその対策を協議した。[15]そこで確認されたことは次の五点である。

(1) 琉球が新政府の直轄とされるようならば、それを断わり薩摩の附庸であることを願う。
(2) 直轄となったとしても、せめて薩摩の管轄下にありたい。
(3) 江戸幕府に対する例に倣い、年頭使を薩摩へ遣わし、薩吏と共に上京する。臨時の使節も先例に倣う。
(4) 五島の所属に関しては、予め薩摩と打合せをしておく。
(5) もし、五島が朝廷に転属するようであれば、本来琉球に属することを申し述べる。

これらは総て「現状の維持」を願うものであり、廃藩置県の何たるかを踏まえた上での協議ではなかった。

明治五年一月に伊地知壮之丞（貞馨）・奈良原幸五郎等が渡琉して、藩債を免ずること、琉球については特別に国体政務に変革はないこと等が達せられた。[16]これに安心した琉球側に、同年六月二十二日、鹿児島県参事大山綱良から「王政御一新付御祝儀且御機嫌伺」の使節を派遣するべく内訓が達せられた。また続いて七月十二日には、大山参事の正式書簡が渡された。これらは先に述べた通りである。琉球側は十六日に正式に正・副使と随行者を任命し、十八日には国王からの上表文草案の検閲を鹿児島県側に求めている。こうして作成された草案文面は、

恭惟

皇上登極以来、乾綱始張、庶政一新、黎庶皇恩ニ浴シ、歓欣鼓舞セサルナシ、尚泰南陬ニ在テ、伏シテ盛事ヲ聞ク、奈セン海道険遠、且封守多事、久ク朝賀ヲ闕ク、実ニ悚懼ニ勝ヘス、今正使伊江王子尚健、副使宜野湾親方向有恒ヲ遣シ、謹テ朝賀ノ礼ヲ修メ且方物ヲ貢ス、伏シテ奏聞ヲ請

壬申七月十九日　　琉球国中山王尚泰謹奏(17)

であった。九月十四日の朝賀で奏上された文面は次の通りであった。

恭惟　皇上登極以来乾綱始張庶政一新黎庶

皇恩ニ浴シ歓欣皷舞セサルナシ尚泰南陬ニ在テ伏シテ盛事ヲ聞懼抃ノ至リニ勝ヘス今正使尚健副使向有恒　讃議官

向維新ヲ遣シ謹ンテ朝賀ノ礼ヲ修メ且方物ヲ貢ス伏メ奏聞ヲ請フ

明治五年壬申七月十九日　　琉球尚泰謹奏(18)

この二つの文面を比較すると、何個所かの削除・訂正がなされていることがわかる。一つは「琉球国中山王」の称号を除き、単に「琉球尚泰」としていることである。同様に伊江王子・宜野湾親方の琉球官職名も省かれている。また朝賀の礼を欠いた理由（「奈セン……勝ヘス」）が削除され、「壬申七月十九日」の上に日本年号「明治五年」を付加している。これらの添削から明らかなことは、「琉球国」を表面に出さず、この使節を日本の一地方代表者の朝賀として取扱おうとする明治政府の方針である。一方琉球側は、大山鹿児島県参事の書面によって維新による変革を知ったものの、その理解は充分ではなく、この使節を従来の江戸参府と同じ意味における儀礼と解していた。このことは、草案の文面ばかりでなく使節の構成・献上物にも表われている。大山参事からの内達書および書簡には、従者は十人程度、また貢献には及ばないとあった。にもかかわらず、派遣された人数は従来より大幅に減少しているとはいえ、正使ほか三十六名であった。献上品も前述の如く、天皇・皇后に対して国王・正使の各々から差出された。したがっ

て朝賀の席において、藩王に宣下され華族に列せられたことが、琉球国を廃することを意味するとは理解出来なかったのである。明治政府は近い将来における沖縄県設置の第一段階を取り行うために使節を招聘したのであるが、琉球国側はこの使節派遣を単に徳川将軍に代わる明治天皇への儀礼とのみとらえており、明治政府の意図を読み取ることは出来なかった。現状維持を望むあまり、鹿児島県の指示に従い、外務省のいうままに行動したことにより、琉球国の将来を決定づける重要な役割を果たしてしまったのである。

明治政府が、琉球日本所属の当然を主張する論拠として用いたものは、江戸時代に展開された琉球研究の成果であった。琉球国内化を具体的に進めた伊地知貞馨が著わした『琉球封藩事略』[19]や、対清国交渉のために外務省が用意した部内資料『琉球一件』[20]には、琉球と日本の結びつきが上古からのものとして論じられている。これらが典拠史料としたものは、新井白石に始まる近世国学系の琉球研究であり、その思想的著述であった。例えば、琉球が日本の確たる領土「南島《ミナミシマ》」[21]であることの典拠として新井白石の『南島志』がその論旨と関わりなく用いられ、琉球国が日本の「藩屏」であったことは前田夏蔭を引用して述べられている。しかし、これら近世の研究において論じられた琉球の位置づけは、近世の「琉球認識」の一側面にすぎない。正院からの咨問に対する左院の答議に述べられた、琉球の「人類」と国内の「人類」を同一に見做すべきでないとする意見もまた、近世から持越された「琉球認識」の一側面なのである。琉球を国内に取り込もうとする日本の側には、領土的には受け入れても、必ずしも総てを同一のものとしては受け入れ難いとする意識が存在したのである。一方日本に組み込まれた琉球の側には、薩摩と中国に両属しながらも一国をなしてきた歴史がある。琉球は中国への文化的帰属意識を内包したまま日本に組み込まれていった。取り込んだ側と組み込まれた側のこの二つの意識の違いが、その後近代沖縄県の抱えた様々な問題の底流となっているのである。

注

（1）東恩納寛惇『尚泰侯実録』、『東恩納寛惇全集』２（第一書房、昭和五十三年八月）、「明治四年辛未侯二十九歳」より「明治六年癸酉侯三十一歳」までの項参照。

（2）「琉球使臣参　朝次第」、松田氏同右書、四五頁。

松田道之編『琉球処分』上、横山學編『琉球所属問題関係資料』第六巻、本邦書籍、昭和五十五年九月。

（3）「貢献目録」「賜物目録」、同右書、五二〜六三頁。

（4）「琉球人横浜及横須賀遊覧ノ義ニ付伺書」、同右書、四二頁。

（5）東恩納氏注（1）書、三四二頁。

（6）「井上大蔵大輔琉球国ノ版籍ヲ収メシムル儀ニ付建議并正院ノ下問左院ノ答議」、松田氏注（1）書、上三頁。

（7）「琉球国主尚泰ヲ藩王ニ封シ華族ニ列セラル、ノ勅詫」、同右書、上五七頁。

（8）「副島外務卿藩属ノ体制ニ付建議」、同右書、上六六頁。

（9）注（4）に同じ。

（10）「琉球各国ト換約ノ儀自今外務省ニ於テ管轄ニ付諸達付米国公使往復」、松田氏注（1）書、上六九頁。

（11）「琉球島民台湾漂到遭害云々届出ニ付大山鹿児島県参事問罪出師ノ建言并報告書」、同右書、上一二頁。

（12）「副島大使北京ニ於テ謁帝ノ議ヨリシテ琉球台湾ノ事件ニ及ヒ柳原前光鄭永寧等総理衙門ニ於テ問答ノ顚末」、同右書、上九六頁。

（13）THE KOBE ADVERTISER AND SHIPPING REGISTER（1979. 1. 24－6. 30）、本邦書籍、昭和五十五年十二月。横山學訳編「英字新聞所収琉球事件記事」、拙著注（1）書第一巻。

（14）「琉球処分をめぐる欧米人の記録」「ロンドン・タイムズ紙上の琉球処分論議」、山口栄鉄『異国と琉球』、本邦書籍、昭和五十六年九月。

（15）東恩納氏注（1）書、三二一頁。

（16）同右、三二五頁。

（17）同右、三三二頁。

(18) 松田氏注(1)書、上五一頁。

(19) 伊地知貞馨『琉球封藩事略』上下、内閣文庫蔵。

(20) 『琉球一件』、拙著注(1)書第一巻、所収。

(21) 同右、二一頁、「支那政府ノ抗論ニ対シテ我カ日本ニ琉球島ヲ専領スヘキ主権アルノ覚書」。

表12　琉球所属問題関係文献目録　（『琉球所属問題関係資料』第一巻、所収）

凡例　一、『　』は単行本、「　」は論文名を示す。
二、雑誌の巻数および号数などは、アラビア数字で示す。たとえば「15—2」は「第十五巻第二号」、または「第十五編第二号」などを示し、「3」は「第三号」または「第三輯」などを示す。「3・4」は合冊号を示す。また、14・15および106、107は連載を示す。

①史料文献目録

年	書名	雑誌	巻号	筆者	備考
一八七九	『琉球処分』			松田道之編	『明治文化資料叢書』第四巻外交編所収　風間書房一九六二年復刻
一八八〇	『琉球記聞　初篇』			中西才一郎編	
	『琉球記事』			松井順時編	
一九一四	『琉球見聞録』			喜舎場朝賢編	一九七七年至言社復刻
一九二四	『尚泰侯実録』			東恩納寛惇編	一九七一年原書房復刻
	『日本外交文書』第五—十四巻			外務省編	『那覇市史』資料編第二巻中4　一九七一年刊所収
一九二九	『琉球所属問題』第一・二			外務省編	『沖縄県史』巻15資料編5・雑纂2　一九六九年刊所収
一九三〇	『籌辨夷務始末』同治朝・巻八九—一〇〇			故宮博物院	
一九三二	『六十年来中国与日本』第一巻			王芸生	『日支外交六十年史』第一巻　一九三三年刊
一九三二〜三三	『清季外交史料』巻一—二五			王弢夫	
一九三二	『清光緒朝中日交渉史料』巻一—二			故宮博物院	
一九六六	『沖縄県関係各省公文書』				『沖縄県史』巻12資料編2所収

②研究論文目録

年	論文	雑誌	号巻	筆者	備考
一八九六	「琉球が本邦及び支那に対せし関係を論ず」	史学雑誌	7—9 7—10	菊池謙二郎	
一八九八	「維新の影響としての沖縄の変遷」	史学雑誌	9—4 9—5	幣原坦	
一九〇七	「進化論より見たる沖縄の廃藩置県」	沖縄新聞	明治42年12月	伊波普猷	『古琉球』収録
一九一四	「琉球処分は一種の奴隷解放也」			伊波普猷	『琉球見聞録』序文
一九一五	「維新前後の琉球」維新史研究会講演			東恩納寛惇	『南島論攷』所収
一九二七	「誤れる植民政策の畸形児・琉球と廃藩置県」	経済論叢	24—6	山本美越乃	
	「誤れる植民政策の畸形児・琉球の廃藩と日支両属関係の終末」	経済論叢	25—3	山本美越乃	
一九二九	「日清間の琉球談判」	明治文化研究	5—5	平塚篤	
一九三一	「明治時代に於ける琉球所属問題」	史学雑誌	42—7・42—12	三浦周行	
一九三三	「琉球藩民蕃害事件に関する考察」			田保橋潔	『市村博士古稀記念東洋史論叢』所収
	「日本資本主義の発達と琉球に於ける廃藩置県」	歴史科学	2—6	桑江常格	
一九三五	「明治七年征台之役に於けるル・ジャンドル将軍の活躍」	台北帝国大学文政学部史学科研究年報	2輯	庄司万太郎	
一九三九	「琉球帰属に関するグラントの調停」	東方学報	京都十冊三分	三国谷宏	
一九四二	『外政家としての大久保利通』			清沢洌	
一九四四	「宮古島民の台湾遭害」	南島	3	山中樵	
一九五一	「琉球の帰属を繞る日清交渉」	東洋文化研究所紀要	2	植田捷雄	
	「一八七四年台湾蕃社事件」	法学研究	24—9・10	英修道	

年	論文	雑誌	号巻	筆者	備考
一九五二	「沖縄現代政治史」	おきなわ	18	仲原善忠	『仲原善忠選集』上巻所収
	「廃藩置県の問題」			仲原善忠	『仲原善忠選集』上巻所収
一九五四	「琉球藩処分問題の考察」	山形大学紀要（人文科学）	3—1	佐藤三郎	
	「琉球帰属問題の史的研究」	政治・経済	7—5 7—6	大山梓	
	「台湾事件と近代日本の建設」	大隈研究	5	渡辺幾治郎	
一九五五	「沖縄帰属の沿革」	国際法外交雑誌	109—1、2、3	英修道	
	「日清間琉球案件交渉の挫折」	法政史学	7	安岡昭男	
一九五七	「琉球所属を繞る日清交渉の諸問題」	法政史学	9	安岡昭男	
	「明治初年の琉球問題」	歴史評論	83	遠山茂樹	
一九五八	「明治七年台湾事件日清両国交換文書」	歴史教育	6—3	佐藤三郎	
	「領土劃定の問題」			下村冨士男	『明治維新史研究講座』四巻　所収
一九五九	「琉球処分」			比嘉春潮	『沖縄の歴史』所収
一九六一	「沖縄帰属に関する若干の問題」	神戸外国語大学論叢	12—2	笠原正明	
一九六二	「日清戦争前の大陸政策」			安岡昭男	『日本外交史研究』「日清・日露戦争」所収
	「『琉球処分』解題」			下村冨士男	『明治文化資料叢書』（外交編第四巻）所収
	「沖縄」			井上清	『岩波講座日本歴史』16近代3
一九六三	『沖縄』			比嘉春潮	岩波新書474

	『琉球王国』論」	日本歴史	176	霜多正次 新里恵二 下村富士男	
一九六四	「『琉球処分』(一八七二年～一八七九年)の一考察—支配階級の反応の分析を中心に—」	琉球大学人文社会科学研究	3	我部政男	『明治国家と沖縄』所収
一九六五	「日清間の琉球帰属問題」	歴史教育	13—1	安岡昭男	
	「台湾事件(一八七一～一八七四年)」			許世楷	『日本外交史の諸問題II』所収
	「台湾事件(一八七一～七四年)についての一考察—琉球処分の起点として—」	沖縄歴史研究	1	金城正篤	
一九六六	「沖縄県の設置—本土への統一の二つの道—」	エコノミスト	9月号	新里恵二	
	「近代沖縄に於ける政治的党派集団の形成と展開—政治思想史的考察からの一試論—」	琉球大学人文社会科学研究	5	比屋根照夫	
一九六七	「『琉球処分』と民族統一の問題—琉球処分における明治政府の政策基調の分析を中心に—」	史林	50—1	金城正篤	
	「沖縄近代史研究の歴史と現状—『琉球処分』の歴史的意義と評価を中心に—」	沖縄文化	6—2	我部政男	『明治国家と沖縄』所収
一九六八	「明治初期における日清交渉の一断面—琉球分島条約をめぐって—」上	名古屋大学文学部研究論集	47・史学16	藤村道生	
	「先島分島問題」	沖縄歴史研究	5	上原兼善	
	「『琉球処分』反対運動の歴史的意義」	沖縄歴史研究	6	仲地哲夫	
一九六九	「明治政府の沖縄県治に対する態度—琉球処分の経過からみて—」	日本歴史	250	宮城栄昌	
	「条約改正と沖縄問題—井上外交の日清交渉を中心に—」	史潮	107	我部政男	『明治国家と沖縄』所収
一九七〇	「台湾出兵」	国学院法学	7—3	中島昭三	

年	論文	雑誌	号巻	筆者	備考
	「日清間の琉球帰属問題」	歴史教育	18—4	名嘉正八郎	
	「琉球帰属と日清紛議」	政経論叢	38—1・2	大山梓	
	「『琉球処分』と農村問題」			金城正篤	『近代沖縄の歴史と民衆』所収
	「明治維新と沖縄」			金城正篤	『沖縄県史』巻2各論編1(政治)所収
	「『琉球処分』—その一八七〇年代の東アジアにおける意義について—」	歴史評論	238	土屋教子	
一九七一	「明治十年代の対清外交—『琉球条約』の顛末をめぐって—」	日本史研究	119	我部政男	『明治国家と沖縄』所収
	「琉球処分の今日的意味」	エコノミスト	5月	我部政男	
	「琉球分島交渉と対アジア政策の転換—明治十四年政変の国際的条件—」	歴史学研究	373	藤村道生	
	「『第三の琉球処分』ということ」	文化評論	121	仲地哲夫	
	「近事評論〈解説〉」			我部政男	『那覇市史』資料篇2巻中4所収
	「近代における日中関係と沖縄問題—明治十年代の「琉球処分」の結末をめぐって—」	新沖縄文学	21	我部政男	『明治国家と沖縄』所収
一九七二	「沖縄構想の歴史的帰結」	中央公論	1月	比屋根照夫	
	「琉球処分から沖縄処分へ」	中央公論	6月	我部政男	『明治国家と沖縄』所収
	「『琉球処分』研究の成果と課題」	歴史評論	266	仲地哲夫	
	「『琉球処分』における若干の問題点」	歴史評論	271	仲地哲夫	
	「自由民権期の沖縄論議—『近事評論』の〈沖縄観〉を中心に—」	南島史論	1	我部政男	『明治国家と沖縄』所収
一九七三	「琉球処分と駐日公使」	南島史学	2	大山梓	
	「琉球処分と『解放』幻想」			新川明	『異族と天皇の国家』所収

一九七四	「台湾出兵(明治七年)」	法学新報	80—6	瀬川善信	
	「中国における国権主義的外交論の成立—初代駐日公使何如璋の活動を中心に—」	歴史学研究	404	鈴木智夫	
	「『琉球処分』論—牧瀬恒二氏の所論にふれて—」	沖縄思潮	1	金城正篤	『那覇市史』通史篇2所収
	「琉球復旧運動の軌跡—置県後の首里那覇士族層の動向—」			比屋根照夫	『那覇市史』通史篇2
	「明治政府の成立と琉球処分」 「明治政府の沖縄統治機構の創設」			我部政男	『明治国家と沖縄』所収
	「『琉球処分』時期の概観と『処分』の歴史的意義」			金城正篤	『那覇市史』通史篇2所収
	「自由民権派の琉球論」	琉大法学	15	比屋根照夫	
	「自由民権派の『琉球処分論』—士族糾弾論・帰属論・処分論の潮流—」	沖縄文化研究	1	比屋根照夫	
一九七四〜七五	「琉球民族体の日本民族への転化」(1)(2)(3)	熊本商大論集	43、44、45	藤間生大	『近代東アジア世界の形成』所収
一九七五	「台湾出兵と大久保利通」(I)(II)	政治経済史学	106、107	野村乙二郎	
	「『琉球処分』研究の整理と展望」			山崎万理	『名古屋大学日本史論集』下巻 所収
一九七六	「近代における沖縄」			田港朝昭	『岩波講座日本歴史』16 近代3
	「明治政府の初期沖縄政策—二代県令上杉茂憲の解任をめぐって—」	日本史研究	171	中島宏司	
一九七七	「日本近代史研究における沖縄」			藤間生大	『近代東アジア世界の形成』所収
	「近代日本国家の統合と琉球藩の反抗」	琉大法学	20	我部政男	『明治国家と沖縄』所収
	「統合過程における国家と周辺地域—血判書形成過程の政治的意義—」	沖縄文化研究	4	我部政男	同右
一九七八	「『沖縄県史』刊行の意義と残された課題」	沖縄県史料編集所紀要	3	安良城盛昭	

年	論文	雑誌	号巻	筆者	備考
	「台湾事件における日清交渉」	琉球大学法文学部紀要（史学・地理学篇）	21	金城正篤	
	「『琉球処分』百年への視点」	世界	389	大田昌秀	
	「琉球処分への小説的関心」	新沖縄文学	38	大城立裕	
	「琉球処分論」	新沖縄文学	38	安良城盛昭	
	「中国近代史と『琉球処分』」	新沖縄文学	38	金城正篤	
	「琉球処分と朝鮮・東南アジア—清仏戦争と琉球問題を中心に—」	新沖縄文学	38	高良倉吉	
	「『琉球処分』をめぐる二、三の問題」	新沖縄文学	38	田中彰	
	「『琉球処分』関係文献解題」	新沖縄文学	38	名嘉正八郎	
	「民族・国家・言語—『処分』と言語政策—考察の前提」	新沖縄文学	38	上村幸雄	
	「『琉球処分』と農村経済」	新沖縄文学	38	西原文雄	
	「琉球処分百年の光と影」	新沖縄文学	38	いれい・たかし	
	「『琉球処分』と宗教政策」	新沖縄文学	38	与那国暹	
	「脱清派の歴史的位置」	新沖縄文学	38	比屋根照夫	
	「『琉球処分』と教育政策—琉球藩時代の「留学生」と置県の小学・師範教育に関連して—」	新沖縄文学	38	阿波根直誠	
	『琉球処分論』			金城正篤	沖縄タイムス「タイムス選書」8
	「『琉球処分』と宗教政策（続稿）—ユタの弾圧と裁判をめぐって—」	新沖縄文学	39	与那国暹	
一九七九	「琉球処分と現代」	新沖縄文学	42	新崎盛暉	
	「『琉球処分』の歴史的特質」	新沖縄文学	42	金城正篤	
	「琉球処分一〇〇年に思う」	新沖縄文学	42	平良修	
一九八〇	「琉球処分と朝鮮・東南アジア」			高良倉吉	『沖縄歴史論序説』所収

資料篇第一　琉球文献構成試論

第一章　構成試論

歴史研究をなすための資料をいかに分類し整理するかは、史料学に属する分野であり、史料批判と共に重要な課題である。琉球・沖縄の歴史資料は、遺物資料・民俗資料および文献資料に分類できる。遺物資料においては、古くは大山柏・鳥居龍蔵などの調査報告により、その存在と重要性が指摘された。(1) 建築物などの遺物は、特に本島においては、戦災によってその殆どが破壊されてしまった。幸運にも焼失を免れても、戦後の混乱期に燃料と化したものもある。今日力を傾けて調査されつつあるのは、沖縄全域にわたる考古学的遺跡である。しかし地質的に土層が浅く、また土質が珊瑚礁であるため、遺跡の残存状況は必ずしも良好とはいえない。金関丈夫・国分直一などを中心とする戦前・戦後を通じての考古学的関心は、沖縄における南方的要素の探究にあった。柳田国男・折口信夫の南方への注目に始まる民俗学的研究は、祭祀・年中行事などの伝承文化資料から沖縄の固有文化と日本文化の古形を求めようとするものであった。また戦後に至り、親族・社会組織や信仰を対象に民族学的分野の研究が盛んに進められている。最近では、奄美・沖縄地域を対象に、九学会連合を中心とする総合的学術調査が行われている。

一方、琉球・沖縄に関する文献史料においては、史料学的研究の立ち遅れが見られる。それは史料の絶対量の不足によるものであるが、不足の理由として沖縄の風土的条件、戦争による焼失、および先に述べた近代「沖縄学」の立脚点による視点の限定があげられる。先の戦火によって、沖縄本島に所蔵されていた史料の殆どが焼失してしまった。戦前沖縄県立図書館に所蔵されていたものについては、大正十三年に作成された沖縄県立沖縄図書館編『琉球志料目録』があり、焼失前の史料名を知ることが出来る。戦後、史料の再収集が急務とされたため、原状・寸法・所蔵者など書誌学的記録のなされないまま複写物として集められたものも多く、史料批判を難しくしている。

現存する史料には、沖縄研究者（伊波普猷・東恩納寛惇・仲原善忠）の旧蔵書、八重山の地方文書（宮良殿内文庫・喜舎場文庫）、琉球王家所蔵史料（尚家東京宅蔵）、京都大学蔵「琉球資料」、笹森儀助旧蔵史料、島津家文書（評定所記録）、『歴代宝案』、横山重旧蔵琉球資料、フランク・ホーレー旧蔵琉球資料（ハワイ大学旧宝玲文庫）、などがありすでに目録化されている。(2)伊波普猷文庫・東恩納寛惇文庫・仲原善忠文庫は、東京で活躍した「沖縄学」の研究者の旧蔵本を、琉球大学および県立図書館へ移管したものである。質的には最上級とはいえないまでも、各所に旧蔵者の書き入れや校訂が見られ、研究を進める上で重要である。宮良殿内文庫は、石垣島の頭職宮良家に伝わったものを琉球大学に移管したものである。喜舎場文庫は、石垣島蔵元旧蔵の古文書類を喜舎場永珣が収集し、石垣市喜舎場家に保管されているもので、写真複製化された副本が琉球大学に所蔵されている。琉球王家に残されたいわゆる尚家文書のうち、東京邸に持出されていた五百六点は、幸いに現存している。これは戦前、東恩納寛惇が『尚泰侯実録』(3)を作成する為に東京へ取寄せたもので、それ故内容に片寄りもあるが、王庁の記録として史料的価値は極めて高い。京都大学所蔵の「琉球資料」は、いつどのような理由から収集されたかは不明であるが、その数は百七十二冊にのぼる。内容も個人の履歴書から版本に至るまで、多種多様である。明治の探険家笹森儀助が収集した史料が、「笹森儀助文庫」として青森県立図書館に所蔵されている。(4)これは『南島探険』を書くに至った沖縄調査中および大島島司時代に収集した、現地の情況を語る史料四十五件である。島津家文書のうち琉球国評定所に関するもの一千九百五十二件が目録化されている。(5)そのうち七十五件が東京大学法学部に書写・所蔵されているが、原本は震災で焼失した。琉球国の対外交渉を語る外交文書集『歴代宝案』は、もと、琉球国久米村に所蔵されていた。原本は焼失したが、写本が数ヶ所に残されている。その中で最も大きなまとまりは、台湾台北大学に所蔵されているもので、今日影印版史料集として台湾で刊行されている。(6) また、横山重・鎌倉芳太郎・宮田俊彦らによって戦前部分的に書写されたものが現存する。横山重の個人文庫「赤木文庫」に所蔵されていた琉球関係文献約二百件は、琉球・沖縄研究者に広く提供を計るという意向を受けて、生前「法政大学沖縄文化研究所」に寄贈された。さらに、その複写版は沖縄の「球陽研究会」の手元に架蔵されている。個人収集の琉球資料のうち質量とも最大級の物は、フランク・ホーレーのかつて所蔵したいわゆる宝玲文庫本である。琉球関係のものが一括して現在ハワイ大学図書館に架蔵されている。(7) 琉球に関わるものは総て、図書・絵画・和書・洋書さらに引札に類する物まで、重複をいとわず集めた執着に今日我々は感謝しなくてはならない。

これらの他、近年沖縄県下で郷土史料の収集が進み、未調査の史料が把握収集されつつある。離島の旧家にしばしば史料の存在することが沖縄県文化課の調査で明らかになり、辞令書および地方文書が県史編纂室を中心に収集・刊行されているところである。これらは分量としては少ないが、その家とその地域の歴史を語る重要な史料である。那覇市史編集室も県史と同様に市史「資料篇」刊行を企画進行中である。その中で最も期待されているのが、家譜の収集およびその史料集としての刊行である。琉球の士族が王庁に登録した家譜のうち、王庁に所蔵されていたものは焼失してしまったが、各家の副本が戦火を免れて多数現存している。市史編集室では県民に呼びかけ、これらの家譜を収集しているところである。琉球の歴史を綴ったものとして『中山世鑑』『中山世譜』『球陽』があるが、これらは王統を中心として編纂されたもので、各家に関わる記録はこれらの家譜に多く残されている。家譜の記事それ自体の信憑性に多少問題は残るが、利用の方法によれば貴重な史料となるものである。

史料学においては従来、文書・記録・編著など史料形態を基準とする分類が先行してきた。従って作成された目録は、単にいかなる文献がどこに存在するかという「所在目録」であった。それらの目録はそれなりに研究の素材としての役割を果たしてきた。しかし、史料は本来研究のテーマに沿って分類されるべきものであり、研究の目的に適うべく分類の軸となるものが設定されるべきであると考える。

琉球・沖縄関係史料は、その「記述対象」が琉球・沖縄であるということで、一括して捉えられてきた。その中には、時代的にも長期に亙る、様々な場所で記された、多様な記述が含まれている。これらの史料を分類するにあたって、まずその性格を詳しく検討する必要がある。そしてその取扱いにおいては、記述内容と形態ばかりでなく、記した側にも着目した分類がなされねばならないと考える。記した側の立場を明らかにすることによって、記述者が意識した読み手の問題が浮び上ってくる。さらに、こうして分類・整理した史料個々を検討するばかりでなく、全体を見渡して量的に把握し、史料相互の関連を見出すことによって、書き手の意識と読み手の関心、およびその時代性がより明確なものとなる。史料の存在と量そのものが関心の存在を示し、記述の内容が関心の所在を示すからである。筆者の最終的な目的は、江戸時代の日本において「琉球」がどのように認識されていたかを探ることにある。本論における史料の分類は、いかなる史料が存在するかを明らかにするばかりでなく、書き手と琉球との関係、書き手の関心とその時代性を、史料群自らが語る目録作りを目指したものである。これは筆者の研究の目的に沿った史料の再構成であり、琉球史料学の一試論である。

琉球・沖縄関係史料は、まず琉球国内で書かれたものと琉球の国外において書かれたものに分類する必要があり、史料的性格の異なるこの二つを混同してはならない。琉球国内史料としては、琉球王朝の記録類・史書類・地方文書・家譜などがある。前述の通り、戦前沖縄本島に所蔵されていたものは殆ど焼失し、王庁の記録類は東京に移されたごく一部を残すのみである。近年離島の地方文書と分散して所蔵されている家譜や辞令書の収集が進められているが、史料の量としては少なく、その内容にも片寄りがある。琉球の国外で書かれたものとして、日本と他の隣接諸国において記された史料が存在する。中国においては、正史に記された琉球の記事と冊封使録などがあり、これらについては研究がなされている(8)。朝鮮の李朝実録中の記事についても、研究がなされつつある。かつて琉球国が交易をなしたその他の地域に残る記録については未調査である。琉球国の外において琉球について記されたものとしては、日本国内で記述されたものが当然最も多い。筆者が分類・再構成しようとする史料は、そのうちでも江戸時代の日本において記されたもの、および当時の日本において琉球に関する情報として入手し得たものである。これらの史料は、全国の主要大学・図書館・個人文庫・国立国会図書館・内閣文庫およびハワイ大学に今日所蔵されている。筆者は実地調査によってその大部分に目を通し、個々の目録にもあたって、これらの史料の殆どを把握し得たと考えている。但し、薩摩藩内で記されたもののうち琉球国支配に関する行政的な記録類は、他と性格を異にするためここでは除いた。

これらの史料は記述した側に注目して、まず日本の国内において日本人を読み手として記された史料と、日本の国外で記されたが日本人が琉球に関する情報として入手し得た史料とに大きく分類できる。前者はさらに、使節の渡来そのものに関する史料（事実記録）と、使節との接触に喚起された琉球への関心に基づいて記された史料とに分けられる。この三種を、記述の内容からさらに分類すると次のようになる。

Ⅰ　日本国内著述の琉球史料

一　使節渡来関係史料

①　使節渡来記録

②　書簡類

③　使節通行史料

④　御触書

二　琉球に関する著述

⑤　琉球を主題とする著述

⑥　琉球物産史料

⑦　薩琉関係史料

図1 琉球史料構成図

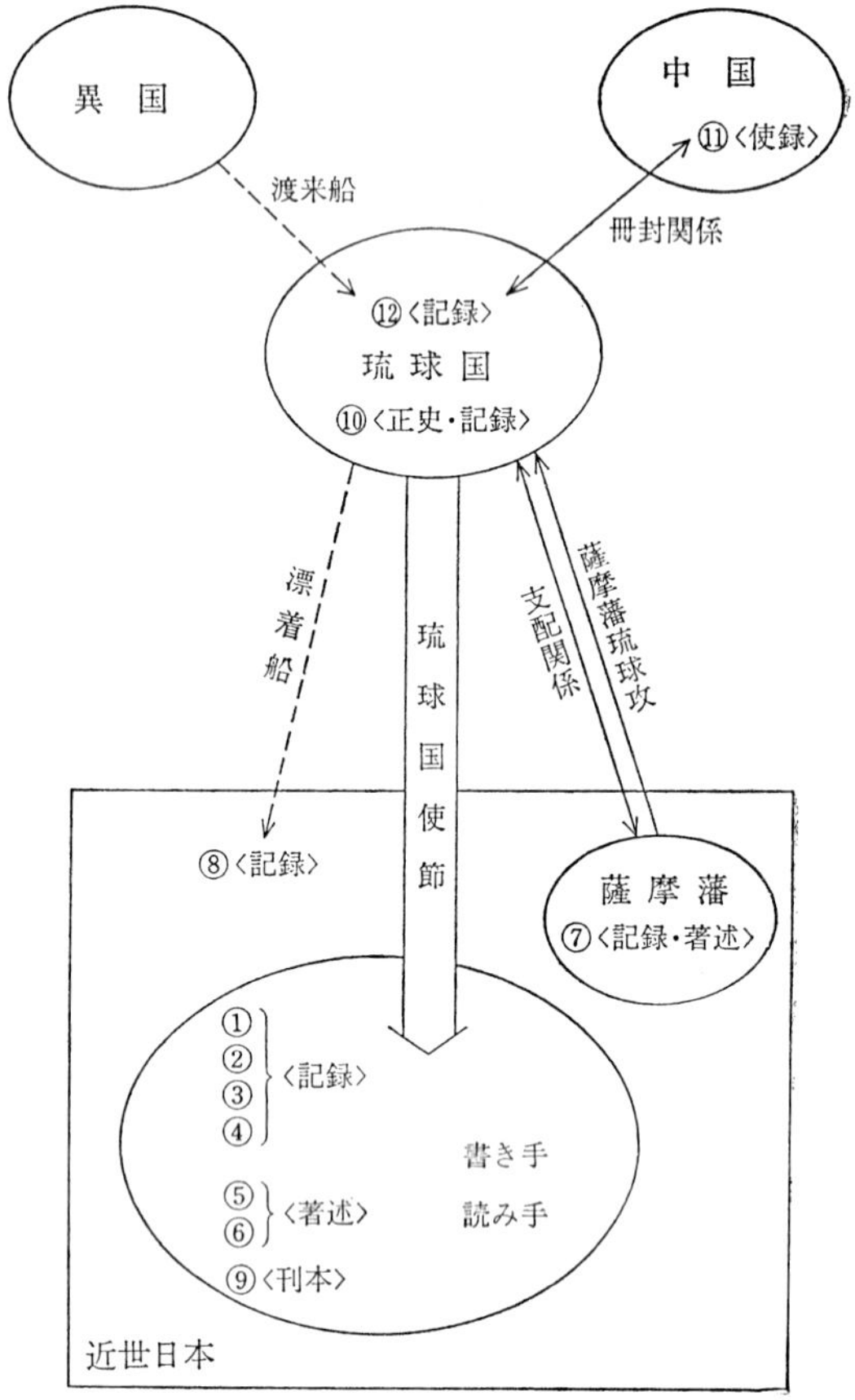

⑧ 琉球船漂着史料

⑨ 琉球物刊行物

附 重版・類版目録

Ⅱ その他の琉球史料

⑩ 琉球国正史および国内史料

⑪ 冊封使録

⑫ 琉球国異国船渡来史料

この分類項目を、相互の関係から図に表わしたものが図1である。江戸時代の日本人にとって、琉球を意識する最大の機会が琉球国使節の渡来であったことは、さきに述べた通りである。従って日本の国内で記されたものとしては、使節渡来に関するものが最も多い。また、使節渡来に喚起された琉球への関心が数々の著述を生んだ。薩摩の琉球入りを中心とする薩琉関係の記述、および琉球からの漂着船の記録も、「琉球」に関する情報として関心を持たれ集められた。中国の冊封使の記録には琉球の国内情況が詳しく記されているため、琉球の正史類と共に、琉球を知る上で基本的な文献として読まれている。琉球へ渡来した異国船の記録は、日本における対外的関心の高まりによって積極的に集められたものと考える。

この分類は、史料個々を詳細に検討するばかりでなく、史料相互の関連を重視して関係史料を総合的に検討する為の、目録作りを意図した一試論である。従って分類の際に、項目間で史料が重複することを厭わなかった。例えば『琉球談』は、琉球に関する詳しい著述としてその時代を代表するものであり、また刊本として人気を得て版を重ねている。そこで、⑤「琉球を主題とする著述」と⑨「琉球物刊行物」の両方で取り上げた。また、刊本となって多くの読者に影響を与えた『中山伝信録』『中山世譜』は、本来は⑪「冊封使録」と⑩「琉球国正史および国内史料」であるが、同時に⑨「琉球物刊行物」に含まれるものである。

先にも述べたように、これらの史料の存在が琉球への関心の存在を示し、史料の内容は当時の日本人が琉球のいかなる点に関心を寄せたかを示している。そしてこの関心の所在が、当時の琉球認識を探る大きな手がかりとなる。つまり、「関心」は「認識」の反映であり、史料に記された内容こそ、事実の当否にかかわらずその時代の琉球認識と琉球に期待したものを表わすと考えるからである。従って使節渡来の軸に沿って史料を分類する際に、内容の深浅による区分、刊本・写本など形態による区分に頼らずに、関係する史料総てを網羅した。こうすることによって、使節渡来のいかなる事実に関心が寄せられたか、その年度的な差異、関心を寄せた側の広がり、刊本については読者の層をも知り得る。例えば宝永七年の場合、来朝記録が十几件と最も多い。そして、幕府の接待の記録と城中の諸儀式の記述が内容の多くを占めている。これは記述者の関心の強さとその有様を表わしており、この年度に従来の諸儀礼が変更された事実と符合するのである。異なる標題でも同一系統の書写本である場合や、一つの標題の下に何種もが合冊されている場合もあるので、写本の系統、旧蔵者の分析、他本への影響などに注目した新たな分類と目録の厳密化が、今後の課題である。

本論において目録化した史料から、江戸時代の日本人が琉球に関して入手し得た情報の総てと、情報の有様を知ることが出来る。そしてその情報から、江戸時代の日本人がいかに琉球を認識していたかを探ることが出来る。この視点は、琉球国内史料の多くを失った今日、当時の琉球国の輪郭を明確にする一助ともなりうる。江戸時代の琉球史料が語るものは、近代日本における琉球・沖縄の位置付けに繋がるものであり、さらに今日の我々の沖縄認識を分析する上で起点となるべきものである。

注

(1) 鳥居龍蔵「琉球に於ける石器時代の遺跡」『東京人類学雑誌』第九四号、明治二十七年一月。
鳥居龍蔵「琉球諸島女子現用のはけだま及同地方掘出の曲玉」『東京人類学雑誌』第一九六号、明治二十七年三月。

鳥居龍蔵「沖縄諸島に居住せし先住民について」『東京人類学雑誌』第二二七号、明治三十八年二月。

大山柏『琉球伊波貝塚発掘報告』、大正十一年。

大山柏「琉球伊波貝塚研究の基礎」『人類学雑誌』第三六巻一号・二号・三号、大正十年一月・二月・三月。

(2) 伊波文庫・東恩納文庫・仲原文庫・宮良殿内文庫・喜舎場文庫・琉球王家所蔵史料は、沖縄県教育委員会編『古文書緊急調査報告書』(昭和五十一年三月刊)・沖縄県教育委員会編『八重山諸島を中心とした古文書調査報告書』(昭和五十六年三月刊)に目録化されている。
京都大学蔵の「琉球資料」は『琉球大学沖縄関係資料目録』(昭和五十三年刊)に目録として収められている。

(3) 東恩納寛惇『尚泰侯実録』、東光社、大正十三年。

(4) 笹森儀助旧蔵史料のうち南島関係史料については、目録と解題を紹介した。横山學「青森県立図書館所蔵の笹森儀助旧蔵資料について」上・下『琉球新報』、昭和五十年十一月二十五日付・二十六日付。

(5) 「旧琉球藩評定所書類目録」(影印版)が、『文献史料による近世沖縄の社会・文化史的研究』(琉球大学・短期大学部、一九七八年度特定研究紀要)に収められている。

(6) 『歴代宝案』第一集・第二集、国立台湾大学蔵本、中央研究院摂製、中国東亜学術研究計画委員会資助複製、一九六二年十一月。

(7) フランク・ホーレー旧蔵琉球資料(ハワイ大学旧宝玲文庫)。Frank Hawley は昭和六年に来日し昭和三十六年に京都山科で他界するまで、戦時中の四年間を除いて半生を日本で過ごした。ホーレーの集めた書物は極めて多岐にわたる。晩年の蔵書数は不明だが、日本滞在十年間ですでに約一七、二六八冊の蔵書があったことが記録されている。その内容を概括していえば、満州・モンゴル・朝鮮と日本関係の物であり、言語・古辞書・地誌に類するもので比較的多くがしめられていた。ホーレーの死後これらの蔵書は総て競売に付された。唯、和紙と琉球関係のみは幸いに散逸を免れることができた。琉球関係の図書は、昭和三十六年阪巻駿三の手によりハワイ大学に移った。現在は当大学図書館に阪巻コレクションの琉球資料として架蔵されている。件数九百三十六件、その数約二十冊である。旧宝玲文庫琉球資料の目録は、Ryukyu : An Annotated Bibliography (Center for Asian and Pacific Studies Council for Japanese Studies University of Hawii 1981) p. 69〜171 の中に HAWLEY COLLECTION としてまとめられている。

（8） 野口鉄郎『中国と琉球』、開明書院、昭和五十二年一月。

第二章　日本国内著述の琉球史料

本章では、日本国内で記された琉球関係史料を、琉球国使節渡来に直接関わるものと、使節渡来によって琉球への関心が高まり、その関心によって著述され書写されたものとに大きく分け、それぞれを史料の内容からさらに分類し、目録とした。

一　琉球国使節渡来関係史料

江戸時代の琉球関係史料の大部分は琉球国使節の渡来に関わるものであるが、特にここに集めた史料は、使節の構成・官職姓名や城中での儀式の記録、および使節を迎えた幕府側の準備と市中への規制の記録が中心となったものである。これらの史料は、内容から次の四項目に分類される。

(1)　使節渡来記録
(2)　書簡類
(3)　使節通行史料
(4)　御触書

以下この四項目について、特徴的な史料には解題を付しつつ、分類された史料の性格を述べてゆくこととする。

(1) 使節渡来記録（目録①）

ここに取上げた百八十一件は、琉球国使節の渡来に関して記されたもので、特定の年度若しくは数年度に亘る記録である。標題は「来朝記」「来聘記」「参府記」などと付されている。その内容は、琉球国使節自体に関する記事、使節を受け入れる幕府側の準備の記事、城中における諸儀式の記事、が三つの要素として主体となっている。これらに、琉球と日本との歴史的関係を説く記事の加わる場合もある。琉球国使節自体に関する記事は、

(1) 使節の構成・官職名・使者名
(2) 献上物・拝領物
(3) 奏上音楽曲目
(4) 琉球国王からの書簡および老中から国王への書簡
(5) 行列の構成図・琉球楽器の図

が主たる内容である。幕府側の準備の記事には、

(1) 使節渡来決定後の大目付・御目付の任命
(2) 到着直前と使節滞在中、市中に出された風俗規制・不作法禁止の御触書
(3) 登城の道筋
(4) 人足・伝馬等の費用の記録

などが記されている。また城中における諸儀礼については、お目見・音楽奏上・お暇乞のため登城の際の、諸儀式の

進行が詳しく記されている。この種のものとしては比較的内容の整った、『琉球人来使記』（寛延元年度・宮内庁書陵部蔵）の目次は次の通りである。

（寛延）琉球来使記

惣目録

巻之一

一嶋津家久琉球を攻取日本へと来使之次第

一琉球人古来度々来使之次第

巻之二

一此度琉球来使之儀薩摩守江品々被仰之次第

一右御用還り御役人被仰付之次第

一右ニ付諸向江御触書

巻之三

一琉球人来朝旅行幷人数之次第

一同江戸表所々往来道筋之次第

巻之四

一琉球人官職姓名幷和解

一同行列幷諸道具絵図

巻之五

一琉球人御本丸ニ而御礼御観式之次第

巻之六

一同　西丸ニ而御観式之次第

巻之七

一琉球中山王ゟ来翰幷老中より右ニ付返翰

一琉球人

三御所様江品々献上物之次第

巻之八

一大御所様江　西丸ニ而献上物之御観式之次第

巻之九

一琉球人登　城音楽幷御暇之御観式之次第

巻之十

一同西丸ニ而被下物御観式之次第

巻之十一

一右音楽之節楽之名幷楽韻楽人之次第

一老中御三家廻り幷帰国之次第幷琉球人囲碁之次第

以上

これらの史料には複数の年度に亘る記事の含まれるものもあり一様には述べられないが、史料を年度毎に分けるとほぼ次のようになる。

寛永二十一年　一件　　一　　宝暦二年　二件

承応二年	三件
寛文十一年	三件
天和二年	三件
宝永七年	十九件
正徳四年	四件
享保三年	一件
寛延元年	十二件
明和元年	四件
寛政二年	十四件
寛政八年	二件
文化三年	三件
天保三年	二十八件
天保十三年	二件
嘉永三年	三件

この種の渡来記録は、朝鮮通信使の記録と共に、各地の図書館に一、二件ずつは所蔵されているのが普通である。史料特に旧大名の個人文庫には、この種の記録が必ずといって良いほど所蔵されているのは、興味深いことである。前回の数が目立って多いのは、宝永七年、寛延元年、寛政二年、天保三年度である。これらの年度に共通するのは、前回の使節渡来から三十年前後を経ていることである。恐らく各大名家が、城中での使節応待の前例として、努めてこれらの記録を手元に置こうとした故であろう。またこれらの史料を見てゆくと、宝永七年を機に詳しい記録が残されるようになったことが分かる。第三章において述べたように、宝永七年度の使節は、薩摩藩主の官位昇進を目的とする政治性の強いものであった。幕府も、従来の諸式を改めてこの使節を迎えた。それ故、この年度に詳しい記録が多く残され、各大名家もその記録を必要としたものと考えられる。

ここに分類した『儀衛正日記』は、天保三年度の使者である儀衛正儀間親雲上による物で、厳密にいえば琉球人によって記されたものであって、本章の分類には含め得ないものである。しかし、鹿児島出発から江戸参府を終えて琉球へ帰国するまでの一行の行動が、日を追って詳細に記されており、使節渡来の実態を探る上で極めて重要な史料であるため、敢えて参考史料としてここに含めておいた。

(2)　書簡類（目録②）

ここに分類した史料は、主に琉球国王から幕府・老中へ宛てた書簡類である。その内容は、前項「使節渡来記録」に分類した「来朝記」「参府記」と題される史料に収められたものと同一である。正徳四年度に琉球国王から差し出された書簡の書式が問題となり、新井白石が老中を通じて薩摩より琉球国側に具体的に書式の変更を求めたことは、本論第三章第二節の「宝永・正徳期使節の実態」において述べた通りである。琉球国王からの書簡は、日本と琉球との位置関係を明確に示すものである。これらの史料も、この点に注目して書写されたものである。

例外的なものとして『琉球薩摩往復文書案』がある。本書の内題は「古書案」と記され、「御書院」で作成されたことを知る。文明六年から慶長十八年頃までの、琉球国王と薩摩藩主との書簡を書写したものである。内容から、琉球国側において書式の案文として用意されたものと思われる。従って本書は、本節の分類に属さないのであるが、参考史料として加えておいた。

(3)　使節通交史料（目録③）

ここに取り上げた史料は、いわゆる交通史料である。琉球国使節が通行した街道の諸村では、人足や駄賃馬を共役として課せられた。その際の人足割振りや賃金の明細書が、断片的に各地に地方文書として残されている。『琉球人綱引人足割方帳』或いは『琉球人綱引人足帳』と題されたものは、薩摩大坂屋敷から伏見まで淀川を遡る際、船引人足として近郷から駆り出された人足の割当帳である。『琉球人方長持御差物請帳』（一冊、四十四帳）は、天保三年度の使節の献上品やその他の荷物を運搬した際の、人足宰領が記した請帳である。正使・副使の方物や、讃議官・琉球館蔵方・薩摩藩随員の荷物（焼酎・砂糖・塩豚・用意物・長持・差物等）と、荷別受持人足頭名・賃銭・道中内渡等を記入し、荷物改日印十七日分が押捺されている。使節側のこの種の記録は、前項に分類した『儀衛正日記』を含めて二件のみが確認されているに過ぎない。

『琉球人来朝御用記』は、愛媛津和地村の船代官所において記されたものである。大分大里港を船出した使節が津和地港に寄港した、寛政二年・寛政八年・天保三年・天保十三年の記録である。船代官所では、使節が鹿児島を出発した時から度々飛脚を遣わし、一行の進行に関する情報を得て記録している。また一行を迎える準備の様が、往還共に詳しく記されている。瀬戸内海寄港地の対応を具体的に知り得る貴重な史料である。

(4)　御触書（目録④）

ここには、琉球国使節渡来に際して市中に出された御触書や、奉行所内での達書をまとめた。御触書の多くは『御触書寛保集成』『御触書宝暦集成』『御触書天明集成』『御触書天保集成』『徳川禁令考』『正宝事録』に収められており、その殆どが前四書、いわゆる「御触書集成」に網羅されている。『御触書流留帳』は、宝暦二年の渡来の際に名古屋市中に出された市中規制の御触書集であり、江戸市中に出されたものとの比較において重要である。

『旧幕府引継書』に収められている、「天保十三寅年十月左衛門尉殿相談廻琉球人参府行列付幷錦絵彫刻売出願ニ付伺調」「嘉永三戌年十一月館市右衛門伺琉球入貢紀略売弘願伺」「嘉永三戌年八月琉球人参府一件」等は、いわゆる天保の改革が、琉球国使節渡来の対応や渡来に際し出版される琉球物刊行物の出版願に、いかなる影響を与えたかを知る上で重要な史料である。前書三件については、拙論において述べた。(1)

表1　使節渡来記録（目録①）

年度	使節渡来記録	冊数	備考
寛永21	琉球国王尚賢ヨリ両使御礼ノ次第	1冊	
承応 2	琉球人来朝記	1冊	寛文11，承応2
〃 2	承応二年琉球国王使出仕記	1冊	
〃 2	琉球使節記	1冊	
寛文11	琉球人来朝記	1冊	寛文11，承応2
〃 11	琉球使者金武王子出仕之行列	1巻	
〃 11	琉球紀事	1冊	「琉球帰服記」と合一冊 宝永7，安永9
天和 2	壬戌琉球拝朝記	1冊	附使朝鮮録　人見節著
〃 2	琉球来聘日記抄	1冊	寛永21〜天和2 新井白石著
〃 2	琉球人来朝先例（別）琉球往来	3冊	慶長15〜天和2
宝永 6	家宣公御代替ニ付従琉球国参伺営	1冊	
〃 7	琉球人参府記	1冊	
〃 7	琉球人聞書	1冊	使者名簿
〃 7	琉球来使記	1冊	
〃 7	琉球貢使録	1冊	
〃 7	琉球国来聘使日記	1冊	新井白石著（？）
〃 7	宝永七年琉球人来聘	1冊	天保3年の記事あり
〃 7	琉球国使价来聘	1冊	
〃 7	琉球国聘使記　（別）琉球聘使記	1冊	荻生徂徠著
〃 7	琉球使者記	1冊	「琉球書簡」「使者接待楽章」を付す
〃 7	琉球来聘日記抄	1冊	
〃 7	琉球使節記	1冊	承応2，宝永7
〃 7	宝永琉球来朝記	1冊	有沢永貞撰
〃 7	琉球国両使奏上品節之帖	1冊	
〃 7	琉球人聘礼諸式記	1冊	
〃 7	琉球使参府記	1冊	
〃 7	琉球人碑名並書翰贈答	1冊	
〃 7	琉球来聘事載	1冊	新井白石著 cf.「琉球来聘日記抄」と同一
〃 7	宝永七庚寅年八月琉球人薩州発足十月中旬此江戸着任		
〃 7	宝永七年寅十一月十八日琉球中山王使登城行列	2軸	
〃 7	家宣公御代琉球ヨリ両使到来書	1冊	

年　度	使　節　渡　来　記　録	冊　数	備　　　考
宝永 7	琉球国両使奏上品節之帳	1冊	
〃 7	琉球人碑名並書翰贈答	1冊	
〃 7	琉球国楽歌	1冊	荻生双松（「定西法師物語」等を付す）
正徳 4	琉球人御礼之次第	1冊	
〃 4	琉球使書束		「朝鮮往復国書等」と合一冊
〃 4	正徳宝暦聘使記	1冊	「琉球聘使記」の付　cf. 宝暦の度
〃 4	琉球中山王ノ使正徳四年臘月		
〃 4	琉球使書束	1冊	（朝鮮往復図書等と合一冊）
享保 3	享保三年琉球人御礼御暇次第	1冊	柳宮年中行事と2冊一組にて納められている
〃 3	琉球人登城献上物控	1冊	
寛延元	延享琉球人来朝記　全	1冊	
〃 元	戊辰琉球人来朝之式　全	1冊	
〃 元	寛延琉球人来使記	1冊	
〃 元	琉球人来朝記　寛延元年	1冊	
〃 元	琉球人来朝記　寛延元年	3冊	
〃 元	朝鮮人琉球人来朝記　阿蘭陀人来着	1冊	
〃 元	太平琉球人来朝之巻	1冊	
〃 元	朝鮮琉球国来朝略記	1冊	延享5　朝鮮，寛延元　琉球
〃 元	琉球人来朝記	2冊	
〃 元	琉球人来朝記　一名琉球王参府記	1冊	宝暦，宝永度の使者名等の記録を含む　大惣本
〃 元	入来琉球記	1冊	琉使行列の見物記録
宝暦 2	正徳宝暦聘使記		「琉球聘使記」の付　cf. 正徳の度
〃 2	琉球来使記	1冊	
明和元	日光参府朝鮮琉球事件	1冊	明和元年度の記録が主体元禄時の琉球国郷帳を記す（旧幕府引継書　所収）
〃 元	琉球人御礼之次第	折本1冊	
〃 元	琉球人来聘記	1冊	
〃 元	琉球人参府記	1冊	
明和年間	琉球人来朝献上物併御沙汰書之事写	1冊	
寛政 2	寛政二年八年琉球人来聘		献英楼叢書
〃 2	琉球人参府記	1冊	多賀常正著

年　度	使節渡来記録	冊　数	備　　考
寛政 2	琉球人御礼次第	1冊	
〃 2	琉球人来聘	1冊	
〃 2	寛政二年琉使参府一件		松浦静山著「甲子夜話」巻38所収
〃 2	琉球聘使記　寛政二亥秋年	1冊	
〃 2	中山聘使録	3巻	大槻盤水著「続海外異聞」の内
〃 2	琉球人来朝御用記	全4冊	寛政2・8，文化3，天保3・13含む(交通史料)
〃 2	寛政琉球聘使記　全	1冊	
〃 2	琉球略記	1冊	
〃 2	中山使節記	1冊	
〃 2	琉球聘使録	1冊	
〃 8	寛政二年八年琉球人来聘		献英楼叢書に含まれる cf. 寛政2年度
〃 8	寛政八年来聘琉球人名簿	1冊	「琉球紅毛記」と合一冊
文化 3	琉球人音楽被仰付沙汰書	5冊	
〃 3	琉球人来朝御用記	全4冊	cf. 寛政2・8，文化3，天保3・13
〃 3	琉球聘使略	1冊	間鐘人
天保 3	琉球人来聘年暦及天保三年琉球人行列次第	1冊	
〃 3	保辰琉聘録		松浦静山著「甲子夜話」所収
〃 3	琉球人来聘幕府謁見儀註	1冊	
〃 3	琉球来貢次第	1冊	
〃 3	琉球使参府記略	2冊	竹尾次春著
〃 3	琉球王使参上記	2巻2冊	
〃 3	中山王使参上記	2巻2冊	
〃 3	琉球来聘行列並器具図	1冊	
〃 3	琉球貢雪新話	3巻3冊	
〃 3	琉球史料	8巻8冊	様々な琉球に関する記事が収められているが，来朝記事は，天保3年のもの
〃 3	琉朝雑記	1冊	総目録「琉球雑記」は誤り
〃 3	琉球国来聘記	1冊	
〃 3	天保三年琉球人参府之節勤方書留	1冊	
〃 3	琉球楽唱儀	1冊	
〃 3	琉球謝恩使唱曲 墨海山筆中 全82冊	1冊	

年　度	使節渡来記録	冊　数	備　　考
天保 3	琉球往来図鈔	1冊	佐藤操旧蔵本 天保3年までの記録あり
〃 3	琉球人参府弐朱吹立御触写	1冊	
〃 3	天保三壬辰琉球人参府之節勤方書留	1冊	
〃 3	琉球人御長持御差物請帳	1冊	
〃 3	儀衛正日記	1冊	
〃 3	公用記録		清見寺文書
〃 3	朝鮮琉球聘使略	1冊	中山聘使略（刊，折本）の写
〃 3	琉球書簡琉球来聘紀年	1冊	(天保壬辰琉使諸記所収)
〃 3	琉球聘使略記		藤原永配著
〃 3	琉球聘使略記		間鐘山人著
〃 3	来朝恩謝使琉球人面名	1冊	
〃 3	琉球聘使略	1冊	人名及び楽器図のみ
〃 3	琉球使参府録	1冊	
〃 3	琉球謝恩使唱曲		
〃 3	琉球楽唱儀	1冊	
〃 3	天保三年壬辰琉球人来朝行列書 附琉球談抜書	1冊	
〃 3	琉球恩謝使唱曲	1冊	
〃 3	琉球楽略図	1帖	
〃 13	古実方答		純員
〃 13	琉球人一件	4冊	
〃 13	琉球人奏之記		(改定史籍集覧16)
〃 14	琉球人来聘使登営図	1軸	文囿
嘉永 3	琉球人来朝名留		
〃 3	嘉永三年沖縄恩謝使之参府		山下重民著・「風俗画報」所収
〃 3	琉球人参府一件	1冊	(旧幕府引継書所収)
慶応 2	琉球勅使御迎大夫日記	2冊	
—	琉球人御礼之次第	1冊	新見正路編全95冊（賜蘆拾葉(稿本)12集に所収)
—	琉球人来朝記事	1冊	
—	琉球人聘礼諸式	1冊	
—	琉球人来使記	1冊	
—	琉球人来聘記	1冊	
—	朝鮮琉球来貢記	1冊	
—	朝鮮琉球和来記	1冊	
—	琉球貢使録	1冊	

年度	使節渡来記録	冊数	備考
—	琉球使者参府之事	1冊	
—	琉球来朝記	3巻3冊	
—	琉球人登城献上物控	1冊	
—	琉球人来聘記	1冊	(霜傑亭叢書29)
—	琉球人来聘記	1冊	(旧能叢書5)
—	琉球使来朝記	1冊	
—	江戸立之時御使者役々		
—	琉球人来朝記　一名琉球王参府記		
—	中山聘使略増益	2冊	
—	琉球人来朝名留		
—	琉楽帖	1軸	
—	琉球風俗図	2軸	
—	琉球人行粧之図	3軸	上月行政
—	琉球人楽器図	1冊	
—	琉球人楽器冠服図	1軸	(模写)
—	琉球人鹿児島登城行列図	1軸	絵画(大正写)
—	琉球使節江戸参府之絵巻	1冊	絵巻
—	中山王来朝図	1軸	
—	琉球往来図鈔	1冊	
—	琉虬楽器	1冊	
—	琉球楽器調	1冊	
—	琉球楽器略図		(「琉球曲詞奏楽儀注」の内)
—	琉球曲詞奏楽儀注	1冊	(琉球楽器略図を付す)
—	琉球歌楽帳唱曲奏楽儀注		(賜蘆捨集六集)
—	琉球人曲詞	1冊	(漢詩文)
—	琉球三弦楽譜	中・下巻 2冊	
—	琉球楽器図	1冊	(位階表等と合一冊)
—	琉球楽器図	4軸	(仁説等と合一冊)
—	琉球楽器図	1帖	
—	琉球調度図録	1冊	
—	中山王献上ノ品々	1冊	

表2　書簡類（目録②）

年　度	書　簡　類	冊　数	備　考
寛永13〜明暦元	琉球朝鮮書束	1冊	
延宝 9〜貞享元	琉球贈答	1冊	
宝永 7	琉球人碑名並書簡贈答	1冊	
〃 7	琉球中山王信書	2軸	
正徳 4	琉球使書束		
〃 4	国書往来	1冊	
寛政元	寛政元年琉球ゟ尼講中消息		真言全書62
〃 8	（琉球国上書）	2通	與世山親方・大宜見王子
——	琉球書翰式	1冊	
——	琉球人印鑑	1冊	
——	琉球呈沓文集	1冊	
——	中山要案集（琉球書翰礼鑑）	1冊	
——	琉球国ヨリ書翰	1冊	
——	琉球国牒状返状	1冊	
——	琉球薩摩往復文書案		

表3　使節通行史料（目録③）

年　度	使節通行史料	冊数	備考1	備　考　2
宝永 7	覚書（琉球人帰国役人人馬割賦並吉原宿賦覚）宝永7.12			駿河国岩本村
〃 7	琉球人参向役並請負賃銀割 宝永7.12			駿河国岩本村
〃 7	琉球人来聘ニ付船橋御入用帳			駿河国岩本村
〃 7	琉球人渡船場入用覚帳			駿河国岩本村
正徳 4	琉球人来朝富士川渡舟覚書			駿河国岩本村
〃 4	正徳四年午十二月二十一日琉球人出立之節御朱印人馬之覚		大伝馬町 南伝馬町	近世交通史料集3 御伝馬方旧
享保 3	（御朱印人馬之覚）		大伝馬町 南伝馬町	近世交通史料集3 御伝馬方旧
寛延元	寛延元年辰十二月十一日琉球人江戸着　同二十八日江戸出立脇馬勤方			近世交通史料集3 御伝馬方旧
〃 元	覚（琉球人来府御帰国ニ付助郷諸事御願）寛延1.10			
〃 元	琉球人来聘ニ付覚書			駿河国岩本村
〃 元	琉球人参府人馬割付帳	1冊		

年度	使節通行史料	冊数	備考1	備考2
寛延 2	乍恐以書付申上候			近世交通史料集3 御伝馬方旧
宝暦 2	差上申請取証文之事覚			近世交通史料集3 御伝馬方旧
〃 2	琉球人来聘ニ付覚書			駿河国岩本村
〃 6	琉球人被召列就御参府琉球人方御賦帳	1冊		
明和元	覚（琉球人参府ニ付保土谷より神奈川迄の人賃銭の請取）		助郷惣代	羽鳥村名主
〃 元	覚（琉球人御泊人馬割）			
〃 元	琉球人御先荷物御参府賄方入用覚帳	1冊		
〃 元	琉球人参向割合勘定帳	1冊		
〃 元	琉球人帰国賄帳	1冊		芹沢村　平右衛門
〃 3	明和三戌年十月二十七日（琉球人帰国之節助人足賃銀請取書）			近世交通史料集3 御伝馬方旧
寛政 2	飛脚状（琉球人参府ニ付国役金云々）寛政2.8.1		地頭所前田勘兵衛	大庄屋半七 三島宿
〃 2	琉球人来聘船場覚			駿河国岩本村
〃 2	琉球人参府の節人馬賃銭議定			戸塚宿
〃 8	琉球人通行覚			駿河国岩本村
〃 8	琉球人船行列書	1冊		
〃 8	来聘琉球人並船之図	1冊		
文化 3	琉球人綱引人足割方帳	1冊		
〃 4	差上申御請書之事（琉球人参府人足手当国役金申付）文化4.9.19		品川宿助郷村々惣代	大貫次右衛門
〃 4	琉球人の人馬継立につき願書			神奈川宿
〃 4	琉球人の人馬継立につき助郷の議定書			神奈川宿
天保 3	天保三辰年十一月薩州様御参府御列付	1冊		
〃 3	琉球人方御長持御差物請帳			
〃 3	琉球人綱引人足帳			（伏見）
（天保 3）	琉球人渡船御用控			駿河国岩本村
〃 14	大津一件琉球人国役金並水□□寺入用ニ付……			伏見
宝暦 3～天保 2	御休御泊控		江尻本陣	
寛政 2	琉球人来朝御用記	4冊		寛政 2，3，8 天保 3,13 嘉永 3，4

表4 御触書（目録④）

御触書寛保集成（琉球人参府之部）	寛文11亥年7月より享保3戌年11月まで No. 3007〜3030
御触書宝暦集成（琉球人参府之部）	寛延元辰年閏10月より宝暦2申年12月まで No. 1667〜1692
御触書天明集成（琉球人参府之部）	宝暦14申年5月より明和元申年11月まで No. 3140〜3145
御触書天保集成（琉球人参府之部）	寛政3戌年5月より天保3辰年閏11月まで No. 6606〜6638
徳川禁令考・第69章朝鮮琉球待遇法令	No. 4082「琉球人来朝ニ付御触書」
御触流留帳（宝暦2年の部）	名古屋市中の町触集（花井家） 鶴舞図書館（市9—171）
尾張藩村方御触書集（天保3年の部）	No. 2166「一宮市史」所収
天和二年壬戌御代替琉球人来朝之留	
天保十三寅年十月左衛門尉殿相談廻琉球人参府行列附并錦絵彫刻売出願ニ付伺調 嘉永三戌年十一月館市右衛門伺琉球人行列板行売弘願伺 嘉永三戌年十一月館市右衛門伺琉球貢紀略売弘願伺	以上三件は「市中取締類集」（旧幕府引継書）中「書物錦画之部」に所収
琉球人参府弐朱吹立御触書（1冊）	天保3年の市中規制
嘉永三戌年八月琉球人参府一件	（旧幕府引継書） 天保13年度の市中規制を例示している

二「琉球」に関する著述

ここに集めた史料は、使節渡来によって琉球への関心が高まり、著述され書写・刊行された「琉球」に関する知識・情報である。江戸時代における日本の琉球史料のうち、使節渡来の事実記録以外の史料といえる。これらを次の五つに分類し、六編の目録を作成した。

(1) 琉球を主題とする著述
(2) 琉球物産史料
(3) 薩琉関係史料
(4) 琉球船漂着史料
(5) 琉球物刊行物
附　重版・類版目録

(1)「琉球」を主題とする著述（目録⑤）

ここでは、琉球の文化・歴史等を主題とした論述をまとめて目録とした。その中には刊本となった著述も含まれる。但し琉球の物産に関する著述は、琉球全体への関心というよりも、琉球の産物に対する具体的な関心（本草学・博物学的関心）に基づくものであるため、別項を設けた。この項に集めた著述には、当時入手し得た琉球に関する情報を用いた琉球の位置付けが記されている。著者の学問的背景・立場・琉球文化との接し方など、広い意味での琉球との関係に基づく琉球認識を、そこから読み取ることが出来るのである。

これらのうち、『琉球神道記』『琉球往来』（袋中）、『南島志』『琉球国事略』（新井白石）、『琉球国聘使記』（荻生徂徠）、『西遊記』（橘南谿）、『神代山陵考』『琉球名勝考』『倭文麻環』（白尾国柱）、『琉球国私記』（高井蘭山）、『中外経緯伝草稿』（伴信友）、『阿児奈波志』（中山信名）については、本論第四章第三節「琉球認識の展開」において詳しくその内容を検討し、著述者の琉球認識を明らかにしようとした。また、『琉球神道記』（袋中）、『琉球談』（森島中良）、『琉球雑話』（華坊素善）、『琉球年代記』（大田南畝）、『琉球入貢紀略』（山崎美成）、『琉球奇談』（米山子）、『貢の八十船』（松田直兄）、『琉球状』（屋代弘賢）等については、本論第四章第二節第二項「琉球物刊本に見る琉球」において、琉球認識の時代的変容を論じた。

(2)　琉球物産史料（目録⑥）

ここに目録化した史料は二つに大別し得る。一方は『中山花木図』や『琉球産物誌』など、琉球産の珍草奇木や珍しい魚貝類の彩色画に、簡単な説明文を付したものである。もう一方は、織物など琉球産物の取引きに関する記録である。『琉球産物商法取締一件』は、これらの商取引に対する幕府の取締記録である。

『中山花木図』『中山花木図譜』と題する巻子体の書物は、薩摩藩の絵師木村探元（掬元・探広）の手になる琉球植物の画（仏桑花・三段花・玉簪花・千年草・名護蘭・風蘭・龍眼樹・茉莉花・美人蕉・恵美称・黄蘭・椿・都具・木爪・榕）に、琉球人程順則が十二項の漢文を付したものである。ハワイ大学旧宝玲文庫本は宮崎海西による書写本で、宝暦十二年の奥書が付されている。日本に琉球の植物が図をもって紹介されたのは、これが最初である。画師木村探元と程順則との出会いがどこでどのようになされたかは不明だが、探元の随筆『三暁庵雑誌』『三暁庵随筆』には、琉球に関する記事が所々に見出される。程順則は中国へも数度留学しており、琉球の学者として名声が高い。正徳四年の渡来の折には宮里親雲上（寵文）として掌翰史を努め、新井白石とも対談している。翌正徳五年春には、「古梅園墨譜」と題する漢詩を松井古梅園元春に贈り、これは『古梅園墨譜和方式』に収められている。

田村藍水（坂上登）は、琉球物産の書を三件著わしている。和刻版『中山伝信録』所収の物産を図解したのが『中山伝信録物産考』三巻であり、中澤以正による明和六年の序文にその旨が記されている。国会図書館白井文庫には明治三十八年の書写本があり、ハワイ大学図書館には自筆本（但し第二巻（地）のみ、旧阿波国文庫本・旧宝玲文庫本）が所蔵されている。翌明和七年、田村藍水はこれを増訂して、さらに大部の『琉球産物誌』十三冊を著わした。これは、薩摩藩主島津重豪より賜った琉球の産物千種を分類し、漢名を付して十五巻仕立にしたものである。本草学者田村藍水は元文二年に『人参譜』を著わし、宝暦十二年には幕府の医員に挙げられて禄三百石を賜り、人参の国産化を命ぜられた人物である。島津重豪が薩摩藩の文化事業に熱心に取り組み、白尾国柱や佐藤成裕等に命じて多くの書物を編纂させたことは、本論第四章第三節「琉球認識の展開」の中で述べた通りである。重豪は藍水に琉球産物を贈ったばかりでなく、家臣河野道恕を入門させ、田村藍水の弟子小野蘭山には村田丈左衛門を入門させている。その結果、寛政四年には薩摩藩においても朝鮮人参の生産に成功した。

薩摩藩に招かれて薬草を採取した佐藤成裕は、寛政十年に『流虬百花譜』（二巻一冊）を著わし、水戸藩に献上している。『琉球蘭写生掛軸』は、津山藩主の侍医であった蘭医宇田川榕庵（弘化四年歿・行年四十九歳）の手になる自筆写生画で、上部にオランダ語の説明文の付された、蝶の舞う蘭の彩色画である。

『質問本草』は、東恩納寛惇によれば、諸病への薬物的効果を識るために著わされたもので、特に有害を避けることを主としている。(2) 内外の寺門家の説を検討し、有益または無害とするものを内編（二巻・四十二件）に収め、疑いの存

するものを外編（二巻・四十四件）に収めている。琉球の産物二十二件は附録に収められており、凡例に、

如茘枝龍眼橄欖枳実使君子等二十二種産於中山及掖玖諸島者与漢種殊無異特以其不何移於地方世或有不知其状者
故図其形以附於後

と記されている。中山（琉球）、掖玖の両地域に産するのは中国の物と同じで、その地域以外で育てることは出来ず一般的ではないので、図版を付して附録としたと述べられている。

琉球国は、その気候により珍しい草木を多く産する地方として注目を集めた。政治的な関係とは別に、文人・識者・庶民の間に、琉球は目新しい産物の豊かに満ちた国として存在していたのである。

(3)　薩琉関係史料（目録⑦）

ここに集めた史料には、慶長十四年に薩摩藩が琉球に攻入った事件を記した戦記物と、琉球の国郷に関する記録の二種がある。量的に多いのは前者である。江戸時代における薩琉関係を語る決定的な事件が薩摩藩による「琉球征伐」であり、以後琉球からの使者が薩摩藩主に率いられて江戸参府を行うことになった。従って、この両者の関係は他者の注目すべき事柄であり、これらの戦記物が薩摩藩琉球統治の正統性を主張する機能も果たしたのである。

例えば『琉球征伐記』（早大蔵本・一冊）の目次は、

目録
嶋津家由来事
琉球征伐之来歴事
雅新入道参府事

義弘入道登城事
嶋津家軍評定事
新納武蔵守軍配事
薩摩勢乱入琉球事
城兵夜討事
虎竹城軍事
乱蛇浦並松原合戦事
日頭山合戦並佐野帯刀討死事
琉球大都城没落事
武蔵守一氏凱陣事
義弘入道与琉球王謁見事

となっており、島津家の来歴に始まり、琉球を攻めて国王を率いて麑府に戻り、藩主に謁見するまでが記されている。他の戦記物の内容もほぼ同じで、島津氏の戦功を記したものである。

(4)　琉球船漂着史料（目録⑧）

ここでは、日本国内へ琉球船が漂着した際の記録を中心に集めた。琉球国へ日本船が漂着した際の記録『漂到琉球国記』、琉球船が中国温州へ漂着した折の記録『温州府志』も参考史料として加えた。

琉球船漂着に関する代表的な史料は、戸部良煕によって編纂された『大島筆記』である。これは、宝暦十二年七月二十二日に土佐国宿毛湾大島浦に琉球船が漂着し、乗船していた潮平親雲上から藩学の教授戸部良熙が聞き書きを取ってまとめたものである。上・下巻および附録の全五巻から成り、琉球船・琉球人・持道具などの挿絵が含まれている。内容は乗員の人物記事に始まり、「琉球国体」・「人物風俗」・「年中大略」・「官位之事」・「朝服之事」・「地名」・「諸産物大様」・「琉語大略」・「雑話（上・下）」などの他、「琉球人和歌」・「雨夜物かたり」・「出会詩歌」が記されている。宝暦十二年当時の琉球事情と、琉球における教養文化を知る良い史料ではあるが、史料として用いる際には、語り手が潮平親雲上・琉球仮館蔵役という高位の人物であること、琉球船が他藩に漂着した場合にいかに振舞うべきかの指示が薩摩藩によってなされていたことを、考え併せねばならない。『琉球進貢録』は『薩州産物録』の著者佐藤成裕が、この『大島筆記』「雑話下」に加筆して自序を付したものである。このことについては、本論第四章第三節「琉球認識の展開」において述べた。

琉球からの漂着船が日本国内でいかに取り扱われ、どのような対応がなされたかについては、寛政十二年二月二十日下総国銚子川口沖に漂着した琉球船（四十八人乗組）の記録、『琉球人漂着一件』（一冊）が詳しい。本書は、銚子における取調べの結果を幕府へ報告したものの書写本である。漂着船の受け入れ、船主よりの報告、取調べの詳細、乗員への賄、乗員病死者の取扱いなどが細かく記されている。

(5)　琉球物刊行物（目録⑨）附　重版・類版目録

ここでは、江戸時代の日本において刊行された琉球関係のもの総てを目録化した。従って、(1)「琉球を主題とする著述」に分類したものとかなりの部分が重複することになる。しかし刊行された著述は、著者ひとりの琉球認識・琉球理解に止まらず、広く読まれて多くの人びとの琉球認識に影響を与えている。その意味で、他の刊行物と共にこの

表5　琉球を主題とする著述（目録⑤）

年　度	琉球を主題とする著述	冊　数	著　者	備　考
慶長　8	琉球往来（慶長8自序）	2巻1冊	僧袋中	伴信友　跋文（文化6）
〃　10	琉球神道記　（刊本）		僧袋中	慶安元　刊
（慶長年間）	定西法師伝 別名　定西法師琉球話 定西法師琉球物語 琉球国営中見録 定西法師琉球国渡海記	1冊		日下部景衡奥書（正徳2）
宝永　7	琉球国聘使記	1冊	荻生徂徠	
〃　8	琉球うみすずめ　（刊本）	1冊		
正徳　元	尚島記事	1冊	天野信景	
享保　4	南島志	1冊	新井白石	
（〃　4）	琉球国事略	1冊	新井白石	
（享保年間）	琉球記事			長崎風土記・蝦夷風土記と合一冊
（享保年間）	琉球事載		新井白石自筆	琉球神道記巻五の抜書
安永　5	琉球事略		桂山義樹	甘雨亭叢書に所収
（天明　3）	西遊記　（刊本）		橘南谿	琉球の項あり
（天明　3）	琉球紅毛記	1冊		琉球の部は西遊記の抜書
天明　8	琉球雑話　（刊本）	1冊	華坊素善	
寛政　元	寛政元年与琉球尼講中消息	1冊		（真宗全書62）
〃　2	琉球談　（刊本）	1冊	森島中良	
〃　2	琉球略説		太田資敦	
〃　3	中山聘使録		大槻玄澤	
〃　4	神代山陵考	1冊	白尾国柱	
〃　7	琉球談　（刊本）	1冊	森島中良	
〃　7	流求国名勝考	1冊	白尾国柱	
〃　8	麑藩名勝考	3冊	白尾国柱	巻三が上記流求名勝考
〃　8	竜宮状	1冊	屋代弘賢	知人宛書簡・天保三年に琉球状として刊行
〃　9	琉客談記 別名　琉客譚記	1冊	赤崎楨幹	
文化　元	琉球一件	1冊	植崎九八郎	
〃　3	琉球記略	1冊	森本敦	

年　度	琉球を主題とする著述	冊　数	著　　者	備　　考
文化　3	琉球録話	1冊	成島司直	
〃　3	琉球国私記	1冊	高井伴寛	蝦夷国私記も著す．天保3に加筆あり
〃　9	倭文麻環	上下2冊	白尾国柱	巻十二　球美島天馬・八重山長人漂到四鞄蠻国並相馬領漂民
天保　3	琉球画誌	1冊	小田切春江	
〃　3	琉球諸記	1冊	阪宅甫	琉球国志略(刊本)の書写
〃　3	琉球論　(稿本)	1枚	前田夏蔭	
〃　3	琉球年代記　(刊本)	1冊	大田南畝	
〃　3	琉球入貢紀略　(刊本)	1冊	山崎美成	
〃　3	琉球奇譚　(刊本)	1冊	米山子	
〃　3	中山聘使略　(刊本)	1冊	阪本純宅	
〃　3	貢の八十船　(刊本)	1冊	松田直兄	
〃　3	琉球状　(刊本)	1冊	屋代弘賢	
〃　6	中外経緯伝草稿		伴信友	
〃　13	南島雑話	2巻	名越時之助	奄美記事
〃　13	南島雑誌	1冊	名越時之助	南島雑話
(天保年間)	阿児奈波志	9冊	中山信名	
弘化　2	琉球事略	1冊	梅集亭花香撰	
嘉永　3	琉球解語　(刊本)	1冊	富岡手嵩校正	
〃　3	琉球入貢紀略　(刊本)	1冊	山崎美成	
〃　3	琉球恩謝使略　(刊本)	1枚	富岡手嵩校正	
〃　3	中山国使略　(刊本)	1冊	富岡手嵩校正	
〃　3	琉球聘使略　(刊本)	1枚	文華山房蔵板	
〃　4	琉球俗語	2冊		
(明治)	琉球之元来	1冊		同治5年の記事あり
——	朝鮮琉球誌	1冊	菅原守昌	
——	南島雑記	1冊	土谷高暢	
——	琉球国考	1冊	吉田直之	
——	琉球沿革史	7巻2冊		
——	琉球談抄書	1冊		嘉永7写
——	琉球図誌		増田某	琉球談の抜書

表6　琉球物産史料（目録⑥）

年度	琉球物産史料	冊数	備考
正徳　4	中山花木図（彩色長巻）	1軸	程順則題
宝暦　2	中山花木図譜	1軸	木村掬元(探元)画
〃　12	中山花木図（彩色長巻）	1軸	木村探広(探元)画 程順則詩 宮崎筠圃
明和　6	中山伝信録物産考	3巻3冊	田村藍水
〃　7	琉球産物誌	13冊	坂上登（田村藍水）
寛政　元	質問本草　（天保8年刊）	5巻	呉継志
〃　10	流虬百花譜（寛政10年10月原玄與献納上）	2巻1冊	佐藤成裕
文化　3	阿児奈波志	9冊	中山信名
文政12〜安政5	琉球産物見帳	5冊	文政12年2冊 丑之歳1冊 嘉永7年1冊 安政5年1冊
天保6〜文久6	琉球産物商法取締一件	2冊	
天保　12	琉球奇花写真底稿（自筆）	1冊	坂本浩雪
弘化4〜嘉永2	琉球産物御手本品御下高於琉球御払立差引御余勢銀総		
弘化4〜嘉永2	琉球産物長崎払立本手品利潤総帳		
嘉永　4	琉球産端物見帳	1冊	
安政　4	琉球産物大宝恵	1冊	
——	中山物産品目	1冊	松岡十太夫
——	琉球草木写生	1冊	牧野貞幹
——	中山花木図	1軸	海西宮奇画
——	琉球草木真図	1冊	
——	琉球物産図録	1冊	
——	琉球芋考	1冊	
——	唐芋出生来由記(薩藩叢書3)		
——	中山伝信録伊呂波字体（池底叢書巻29）		
——	琉球属島草木貝石写帳		
——	琉球産物落札帳		
——	(琉球蘭写生図掛軸)	1軸	宇田川榕庵
——	琉球草木図説（琉球産物誌の抜粋）	2巻2冊	
——	中山草木（質問草木略の附）		
——	琉球草木帳（流虬百花譜の複写）	2巻2冊	

表7　薩琉関係史料（目録⑦）

年　度	薩琉関係史料	冊　数	備　考	備　考　2
慶長　16	琉球国都之島平良間切御検地帳	1冊		
寛永　元	琉球征伐記	5巻1冊	喜水軒	
〃　元	琉球征伐記	5巻2冊	喜水軒	安政5写
寛文　8	琉球国郷帳			続々群書類従9
元禄　15	琉球国郷帳	3冊		
天保　5	琉球国郷帳			
〃　5	琉球御掛衆愚按之覚	1冊		
——	市来孫兵衛琉球征伐日記	76巻11冊		
——	樺山濃守殿琉球入由来記		田中嘉賢	嘉永6写
——	慶長記録(樺山家記録)			
——	中山国並大島徳之島永良部喜介島責取日記	1冊	船頭影作	
——	琉球属和録	15巻15冊	堀田麦水	国会・内閣合わせて巻5～15(蒹葭堂本)
——	琉球国御拝領記	1冊		文政2写
——	琉球御征伐由来記			旧典類聚五
——	島津琉球合戦記	6巻1冊		
——	島津琉球軍精記	27巻		
——	島津琉球軍記	30巻30冊		安政2写
——	琉球合戦記	6巻1冊		
——	琉球軍談	2巻2冊		
——	薩琉軍鑑	7巻4冊		明和3写
——	薩琉軍談	6巻3冊		文政12写
——	琉球薩摩軍記	1冊		
——	琉球国乱記	6巻2冊		
——	琉球征伐記	5巻2冊		明和6写
——	島津家分限帳附琉球征伐備立			
——	島津家征琉球筆記，一名薩摩軍記			
——	琉球静謐記	1冊		
——	薩琉軍記	2冊		
——	薩琉軍記追加	3冊		
——	薩琉軍鏡	1冊		
——	琉球攻薩摩軍談	2巻2冊		
——	喜安日記			

年度	薩琉関係史料	冊数	備考1	備考2
——	琉球渡海人数賦			
——	琉球征伐軍記		棚橋風檐	
——	琉球征伐備立			
——	琉球国郷村帳	6冊		
——	島津家所土琉球国郷帳	1冊	明治写	
——	琉球国諸島国附帳	1冊	明治写	
——	琉球藩臣家禄官禄記	1冊		
——	琉球館文書	4冊		
——	薩琉往復文書集	1冊		
——	琉球館上使御取次次第	1冊		

表8　琉球船漂着史料（目録⑧）

年度	琉球船漂着史料	冊数	備考
寛元　元	漂到琉球国記	1軸	寛元元年9月，同2年5・6月
文保年間	温州府志	12冊	宮古島民漂着事件
応永　10	南方紀伝		琉球船武蔵六浦漂着
宝永　2	清水浦琉球船漂着聞書	1冊	土佐国群書類従・漂流部
元文　4	琉球人漂着記	2冊	
宝暦　12	大島筆記（琉球国潮平親雲上以下五十二人大島浦漂着次第）	5巻2冊	戸部良熙
〃　12	琉球進貢録	2巻付1巻1冊	戸部良熙　佐藤成裕編
〃　12	琉球雑話	2巻2冊	
〃　13	宝暦十二年琉球船漂着之事		土佐国群書類従・漂流部
寛政　2	寛政二年琉球人台湾兵乱風説書		嶰谷叢書
〃　7	琉球談話（土州幡多部下田浦琉球船漂着次第）		
〃　10	琉球人漂着一件	1冊	下総国銚子漂着
——	琉球筆記	1冊	大正　写
——	雑話	1冊	戸部良熙
——	琉球雑話	1冊	堀野義礼
——	琉球人漂着記		曽槃編
——	琉球船津呂浦へ漂着の記事	1冊	

表9　琉球物刊行物（目録⑨）

年　度	琉球物刊行物	冊　数	刊行地	板　元
寛永 2	南浦文集上・中・下 南浦文之	3冊		
〃 6	(討琉球詩序)			
慶安元	琉球神道記　　僧袋中	5巻3冊		京・平楽寺刊
〃 2	(答琉球国王書)			
〃 2	(呈琉球国王書)			
〃 2	(答琉球国王書)			
〃 2	(答琉球国三司官書)			
〃 2	(答中山王書)			
〃 2	(答琉球国王書)			
康熙60	(中山伝信録　　徐葆光)	6巻4冊		二友斎蔵板
宝永 8	琉球すずめ (鸚鵡籠中記に記事あり)	2冊		江戸，大伝馬町 喜右衛門
寛延元	琉球人大行列記	1冊	辨装堂蔵板	河南四郎右衛門 日野屋半兵衛
〃 元	琉球人行粧記 (江戸時代書林出版書籍目録集成）による井上書房			大塚屋惣兵衛
宝暦 2	琉球人大行列記	1冊	辨装堂蔵板	河南四郎右衛門 日野屋半兵衛
〃 4	琉球人行粧記 (宝暦四年刊行書籍目録による)	1冊		
明和元	中山詩稿　　立花玉蘭	1冊		
〃 元	琉球人大行列記(1)	1冊	辨装堂	河南四郎右衛門 河南四郎兵衛 須原屋茂兵衛 渋川大蔵
〃 元	琉球人大行列記(2)	1冊	辨装堂	渋川大蔵 河南四郎右衛門 日野屋半兵衛
〃 元	琉球人行粧記			河南四郎右衛門 河南四郎兵衛 須原屋茂兵衛 渋川大蔵
乾隆29 (明和元)	琉球入学見聞録 cf. 乾隆33版	4冊		
明和 3	中山伝信録(和刻) cf. 文政以後　橘屋嘉助 製本所本	6冊		(1)京・蘭園蔵板 (2)京・文錦堂 (3)銭屋喜兵衛
〃 9	琉球人行粧記 (宝暦四年刊行書籍目録による)	1冊		

年　度	琉球物刊行物	冊　数	刊　行　地	板　　元
明和 9	琉球人大行列記 （明和九年刊行書籍目録による）	1冊		
天明 5	三国通覧図説　林子平 （琉球国三省及び三十六図を含む）	1冊		
〃 8	琉球雑話　全　華坊素善撰	1冊	神田かち町二丁目	江戸 本屋彦右衛門
寛政 2	琉球人大行列記(1)	1冊	大坂心斎橋 京四条通留小路	塩屋嘉助 伊勢屋庄助
〃 2	琉球人大行列記(2)	1冊	江戸日本橋 大坂心斎橋 京四条通留小路	前川六左衛門 塩屋嘉助 伊勢屋庄助
〃 2	琉球人行粧記(1)	1冊	柳花堂主人蔵板 大坂心斎橋筋 京四条留小路	 塩屋嘉助 伊勢屋庄助
〃 2	琉球人行粧記(2)	1冊	京板元 売出	伊勢屋庄助 須原屋茂兵衛
〃 2	琉球談	1冊	東都書肆	須原屋市兵衛
〃 2	琉球人行列附	3枚	京橋鈴木町新道	林屋茂兵衛
〃 3	為朝が島廻	3巻	千差万別	
〃 7	琉球談	1冊	皇都	文錦堂林伊兵衛
〃 8	御免琉球人行列附	3枚	江戸本芝二丁目 江戸本芝一丁目	三河屋半兵衛 清水屋治兵衛
〃 8	琉球人行粧記(1)	1冊	華誘斎 板元　京 売出	 伊勢屋庄助 須原屋茂兵衛
〃 8	琉球人行粧記(2)	1冊	江戸日本橋 大坂心斎橋 京四条留小路	須原屋茂兵衛 塩屋嘉助 伊勢屋庄助
〃 8	琉球人大行列記(1)	1冊	華誘斎 江戸日本橋 大坂心斎橋 京四条通留小路	 前川六左衛門 塩屋嘉助 伊勢屋庄助
〃 8	琉球人大行列記(2)	1冊	華誘斎 江戸日本橋 大坂心斎橋 州名護屋本町 京尾津手右門寺 伏見伯耆表日町 京松原寺町	 須原屋茂兵衛 塩屋嘉助 湖月堂茂三郎 叶屋嘉太郎 升屋勘太郎 松坂屋茂兵衛
寛政 8	琉球人大行列記(3) （享保以後江戸出版書目による）	1冊	華誘斎 （売出願人） （京板元）	 須原屋茂兵衛 伊勢屋庄助
文化 3	琉球人行粧記 （出版書目による）	1冊	華誘斎 板元京 売出	 松坂屋茂兵衛 須原屋茂兵衛

年度	琉球物刊行物	冊数	刊行地	板元
文化 3	琉球人大行列記大全 （江戸出版書目による）	1冊	華誘斎 京（板元） （売出）	 松坂屋茂兵衛 須原屋茂兵衛
〃 3	御免琉球人行列附	3枚	江戸三田四丁目 飯倉赤羽	山城屋善八 松代屋八三郎
〃 3	文化三年琉球人行列			
〃 3 跋	文化三年琉球人来朝之図	1枚		
〃 3	琉球百韻　牧野履撰書	1帳		
天保 2	琉球国志略（官版）	6冊		学問所御版製 本領行所 出雲寺富五郎
〃 3	琉球年代記　大田南畝			
〃 3	琉球入貢紀略　山崎美成			
〃 3	琉球奇譚　米山子 別（琉球伝真記・琉球談伝真記）			
〃 3	貢の八十船　松田直兄			城戸市右衛門 平野屋善兵衛
〃 3	中山聘使略　阪本純宅	折本		永斎蔵板
〃 3	琉球器物之図　阪本純宅	1帖		
〃 3	琉球楽略図　豊寿軒			
〃 3	琉球状（寛政9年成立） 屋代弘賢			（自家版）
〃 3	中山世譜　源直温	1冊		
〃 3	琉人行列之図	1枚		丹波屋新左衛門 兼春市之丞 菱屋弥兵衛
〃 3	琉球人行列記	1冊		丹波屋新左衛門 兼春市之丞 菱屋弥兵衛
〃 3	琉球人来聘之図	1枚		
〃 3	琉球人来朝之図	2枚		
〃 3	琉球人来朝図・錦絵　彩色	4枚	上野広小路 芝松本町	平野屋助三郎 大木屋平右衛門
〃 3	御免琉球人行列附	3枚	東都上野広小路 芝松本町	平野屋助三郎 大木屋平右衛門
〃 3	天保三壬辰年琉球人来朝行列之図	2枚		
〃 3	琉球人来朝行列図　歌月庵	1冊	名古屋　玉新	玉野屋新右衛門 味岡久次郎 大野屋惣八

年　度	琉球物刊行物	冊　数	刊　行　地	板　　元
天保 3	天保三壬辰年琉球人来朝行列之図	1枚	名古屋　玉新	玉野屋新右衛門 味岡久次郎 大野屋惣八
〃 3	琉球人来朝行列官職姓名録			玉野屋新右衛門 味岡久次郎 大野屋惣八
〃 3	(琉人行列図)	2枚継		江戸屋源之助 伏見屋亀右衛門
〃 3	(琉球人の図・漢詩)　屋代弘賢　彩色278×232	1枚		
〃 3	琉球論(版下原稿)　前田夏蔭	1枚		
〃 3	天保三辰年十一月薩州様参府御行列附		芝松本町 上野広小路	大木屋平右衛門 平野屋助三郎
〃 3	琉球使長歌　梅花道人張良道	1冊		
〃 5	為朝外伝琉球軍記 東西庵主人 石田玉山画	10巻10冊		
〃 6	為朝外伝鎮西琉球記 宮田南北 法橋岡田玉山画	10冊	京三条通柳馬場西入 大坂心斎橋通北久屋寺町	吉田治兵衛 天満屋安兵衛
〃 7	絵本豊臣琉球軍記 宮田南北			
〃 8	万国人物絵図		長崎	
〃 11	中山伝信録　　永田忠原校			
〃 13	琉球人行列記			
〃 13	琉球賀慶使略	1枚	読谷房蔵板	
〃 13	琉球人行列道順附	1枚		
〃 13	琉球人来朝行粧	1冊		
〃 13	琉球人渡来行列之図			
〃 13	琉人行列之図	1枚	薩州用達田中氏	浅田正兵衛
〃 13	御免琉球人行列附 渓斎英泉画	3枚	江戸芝神明前	丸屋甚八
〃 13	琉人行列之図	1枚		
嘉永 3	琉球解語　　富岡手嶌校正	1冊	江戸芝神明前三崎町	若狭屋与市
〃 3	琉球恩謝使略　富岡手嶌校正	(1冊)		
〃 3	中山国使略　富岡手嶌校正	折本	東都芝神明町	若狭屋与市
〃 3	琉球入貢紀略　　山崎美成			若林堂
〃 3	琉球人大行列記			

年度	琉球物刊行物	冊数	刊行地	板元
嘉永 3	御免琉球人行列附(1) 歌川重久画	3枚	東都芝神明前	若狭屋与市
〃 3	琉球人行列附(2)	3枚		平野屋福右衛門 松屋与六
〃 3	琉球聘使略		文華山房	
〃 3	御登城拝領物附	1枚		板元不明
〃 3	太平無彊諸蛮入貢漂流略年鑑	1枚		
〃 3	琉球恩謝使略	1枚		若狭屋与市
〃 3	琉球人行列記		名古屋本町 伏見豊後橋町 伏見大坂町 京寺町通錦小路	菱屋藤兵衛 小倉屋源三郎 亀屋半兵衛 菱屋弥兵衛
〃 3	琉人行列之図(1)　津島堂	1枚	名古屋本町 伏見豊後橋町 伏見大坂町 京寺町通錦小路	菱屋藤兵衛 小倉屋源三郎 亀屋半兵衛 菱屋弥兵衛
〃 3	琉人行列之図(2)	1枚	生栄堂	
〃 3	琉球人行列之図	1枚	名古屋	歌亀板
〃 4	新はんりうきうじん手まりうた			
文久 3	〔琉球通宝新吹御免の戯うた〕 彩色	1枚		
嘉永 7 以後	入貢漂流年鑑	1枚		
?	〔外国人の図〕 彩色 大清人・朝鮮人・琉球人 阿蘭人・魯亜人	1枚		

表10　附，重版・類版目録

年度	書名	冊数	刊行地	板元
明和 3	(1)重刻　中山伝信録		平安書林	文錦堂林伊兵衛
〃 3	(2)重刻　中山伝信録 石泊和校合	6冊		銭屋善兵衛 須原屋平助
〃 3	(3)重刻　中山伝信録	6冊		蘭園蔵板
〃 9	重刻　中山伝信録 (出版書目による)	6冊		
天保11	重刻　中山伝信録 水田忠原校		平安書林	石田治兵衛
——	重刻　中山伝信録 蘇門先生句読		製本所，皇都寺町通三条上ル二丁目	橘屋嘉助

年　度	書　　　名	冊　教	刊　行　地	板　　元
寛延元	琉球人大行列記　大全	1冊	辨装堂 堀川通仏光寺下ル 〃	河南四郎右衛門 日野屋半兵衛
宝暦 2	琉球人大行列記　大全	1冊	辨装堂 堀川通仏光寺下ル 〃	河南四郎右衛門 日野屋半兵衛
明和元	(1)琉球人大行列記　大全	1冊	辨装堂 堀川通仏光寺下ル 〃 江戸日本橋 大坂心斎橋	河南四郎右衛門 同　四郎兵衛 須原屋茂兵衛 渋川大蔵
〃 元	(2)琉球人大行列記　大全 （寛延元年本に粘張）	1冊	（心斎橋順慶町） 堀川通仏光寺下ル 〃	（渋川大蔵） 河南四郎右衛門 同　四郎兵衛
〃 9	琉球人大行列記　大全 （江戸出版書目）	1冊		
寛政 2	(1)琉球人大行列記　大全	1冊	辨装堂 江戸日本橋 大坂心斎橋 京四条通留小路	前川六左衛門 塩屋嘉助 伊勢屋庄助
〃 2	(2)琉球人大行列記　大全	1冊	大坂心斎橋 京四条通留小路	塩屋嘉助 伊勢屋庄助
〃 8	(1)琉球人大行列記　大全	1冊	華誘斎 江戸日本橋 大坂心斎橋 京四条通留小路	須原屋茂兵衛 塩屋嘉助 伊勢屋庄助
〃 8	(2)琉球人大行列記　大全	1冊	華誘斎 江戸日本橋 大坂心斎橋 尾州名護屋本町 京津手右門寺 伏見伯表日町 京松原寺町	須原屋茂兵衛 塩屋嘉助 湖月堂茂三郎 叶屋嘉太郎 升屋勘太郎 松坂屋茂兵衛
〃 8	(3)琉球人大行列記　大全 （「享保以後江戸出版書目」）	1冊	華誘斎	須原屋茂兵衛 伊勢屋庄助
文化 3	琉球人大行列記　大全 （江戸出版書目）	1冊	華誘斎 京	松坂屋茂兵衛 須原屋茂兵衛
寛延元	琉球人行粧記 （江戸出版書目）	1冊	大坂心斎橋筋安堂寺町	大塚屋惣兵衛
宝暦 4	琉球人行粧記 （江戸出版書目）	1冊		
明和元	琉球人行粧記	1冊		河南四郎右衛門 同　四郎兵衛 須原屋茂兵衛 渋川大蔵
〃 9	琉球人行粧記 （江戸出版書目）	1冊		

年度	書名	冊数	刊行地	板元
寛政 2	(1)琉球人行粧記	1冊	京	伊勢屋庄助 須原屋茂兵衛
〃 2	(2)琉球人行粧記	1冊	柳花堂	塩屋嘉助 伊勢屋庄助
〃 8	(1)琉球人行粧記	1冊	華誘斎 京	伊勢屋庄助 須原屋茂兵衛
〃 8	(2)琉球人行粧記	1冊	華誘斎	須原屋茂兵衛 塩屋嘉助 伊勢屋庄助
文化 3	琉球人行粧記	1冊	華誘斎 京	松坂屋茂兵衛 須原屋茂兵衛
寛政 2	琉球談	1冊	東都	須原屋市兵衛
〃 7	琉球談	1冊	皇都文錦堂	林伊兵衛
—	琉球はなし	2冊	京都起文堂 皇都寺町三条上ル 二丁目	製本所橋屋嘉助
—	琉球はなし	2冊	一条通大宮西へ入 ル町	石田治兵衛
天保 3	琉球入貢紀略　山崎美成編	1冊	静幽堂	
嘉永 3	琉球入貢紀略　山崎美成編 鍋田三善	1冊	静幽堂 日本橋通二丁目	山城屋佐兵衛
天保 3	琉球人行列記	1冊	伏見箱屋町 同　板橋 寺町通錦小路上ル	丹波屋新左衛門 兼春市之丞 菱屋弥兵衛
〃 13	琉球人行列記	1冊		
嘉永 3	琉球人行列記	1冊	津島堂 名古屋本町 伏見豊後橋町 伏見大坂町 京寺町通錦小路上 ル	 菱屋藤兵衛 小倉屋源三郎 亀屋半兵衛 菱屋弥兵衛
天保13	琉球賀慶使略	1枚	読谷房	
嘉永 3	琉球聘使略	1枚	文華山房	
天保 3	中山聘使略　阪宅甫識	折本	永斎	
嘉永 3	中山国使略	折本	若林堂 東都芝神明前	若狭屋與市
寛政 2	御免　琉球人行列附	3枚継	京橋鈴木町新道	林屋茂兵衛
〃 8	御免　琉球人行列附	3枚継	江戸	三河屋半兵衛 清水屋治兵衛
文化 3	御免　琉球人行列附	3枚継	江戸三田四丁目 飯倉赤羽	山城屋善八 松代屋八三郎

年　度	書　　名	冊　数	刊　行　地	板　　元
天保 3	御免　琉球人行列附	3 枚継	東都上野広小路 芝松本町	平野屋助三郎 大木屋平左衛門
〃 13	御免　琉球人行列附 渓斉英泉　画	3 枚継	江戸芝神明前	丸屋甚八
嘉永 3	(1)御免　琉球人行列附 歌川重久	3 枚継	東都芝神明前	若狭屋與市
〃 3	(2)御免　琉球人行列附	3 枚継		平野屋福右衛門 松屋与六
天保 3	琉球人来朝行列官職姓名録	1 枚	名古屋	平野屋新右衛門 大野屋惣八
嘉永 3	琉球人来朝行列官職姓名録	1 枚	名古屋	大野屋惣八

項に含められるべきものである。

「附　重版・類版目録」は、琉球物刊行物の中でも、読者の人気を得て使節渡来の度毎に版が重ねられたもの、異なる版元から類似の標題で刊行されたものなど、十種について版元名を明らかにし目録としたものである。同一年度に各地の版元から出版されている事実から、実際に市中に流布した数がいかに多かったかと、際物として書肆がいかに注目したかを知ることが出来る。また、琉球物を取扱った特定の書肆の存在を知ることも出来るのである。琉球物刊行物とその重版・類版については、本論第四章第二節第一項「江戸期琉球物刊本について」において述べた。(3)

注

(1)　拙著『江戸期琉球物資料集覧』第四巻、「琉球物と琉使来聘」第三章、本邦書籍刊。

(2)　東恩納寛惇「質問本草とその著者」『拓殖大学論集』第一四号、昭和三十二年九月。

(3)　琉球物刊行物のうち二十三件については、拙著注(1)書において翻刻文と解題を影印版と共に収めた。

第三章　その他の琉球史料

本章では、日本国以外において記された琉球史料のうち、江戸時代の日本で琉球に関する情報として入手し得たものを、

(1)　琉球国正史および国内史料
(2)　冊封使録
(3)　琉球国異国船渡来史料

に分類し、目録とした。

(1)　琉球国正史および国内史料（目録⑩）

ここでは、琉球の正史である『中山世鑑』『琉球国由来記』、琉球王府の官制・位階・員数を記した『琉球国中山王府官制』など、琉球人による著述のうち、日本国内の図書館に所蔵が確認されたものを取上げた。これらは日本側が収集し得た、琉球国自体に関する情報である。

『琉球国中山王府官制』には刊記がなく、どこで刊行されたかは不明だが、書名と内容から、琉球の国内で刊行されたものではないかと思われる。『中山世譜』は、康熙四十年に蔡鐸等が『中山世鑑』を漢訳したものである。屋代

弘賢はこれを抄書し、天保三年に『琉球状』と共に私家版の形で友人・同好の士に配った。また、序文（雍正三年）の付された『中山世譜』の抄書本（写本）には、伴信友による書き入れがある。

『喜安日記』は、喜安入道蕃元の著述である。琉球国王尚寧が麑府・駿府・江戸へ率いられた時に同行した記録（慶長十四年三月三日より同十六年九月三十日まで）であるが、成立は尚豊王（一六二一年から一六四〇年）の時代と見られる。『儀衛正日記』は、天保三年の使者である儀衛正・儀間親雲上の記録で、第二章一(1)「使節渡来記録」（目録①）にも参考史料として加えたものである。これら二書は個人による具体的で詳細な記録であり、当時の情況を知る史料として貴重である。

(2)　冊封使録（目録⑪）

琉球国は新国王の即位に際して、中国から冊封使節を迎えていた。大国中国との冊封関係に伴う進貢貿易は、琉球にとってばかりでなく、これを利用した薩摩にとっても重要なものであった。冊封使は琉球に百日から二百日滞在し、その間の重要な任務として、先王に対する祭諭と世子への冊封の儀式を行った。琉球側も度々宴を設けて、使節一行の饗応に努めた。冊封使の琉球滞在中の見聞記録、琉球の歴史・風土・文化・芸能・冊封の儀式などをまとめたものがいわゆる冊封使録である。今日その存在の知られているものが十五件、確認されたもので十四件ある。

琉球を知る日本人にとって、中国と琉球の冊封関係は重要な関心事の一つであった。また冊封使録は、琉球国内の風俗・文化を実地に見聞した中国人の記録であることから、具体的な琉球情報を与えてくれるものとして読まれた。確認された冊封使録として最も早い『使琉球録』（陳侃著）は、新井白石が信頼を置いた史料の一つで、『南島志』の中に多く引用されている。『中山伝信録』（徐葆光著）は元文年間に日本へもたらされ、明和元年・天保十一年に都合四種も和刻版が出されている。また『琉球国志略』（周煌著）は、天保二年に昌平坂学問所から官版として刊行された。これら冊封使録は、冊封使が中国皇帝に差出した報告書を後に刊行したものであるが、両者の内容が必ずしも同一であったとは思われない。中国で公刊されている事実から、冊封国琉球についての情報が、当時の中国国内においても商品となり得る程度の関心を集めたことを知るのである。

(3) 琉球国異国船渡来史料（目録⑫）

琉球国はその地理的条件によって、古くから東アジアにおける交易の拠点となってきた。近世に入ると、西欧諸国のアジア進出にともなって、琉球の地理的重要性は一層増していった。十八世紀後半には、ロシア・フランス・イギリスの艦船がそれぞれ琉球を訪れている。十九世紀に入ると、一八一六年のイギリス船ライラ号・アルセスト号の来琉以来、イギリス・ドイツ・合衆国・フランス・ロシア・オランダの艦船が、相次いで頻繁に琉球を訪れるようになる。琉球に渡来した異国船を年代順に並べると次の通りである。

琉球渡来の異国船

明和八年（一七七一）八月十三日　ベニョフスキー　（露）種ケ島
天明七年（一七八七）五月五日　ラペルーズ　（仏）琉球発見
寛政九年（一七九七）七月十日〜十二日　ブロートン、プロビデンス号　（英）
文化十三年（一八一六）九月十五日〜十月二十七日（九月七日）　バジル・ホール、ライラ号、アルセスト号　（英）
文政二年（一八一九）十一月十九日　ピーター・ゴルドン、ブラザース号　（英）

文政十年（一八二七）五月七日〜二十七日	ビーチ、ブロッサム号	（英）
天保二年（一八三一）三月	ギツラフ	（独）
〃　三年（一八三二）八月二十二日	リンゼイ、ロード・アマースト号	（英）
〃　八年（一八三七）	モリソン号	（米）
〃　九年（一八三九）八月十四日	インデアン・オーク号	（英）漂着
弘化元年（一八四四）三月	フォルカード、アルクメーヌ号	（仏）
〃　二年（一八四五）六月十九日〜八月二十二日	ベルチャー、サマラン号	（英）
〃　三年（一八四六）	セシル、クレオパートル号、サビヌ号、ビクトリウズ号	（仏）
嘉永四年（一八五一）二月三日〜七月十八日	ジョン・マンジロー	琉球上陸
〃　六年（一八五三）五月二十六日	ペルリー	（米）
（安政元年（一八五四）七月十一日	琉米修好条約）	
〃　元年（一八五四）一月三十一日〜二月九日	プーチャーチン、ゴンチャルフ、バルラダ号	（露）
〃　二年（一八五五）一月	ゲラン	（仏）
（〃　二年（一八五五）十一月十日	琉仏和親条約）	
〃　六年（一八五九）五月二十九日	ファンカペレン	（蘭）
（〃　六年（一八五九）七月	琉蘭通好条約締結）	
明治五年（一八七二）九月十日〜十二日	ドワーフ号	（英）

表11　琉球国正史および国内史料（目録⑩）

年　度	正史および国内史料	冊数	備　考　1	備　考　2
順治　7	琉球国中山世鑑	5巻		
康熙　52	琉球国由来記			
雍正　3	中山世譜	1冊		
〃　10	琉球王御教条	1冊	蔡温	
天保　2	琉球国志略刊本	6冊		
〃　3	中山世譜　（刊本）	1冊	屋代弘賢刊	
道光　12	儀衛正日記	1冊	儀間親雲上	
——	琉球国中山王府官制　（刊本）	1冊	蔡温	
——	中山紀略	1冊		中山伝信録の抜書
——	琉球暦	1冊		
——	琉球国碑文記	1冊		伊波普猷蔵本
——	中山王世系（朝鮮来聘録の付）			
——	琉球世系略譜	1冊		
——	喜安日記	1冊	喜安入道蕃元	

表12　冊封使録（目録⑪）

年　度	冊　封　使　録	備　考　1	備　考　2
嘉靖13	使琉球録	1巻，附1巻　陳侃	尚清王
〃 40	重刻使琉球録	2巻　郭汝霖	尚元王
万暦 7	使琉球録	2巻，附1巻　謝杰同	尚永王
〃 34	使琉球録	2巻，附1巻　夏子陽 王士楨	尚寧王
崇禎 6	杜天使冊封琉球真記奇観	1巻　胡靖	尚豊王
康熙 2	使琉球記	1巻　張學礼	尚質王
〃 22	使琉球雑録	5巻　汪楫	尚貞王
〃 22	中山沿革志	2巻	尚貞王
〃 58	中山伝信録	6巻（和刻版あり）　徐葆光	尚敬王
乾隆21	琉球国志略	16巻，首1巻（和刻版あり）　周煌	尚穆王
嘉慶 5	槎上存稿	1巻　趙文楷	尚温王
〃 5	使琉球記	6巻　李鼎元	尚温王
〃 13	続琉球国志略	5巻，首1巻　斎鯤・費錫章	尚灝王
道光18	（冊封使林鴻年・同副使高人鑑）	（未確認）	尚育王
同治 5	続琉球国志略	2巻，首1巻　趙新・于光	尚泰王

表13　琉球国異国船渡来史料（目録⑫）

年　度	史　　料	冊数	備　　考
文化　13	ベーシル・ホール渡来の時の琉球側の日記		
〃　13	英船渡来記	1冊	
文政　2	琉球船漂着始末	3冊	
文政 7 〜慶応 2	琉球事件（異国船漂着記録）	1冊	
天保 2 〜安政元	琉球表へ異国船来寇風聞書	1冊	
天保　5	仏蘭西人来着日記	1冊	
〃　11	仏朗西船漂着日記（弘化2年も含む）	1冊	
〃　15	琉球秘策	1冊	
〃　15	攘夷示琉球書四通並琉人答書	1冊	
〃　15	異国船渡来報書（天保15年甲辰8月16日薩州侯御届）	1冊	天保15年・弘化3年
〃　15	琉球国仏朗西国往復書・於琉球仏朗西人約定書（莠草年録の内）		
天保15 〜明治 8	琉球へ来着御届書	1冊	
弘化　元	琉球秘策	1冊	五代秀堯
〃　元	弘化元辰三月中琉球国之内那覇津へ異国船一艘漂着一件島津家家来衆より長崎御代官衆へ引合書写		フォルカード・アルクメーヌ号
〃　3	琉球より異国船届書	1冊	
〃　3	長崎琉球江英吉利仏朗西渡来一件		
嘉永2〜5	琉英往覆文	4冊	
〃　5	琉球国へ異船来着書付	1冊	
〃　6	琉球国江異国船渡来ニ付薩州長崎奉行所へ届書写（ペリー那覇着の件）		
〃　6	琉球国外交録（ペリー来琉の件）	1冊	
〃　6	琉球国異国船来着書付		
〃　6	異船一件秘書類（米国船琉球来着事件一冊）	12冊	
〃　6	琉球へアメリカ船渡来届	1冊	
安政　6	仏朗西提督交執条約		
文久　3	英夷軍艦渡来日記（文久3年6月27日より7月2日まで）		
——	琉球異船渡来之届	1冊	
——	琉球並浦賀異国船渡来諸届写	1冊	
——	咈囒哂船琉球国渡来記		

年　度	史　　料	冊数	備　　考
——	外船航来集（仏英両国船琉球国渡来記を含む）	4冊	
——	仏蘭西人より琉球人往復書牘（資治雑笈第二輯所収）		
——	仏国水師提督贈琉球国書（同上書所収）		
——	仏蘭西船琉球渡来薩州届書数通（同上書所収）		
——	薩藩報仏人通好書		
——	フランス又々琉球に来る風聞覚書		

明和から寛政にかけての日本は、実学的研究が盛んになり、海外の文化に目を向けた蘭学の興隆期にあった。ロシア船の渡来や漂着によって北方へ地誌的関心が向けられ、数々の世界地理書が著わされた。この時期に盛り上った琉球への地誌的関心も、その一環であった。日本における琉球への関心は、天保三年度の使節渡来時に再び非常な盛り上がりを見せる。この頃は、ロシアの南下、頻繁になる異国船の渡来・漂着、およびアヘン戦争等の情報によって外からの脅威を感じ始め、外からの刺激に対する内側の緊張が国家意識を育ててゆく時期である。琉球に対しても、単なる地誌的関心に止まらず、日本にとっての琉球の位置を確認しようとするのである。

琉球へ渡来した異国船の記録は、文化十三年のバジル・ホール（イギリス船、ライラ号・アルセスト号）に関する『ベージル・ホール渡来時の琉球側の日記』が最初である。以後、異国船来琉の度ごとに、薩摩を通じて幕府への報告がなされている。ここに集めた史料には、異国船自体に関する記録と琉球側の異国船への対応が記されている。これらの史料が書写・収集されたのは、琉球への関心によると同時に、前述の日本の置かれていた時代的情況によると考えられる。

資料篇第二　琉球国使節渡来資料

表14　琉球国賀慶使・恩謝使

渡来年次	西暦	天皇	将軍	琉球国王	島津藩主	目的	正使（唐名・名乗）	副使（唐名・名乗）	員数	琉球出発	鹿児島出発	江戸到着	登城	江戸出発	鹿児島到着	琉球帰着	備考
寛永11 甲戌年 崇禎7	1634	明正	家光	尚豊王	島津光久	賀慶使 恩謝使	佐敷《さしき》王子 尚文・朝益 金武《きむ》王子 尚盛・朝貞			2月		（京都）閏7月9日		（京都）8月		12月	京都二条城まで
正保元 甲申年 順治元	1644	後光明	家光	尚賢王	島津光久	賀慶使 恩謝使	金武《きむ》王子 尚盛・朝貞 国頭《くにがみ》王子 馬国隆・正則		70人			6月13日	7月12日	7月			日光山に到りて御宮を拝す
慶安2 己丑年 順治6	1649	後光明	家光	尚質王	島津光久	恩謝使	具志川《ぐしかわ》王子 尚享・朝盈		63人			7月10日	9月1・25日			4月	日光山に到りて御宮を拝す
承応2 癸巳年 順治10	1653	後光明	家綱	尚質王	島津光久	賀慶使	国頭《くにがみ》王子 馬国隆・正則		71人	5月		9月20日	9月28日 10月26日			3月	日光山に到りて御宮を拝す、城中にての楽奏これが初め
寛文11 辛亥年 康熙10	1671	霊元	家綱	尚貞王	島津光久	恩謝使	金武《きむ》王子 向熙・朝典（興）		74人	寛文10年6月5日	寛文11年5月30日	7月21日	7月28日 8月9日	8月19日	10月18日	11月8日	此度以後日光山に到ることなし、桑名にて難風に逢い、琉球人乗りたる舟漂流す、無事
天和2 壬戌年 康熙21	1682	霊元	綱吉	尚貞王	島津綱貴	賀慶使	名護《なご》王子 尚弘仁・朝元		94人	天和元年5月26日	天和2年2月9日	4月6日	4月11・14・16日	4月28日	6月23日	10月10日	

宝永7 庚寅年 康熙49	正徳4 甲午年 康熙53	享保3 戊戌年 康熙57	寛延元 戊辰年 乾隆13	宝暦2 壬申年 乾隆17	明和元 甲申年 乾隆29	寛政二 庚戌年 乾隆55
1710	1714	1718	1748	1752	1764	1790
中御門	中御門	中御門	桃園	桃園	後桜町	光格
家宣	家継	吉宗	家重	家重	家治	家斉
尚益王	尚敬王	尚敬王	尚敬王	尚穆王	尚穆王	尚穆王
島津吉貴	島津吉貴	島津吉貴	島津宗信	島津重年	島津重豪	島津斉宣
賀慶使 恩謝使	賀慶使 恩謝使	賀慶使	賀慶使	恩謝使	賀慶使	賀慶使
美里《みさと》王子 尚紀・朝禎 豊見城《とみぐすく》王子 尚祐・朝匡	與那城《よなぐすく》王子 尚監・朝直 金武《きん》王子 尚永泰・朝祐	越来《ごえく》王子 尚盛・朝慶	具志川《ぐしかわ》王子 尚承基・朝利	今帰仁《なきじん》王子 尚宣謨・朝忠 (義)	読谷山《よみたんざん》王子 尚和・朝恒	宜野湾《ぎのわん》王子 尚容・朝陽
富盛《とみもり》親方 翁自道・盛富 与座《よざ》親方 毛文傑・安好	知念《ちねん》親方 向保嗣・朝上 勝連《かつれん》親方 毛応鳳・盛祐	西平《にしひら》親方 向和声・朝叙	与那原《よなばる》親方 馬元烈・良暢	小波津《こはつ》親方 毛文和・安減	湧川《わくがわ》親方 向邦鼎・朝喬	幸地《こうち》親方 馬克・良篤
168人	170人	94人	98人	94人	96人	96人
7月2日	5月26日	6月	6月10日	6月4日	6月9日	6月6日
閏8月26日	9月9日	9月11日	9月9日	9月11日	8月23日	9月6日
11月11日	11月26日	11月8日	12月11日	12月2日	11月9日	11月21日
11月18・21・23日	12月2・4・6日	11月13・15日	12月15・18日	12月15・18日	11月21・25日	12月2・5日
12月18日	12月21日	12月2日	12月27日	12月28日	12月11日	12月27日
正徳元年 2月16日	正徳5年 2月21日	2月21日	寛延2年 3月13日	宝暦3年 3月1日	明和2年 2月4日	寛政3年 3月17日
3月22日	3月23日 (4月1日)	3月19日	6月14日	4月8日	3月16日	11月17日

寛政8 丙辰年 嘉慶元	文化3 丙寅年 嘉慶11	天保3 壬辰年 道光12	天保13 壬寅年 道光22	嘉永3 庚戌年 道光30	明治5 壬申年 同治11
1796	1806	1832	1842	1850	1872
光格	光格	仁孝	仁孝	孝明	明治
家斉	家斉	家斉	家慶	家慶	
尚温王	尚灝王	尚育王	尚育王	尚泰王	尚泰王
島津斉宣	島津斉宣	島津斉興	島津斉興	島津斉興	
恩謝使	恩謝使	恩謝使	賀慶使	恩謝使	王政一新祝賀使
大《お》宜《う》見《ぎみ》王子 尚恪・朝規	読谷山《よみたんざん》王子 尚大烈・朝勅	豊《と》見城《みぐすく》王子 向寛・朝典	浦添《うらそえ》王子 尚元魯・朝熹	玉川《たまがわ》王子 尚慎・朝達	伊《い》江《え》王子 朝直
安村《やすむら》親方 馬文端・良頭	小《お》禄《ろく》親方 馬応昌・良和	沢岻《たくし》親方 毛惟新・安度	座《ざ》喜《き》味《み》親方 毛恒達・盛晋	野《の》村《むら》親方 向元模・朝宜	宜《ぎ》野《の》湾《わん》親方
97人	97人	98人	99人	99人	37人
7月13日	6月25日	6月13日	6月2日	6月2日	7月25日
9月	9月4日	9月1日	8月22日	8月21日	8月20日
11月25日	11月13日	11月16日	11月8日	10月30日	9月3日
12月6・9日	11月23・27日	閏11月4・7日	11月19・22日	11月19・22日	9月14日
12月30日	12月19日	12月13日	11月22日	12月12日	10月
寛政9年3月2日	文化4年3月6日	天保4年3月5日	天保14年3月2日	嘉永4年2月17日	不明
4月6日	4月22日	4月5日	4月6日	4月13日	2月5日 新暦3月3日
		正使豊見城王子鹿児島にて死去のため、普天間親雲上が代役となる			

第一章　琉球国使節渡来の日程・行程

薩摩藩の命を受けて琉球国より幕府に遣わされた琉球国使節は、その目的により「賀慶使」「恩謝使」と称せられた。遣わされる相手方は、全年度を通じて一定ではなかった。例えば、寛永十一年（一六三四）度は将軍家光に、賀慶と恩謝の両使節が遣わされたが、家光の将軍宣下からは十二年を経ており、実際には尚豊王襲封恩謝使に伴い賀慶使が派遣されたものである。また、正保元年（一六四四）の賀慶・恩謝の両使は、家綱の誕生賀慶および尚賢王襲封の恩謝がその目的であった。その後の慶安二年（一六四九）以後は、一定して将軍宣下と琉球国王襲封の度に派遣されている。

琉球国使節の派遣が実現するまでの幕府と薩摩との交渉経過は『薩藩旧記雑録　追録』[1]に詳しい。一般に、将軍宣下や琉球王の死亡・退位があると、老中各位に対し薩摩より使節派遣の願い書が差出される。宝永七年度の使節派遣が実現するまでの経緯は先に述べたが、ここでは宝暦二年度の恩謝使派遣の過程を見てゆきたい。

寛延四年（一七五一）正月に琉球国王尚敬が病歿した。同年七月十三日には、島津重年の名で翌宝暦二年秋に、使者を召連れて参府したい旨の願い書が出されている。

　　　重年公御譜中
　　　　扣正文在右筆所
　琉球中山王当正月致病死、継目申付候段者以別紙御届申上候、中山王継目之節者、江戸江使者差上御礼申上先例御座候間、先規之通被仰付被下度奉願候、右付琉球より茂尚喜江継目無相違申付候ハヽ、江戸江使者差上御礼申上度旨先達而願越候、先王病死之段者当冬大清江申遣筈御座候、三年過候得者、封王使差渡先例御座候間、来ル戌年ゟ先封王使待請申考候由申越候、前々ゟ継目之節者、封王使不請以前江戸江御礼申上儀御座候間、使者渡海可仕旨当秋申越候様仕度候、左候而来申夏薩州江使者到着仕、支度相調次第先例之通私召連参府仕度候、何分ニ茂被成御差図可被下候、以上、

（朱）

「寛延四年」七月十三日　御名(2)

書中幕府の許可を求める根拠として次の二点をあげている。つまり、一つは「中山王継目之節者、江戸江使者差上御礼申上先例御座候」である。もう一点は、中国より冊封使が国王の歿後三年に渡来することになっており、冊封使より襲封の礼を受ける前に、将軍に御礼（襲封御礼）の使者を遣わすのが「前々ゟ継目之節」の例であるとしている。ここにおいても宝永七年（一七一〇）度と同様に、国の威信を理由にあげ、琉球と中国との関係よりも優位に立つことを示すべきであるとする論理で幕府に申請していることは注目すべきである。幕府も直ちに準備を進めた模様で、同年九月二十日には、伊丹兵庫頭・松下肥前守へ大目付を、また横田十郎兵衛・稲生下野守へ御目付を命じている(3)。

さて、琉球側にあっては、使船の都合もあり薩摩から参府の指示を受けるのが春・夏と限られる。王府での使者の人選・準備があり、ほぼ十ヵ月から十二ヵ月後の五・六・七月頃に琉球を発つことになる。参府使節の派遣が島津から通達され、使者が任命されてから出発までの日数をみると次のごとくである。

宝永六年十一月十一日　使者・楽童子を命ぜらる
七年　六月　六日　餞宴を賜う
七月　二日　那覇開船

九日　山川港着

八月十五日　麑府着

（毛姓九世盛昌・家譜）(4)

正徳三年五月　二十日　使者・楽童子を命ぜらる

四年四月二十七日　餞宴を賜う

五月二十六日　那覇開船

六月九日　麑府着

（毛氏十一世盛真・家譜）(5)

当然のことながら任命から出発まではその準備に当てられる。特に楽師・楽童子に命ぜられた者たちは、それぞれの技芸の練習に取り組むことになる。先に示した毛世十一世盛真は、正徳四年に伊野波里之子として楽童子を務め使者として参府している。盛真が正徳四年四月二十七日に城中で「若里之子」に叙せられ、さらに餞宴を賜るが、その時、

四月二十七日叙若里之子即日　王上召両王子賜餞宴因焉附随而上　城則行中華之礼以見　王上又到於大和所行之礼典音楽陳於　君前(6)

と、国王に披露し、また国王と国王の母（国母）から次のように餞別の賜物を受けている。

且自公庫緞子二疋八糸緞子一疋綾子二疋大紅縐紗二疋金蘭大帯一条賜焉為贐儀之事蒙恩賜雲母紙大小二巻十七升紺緌蕉布一端従　国母毛氏野嵩按司加那志恩賜十八升紺緌蕉布一端(7)

また寛政二年の参府準備のために、林家樟は楽生師を命ぜられている。つまり、

五十四年（寛政元年）己酉四月十九日為赴江府事奉　憲令為楽生師五月初一日賜館于首里毎日在安国寺教授楽曲翌庚戌年五月

初十日教竣回家[8]

とあり、特に参府の為の楽曲練習の場が安国寺に設けられたことがわかるのである。

琉球国使節の江戸参府の旅は、那覇港を出発することから始まる。薩摩山川港へは、六月七月のませ風を用いて北上する。[9]「道之島」を通過し、鹿児島・山川港に到着する。条件により異なるが、この間順調な場合は四日間、長くかかる場合は二十七日間も要している。山川港は、島津家久が慶長十四年の琉球攻めの折、兵を送り出した港であり、以来琉球通航の玄関口となっている。上陸後、陸路を経て麑府へ向い、城下にある琉球仮屋（琉球館）[10]に滞在する。

表15でわかるように、その滞在日数は長い時で一年間（寛文十一年度）にも及ぶが、普通はほぼ三ヵ月程であった。そして、宝永七年度より、その滞在日数が一定化していることから、この時期から制度面の整備がなされたと考えられる。この麑府滞在中の使節一行の行動は、すでに宝永七年度の例として先に述べておいたので、ここでは省くことにする。

琉球国使節の一行は、薩摩藩主の参勤交代に率いられる形で江戸に至るので、使節の行程は藩主のそれと原則的に同一である。但し、琉球国使節は海路で大坂に至るのに対し、藩主は陸路を取った模様で、大坂薩摩屋敷で合流している。

薩摩藩が幕府に届け出ている参勤交代の経路は、基本的には京泊（川内）を出発し九州西海岸沿を平戸・小倉・大坂へと至る「西目」と、東海岸に沿い日州細嶋・豊州鶴崎・大坂へ至る「東目」の二通りがある。「東目」を経由する方が距離的に十四里程近いが、薩州野間崎が難所となっている。一方「西目」経由においても冬から春（九月より四月）頃までは西北の向い風が強く、実際には時期的限定が加えられている。島津氏の参勤・就封の時期は、本来四月と定められているが、前述の理由で規定通りの時期を守ることは難しい。例えば、寛永十三年以後宝暦十三年に至る間、規定時期を守り参勤し得たのはわずか全体の三割弱の回数でしかなかった。[11]そこで、止むなく藩主島津綱貴の時から、

鹿児島より大里までを陸路でゆくことになる。幕府に報告した理由として、

早追ニ而参府仕候儀も度々ニ而御座候、大勢引列急旅行仕義もいかかと存候(12)

と申し述べ、参勤の時期を変更されたい旨を願い出ている。さらに、琉球国使節が那覇港を出発し山川港に至る時期

表15　鹿児島滞在日数

年度	那覇発	山川着	麑府着	麑府発	滞在日・約
寛文	10年6月5日			11年5月30日	1年
元和	元年5月26日		6月23日	2月9日	7ヵ月半
宝永	7年7月2日	7月5日	7月9日	閏8月26日	2ヵ月半
正徳	4年5月26日			9月9日	3ヵ月半
享保	3年6月			9月11日	6ヵ月半
寛延	元年6月10日			9月9日	3ヵ月
宝暦	2年6月4日			9月11日	3ヵ月
明和	元年6月9日			8月23日	2ヵ月半
寛政	2年6月6日			9月6日	3ヵ月
寛政	8年7月13日			9月	?
文化	3年6月25日			9月4日	2ヵ月半
天保	3年6月13日			9月1日	2ヵ月半
天保	13年6月2日			8月22日	2ヵ月半
嘉永	3年6月2日			8月21日	2ヵ月半

も夏期（六月・七月）に限られており、鹿児島における準備期間を予定に入れると、使節を伴い参府する時期はほぼ十一月頃となり、幕府もこの延引を認めている。(13)

琉球国使節一行は麑府出発の後、伊集院・市来・川内と陸路を経て川内の久見崎（京泊）で海航の時期・風便を待つのである。天保三年の記録には、麑府郊外の横井茶屋で昼食を取りながら別れの盃を取り交わしている記事があり、このあたりまで鹿児島に在住する琉球人同輩の見送りがあったものと思われる。久見崎での滞在は、海船に積み込む荷物などの最終的な確認作業に費されると共に、出発の風待ちが重要な目的でもあった。海路を進むとき、いたる所で無風・逆風の悪天候に逢い、数日の滞在を余儀なくされている。

海路の途中、各所で停泊をするが、そこでは水・薪の提供から入湯まで準備している。そして指定された港では、使節通過が間近になると連日のごとく飛舟を送り、使節を乗せた船団の進行動向を探っている。

長崎の沖や平戸城下を通船する折には、船飾をととのえたり、座楽を船中で奏じたりした。この平戸城下通過の様は、松浦藩主松浦静山がその著書に図版と共に詳しく記している。(14)

木津川口に到着した後、ひと度船飾をととのえ薩摩大坂屋敷へ至る。大坂での滞在はほぼ三、四日で、その間何度か宴が持たれ船旅の疲れを癒している。(15)

大坂薩摩屋敷に到着して後は、ほぼ予定通りの旅が可能であったことが窺える。大坂薩摩屋敷より伏見までは、淀川を川船で上る。船飾を付けた大名船が、川岸からの引き綱でゆっくりと曳かれ、また船中からは異国然とした琉球音楽が流れ出てゆく。淀川の両岸には桟敷が組まれ、町人たちが競ってこの大行列船団を見物している。衆人環視の中を、きらびやかな琉球国使節を率いてゆくことは、薩摩にとってその権威を誇示する絶好の機会であった。

大坂より伏見までの船旅は一日である。正使・副使の重職にある者は、大名所有の御座船に乗り、他に屋形船・雪隠船・雨戸船・賄船などが使節を乗せた船と共に進んだ。この伏見までの川登りは、天保三年を例にとると、

屋形船（御船手与力衆）　二双
川御座船（松浦・亀井・小笠原各船印）　三双
三拾石船　一双
小屋形船　三双
川御座船　一双
小屋形船　二双

が進み、さらに先述の「雪隠船」「雨戸船」「賄船」などが各御座船に付随して進行したのである。[16] そして、これらの船を淀川の両岸から綱引くための人足都合二百五拾人が、近郷近在の村より集められたことが、『琉球人綱引人足帳』によって知ることができる。[17]

またこの淀川登りについては『儀衛正日記』[18]に、

明七ツ時分淀之御城下前通船之時正使副使冠楽船諷替ニいたし伏見通より又々船行列ニ而七ツ時分京橋東之浜より正使副使乗物其外歩行ニ而行列帳之通相備伏見宿御本陣大塚小右衛門江繰入候事

とあり、伏見の京橋東浜までがほぼ十二時間の行程であったことがわかる。但し、寛延元年度は、十一月十四日大坂着船・十八日大坂発・枚方泊・十九日淀城下通行とある。[19] この寛延元年度の使節を伏見で見聞した様子を記した書物に『入来琉球記』[20]（一冊）がある。伏見を通行する使節の服装・風聞を挿絵を混じえつつ記述するなかに、淀川上りに関して次のことがらが記されている。例えば、綱引人足は都合七百五十人出たこと、御馳走船（大名船）は松平丹後守、伊達大膳大夫などが提供したこと、献上之荷物が百三十五個に及び淀より駆り出された人足が千三百人であったことなどである。また伏見の船着場の様子については、

○伏見京橋手前舟つきには三ヶ所波渡場有之、凡二間に九尺ほとに見る、けずり立の松板にて左右らんかん付けて有之、砂敷てなわばりして有る、肥後殿橋の向町やより京橋ゑ行まかりかと竹やらいにて着日にはゆい切る由、京橋ぎはに凡二間に四間うすこけらふきの馬立たつ也、則こくせんや番所のきわ也、

と、その到着準備の様が描かれている。伏見には、寛延元年度は三日、天保三年度は二日間逗留し、ここより陸路東海道を江戸へ向うのである。

伏見から江戸までの街道のうち、琉球国使節の一行が通行したのは次の三経路である。まず、琉球国使節としてではなく、琉球国王尚寧王が島津家久に率いられ通行したのは、

（往時）東海道
（復時）島津家久・中山道
　　　　尚寧王・東海道及び美濃路

であった[21]。次に、寛永二十年および宝永七年の参府記録によれば、東海道を往時・復時共に利用している。また、正徳四年・享保三年・寛政二年・天保三年の各参府記録によれば、美濃路・東海道を利用している。したがって正徳四年度から通行路の変更があったことがわかる。推測するに、この変更は他の諸式変更と関わりのあるものであろう。美濃路を用いることは名古屋城下を通行することであり、当然城下通行時の路次楽演奏を伴うものである。尾張徳川の城下を「異国・琉球」の使節一行が通行することは、国威を示すことにおいて重要な意味があったと思われる。

伏見より江戸までの所要日数は十六日から十九日の間であり、休息所・宿泊所は表16の通りである。

江戸に入府する際には、前の宿所で旅仕度を整え、時刻を計り出発している。江戸においては、芝田町の薩摩屋敷が琉球国使節の宿所に当てられた。江戸滞在中に果たさねばならない使節の任務は、

(1)　登城し、将軍へ慶賀（もしくは恩謝）の挨拶をすること。

表16　道中休息・宿泊所

寛永20年		宝永7年		享保4年		寛政2年		天保3年						
大坂		大坂		大坂		大坂		月	日				兼川	
伏見	泊	伏見	泊	伏見	泊	伏見	休	10	28	伏見			大井川	
草津	休	大津	休	大津	休	大津	泊		29	大津			嶋田	泊
石部	泊	草津	泊	草津	泊	草津	休			草津		10	三軒屋	
土山	休	水口	休	武佐	泊	守山	泊			守山			藤枝	
関地蔵	泊	坂下	泊	高宮	休	武佐	休			武佐	泊		安部川	
庄野	休	庄野	休	番場	泊	知川	泊	11	朔	知川			弥勘町	
四日市	泊	四日市	泊	関原	休	鳥居出	休			宮宿			府中	泊
桑名	休	桑名	休	大垣	泊	醒ヶ井	泊			鳥居		11	吉田	
熱田(宮)	泊	宮	泊	起	休	関原	休			番場	泊		江尻	
岡崎	休	池鯉府	休	稲葉	泊	大垣	泊		2	今洲			奥津	
赤坂	泊	岡崎	泊	名古屋	休	洲之俣	休			関原			倉沢	
荒井	休	御泊	休	宮	泊	起	泊			重井	泊		蒲原	泊
浜松	泊	二川	泊	池鯉鮒	休	清須	休		3	大垣		12	岩洲	
袋井	休	新居	休	岡崎	泊	宮	泊			沢渡			富士川	
金谷	泊	浜松	泊	赤坂	泊	鳴海	休			墨俣			吉原	
岡野	休	見付	休	吉田	休	池鯉鮒	泊			起宿			相原	
江尻	泊	掛川	泊	二川	泊	岡崎	休			稲葉	泊		原宿	
吉原	休	金谷	休	新居	休	赤坂	泊		4	清洲			沼津	泊
三島	泊	藤枝	泊	浜松	泊	吉田	休			福寿寺		13	箱根	
箱根	休	鞠子(丸子)	休	見付	休	白須賀	泊			熱田宮			代官所	
小田原	泊	江尻	泊	掛川	泊	新居	休			鳴海	泊		三嶋	
大磯	休	蒲原	休	金谷	休	浜松	泊		5	池鯉鮒			山中村笹屋助佐衛門所	
藤沢	泊	吉原	泊	藤枝	泊	見付	休			大浜			大久保加賀守御代官所	
神奈川	休	三嶋	泊	丸子	休	掛川	泊			衣川			畑	
江戸		箱根	休	江尻	泊	金谷	休			御油	泊		湯元	
		小田原	泊	蒲原	休	藤枝	泊		6	伊奈村			小田原	泊
		大磯	休	吉原	泊	丸子	休			奥崎		14	梅沢	
		藤沢	泊	原	休	江尻	泊			吉田			平塚	
		新宿	休	大磯	泊	蒲原	休			二川	泊		馬入川	
		川崎	泊	藤沢	泊	吉原	泊		7	白須賀			戸塚	泊
		江戸		新宿	休	原	休			荒居		15	生麦	
				川崎	泊	三嶋	泊			舞坂	泊		程ヶ屋	
				江戸		箱根	休		8	浜松			川崎	泊
						大磯	泊			池田		16	江戸	
						藤沢	泊			天竜川				
						戸塚	休			見付				
						神奈川	泊			袋井	泊			
						川崎	休		9	原川御立場				
						江戸				掛川				
										白坂				

(2) 東照宮（初期は日光山へ登るが、後には上野に参る）へ参詣すること。
(3) 琉球音楽を城中で奏上すること。
(4) 御三家・老中へ挨拶すること。
(5) 将軍に暇乞をすること。
(6) 薩摩屋敷で芸能を鑑賞したり、また琉球芸能を披露すること。

などが主なものであった。これらについては各々の節に分かちて述べることにする。

江戸滞在の日数は年度によって異なる。詳しくは、本章末尾の各年度の日程表、および本章冒頭に掲げた「琉球国賀慶使・恩謝使渡来年表」を参考とされたい。

帰国時も往きと同じ街道をたどりながら進むが、宿泊・休息の場所は必ずしも往時と同じではない。帰国途中に果たさねばならない重要な役目として、かつて道中で死去した使者たちへの墓参がある。特に興津の清見寺には、慶長十五年に尚寧王と共に島津家久に率いられ途中で歿した具志頭王子尚宏の墓があり、帰国時には必ず参詣を果たした。今日「清見寺文書」[22]中に、宝永七年より嘉永三年度に至る間（但し、享保四年度は不詳）の弔文が収められている。使者たちが渡来する途中で何人も歿していることは、街道沿いの寺院の記録や使者の家譜、そして参府記録等により少しずつ明らかになりつつある。現在までに判明した病卒使者は次の通りである。

慶長15年8月24日　具志頭王子尚宏：興津清見寺葬
天和2年8月22日　名護王子尚弘仁・朝元：鹿児島にて病卒
宝永7年11月2日　仲西筑登之：浜松宿病卒・西見寺葬
寛延2年1月12日　渡嘉敷親雲上麻元英・真冨：宮宿病卒・海国寺葬
寛政2年10月13日　與世山親雲上向道享・朝易：鞆浦病卒・小松寺葬

文化3年12月2日　比嘉親雲上：江戸病卒・高輪大円寺葬
天保3年8月27日　豊見城王子向寛・朝典：麑府病卒
（9月16日　豊見城王子向寛・朝典：久見崎病卒）
9月25日　儀間親雲上東文里・政順、および嵩原親雲上：伏見病卒・大黒寺葬
11月4日　冨山親雲上梁文弼：稲葉宿病卒・鳴海瑞泉寺葬
嘉永3年11月22日　高嶺親雲上魏国香：浜松病卒・西見寺葬
12月28日　真栄城親雲上：草津病卒・正定寺葬

以上のように琉球とは気候の異なる江戸へ向けての長旅の間に、度々病気により歿する者が生じている。特に天保三年には四名もの病死者が出、しかも正使を務める豊見城王子も出発前の麑府で歿している。[23]しかし、讃議官宇地原親雲上を正使の代役に立て、そのまま豊見城王子に成り済まし任務を終えている。

江戸を出発し、ほぼ二ヵ月半を経て一行は鹿児島へ到着し、数日の滞在の後琉球へ向っている。琉球では、王城で帰国の奏上を済ませることにより、使節の任を終えることになる。

注

（1）『薩藩旧記雑録　追録』巻四一―巻一六四、（『鹿児島県史料』一―八）、鹿児島県。
（2）同右、巻一〇三、九三七。
（3）『御徒方萬年記』、『通航一覧』巻一五所収。
（4）「毛姓九世盛昌家譜」『那覇市史』家譜資料㈠、資料篇第一巻五、那覇市役所、昭和五十一年二月。
（5）「毛氏十一世盛真家譜」、同右『那覇市史』。
（6）『毛氏十一世盛真家譜』、那覇市史編集室所蔵原本。
（7）同右。

（8）『林姓五世林家樟家譜』、那覇市史編集室所蔵原本。

（9）『四夷八蛮船之記』（内閣文庫蔵）に、「琉球へは薩摩山川の湊より渉る、山川より琉球は真南に当る、二月三月九月十月の比あなぢの風を用ゆ、戻りは六月七月のませ風を用ゆ、潮行早く東へ片潮なり、琉球へ渡るには東のやくるをきらふ」とある。

（10）『琉球関係文書』（東京大学法学部蔵）には、「以前琉球仮屋守天明四年辰三月琉球仮屋ノ事琉球館琉球屋守ノ事琉球聞役ト被改候」とあり、天明四年に改称されたことを知る。

（11）波田野富信「参勤交代制の一考察――薩摩藩の参勤交代制――」『史学論集』第六号、昭和五十一年。

（12）注（1）書、巻三五、一八八二。

（13）同右、巻一〇三、九七七・九九一。

（14）松浦静山『甲子夜話』四三、『甲子夜話』3、（東洋文庫三二一）、平凡社、昭和五十二年十二月。

（15）大坂薩摩屋敷における琉球国使節の行動は詳しく知り得ないが、各種の宴が催されたようである。例えば文化三年度の例を見ると、

　十月十八日大坂の薩摩屋敷に到る
　　二十日盛宴を賜わり、竹田絡、躍、狂言を看る
　　二十二日発棹して伏見に到り

とあり、また天保三年の例を見ると

　十月二十日大坂薩摩屋敷に到着
　　二十二日竹田からくり見物、宴を賜う
　　二十四日大坂出発、伏見に到る

とある。ほぼ四日間の滞在中に、薩摩側が使節の労をねぎらう宴を催した。

（16）『天保三辰年琉球人綱引人足帳扣』一冊、ハワイ大学旧宝玲文庫本。

（17）前年の文化三年には「綱引人足合三百三拾五人外に綱持人足八人」がこの川船行列に動員されたことが「文化三寅年十月琉球人綱引人足割方帳」（ハワイ大学旧宝玲文庫本）によって知れる。

(18)『儀衛正日記』一冊、東京大学史料編纂所蔵。
(19) 注(1)書、巻九七、三二九。
(20)『入来琉球記』一冊、京都大学附属図書館蔵。異本を翻刻した物に、平山敏治郎「入来琉球記」(資料)『民俗学研究所紀要』第三集、(昭和五十三年十二月)がある。
(21)『大井川志』・『當代記』、『通航一覧』巻三。
(22)『清見寺文書』、昭和三十九年一月、私家版。
(23) 豊見城王子の死亡については、本論第四章第一節「天保期使節の実態」、および同注(7)(11)参照。

琉球国使節渡来の日程・行程

寛永二十年（一六四三）

5月5日　来年正保元年家綱誕生賀慶使参府により、大坂江戸間の休泊人馬の事を老中、御料私領に達す

正保元年
6月13日　松平薩摩守へ上使をなす
19日　松平薩摩守参勤御礼有之
25日　金武王子、家綱誕生を賀す
国頭王子、尚質王の襲封を謝す
7月3日　光久両使を率いて日光山に到り、御宮を拝す
12日　両使登城

慶安二年（一六四九）

7月10日　琉球使節江戸到着
14日　島津薩摩守扶持二千俵賜う
9月朔　琉球人使者具志川王子登営
2日　日光登山により、老中以下を遣わさるべき旨命ぜらる
11日　日光参拝
25日　登城・暇乞

承応二年（一六五三）

9月20日　琉球国使節江戸着
23日　光久米千俵を賜わる
27日　明日道筋見分の旨、老中より道奉行へ達す
28日　琉球人使者登城
10月10日　光久琉球人使者と伴に日光参拝
26日　琉球人使者登城・琉球音楽を奏す・暇乞

寛文十一年（一六七一）

7月20日　町触
26日　薩摩守へ米二千俵を賜う
27日　明日琉球人使者登城の町触
28日　琉球人使者登城
8月5日　琉球人使者、上野御宮参詣の前触
7日　上野御宮に参詣
8日　大老酒井雅楽頭忠清の宅にて琉球人使者奏楽命ぜらる
9日　琉球人使者登城
19日　琉球人使者江戸を発す
26日　琉球国使節熱田泊
27日　桑名渡船の折、難風に逢う

天和元年（一六八一）

5月26日　琉球人使者那覇開船
6月23日　鹿児島到着
天和2年
2月9日　琉球人使者鹿児島出発
4月6日　琉球人使者江戸参着
11日　使者登城
14日　登城・音楽を奏す
16日　使者登城・暇乞
18日　琉球人使者、松平中将光久より盛膳を賜う（家譜二六五）
20日　島津屋敷にて、狩野養朴絵を描く（家譜二六五）
23日　島津綱貴より盛膳を賜う（家譜二六五）
27日　御筆之短尺を賜う
28日　琉球国使節江戸出発
5月3日　江尻本陣泊（寺尾家蔵宿帳）
6月23日　鹿児島到着
8月22日　正使名護王子有病卒
9月18日　島津光久より暇を賜う
22日　鹿児島出発
10月10日　琉球へ到着

宝永六年（一七〇九）

6月6日　代替の使者を送るべく島津へ土屋相模守より言あり
　7日　書面あり
7月12日　（中山王尚貞卒）
8月20日　尚貞の訃を島津へ告
9月14日　琉球国王継目願之使者今帰仁按司、登城
　26日　異国風になる旨指示有り
11月11日　江戸上りを命ぜらる（家譜三四〇）
宝永7年
5月2日　島津へ尚益王より襲職礼、
6月6日　真和志御殿にて賜饉宴
7月2日　琉球人使者那覇開船（家譜三四〇）
　5日　山川に到る（家譜三四〇）
　9日　鹿児島に到る（家譜三四〇）
8月15日　朝見献賀物（家譜三四〇）
　18日　島津吉貴の命に奉じ、東照宮および南泉院神主殿に謁し楽を奏す（家譜三四〇）
　21日　鹿児島での準備に60日はかかる旨井上河内守より書面
　22日　謁福寺および恵燈院に拝す（家譜三四〇）
閏8月5日　宴を賜わる
　6日　美里・豊見城王子進膳、奏楽
　11日　諏訪明神宮に参拝
　26日　鹿児島出発
　27日　川内へ到る
9月1日　川内上船
　3日　川内開船
10月4日　安芸国御手洗へ到着
　11日　大坂に到る
　12日　大坂に到る（『鸚鵡籠中記』）
　16日　本亭に於て宴を賜う
　18日　本亭に於て竹田近江の䢢編を見る
　19日　大坂出発
　20日　伏見に到る
　22日　伏見に到る（『鸚鵡籠中記』）
　23日　本亭に於て宴を賜わる

24日 伏見出発
25日 伏見出発（『鸚鵡籠中記』）、草津泊
26日 坂下泊
27日 四日市泊・島津吉貴桑名泊
28日 宮泊・島津吉貴鳴海泊（二泊）
29日 宮出発、岡崎泊（『鸚鵡籠中記』）
11月朔 二川泊
2日 琉球人使者燕姓中西筑登之病死、浜松泊
3日 掛川泊
4日 蒔枝泊
5日 阿部河餅を吉貴より賜う（家譜三四〇）、江尻本陣泊（寺尾家蔵宿帳）
6日 吉陣泊
7日 三島泊
8日 小田原泊
9日 蒔枝泊
10日 藤沢に於て釣柿を賜う、（家譜三四〇）、川崎泊
11日 江戸参着、芝御屋敷で宴を賜う（家譜三四〇）
13日 本多伯耆守より近日御目見のある旨知らさる

14日 芝御屋敷に於て宴を賜う（家譜三四〇）
15日 吉貴、参観御礼登城
16日 吉貴登城、老中より従四位上中将に叙位申渡さる、米三千俵賜わる、十八日の登城申渡さる
17日 献上品を御城へ届ける
18日 登城
21日 登城、音楽を奏す（家譜三四〇）
23日 登城、暇乞、純銀五十九両余銭を賜う（家譜三四〇）琉球人使者に御料理を下さる
25日 御台様への献上品を御城へ届ける
晦日 上野東照宮へ参詣
12月朔 御台様よりの拝領品届く、薩摩屋敷にて囲碁の会開かれる
2日 老中、若年寄へ挨拶
4日 御三家へ挨拶
6日 美里・豊見城両王子、吉貴に琉球音楽を奏す
7日 先太守妃陽和院真修院二位に琉球音楽を奏す

9日　相原可碩と屋良里之子対局す
11日　芝御屋敷に於て保正大夫の能を看る
16日　吉貴に江戸出発の許を賜う（家譜三四〇）
狩野常信画一幅を賜う（家譜三四〇）
18日　江戸出発
23日　興津・清見寺にて弔文（清見寺文書）、江尻本陣泊（寺尾家蔵宿帳）『塩尻』

宝永8年
正月元日　熱田泊
7日　伏見に至る
8日　伏見にて正使、新井白石と会す
13日　大坂上船
17日　大坂開船
2月11日　川内（千台）に至る
16日　鹿児島に到る
18日　暇を賜う（島津より）
3月3日　山川より開船
22日　那覇へ到る
4月7日　大美御殿で帰国の挨拶

正徳三年（一七一三）
5月20日　江戸上りの使者を命ぜらる（家譜三四七）

正徳4年
4月27日　餞宴を賜う（家譜三四七）
江戸にて行う礼と音楽を君前に陳ねた
5月26日　那覇開船
29日　佐多之内大泊に到る
30日　山川港に到る
6月5日（御者付・瀬戸内通行の折の注意）
8日　鹿児島に到る（家譜三三三）
9日　鹿児島に到る（家譜三四七）
8月11日　吉貴に朝見
13日　南泉院に拝謁
16日　諏訪宮に拝謁
23日　両王子、膳を献ぜられる
漢楽球を献ず
9月9日　鹿児島出発
13日　千台（川内）に到り、即ちに開船

29日　御目付二人、御用掛決まる、鈴木伊兵衛・稲葉多宮
10月27日　大坂へ到る
11月3日　伏見に到る（章末〔補遺〕参照）
18日　大目付二人、御用掛決まる、横田備中・中川淡路
19日　江尻本陣泊（寺尾家蔵宿帳）
22日　（町触）
23日　（町触）
25日　（町触）
26日　江戸、芝御屋敷に到り、御膳を賜う
28日　松平薩摩守に米二千俵下さる
29日　松平薩摩守、正四位下に叙せらる、来月二日琉球国使節登城の折、御書付
12月朔夜　琉球国使節、芝松平屋敷より上屋敷迄四時参候、明二日の達
2日　登城（家譜三三三）
4日　登城、奏楽（家譜三三三）

6日　御暇を乞う（家譜三三三）
9日　上野宮（東叡山）に拝謁（家譜三三三）
12日　御三家へ参る、座楽・漢戯・球戯を行う（家譜三三三）
13日　御膳を献ぜらる（家譜三三三）
16日　太守公に御膳を賜う（家譜三三三）
18日　暇を許さる（家譜三三三）白石、島津吉貴の邸に到り両使に会す（家譜三三三）
19日　緞綢を観る（家譜三三三）
21日　江戸出発（家譜三三三）
12月27日　江尻本陣泊（寺尾家蔵宿帳）
正徳5年
正月11日　伏見に到る（家譜三三三）
13日　大坂へ到る（家譜三三三）
2月15日　向田へ到る（家譜三三三）
21日　鹿児島に到る（家譜三三三）
3月4日　琉球へ帰国の許を乞う（家譜三三三）
10日　鹿児島出発（家譜三三三）

11日　山川に到る（家譜三三三）
18日　山川開船（家譜三三三）
24日　帰国（家譜三三三）
4月朔　帰国（家譜三四七）
6日　両王子返翰を進める（家譜三四七）

享保三年（一七一八）

10月10日　老中より、道中宿駅休泊人馬等の御触あり
12日　天和二年来朝之通りの御触あり
17日　琉球国使節荷物関原宿に止宿
11月5日　琉球国使節通行の折の町触あり
7日（町触）
8日　琉球国使節江戸着
11日　13日登城の折、出仕の輩衣服刻限の御触
吉貴へ米二千俵賜う
13日　琉球国使節登城
14日　15日、琉球国使節音楽および御暇の折出仕の輩、衣服刻限の御触あり
15日　登城・音楽・御暇

21日　御三家方へ参る
12月2日　江戸出発

寛延元年（一七四八）

5月27日　琉球国使節御用掛命ぜらる
8月11日　琉球国使節御用、大目付二人・御目付二人命ぜらる
12日　賜銀吹立を銀座に命ず
閏10月（町触）
11月（町触）
22日　伏見出発（家譜三三三）
12月5日　琉球国使節到着の申合せ、町触
7日（町触）
8日（町触）
11日　琉球国使節江戸着
12日　松平少将参観御礼
13日　松平少将、従四位上中将に任ぜらる
米二千俵賜う
15日　琉球国使節登城

17日　明18日音楽および御暇により出仕
衣服・刻限の御触あり
18日　音楽・御暇
21日　御三家方へ参る、賜あり
25日　江戸出発

宝暦二年（一七五二）

宝暦元年
9月20日　大目付・御目付、琉球国使節御用掛命ぜらる
宝暦2年
6月　琉球賜銀吹立を銀座に命ず
9月11日　麑府発、向田泊
17日　京泊泊
10月4日　大里泊
28日　坂越（播州）泊
11月3日　尼崎泊
4日　大坂泊
8日　大坂仮館発
9日　伏見着（2日泊）

12日　伏見発
26日　江尻本陣泊（寺尾家蔵宿帳）
27日　（町触あり）
12月2日　琉球国使節江戸着
松平少将重年に米二千俵を賜う
15日　登城
18日　登城・音楽・御暇
19日　上野宮に拝礼
22日　御三家方へ参る

宝暦三年（一七五三）

正月3日　江尻本陣泊（寺尾家蔵宿帳）

明和元年（一七六四）

3月19日　琉球国使節御用掛
大目付・御目付、二人宛命ぜらる
老中御用懸松平右京大夫輝高なり
5月　琉球国使節滞在中に火災の節退場の場を示す
賜銀の吹替、銀座に用命

11月9日　琉球国使節江戸参着
13日　松平島津重豪に米二俵を賜う、従四位上中将に叙位す
20日　明21日の登城に際し達
21日　琉球国使節登城
25日　登城・音楽・御暇
26日　琉球国使節、上野御宮に参詣、老中廻り
27日　心観院殿に物を奉る
29日　白銀二百枚賜わる
12月朔　御三家方廻り
11日　江戸出発

寛政二年（一七九〇）

寛政元年
12月4日　老中松平伊豆守信明、琉球国使節御用を命ぜらる
寛政2年
正月13日　大目付、御目付、御用掛となる
9月6日　鹿児島発
10月13日　鞆浦において與世山親雲上病卒
11月4日　御目付達書
11月　琉球国使節大坂着
21日　琉球国使節江戸着
25日　松平島津少将斉宣参勤御礼
27日　松平島津、米二千俵を賜わる
斉宣、従四位上中将に叙位
12月2日　琉球人使者登城
5日　登城・音楽奏・御暇
6日　広大院殿に献物あり
11日　老中松平伊豆守信明、参府御用の為時服を賜わる
14日　大目付・御目付等も賜物あり

寛政三年（一七九一）

3月20日　道中人馬御用を務めたる御勘定組に褒銀を賜う

寛政七年（一七九五）

12月24日　老中安藤対馬守信成、琉球国使節御用を命ぜらる

寛政八年（一七九六）

10月16日　御目付達書あり
11月25日　琉球国使節江戸参着
29日　松平島津中将斉宣に米二千俵を賜わる
12月3日　琉球国使節登城の折、妄りに見物の禁止
6日　琉球国使節登城
9日　登城・音楽奏・御暇
12日　上野東叡山御宮参詣
15日　江戸出発

文化三年（一八〇六）

2月7日　大目付・御目付、二人宛琉球国使節御用掛に命ぜらる
9月2日　琉球国使節参府近きにより、御座敷向御見分あり
10月22日　道筋を見分
11月　出仕の折、達書
11月朔　松平島津中将斉宣参勤の御礼あり
6日　島津中将斉宣へ米二千俵賜う
13日　琉球国使節江戸参着
23日　琉球国使節登城
27日　琉球国使節登城・音楽奏・御暇
29日　老中・若年寄の宅に参る
30日　上野東叡山御宮に参拝、途中管絃あり
12月2日　比嘉親雲上病卒高輪大円寺葬
3日　老中土井大炊頭利厚参府御用の為時服を賜わる
4日　御三家方へ廻る
19日　江戸出発

文化4年

2月17日　道中国役金の達書あり
3月3日　道中御用の御勘定組頭・御勘定に銀子を賜わる

天保三年（一八三二）

文政12年
8月22日　来秋琉球使節参府に付、老中松平周防守康任に御用
天保元年
4月8日　大目付・御目付命ぜらる
28日　松平豊後守より、琉球国使節来聘貢物洋中漂没に依り寅年延引の届
天保2年
7月2日　来年参府に付、島津金一万両を拝借
天保3年〔以後の記事は『儀衛正日記』による〕
9月朔（晴天）　路次楽にて館内を操出す・横井茶屋村入口より路次楽、昼休み・伊集院入口より路次楽、止宿、
2日（雨天・晴天）　伊集院を路次楽にて出立・市来港より路次楽・御仮屋で昼食・向田町入口より路次楽・向田町泊
3日（晴天）　向田御仮屋へ挨拶・舟遊び（歌・三味せん・楽）
4日（晴天）　新田八幡参詣・皿山で焼物見物
5日（晴天）
6日（雨天・晴天）　川下り・久見崎へ着船
7日（曇天）
8日（雨天・晴）　先荷の確認
9日（雨天）
10日（雨天）
11日（雨天）　久見崎へ上陸
12日（曇天）
13日（晴天）
14日（晴天・風丑寅之間）
15日（晴天・風寅卯之間）
16日（晴天・風寅卯之間）　向風にて出帆・脇元泊へ碇・着船の祝儀あり
17日（晴天・風亥之方）　脇元起碇・牛深着船
18日（晴天・風子丑之間）　滞船・入湯
19日（晴天・風子丑之間）　押船にて黒島を出帆・崎之津着船
20日（晴天・風子丑之間）　崎之津起碇・深堀着船・船飾指示
21日（晴天・風子丑之間）　深堀出帆・向風にて乗戻り・大村三重浦着船
22日（晴天・風子丑之間）　滞船

(雨天・風子丑之間)
23日　正林寺拝見・陸卸・三重浦起碇・大村領松島
着船
(晴天・風子丑之間)
24日　松島出帆・大村領面高港着船
(晴天・曇天・風子丑之間)
25日　滞船・陸卸・入湯
(晴天・風子丑之間)
26日　滞船
(晴天・風亥子之間)
27日　面高出港・平戸松浦肥前守様御城下前にて船
行列、楽諷にて通船・田舫浦着船
(晴天・風寅卯之間)
28日　田舫港起碇・唐津領亍廉浦碇
(雨天・風亥子之間)
29日　滞船
(曇天間々小雨降風同断)
晦
(晴天・風子丑之間)
10月朔日　滞船
(晴天・風戌亥之間)
2日　滞船
(晴天・風同断)
3日　滞船
(晴天・風同断)
4日　滞船
(晴天・風酉之方)
5日　起碇・玄海灘通船・長門福浦薩摩泊着船
(晴天・風午未之間)
6日　薩摩泊出帆・下関碇・小倉小笠原大膳太夫様
御領田之浦泊着船
(晴天・風申酉之間)
7日　田之浦出帆・長門之内萩領松平大膳太夫様御
領新泊着船

(晴天・風戌亥之間)
8日　新泊出帆・長門領之内笠戸村源浦着船
(晴天・風酉之方)
9日　源浦出帆・笠戸浦にて汐掛・入湯
(晴天・風子丑之間)
10日　笠戸浦出帆・長門領之内阿ふせ浦着船
(晴天・風戌亥之間)
11日　阿ふせ出帆・伊予之内津和浦碇
(晴天・風申酉之間)
12日　津和浦出帆・備後鞆港着船
(晴天・風同断)
13日　鞆港出港・備前岡山之内縄(直)島瀬戸着船
(晴天・風亥之方)
14日　縄島出帆・播州姫路領室港着船
(曇天・小雨)
15日　室港出港・天下領之内兵庫泊着船
(曇天・風申之方)
16日　兵庫港出港・播州灘新行在家浦にて汐掛・新
在家見掛屋利助へ止宿
(曇天・風未申之方)
17日　出帆・大坂木津川口へ着船
(曇天・風申之方)
18日
(晴天・風子丑之間)
19日
(晴天・風子之方)
20日　大坂御屋敷前着船、路次楽・着坂之祝
(晴天)
21日
(晴天)
22日　竹田からくり見物
(晴天)
23日　川登の達し
(晴天)
24日
(曇天)
25日　淀城下前通船、冠楽船颿・伏見京橋東之浜上

陸・伏見本陣大塚小右衛門へ繰入・儀間親雲上および嵩原親雲上相果

26日(晴天)　楽行列にて御役屋へ罷上る。

27日(曇天)

28日(晴天)　伏見出立・路次楽にて繰出す・勧修寺村にて宮様御覧につき楽行列・大津泊

29日(晴天)　大津出立・草津小休・守山昼休・武佐上宿

11月朔(晴天)　武佐出立・知川小休・宮宿昼休・鳥居本小休・番場止宿

2日(晴天)　番場出立・今洲昼休・関ヶ原小休・垂井止宿

3日(曇天・小雨)　垂井出立・吉田小休・大垣之町楽行列・同小休・沢渡川着・墨俣昼休・起宿小休・稲葉止宿

4日(晴天)　稲葉出立・清洲宿小休・福満寺小休・名古屋町通楽行列・熱田宮宿昼休・鳴海止宿

5日(雨天)　鳴海出立・池鯉鮒宿小休・大浜茶屋昼休・衣川宿小休・御油止宿

6日(曇天)　御油出立・伊奈村小休・松平伊豆様奥崎御城下楽行列・同所昼休・二川止宿

7日(晴天)　二川出立・白須賀小休・荒居宿昼休・舞坂止宿

8日(雨天)　舞坂出立・楽行列にて浜松昼休・池田宿小休・天竜川舟渡・見付宿小休・袋井止宿

9日(晴天)　袋井出立・原川御立場小休・掛川之町楽行列・同所小休・白坂宿昼休・兼川茶屋小休・大井川渡・島田止宿

10日(晴天)　島田出立・三軒屋岩崎蔵小休・駿州本旧伯耆守様御城下楽行列・藤枝小休・甚都宿昼休・安部川渡・弥勘町茶屋小休・府中之町楽行列・同所止宿

11日(晴天)　府中出立・駿州小吉田小休・江尻小休・奥津宿昼休・倉沢小休・蒲原止宿

12日(晴天)　蒲原出立・岩洲宿小休・富士川舟渡・吉原小休・柏原小休・原宿昼休・水野出羽守様御城下楽行列・沼津止宿

13日(晴天)　沼津出立・豆州箱根領江川太郎左衛門御代官所・三島宿小休・相州山中村笹屋助左衛門所小休・同州大久保加賀守御代官所本陣川田覚右衛門所昼休・夫より楽行列箱根御関所前御

通・畑宿小休・湯元米屋門右衛門所小休・加賀守様御城下楽行列・小田原止宿
14日（晴天） 小田原出立・梅沢宿小休・平塚昼休・馬入川舟渡・南門松屋左右衛門所小休・戸塚止宿
15日（曇天・雨天） 戸塚出立・生麦藤屋伝七所小休・程ヶ屋昼休・川崎止宿
16日（雨天・雪降ル） 川崎出立・六郷舟渡・品川脇御本陣昼休・夫より冠服にて芝御屋敷着
17日（曇天）
18日（雨天）
19日（曇天）
20日（晴天）
21日（晴天）
22日（晴天）
23日（雨天）
24日（雨天）
25日（晴天） 登城之次第習礼の心得
26日（晴天）
27日（晴天） 登城の習礼

28日（晴天） 登城行列御覗
29日（晴天）
晦（晴天） 馬上の者乗馬の稽古
閏11月朔日（雨天）
2日（晴天） 島津中将斉興、正四位下に叙せらる
3日（晴天）
4日（雪天） 琉球国使節登城御目見
5日（雪天）
6日（曇天）
7日（雪天） 琉球国使節登城・音楽奏上・御暇
8日（曇天） 明上野参詣の達
9日（晴天） 上野東叡山に参拝
10日（晴天） 上野宮様より王子へ拝領（蜜柑）
11日（晴天）
12日（晴天） 座楽歌楽の下見
13日（晴天） 御台様・御簾中様より中山王・前中山王へ拝領物
14日（晴天）
15日（晴天） 太守様御位階昇進のお祝

16日（晴天）　昨日の拝領物のお礼・明17日音楽踊下見・老中若年寄へ挨拶
17日（曇天）　音楽踊
18日（曇天）　御三家方へ参る
19日（晴天）　見物・御応拝見
20日（雪天）
21日（晴天）
22日（晴天）　白金御殿にて御料理拝領物
23日（晴天）　席書并踊
24日（雪天）
25日（晴天）　高輪御殿御囃子、懐芝居、軽業など見物
26日（曇天）
27日（曇天・雪）　白金御殿にて大神楽見物
28日（晴天）　御殿において琴挽見物
29日（曇天）　帰国の下知あり
30日（曇天）
12月朔日（雪天）　9日出発予定を変更し13日出発とす
2日（雪天）
3日（曇天）

4日（雨天）
5日（晴天）
6日（晴天）
7日（雪天）
8日（晴天）　帰国（御国許）御暇
9日（雪天）
10日（晴天）
11日（晴天）
12日（晴天）
13日（晴天）　帰国出発・冠服・品川御本陣小休・川崎昼休・神奈川止宿

※十一月十六日より十二月十三日までの江戸滞在中の日程は、本論第四章第一節「天保期使節の実態」中表3を参照。

14日（曇天）　神奈川出立・程ヶ谷宿昼休・戸塚止宿
15日（晴天）　戸塚出立・影取宿小休・馬入川舟渡・平塚昼休・小田原止宿
16日（曇天・小雨）　小田原出立・湯元宿小休・箱根御関所、冠服楽行列・三島止宿
17日（晴天）　三島出立・駿州小野出羽守様御城下前楽行列・

沼津小休・原宿昼休・相原吉原小休・富士川舟渡・岩淵宿小休・蒲原止宿

18日（晴天） 蒲原出立興津昼休・江尻小吉田小休・府中止宿：清見寺参詣

19日（晴天） 府中出立・弥勤町小休・阿部川渡・岡部昼休・藤枝宿小休・島田止宿

20日（晴天） 島田出立・大井川渡・金谷宿小休・日坂昼休・掛川宿小休・袋井止宿

21日（曇天） 袋井出立・見附宿小休・天竜川渡・井上武三郎様御城下楽行列・浜松宿昼休・篠原宿小休・舞坂止宿

22日（晴天） 舞坂出立・荒井御関所前楽行列・白須賀宿昼休・二川宿小休・吉田止宿

23日（晴天） 吉田出立・伊名村宿小休・赤坂昼休・岡崎止宿

24日（曇天） 岡崎出立・大浜宿小休・池鯉鮒昼休・鳴海小休・宮止宿：瑞泉寺参詣

25日（曇天・晴天） 宮出立・名古屋楽行列・福満寺小休・清洲昼休・稲葉宿小休・萩原止宿：海国寺参詣

26日（曇天） 萩原出立・起沢小休・起川舟渡・墨俣川舟渡・墨俣宿昼休・佐渡川舟渡・戸田采女正様御城下大垣之町楽行列・岡田若兵衛所長松宿小休・垂井止宿

27日（曇天・雪） 垂井出立・あい川歩渡・関ヶ原小休・伯原昼休・醒ヶ井宿小休・鳥居本止宿

28日（曇天） 鳥居本出立・知川昼休・清水ヶ鼻小休・武佐止宿

29日（晴天） 武佐出立・鏡小休・守山昼休・草津止宿

30日（晴天） 草津出立・隠岐守様御城下楽行列・大津入口より楽行列・同所昼休・藤之森より伏見本陣まで楽行列

正月朔日（雪天） 滞在

2日

3日（曇天）

4日（晴天） 楽行列にて御本陣繰出・川下り・大坂御屋敷

5日（晴天） 前楽行列

6日（雪天）

7日（曇天）

8日（晴天）楽舟諷いたし川下り・新田丸へ乗船

9日（曇天）滞船

10日（雪天）滞船

11日（雪天）滞船

12日（曇天）滞船

13日（雨天）滞船

14日（晴天）

15日（晴天）

16日（曇天）

17日（晴天）

18日（曇天・晴天・風丑寅之間）大坂川口出帆・向風にて押船、兵庫泊着船・真光寺墓参

19日（晴天・風同断）兵庫泊押船にて通船・向風にて明石港碇

20日（曇天・風戌亥之間）滞船

21日（右同断）滞船

22日（晴天・風未申之間）明石出帆・向風にて明石港戻

23日（曇天・風同断）滞船

24日（晴天・風同断）滞船

25日（晴天・風同断）滞船

26日（曇天・風同断）滞船

27日（晴天・風同断）滞船

28日（晴天・風卯辰之間）明石港出帆、向風にて押船にて酒井雅楽頭様御領姫路之内室津泊碇

29日（曇天・風卯之方）室津泊出帆・押船にて備前岡山領之内縄島泊着船

2月朔日（晴天・風戌亥之間）縄島出帆・押船にて備前岡山領之内日比着船

2日（晴天・風子丑之間）日比出帆・押船にて犬島之内大浜浦着船‥鞆着之上故與世山親雲上墓参

3日（晴天・風同断）犬島起碇・押船にて芸州広島領之内御手洗港着船

4日（曇天・風午之方）滞船

5日（雨天・風同断）滞船

6日（晴天・風未申之間）滞船

7日（晴天・風子丑之間）御手洗港出帆・伊予之内松平隠岐守様御領津和泊着船・上陸

8日（雨天・風同断・晴天）上乗

9日（曇天・風申酉之間）津和碇出帆・押船にて周防之内萩領松平大膳

大夫様御領上之関着船
（曇天・風同断）10日　上之関出帆・押船にて長門領之内笠戸村源浦着船
（晴天・風申酉之間）11日　源浦出帆・押船にて四郎谷泊着船
（晴天・風寅卯之間）12日　四郎谷出帆・押船にて豊前小倉小笠原大膳大夫様御領田之浦着船
（晴天・風同断）13日　田之浦起碇・豊前福岡松平備前守様御領相島着船
（雨天・風同断）14日　滞船
（曇天・風同断）15日　相之島出帆・肥前唐津小笠原佐渡守様御領呼子泊着船
（曇天・風同断）16日　滞船
（雨天・風同断）17日　滞船
（晴天・風同断）18日　滞船
（晴天・風同断）19日　滞船
（雨天・晴天）20日　滞船
（晴天・風戌亥之間）21日
（晴天・風同断）22日
（晴天・風同断）23日　呼子出帆・唐津領小川内着船
（雨天・風同断）24日　滞船
（曇天・風子丑之間）25日　滞船
（曇天・晴天・風同断）26日　小川内出帆・平戸領田助泊着船
（曇天・晴天・風申酉之間）27日　滞船
（晴天・風申酉之間）28日　田助泊起碇・押船にて肥前大村領面高泊着船
（曇天・雨・風寅卯之間）29日　面高泊出帆・同領松島泊着船
（晴天・風子丑之間）晦日　松島出帆・天草之内黒島着船
（曇天・小雨・風子丑之間）3月朔日　黒島出帆・久見崎着船
（雨天）2日　川登・向田着
（晴天）3日
（晴天）4日　白和町出立・市来湊昼休・苗代川小休・伊集院止宿
（雨天・晴）5日　伊集院出立・登城・琉球館着
（晴天）6日
13日
14日
15日
16日
17日

18日（曇天・風辰巳之間）
19日　前之浜出帆・山川港入津（晴天・風戌亥之間）
20日（曇天・風同断）
21日　御開門嶽参詣（晴天・風辰巳之間）
22日（晴天・風午未之間）
23日（晴天・風午未之間）
24日（晴天・風申酉之間）
25日　山川出帆（晴天・風戌亥之間）
26日（晴天・風子之方）
27日（晴天・風卯辰之間）
28日　大島西間切之内伊古茂港汐懸（晴天・風午之方）
29日　上陸（曇天・風同断）
4月朔日　滞船（雨天・風未之方）
2日　上陸（晴天・風丑寅之間）
3日　伊古茂港出港（晴天・風寅卯之間）
4日　伊平屋島白かね泊へ汐懸（晴天・風寅卯之間）
5日　滞船（雨天・風午未之間）
6日　滞船（雨天・風同断）
7日　滞船（曇天・風亥之方）
8日　白かね泊出帆・那覇川入津・御仮屋挨拶・首里へ御届

天保十三年（一八四二）

天保12年
4月朔　来秋琉球国使節参府により、老中土井大炊頭御用掛

天保13年
正月13日　御目付命ぜらる
7月2日　松平島津宰相斉興、琉球国使節参府および彼地吉凶打続きの為金二万両拝借さる
10月24日　琉球国使節登営のとき、出仕の衣服等目付より達あり
11月12日　登営の折、出仕の見物を禁ず
8日　琉球国使節参府
19日　琉球国使節登城
22日　琉球国使節音楽奏・御暇

嘉永三年（一八五〇）

正月28日　大目付・御目付、御用を命ぜらる老中御用掛、松平伊賀守忠優
3月23日　松平島津宰相斉興、琉球国使節参府につき金一万両拝借
10月7日　登城の折、出仕・下馬廻の取りきめ
　一行大坂着船、12日伏見逗留
18日　衣服・刻限を命ぜらる
20日　日毎、琉球国使節江戸着の旨仰さる
30日　琉球国使節江戸着
11月16日　松平島津宰相斉興、米二千俵賜う
19日　登城
22日　登城・音楽奏・御暇
24日　老中松平伊賀守、時服を賜わる
12月10日　大目付・御目付、賜物あり
28日　草津にて真栄城親雲上病卒正定寺葬
嘉永4年
2月26日　御勘定方へも白銀賜う
(注)「家譜」は『那覇市史』(家譜資料)を用いた。

〔補遺〕
正徳4年
11月8日　稲葉泊(『塩尻』村井本)
11月12日　鳴海泊、正使の輿を見る(『塩尻』村井本)

第二章　琉球国使節の使者構成

琉球国使節一行の構成は、宝永七年を節目として大きく変わっている。そこでまず、寛永十一・正保元・慶安二・承応二・寛文十一・天和二年までを一区切りとして論じ、次にその後の年度について論じたい。

琉球国使節は、琉球国王使・紫鉢まき・黄鉢まき・赤鉢まき・楽人等で構成されている。(1) この「鉢まき」は「鉢巻」であり、冠帕を示している。琉球国においては、冠帕と位階の関係は次のように区別される。後の年度に表記された位階である「親雲上」・「里之子」等と相互に関連をもつ。『琉球国旧記』(2)によれば、

冠帕	品	
彩	一品	おもいくわべ・王
紫	二品	あんじべ・王子
黄	三品・四品	あすたべ
黄	五品・六品	大やくもい・親雲上
黄	七品	さとぬしべ・里之子
赤	八品・九品	さとぬしべ・里之子

青緑　無品

とある。「大やくもい」「里主べ」の名称は、すでに嘉靖二十二年（一五四三）建立の「タカノハナ碑」に見られ、寛永二十一年には当然用いられていたと考えられる。従って、使者名簿に記された冠帕を親雲上・里主（里之子）に置き換えることが可能である。これらの冠帕および位階は、中国の制度においては見ることは出来ず、琉球独自のものである。

寛文十一年および天和二年になると、使者の人名は漢字によって記されるようになる(3)が、構成員においては、前回の承応二年同様である。人名が、当初仮名書きであったものが漢字へと変わる理由は、その情報の伝達方法に原因があったと思われる。恐らく、当初琉球人たちが問われるままに自ら名乗り、不慣れな名字でもありそれを聞き書きしていた故に当字が多くその結果自然仮名書きとなった。そのうち城中での諸作も次第に定式化され、儀式として琉球人登城が記録され書写されるようになるにつれ、琉球人（もしくは島津側）が自ら差し出した名簿により、正しく漢字体で記されるようになったのであろう。したがって、名称に付されたルビには間違いが見られ、推測に基づくと思われる人名が多出する。

また史料から、使者の位階別構成の他に、行列時における役割別の構成を知ることができる。『琉球来聘日記抄』(4)によれば、使者は寛永二十一年度には、「むち持」「旗持」「楽人」「馬」（献上馬）「轎」（使者）そして「騎上の者」等によって構成されている。これらの琉球人の他に、島津家臣の供立が前後を警護してゆくのであった。

宝永七年度および正徳四年度から、使節の構成・規模が大きく変わってゆく。宝永七年度の使者職名については先にも記したが、この年度にその数が増加して、「正使」、「副使」、「附役」、「祐筆」、「与力」、「役人」、「小姓」、「小姓童子」、「副使与力」、「座楽主取」、「路次楽主取」、「別当」、「ひちりき吹」、「楽童子」となる(5)。さらに正徳四年にはその名称が、「正使」、「副使」、「讃議官」、「掌翰史」、「儀衛正」、「圉師」、「使讃」、「楽正」、「楽師」、「楽童子」となる(6)。

それぞれの名称はほぼ次のように対応している。「附役」＝「讃議官」、「与力」＝「使讃」、「祐筆」＝「掌翰史」、「座楽主取」＝「楽正」、「路次楽主取」＝「儀衛正」、「別当」＝「圉師」。このように、宝永七年度に新たに設けられた使者職名が、正徳四年になり漢名化したことが分かる。また、使者の行列自体も前述の通り天和二年度と比して、宝永七年度は一・六七倍。正徳四年度は一・八一倍と、規模の大きなものとなった。

「琉官名上申書　十二月朔日　松平大隅守家来白石仲之進ヨリ御勘定所へ差出候書付」(7)によると、次のように使者たちの各官職の説明が付されている。

一三司官
　右家老ノ事ニテ御座候
一讃議官
　右王子出府ノ節ハ大親ニテ諸事差引承リ申候於琉球国ハ三司官取次相勤役職ニテ御座候
一楽正
　右座楽歌楽ノ司申候於琉球国ハ中山王側勤三司官ヨリノ取次相勤候役職ニテ御座候
一儀衛正
　右行列方并路地楽司申候於琉球国ハ諸奉行格式ニテ御座候
一掌翰史
　右書翰ヲ司申候於琉球国ハ諸奉行格式ニテ御座候
一正使之使賛
　右正使用向ノ承ル役職ニテ御座候
一副使之使賛

右仝断
一親方
右二品ヨリ三司官引次ニ段々ノ位階ニ有之候
一里之子
右里之子家之格式有之里之位ヨリ親雲上位ニ進申候
一筑登之
右筑登之家幷新参家ト申士ノ格式之右両家共筑登之位ヨリ親雲上ニ進申候
一仁屋
右士ノ家来ハ仁屋ト唱ヘヌハ百姓モ位一階
一崎山子
一新垣子
右崎山新垣ハ名字ニテ子弟無位ノ内ハ子ト唱ヘ申候
一亀友寿
一亀嘉数
右ハ亀ハ童名友寿嘉数ハ名宗ニテ百姓共無位ノ内ハ童名宗ヲ唱ヘ申候
以上
一王子官服紕滑緞子ニテ前後ニ麒麟模様之紋付申候
一副使官紕緞子前後ニ孔雀絵模様仝断
一讃議官掌翰史儀衛正官服天青色緞子ニテ前後ニ雉子絵ノ模様仝断

（中略）

右ニ付松平大隅守家来差添候人数

家老
島津但馬久風
留守居
半田嘉藤次

正使を務める者は「王子」と称しているが、これは親族関係を示すものではなく、対外的な官職として用いられている。このことは対中国に対して出された進貢使、接貢使の場合も同様である。「琉球国使節使者名簿」(8)において明らかなように、多くの場合正使は、琉球王の兄弟もしくは淑父がその役を果たしている（表17）。唐名において、「尚姓」を名乗るものは王家の直系であり、「向姓」を名乗るものは尚系の傍系である。

以上のことから分かるように、使者構成において、恩謝使、賀慶使による相違はない。原則的に、「正使」、「副使」、「讃議官」、「儀衛正」、「楽正」、「掌翰史」等に「楽師」、「楽童子」が加わる。また献上馬のある年度には、さらに「圉師」が加わることになる。宝永、正徳、享保を例外とすれば、その後は、「楽師」、「楽童子」の数は十一名が定数となっている。これらの他に、特に登城には加わらないが囲碁の対局の為に参府した者、また薩摩屋敷での琉球音楽演奏を目的に使節に加えられた者もいる。(9)

時代的には宝永、正徳を境に職名においても改革がなされる。これらの改革は、前述の如く幕府に対する島津藩主の官位昇進の一連の運動によるものであると考えられる。

表17　正使一覧

来朝年	王	正使		王との関係	官職
寛永11	尚豊	①佐敷王子	尚文・朝益	尚豊王の二男	
		②金武王子	尚盛・朝貞	尚豊王の弟	摂政
正保元	尚賢	③金武王子	尚盛・朝貞	尚賢王の叔父	摂政
		④國頭王子	馬國隆・正則		
慶安2	尚質	⑤具志川王子	尚享・朝盈	尚質王の叔父	摂政
承応2	尚質	⑥國頭王子	馬國隆・正則		
寛文11	尚貞	⑦金武王子	向熙・朝興		摂政
天和2	尚貞	⑧名護王子	尚弘仁・朝元	尚貞王の弟	
宝永7	尚益	⑨美里王子	尚紀・朝禎	尚益王の叔父	
		⑩豊見城王子	尚祐・朝匡		摂政
正徳4	尚敬	⑪與那城王子	尚監・朝直	尚敬王の叔父	
		⑫金武王子	尚永泰・朝祐		
享保3	尚敬	⑬越來王子	尚盛・朝慶	尚敬王の叔父	
寛延元	尚敬	⑭具志川王子	尚承基・朝利		
宝暦2	尚穆	⑮今歸仁王子	尚宣謨・朝忠(義)		摂政
明和元	尚穆	⑯讀谷山王子	尚和・朝恒	尚穆王の弟	摂政
寛政2	尚穆	⑰宜野灣王子	尚容・朝陽	尚穆王の四男	摂政
寛政8	尚温	⑱大宜見王子	尚恪・朝規	尚温王の叔父	
文化3	尚灝	⑲讀谷山王子	尚大烈・朝勅		摂政
天保3	尚育	⑳豊見城王子	向寛・朝典		
天保13	尚育	㉑浦添王子	尚元魯・朝熹		摂政
嘉永3	尚泰	㉒玉川王子	尚慎・朝達	尚泰王の叔父	
明治5	尚泰	㉓伊江王子	・朝直	尚泰王の叔父	

注

（1）「琉球国使節使者名簿」、本論資料篇第三。
（2）『琉球国旧記』、（琉球史料叢書巻三）、東京美術、昭和四十七年四月、巻之四、七七頁。
（3）『琉球藩入貢諸例』第一冊、巻三（外務省外交史料館蔵）および、『琉球来聘日記抄』（内閣文庫蔵）を参照。
（4）同右書『琉球来聘日記抄』。
『琉球人来朝記』、一冊、内閣文庫蔵。
（5）『琉球使参府記』、一冊、エール大学蔵。
（6）注(3)書『琉球藩入貢諸例』第一冊、巻三。
（7）『琉球関係書類』、東京大学法学部蔵。
（8）拙著、注(1)。
（9）宝永七年十二月朔日に「松平薩摩殿」屋敷で囲碁の会が持たれた。琉球国側からは仲原筑登之親雲上と屋良里之子がいで、薩摩側からは松崎利碩・高嶋友碩・井家因長・相原可碩・坪田珎碩等が「本因坊因碩弟子」として対局した。また同月九日には本因坊相原可碩と屋良里之子が対局し、屋良里之子は善戦し、その才能と将来性を日本国大国手井上因碩より評されている。この屋良里之子は「従者」として参府したが、登城した様子がない。また天保三年閏十一月十九日に、薩摩屋敷において奏楽がおこなわれたことが「高輪奏楽之次第」（注(7)書）に記されている。文中に崎山子・立津里之子・城間親雲上・瀬名波親雲上・徳田親雲上などなど登城の使者となっていない者たちが、「唐踊和番」「琉踊」「唐踊」などを演じている。このことから、将軍お目見の使者とは別に、囲碁や踊躍にすぐれた者たちを使者として加えていたものと思われる。その目的は、これら技量のすぐれた者を他藩に誇示しようとする薩摩の意図にあった。

第三章　琉球国使節の献上物・拝領物

琉球よりの献上物は、太刀・馬の他に、貢布・香・泡盛酒がその中心をしめる。加えて、螺鈿細工や堆錦細工の卓や籠飯を献上している。

「御太刀　一腰」。これは賀慶使・恩謝使の区別なく、必ず一振が琉球国王より将軍へ献上されている。また「御馬一匹」も必ず差し出されている。但し実際の馬の代りに「御馬代　銀五十枚」が差し出される場合がある。賀慶と恩謝が重なる場合は、二匹とならず恩謝の分が「馬代銀」によって献上されている。将軍宣下・若君誕生を祝う賀慶使の場合において、実物の馬が遣わされなかったのは承応二年（一六五三）度のみである。

一般に諸大名が将軍に対し、参府・年始・八朔に献上する品々に、「御太刀　馬代　諸白柳樽　青緡銭　時服」が献上された。多くの場合御太刀は木製の飾太刀、馬代は金壱枚もしくは銀壱枚であった。柳樽は酒入りの樽で、赤く塗った耳樽に葵の紋が付されている。青緡は青銅一貫文のみを青い麻紐に通し一本に作ったものである。(1)

琉球国使節の献上品を概観すると、諸大名が将軍へ向けた献上品にほぼ対応する物で基本的に構成されている。つまり琉球国王から、太刀・馬・貢布（芭蕉布・太平布・久米綿）・焼酒（泡盛）、および琉球漆器が最少限贈られている。将軍宣下を祝う際には、羅紗や香類が加えられる。「石人形」が正徳年度以後の恩謝に献上されているが、実体は不明である。練芭蕉布・畦芭蕉布・綾芭蕉・島織芭蕉布などは芭蕉布の種類であり、琉球国内における貢納品である。『琉球国旧記』によれば、

世鑑云。洪武五年壬子。中山王察度・北山王帕尼芝・南山王承察度。三王。倶遣レ使。進貢物。内有生熟夏布云
爾由是考之。本国未通中華之前。必有蕉布。歴年久遠。創造之世。莫従詳稽。[2]

とあり、洪武五年（一三七二）にはすでに明王への貢布として「生熟夏布」（蕉布）が用いられていることがわかる。また現在尚家（旧王家）に伝承されている各種の衣裳の中には数々の蕉布があり、細かに織りあげられた芭蕉布は反物としても貴重品であったことが知れる。「太平布」は宮古島特産の麻織物であり、天正十一年に織り始められた。その名称は、宮古島の別称「太平山」に因るものである。

香類は琉球ではほとんど産することはない。明らかに南方貿易により得た物である。将軍の宣下賀慶に際してのみ献上される。実体は不詳である。「寿帯香」は崇禎年間に琉球で南氏奥間親雲上映玄によって作製されたことが、『琉球国旧記』に記されている。[3]

漆器・螺鈿細工は、琉球で作製した物であると思われる。毛姓家譜によれば、万暦四十年閏十一月二十日に次の記事がある。[4]

尚寧王時毛氏保栄茂親雲上盛良任貝摺奉行（以下割注）昔管貝摺主取二員絵師主取一員属官六員頭一員御櫛作主取一員三線打主取一員矢矯主取一員至于近世別建引物奉行而分管焉即今兼管了

とあり、万暦四十年（慶長十七年）に貝摺奉行の創設があり、またすでに同種の職種が設けられていたことがわかる。

『琉球国旧記』には、

螺点（又曰嵌螺。俗曰貝摺）
崇禎九年丙子。国吉（後叫伊平屋比嘉）入閩而学螺点之法。己歴三年而回来。十四年辛巳。為貝摺師。我国青貝法。□此而始。康熙二十九年庚午。関氏大見武筑登之親雲上憑武。往杭州而学煮螺之法。己歴三年而回来。至癸酉年。転教之於貝摺主取。神谷親雲上也。

の記事がある。(5) この記事によれば、万暦四十年(慶長一七年、一六一二)以前にすでに貝摺職が存在していたが、螺鈿細工にまで技術は至らず、寛永十八年(一六四一)になり中国から「青貝法」、つまり青貝を用いた螺鈿細工の方法が伝わった。当時は未だ、原材料の青貝は輸入と察せられ、康熙三十二年(元禄六年)になり「煮螺之法」を学ぶに至った、ということになる。青貝即ち夜光貝は、沖縄の近海で容易に採取できるものであるが、その輝きを失わず用いるには技術を要する。従って承応二年度から献上物に加えられた青貝の籠飯や青貝の香箱は、当時琉球国で作られた物であると考えられる。

また「堆朱」(漆器)は、正徳五年に琉球で創作されたことを喜瀬乗隆家譜により知ることができる。(6) 享保・寛延・明和・寛政の四度には、献上物として「堆錦」が見えるが、これも琉球国で作製されたものである。「硯屛」は文具のひとつで、卓上に衝立として用いる物である。山水画や漢詩が刻され、青貝や堆錦で飾られている。寛政二年に将軍へ献上された硯屛の漢詩が大田南畝により『一話一言』(7) に詳しく記されている。

琉球国使節正使から将軍への献上物も、芭蕉布・香類・泡盛は、前述の国王よりの品物と種類において同様である。但し、賀慶の時のみ「太平布　二十四」がそれらに加えて献ぜられている。

拝領物は全年度を通じて同一で、琉球国王に対しては「銀　五百枚、錦五百把」、正使に対しては「銀　二百枚、時服　十枚」、そして使者たちへは「銀・三百枚　時服　三枚宛」が贈られている。宝永・正徳の両年度にはこれらに加えて、金襴・羽二重・八丈織等の品が贈られている。これはこの両年度が他年度とは格別であったことを示すものである。

拝領銀とは儀礼的貨幣で、その都度銀座に命じ鋳直しをさせている。御触書集によれば、寛延元年・宝暦二年には金銀吹替風説の禁止が見え、宝暦二年・明和元年・寛政二年・寛政八年・天保三年に銀座へ銀吹き直しの指示があったことが知れる。例えば宝暦二年には、

継目	享保3	寛延元	宝暦2	明和元	寛政2	寛政8	文化3	天保3	天保13	嘉永3	明治5（主上へ）
1	1	1	1	1	1	1	1	1	1	1	
50枚	（鹿毛）1	1	50枚	1	1	50枚	50枚	30枚（50）	1	50枚	細嫩烏紋蔴布 10反
50			50			50	50	50		50	細嫩白紋蔴布 10疋
	50	50	50	50					50		白大綸子 5本
50	50	50	50	50		50	50	50	50	50	
					50				50		縮緬 10巻
50	50	50		50	100	50	50	50		50	唐筆 3箱
100	100	100	100	100	100	100	100（50）	100	100	100	唐墨 1箱
100	100	100	100	100	100	100	100	100	100	100	唐硯 2面
	20 50	20 50		20 50	20 50						唐画手巻 2
											金入竜紋段子 1本
	30	30		30	30				30		青貝料紙硯箱 1通
	2箱	100袋		100	100				100		焼酒 10壺
	1	2		2	2				2		
							5				
5	10	10	5	10	10	5		5	10	5	
							2				
2			2			2	1	2		2	
1	1	1	1	1		1		1	1	1	
	堆錦1	1		1	1		2				
沈金中央卓2	青貝大卓2	青貝大卓2	2	2	2	2		2		2	

表18　献上物一覧

①中山王より将軍

	慶長15	正保元		慶安2	承応2	寛文11	天和2	宝永7		正徳4
		若君誕生	継目御礼					代替	継目	代替
御太刀	1	(野劔) 1	1	1	1	1	1	1	1	1
御馬		1匹	銀50枚 (30)	50枚	50枚	50枚	(琉球馬) 1	1	50枚	1
練芭蕉布	芭蕉布 100疋	100反 (50)						50		
畦芭蕉布		50反 (30)					50	50		50
薄芭蕉布			30反	30	30	50		50	50	
綾芭蕉布				30反	30	50				
嶋織芭蕉布							50反	50	50	50
太平布	200疋	100疋 (50)		100	100	100	100	100	100	100
久米綿				100把	100	100	100	100	100	100
羅紗		天鵞絨 30(20)	{縮緬30 唐布50 綿 100		(縮緬1)		20間 縮緬50反	20 50		20 50
竹心香		10包 (50)					100把	100		100
官香		50把 (30)								
寿帯香		30箱			10		30	30		30
竜涎香		10箱								
香餅		3箱			10		30	20		2箱 (大香餅)
焼酒		10壺 (5)	5 (3)	5	5	5	10	10	5	10
石人形										
籠飯					青貝 2		1	1	1	1
硯屏							1対	青貝 1		青貝 1
卓						{青貝 2 朱塗 2 大卓 2	大中央 卓 2		{沈金中 卓 2 沈金丸 中卓 2	青貝中 央卓 2
	純子 100疋	唐蒔絵椀 折敷20 (10)人前		丸燈籠 1対						
		香合 3 (曲輪)		玉之二 枚折屏 風1双	青貝香 箱 5					
		蘇鉄 2 (塗鉢植)			玉漉瓶 1対		玉漉瓶 10壺			
		唐作花 1折								

継目	享保3	寛延元	宝暦2	明和元	寛政2	寛政8	文化3	天保3	天保13	嘉永3
10			10反			10		10		10
10反	20反	20	10	20	20	10	10	10	20	15
	20	20		20	20				20	
10	10	10	大黄香1	10	10	10	10	10	10	10
5	10	10	5	10	10	5	5	5	10	5
2	2	2	2	2	2	2	2	2	2	2

		1						1		
		1匹						銀50枚		
								30		
		30反								
		30反						30		
		30反						30		
50疋		50疋						50		
		50把						50		
		30反								
		10間								
20本										
50反										
20箱		20箱								
		2箱								
2箱		2箱								
50把										
		2脚						沈金中央卓2		

②正使より将軍

	慶長15	正保元		慶安2	承応2	寛文11	天和2	宝永7		正徳4
		若君誕生	継目御礼					代替	継目	代替
練芭蕉布			10反		10	10			10	
畦芭蕉布					5反					
綾芭蕉布						10反				
嶋芭蕉布							20反	20疋	10反	20疋
太平布		20(10)疋	(10)				20疋	20		20
白紗綾		(10反)								
緋縮緬		(10疋)								
竹心香		10(5)袋	10(5)袋							
官香		5(3)把	3(5)把			10	10	10	10	10
寿帯香		5(3)箱	3		5		10	2		10
竜涎香		2(3)箱	(2)							
香餅					5箱	5			5	
泡盛		3(2)壺	2壺		2	2	2	2	2	2

③中山王より大御所

御太刀										
御馬										
練芭蕉布	芭蕉布100疋									50反
畦芭蕉布										
薄芭蕉布										
嶋芭蕉布										
太平布	200疋									
久米綿										
縮緬										50反
羅紗	120尋									
緞子	100疋									
綾絹										
寿帯香										
竜涎香										
香餅										
竹心香										
青貝卓										唐卓1

継目	享保3	寛延元	宝暦2	明和元	寛政2	寛政8	文化3	天保3	天保13	嘉永3
		1対								
		1対						沈金1		
5壺		5壺						3		
								2		
1組										
2組										
1通										
							50反			
				50疋	50					
				20本	20					
				50端	50					
							50反			
				20箱	20					
					50					
				2箱						
				沈金1通	1					
				5	5		3			
					2					
				2	2					
				1対	1					
							2			
							1対			
							5			
							1			
							1対			

	慶長15	正保元		慶安2	承応2	寛文11	天和2	宝永7		正徳4
		若君誕生	継目御礼					代替	継目	代替
堆錦硯屏										
青貝籠飯										
泡盛酒										3壺
石人形										
かねの火鉢										1対
手巻										2軸
丸とんたふ										1対
薄屏風										1双
八仙人										
石手鏡										
料紙硯箱										

④ 中山王より御台

練芭蕉布										
太平布								50疋		50
緞子								50反		20本
綾緞子								20本		
綾絹										50反
縮緬										
寿帯香								20箱		20
竜涎香								50袋		
香餅										大2箱
竹心香										50袋
料紙硯箱								沈金1通		青貝1通
泡盛酒								5壺		5
しやひん								2箱		
石人形								2躰		
玉風鈴								1対		
八仙人										1組
石の手鏡										2組
剔金飯籠										
髢										
螺鈿卓子										
玉硯屏										

継目	享保3	寛延元（大納言へ）	宝暦2	明和元	寛政2	寛政8	文化3	天保3	天保13	嘉永3
		1	1	1		1	1			
		1匹	銀50枚	1		銀50	銀50			
			30反				30			
		30反		30						
		30反	30	30			30			
		30反	30	30		30				
							30			
		50疋	50	50		50	50			
		50把	50	30		50	50			
		30巻		30						
		10間		10						
		20箱		20						
		2箱		50袋						
		2箱		2						
		2脚	中央卓 2	2		2	卓子2			
		1対		1						
		1対	1	1		1	1			
		5壺	3	5		3	3			
			2対			2	2			

2壺										
1										
30反										
30反										

⑤中山王より若君

	慶長15	正保元		慶安2	承応2	寛文11	天和2	宝永7		正徳4
		若君誕生	継目御礼					代替	継目	代替
御大刀	1									
御馬	1									
練芭蕉布	(純子50疋)									
畦芭蕉布	(蕉布50疋)									
薄芭蕉布	(紅糸100斤)									
嶋織芭蕉布										
絛紋芭蕉布										
太平布	100									
久米嶋綿										
縮緬										
羅紗										
寿帯香										
竜涎香										
香餅										
青貝大卓										
堆錦硯屏										
青貝籠飯										
泡盛酒										
石人形										

⑥中山王より月光院

太平布										30疋
緞子										10本
綾絹										30反
寿帯香										20箱
竜涎香										50袋
大香餅										2箱
泡盛酒										3壺
青貝料紙硯箱										1通
寿山石人形										
縮緬										
芭蕉布										

継目	享保3	寛延元	宝暦2	明和元	寛政2	寛政8	文化3	天保3	天保13	嘉永3
1										
1対										
								1		
								銀30枚		
								30反		
								30反		
								30把		
								30疋		
								3壺		
								1		
								1		
		20反		20疋						
		20反		20反		10反				
						10反				
		10把		10把		10把				
		10箱		10箱		5箱				
		2壺		2壺		2壺				

	慶長15	正保元		慶安2	承応2	寛文11	天和2	宝永7		正徳4
		若君誕生	継目御礼					代替	継目	代替
青貝文台										
とんたふ										

⑦前中山王より将軍

御太刀										
馬　代										
練芭蕉布										
薄芭蕉布										
久米綿										
太平布										
泡盛酒										
料紙硯箱										
石人形										

⑧正使より若君

太平布										
嶋芭蕉布										
練芭蕉布										
大官香										
寿帯香										
泡盛酒										

⑨正使より御台

芭蕉布							50反		練50反	
縮　緬							50巻 紅30 白20		50反	
泡盛酒							3壺		3壺	
かもじ							5かけ			
石手鏡							2帖			
玉硯屏							1双			
青貝卓							1脚		1脚	
沈金籠飯							1対			
薄屏風									1双	

継目	享保３	寛延元	宝暦２	明和元	寛政２	寛政８	文化３	天保３	天保13	嘉永３
		20反 20反 10把 10袋 ２壺								
							５把 10反 ２壺			

	慶長15	正保元		慶安2	承応2	寛文11	天和2	宝永7		正徳4
		若君誕生	継目御礼					代替	継目	代替
かねの火鉢										1対
手巻										2軸
丸とんたふ										1対

⑩正使より大御所

太平布										
嶋芭蕉布										
大官香										
寿帯香										
泡盛酒										

⑪前使者より将軍

大官香										
嶋芭蕉布										
泡盛酒										

享保3	寛延元	宝暦2	明和元	寛政2	寛政8	文化3	天保3	天保13	嘉永3
500 500	500 500	500 500	500 500	500 500	500 500	500 500	500 500	500 500	500 500
200 10	200 10	200 10	200 10	200 10	200 10	200 10	200 10	200 10	200 10
300 3	300 3	300 3	300 3	300 3	300 3	300 3	300 3	300 3	300 3
	300枚 20		300 20				300 20		
	300 20						300 20		

表19　拝領物一覧

①将軍より中山王

	正保元		慶安2	承応2	寛文11	天和2	宝永7		正徳4	
	若君誕生	継目御礼					代替	継目	代替	継目
銀	500枚		500	500	500	500	500	500	500	500
錦	500把			500	500	500	500		500	
			屏風5双				金襴20巻	紅白羽二重100疋	金襴100巻	羽二重100疋
								八丈島50反		八丈島50反

②将軍より正使

銀	300枚	200	200	200	200	200	200	200	200	200
時服	20	10	20	10	10	10	10	10	10	10

③将軍より惣中

銀	300枚		300	300	300	300	300		300	300
時服(楽人)				3宛		3	3		3	

④若君より中山王

白銀	300枚									
時服	20									

⑤大御所より中山王

白銀									200枚	200
時服										
綸子(繻子)									100反	
染物										
色大紋羽二重										100反

享保3	寛延元	宝暦2	明和元	寛政2	寛政8	文化3	天保3	天保13	嘉永3
			200						
	100把		100把				100把		
	100把						100把		
							200枚 10		
							200枚 10		
							50把		
							50把		

⑥御台より中山王

	正保元		慶安2	承応2	寛文11	天和2	宝永7		正徳4	
	若君誕生	継目御礼					代替	継目	代替	継目
白銀							200枚	200		
綸子(繻子)染物							100反			
色紋羽二重								100反		

⑦月光院より中山王

白銀									200枚	200
綸子(繻子)染物									50反	
しぼり染										50反

⑧若君より正使

白銀	200枚	100								
時服	10	20								
綿										

⑨大御所より正使

綿										

⑩若君より前中山王

白銀										
時服										

⑪大御所より前中山王

白銀										
時服										

⑫若君より澤岻親方

綿										

⑬大御所より澤岻親方

綿										

享保4	寛延元			明和元	文化8		聘使より	
		大御所へ	大納言へ			儲君へ	日本両使臣各	大君儲君へ各
50	50	30	30	50	30	3(30)		
10	10			10	5	5		
	10	12	10	10	5			
30	20	20	30	30	5(25)	15	10	5
	30疋	30		30	5(25)			
30								
50	(50)		15	50	25		10	
20	(30)			30	15	10	5	
			(20)			5		
15	15	15	10	15	7	5	2	3
20	20	15	15	20	10	7	2	2
30	30			30	15	10		
100	100		100	100	50			
30	30	30	30	30	15	15		
20	20			20	10			
100	100			100	50			
10(30)	10			10	5			
							20	
50	50	50	50	50	30	30		
50								
	50	50	50	50	30	30	10	
10	10	10	10	20	1(10)	5		
2	2	2	2	2	1	1		
		5	5					
							2巻	

表20　朝鮮通信使献上物一覧

	寛永元	寛永13	寛永20		明暦元	天和2		正徳元
				若君へ			若君へ	
人参	100斤	50觔	50	30	50	50	30	50
大繻子		10疋	10		10	10		10
大緞子		10疋	10	10	10	10		(10)
白苧布	50疋	30	30	30	30			
生苧布								
黄照布		30疋	30		30	20		20
白綿紬	50疋		50		50			
黒麻布	30疋	30	30	15	30			30
白綾				20疋				
白照布						20疋		20
色大紗						20巻	10	10
油布						30疋		(30)
錦段							10疋	
綾子							20疋	
金襴	10疋							
方絲紬	50疋							
花襴紬	10疋							
虎皮	20張	15	15	10	15	15	10	15
豹皮	20張	20	20	15	20	20	15	20
青斜皮	10張	20	30		30	30	15	30
魚皮		100張	100	100	100	100	100	100
貂皮								20張
白紙	50巻							
色紙		30巻	30		30	30	30	30
彩花蓆	20張	20	20		20			
黄蜜		100觔	100		100	10(100)		100
清蜜		10器	100		10	(10)		10
黄毛筆		50柄						
各色筆			50柄	50	50	50	50	50
油煙墨		50笏	50	50	50			
真墨						50笏	50	50
鷹子	50連	20	20	10	20	10	5	10
駿馬鞍具		2匹	2	2	2	2	2	2
花硯				5面			5	
色礼								

宝暦二申年六月
　御勘定奉行え
琉球人え被下候銀子之儀、去ル辰年被下候銀子之位ニ吹直被下候間、可被得其意候、尤其外より贈候銀事右位之銀遣筈ニ候間、贈物有之面々より申達次第相談候様、銀座え可被申渡候、
　六月(8)

とある。銀の吹替は、薩摩側が強く申し出ている。その理由は、度重なる改鋳により低下する両銀の質を少しでも高く維持し、琉球の対中国貿易に支障をきたさぬように考えた故である。『薩藩旧記雑録　追録』には、正徳四年の参府に際し「元禄銀之位」の質の両銀を得たいと幕府に申し出、幕府も承諾している記事が見られる。(9)

さて、オランダ年頭使・朝鮮通信使の将軍に差出された献上品を見てみる。これらはそれぞれ性格が異なり、国としての立場も違うので比較にはなり得ないが、外国からの献上品として参考としたい。

オランダ年頭使の献上物を詳しく知るには、資料が限定されており、全年度を通覧することは難しい。ここでは文政六年より約二年半日本に滞在したフィリップ・フランツ・フォン・シーボルトの『日本』(10)に記されたものを見てゆきたい。オランダ年頭使が献上品としたのは、

通常、献上物は毛織物・毛および絹布・更紗その他さまざまの絹布・金糸銀糸で織った布地など。(11)

である。そして、その贈り先は将軍・世子・老中はもとより、寺社奉行・江戸町奉行・勘定奉行、さらに京都所司代・京町奉行・大坂町奉行にまで献上品を遣わしている。これは、朝鮮通信使や琉球国使節が国王を代理する形であったのに対し、オランダ年頭使がオランダ・東インド会社を代表する（オランダ商館長）商業的交渉儀礼であったことによるものである。

この献上品に対し、「返礼の品」が贈られる。つまり、

将軍からは絹の衣服三十着、世子からは二十着、上述の高官たちからは百四十七着である。[12]

とある。また拝領銀も賜ったようで、

ときには銀貨が特別な贈物として、仰々しいセレモニーをやって商館長に渡されることもある。一八二二年にはこの銀貨、すなわち板銭 Itakane は百二十三枚であった。一八二六年にはわずか八十枚に過ぎなかった。一個三グルデン三〇セントの価値がある。[13]

と記されている。

朝鮮通信使の献上品を見てみる。まず表20に示すごとく、琉球国よりの献上品に比較するとその量においてかなりの差が見られる。また、各年度における品数と分量はほぼ一定で、前年度の例を踏襲したようである。品目としては、人参（朝鮮人参）・織物・獣皮・蜜・墨筆・墨・硯、そして鷹を献上することが定形化している。これらは明らかに朝鮮国における産物を貢物として贈っているのである。琉球国使節が太刀・馬・貢布という国内諸大名の献上品に準じた品目を献上していることと大きな違いがある。つまり、琉球国と日本との関係において、献上品の種類には、朝鮮国よりはるかに準国内的規準が用いられていると考えられる。

注

(1) 小野清『史料　徳川幕府の制度』、新人物往来社、昭和四十三年六月。
(2) 『琉球国旧記』、（『琉球史料叢書』第三巻、東京美術、昭和四十七年四月、所収）。九二頁。
(3) 同右、九二頁。
(4) 『琉球漆器考』（刊本・ハワイ大学旧宝玲文庫本）。一頁。
(5) 注(2)書、八九頁。
(6) 注(4)書、七頁。
(7) 大田南畝『一話一言』（『蜀山人全集』第四巻・第五巻所収）。

(8)『御触書宝暦集成』、岩波書店、昭和十年三月、一六七八。
(9)『薩藩旧記雑録　追録』巻四八、二三九・二四〇・二四一。(鹿児島県史料第三巻)。
(10)フィリップ・フランツ・フォン・シーボルト『日本』、雄松堂書店、昭和五十二年十一月。
(11)同右、第二巻一一九頁。
(12)同右、第二巻一一九頁。
(13)同右、第二巻一二〇頁。

第四章　琉球国使節の路次楽と城中における音楽奏上

(1)　路次楽

江戸時代に市中・街道の人びとの関心を強く引いたものは、琉球国使節の通行であったことは、すでに指摘した通りである。この使者行列のうち、最も関心が集まったのは、彼らの琉球衣裳と共に琉球楽器とその音色であったろう。

路次楽が行列進行と共に奏じられるのは、海路・陸路をとわず原則として大名の城下町を通過する時、宿場発着の時、淀川船行列（座楽）の時であった。用いられた琉球楽器は、「銅鑼」・「両班」・「銅角」・「喇叭」・「鼓」の五種である。宝永七年度および正徳四年度の記録[1]によれば、路次楽の構成は、

銅鑼	1
両班	1
銅角	2
喇叭	2
嗩吶	2

鼓　4

となっている。また天保三年度の記録(2)にも同数の構成が見られる。したがって、少なくとも宝永七年度以後はこの構成が定形化したものと思われる。

路次楽が奏された場所は、天保三年度の記録『儀衛正日記』(3)によって具体的に詳しく知ることができる。天保三年度の渡来行列において路次楽を奏した地点は次の通りである。

天保三年

九月　朔日・琉球館（麑府）出発

・横井茶屋村入口より

・伊集院入口より

二日・市来港より

・向田町入口より

二十七日・平戸城下通船の折

十月　二十日・大坂御屋敷前着船波戸場より御門まで

二十五日・淀城下通船の折

二十六日・「御役屋」へ（先例になし）

二十八日・伏見出発の折

十一月　三日・大垣通過の折

四日・名古屋通過の折（「尾張町三里は路次楽続かね町入口出口宮本陣」）

六日・奥崎（「松平伊豆守城下」）

・吉田通過の折
八日・浜松（「遠州水野越前守城下」）
九日・掛川（「大田備後守城下」）
十二日・沼津（「水野出羽守城下」）
十三日・箱根関所通過の折
・小田原止宿（「加賀守城下」）

また、城下通過の際に路次楽を奏しない時でも、船飾をして通過する例（長崎通過）の他、旅装束を琉球衣裳の礼服に改めるなどしており、その華やかさが人々の目を引きつけたであろうことは疑いのないことである。天保三年に路次楽を奏しつつ名古屋市中を通行する琉球国使節の様は、『琉球画誌』（小田切春江・一冊）に色鮮やかに描かれている。(4) また寛政二年の平戸城下通船の様子と淀川船行列の構成は松浦静山の著わした『甲子夜話』(5) に記されている。さらに、天保三年における江戸市中通行の様は同じく松浦静山の『保辰琉聘録』(6) に詳しい。

(2) 音楽奏上

琉球国使節が江戸において琉球音楽を奏じたことは、各種の来朝記録によって知ることができる。寛永二十一年（一六四四）申六月二十九日の記録(7) によれば、行列の構成を記した個所に、

楽人　十六人　　同　奏楽

とあり、楽人の存在を知る。また、承応二年（一六五三）の記録(8) によれば、

楽之次第

一番、太平楽、太鼓、思ひとく、どら、思ひかな、二つかね、たるかね、ひちりき、かうち、
　各無言に而奏之、終而退、
二番、萬歳楽、たいこ、ろう、二つかね、ひちりき、役者右同、発徴音唱歌、但非舞楽、
三番、難来郎、たいこ、思ひとく　ろう、思ひかな　二つかね、たるかね、ひちりき、かうち、はんしやう、ま
　三郎、はんしやう、まやまど、右同断　楽者以上七人にて、三度共七人宛出、内六人は童子也、

とある。このとき将軍家綱はこの琉球音楽を大変気に入った模様で、記録にも、

入御以後、老中大広間江出座、於三之間大隅守薩摩守国頭江、件之楽珍敷被思召、御気色之御事也依之、伶人江
綿衣三宛被下之旨、上意之趣雅楽頭伝之、
　但依為下劣之族、即座不能頂戴、追而大隅守家来可渡遣之由也、

とある。これは城中における琉球音楽奏上の最初である。楽人たちが「時服三宛」を賜るのもこの時に始まる。

　したがって、寛永二十一年六月には城中において奏じられたのではなく、路次楽に限られていたのであり、承応二年が城中における琉球音楽奏上の最初であったと考えるべきである。しかし次年度の寛文十一年には、城中での奏楽はなされず、大老酒井雅楽頭忠清の宅において奏じられた。寛文十一年七月二十八日、琉球国使節一行は登城を済ませた。八月七日には、東叡山御宮に参詣し、翌日八月八日には、

　寛文十一年八月八日、於酒井雅楽頭宅、琉球人に被仰付楽之番付、
一楽五道、太平楽、萬歳楽、同、難来郎、同、
一可々、楽四道、送親々、一更裡、相思病、為學當(9)、

とあるごとく、大老酒井雅楽頭宅において奏楽の行われたことを知るのである。

　その後天和二年からは、城中で必ず琉球音楽が奏上されるようになる。承応二年に奏じられた曲目は、「太平楽」

「萬歳楽」「難来郎」の三曲であったが、天和二年度以後はその曲目数も増加してゆく。表21に示す通りである。また宝永七年には、十二月六日島津吉貴献膳のとき、七日先太守夫人陽和院証院二位に挨拶の折、太守夫人の御前で奏じられたことを知る(10)。

城中で奏上されたものは、「奏楽」と「唱曲」の二種であった。「琉歌」もしくは「三味線歌」とあるのは、三線に合わせて歌う琉歌で、「唱曲」に入る。

「奏楽」に用いられた楽器は、哨吶・横笛・鼓・銅鑼・三金などの管楽器と打楽器である。これに対し、「唱曲」には管・胡琴・長線・琵琶などの弦楽器が用いられる。また「琉歌」は三線のみの演奏であった。これらの楽器は、総て中国のものであった(11)。

曲目から察せられるように、城中では舞踊は演じられない。しかし、城外である薩摩屋敷においては次の内容が演じられている。

宝永七年　高輪の島津屋敷にて、琉球おどり、唐おどり
宝暦二年　奏楽・漢躍・球躍
明和元年　奏楽・漢躍・球躍
寛政二年　奏楽・作舞

また天保三年の記録(12)には、

高輪奏楽之次第
閏十一月十九日
一高輪中屋敷松平栄老於亭同廿三日罷出候事
音楽

鳳凰吟
慶皇都
　唱曲
順太平
古囉々
琉歌
　琉踊
四ッ行踊
舞踊
節口説
　唐踊
風争記
秋余興
　音楽
萬年春
賀座明
楽清朗
　唱曲
感思澤

福寿歌
慶盛世
琉踊
団扇踊
麾踊
笠踊
口説
打組踊
唐踊
打花鼓

三絃	譜久山親雲上
仝	読谷山親雲上
仝	池城親雲上
	城間親雲上

唐踊和番

国舅爺	瀬名波親雲上
王照君	名嘉地里之子
馬吏	許田親雲上
梅香	崎山子

包隷　渡多次筑登之
仝　屋嘉比親雲上
琉踊
一団踊　立津里之子
一笠踊　崎山子
一御代治口説　仝　人
城間親雲上
唐踊
大相公
一打花鼓　徳田親雲上
老公　城間親雲上
老婆　立津里之子
管家　許田親雲上
一風争記
状元　渡慶次筑登之

正旦
屋嘉比親雲上
小旦
立津里之子
梅香
崎山子
賔相
許田親雲上
琉踊
渡慶次筑登之
節口説舞

とある。文中「琉踊」「唐踊」の項に見る人名のうち、城間親雲上・瀬名波親雲上・徳田親雲上・許田親雲上・名嘉地里之子・立津里之子・屋嘉比筑登之・崎山子は登城した旨が確認されていない。特に崎山子は無位の者であった。一方、楽童子として登城した者たちは、

譜久村里之子　毛種美・安章
浜元里之子　馬氏
宇地原里之子　向克灼・朝真
富永里之子　向氏
小禄里之子　馬克承・良忠

である。向氏は、王家尚家の外戚であり、馬氏・毛氏は久米系の者たちである。また、小禄里之子は後に三司官にまで昇進する。このように楽童子は、全員が名門の子弟によって構成されている。この点で、前述の「高輪中屋敷」において「唐踊」「琉踊」を演じた者たちとは異なっており、この身分の差からそれぞれが演じた場に違いが生じたものと考えられる。無位の者や名門の子弟でない者は登城して将軍の御前に出ることはなかったのであろう。しかし、優れた技量によって使節に加えられた彼らは、城中以外に薩摩藩主の前などで質の高い踊躍を披露したのであろう。

さらに推測を重ねると、寛政二年・八年・文化三年等の使者名簿[13]の中で、「仁屋」の位の使者の前に位としてはより低い「子」の名が記されていることは、舞踊要員としての技量の高さによるものであったろう。

同様に、囲碁の対局のために遣わされたであろう宝永七年度の屋良里之子[14]や寛延元年度の田頭親雲上[15]なども、登城の使者には含まれていない。

また、渡来した使節一行は、大坂・伏見・江戸において能楽や人形芝居をしばしば鑑賞している。本篇第一章で述べた使節の日程によってこの事実を詳しく知り得る。このようにして、江戸参府は琉球の芸能が日本に紹介される機会であったと同時に、琉球の音楽舞踊にすぐれた者たちが日本の芸能文化を吸収し得る機会でもあったのである。芸能ばかりでなく、使者たちは当時の琉球における教養とされた和歌も、日本の文人たちの求めに応じて詠んでいる。

このように、琉球国使節派遣は、日本・琉球の文化交流の場としての機能も果たしたのである。

表21　琉球音楽奏上曲目（於江戸城）

年度	奏上曲目
承応2	太平楽　萬歳楽　難来郎
寛文11	太平楽　萬歳楽　萬歳楽　難来郎　難来郎　送親々　一更裡　相思病　為學當　＊但し、酒井雅楽頭宅にて
天和2	太平楽　萬歳楽　難無楽　難無楽　萬歳楽　唐歌　唐歌　三線歌
宝永7	太平調　桃花源　不老仙　揚香（明曲）　寿尊翁（清曲）　長星苑　芷蘭香　寿星老（明曲）　正月（清曲）　三線歌

正徳4	萬年春　賀聖明　楽清朝　王者国(明曲)　百花開(明曲)　天初暁(清曲)　頌皇清(清曲)　鳳凰吟　慶皇都　為人臣(明曲)　為人子(明曲)　上蓬萊(明曲)　一年纔遛(清曲)　琉歌
享保4	萬年春　賀聖明　楽清朝　日麗中天(明曲)　春色嬌(明曲)　乾道奏(清曲)　鳳凰吟　慶皇都　詩家事(明曲)　奉霞觴(清曲)　琉歌
寛延元	萬年春　賀聖明　楽清朝　日麗中天(明曲)　春色嬌(明曲)　乾道奏(清曲)　鳳凰吟　慶皇都　奉霞觴(清曲)　詩家事　琉歌
宝暦2	萬年春　賀聖明　楽清朝　千歳爺(明曲)　紗窓外月(明曲)　為人子　鳳凰吟　慶皇都　四時操茶(清曲)　四曲児(明曲)　琉歌
明和元	萬年春　賀聖明　楽清朝　天初暁　紗窓外　太平歌　鳳凰吟　慶皇都　王頌歌(清曲)　論治(明曲)　琉歌
寛政2	萬年春　賀聖明　楽清朝　天初暁　紗窓外　春天景　鳳凰吟　慶皇都　邦家調　奉霞觴(清曲)　琉歌
寛政8	萬年春　賀聖明　楽清朝　福寿頌(昇平調)　太平頌　鳳凰吟　慶阜都　青山曲　新囉　琉歌
文化3	萬年春　賀聖明　楽清朝　歡楽歌　想郷歌(春佳景)　鳳凰吟　慶皇都　閙元霄　新囉　琉歌
天保3	萬年春　賀聖明　楽清朝　感恩澤　福寿歌　慶盛世　鳳凰吟　慶皇朝　頌太平　古囉古囉
天保13	萬年春　賀聖明　楽清朝　明良旰　昇平世　切徳碩　鳳凰吟　慶皇朝　熙朝治　撃壌歌

注

(1)『琉球使参府記』一冊、エール大学蔵。『琉球国来聘使日記』一冊、ハワイ大学旧宝玲文庫本。『琉球人来朝一件』、(『通航一覧』巻一二所収)。

(2)『白藤随筆』、(『通航一覧続輯』第一巻、巻一所収)。

(3)『儀衛正日記』一冊、旧尚家本、東京大学史料編纂所蔵。

(4) 小田切春江『琉球画誌』一冊、大惣本。本論第四章第一節「天保期使節の実態」参照。

(5) 松浦静山『甲子夜話』巻三八・巻四三、『甲子夜話』3(東洋文庫三二一)、平凡社、昭和五十二年十二月。

(6) 松浦静山『保辰琉聘録』一・二、『甲子夜話続篇』巻八七・巻八八。

(7)『琉球来聘日記抄』一冊、内閣文庫蔵。

(8)『琉球人来朝附』、(『通航一覧』巻六所収)。

(9)『柳営日次記』、(『通航一覧』巻七所収)。

（10）『毛姓九世盛昌家譜』、那覇市史編集室蔵。
（11）琉球の楽器については、本論第三章第二節の末尾に付した図1「宝永七年寅十一月十八日琉球中山王両使登城行列」（図版・巻子二軸）を参照されたい。
（12）『琉球関係書類』、東京大学法学部蔵。
（13）「琉球国使節使者名簿」、本論資料篇第三。
（14）注(1)書、『琉球使参府記』。
（15）『延享琉球人来朝記』一冊、ハワイ大学旧宝玲文庫本。

第五章　市中御触書に見る琉球国使節

琉球国使節の通行や参着に際しては、市中で様々な規制が出されている。これらの規制は現在のところ、大坂[1]・名古屋[2]・一宮[3]・江戸[4]におけるものを閲覧し得る。これらを整理することにより、琉球国使節の通過・参着に向けて出された禁止事項や「町膳い」（準備）を具体的に知り得、幕府の市中における使節への対応を見ることができる。また渡来年度ごとの御触を整理することにより、他年度との差異や新しい規制、その廃止改革などが知れる。さらに、朝鮮通信使の場合との比較により、対応の差異を見ることが可能である。もとより朝鮮は日本と対等関係にあった国であり、琉球は島津氏の庸国であったことを考えれば、幕府の対応に差があることは当然であるが、ここにおいてその違いを具体的に見ることができる。

市中の規制とは「御触」とか「申渡」という形で残されたものである。本論において史料として用いた物は、『御触書寛保集成』『御触書宝暦集成』『御触書天明集成』『御触書天保集成』『徳川禁令考』『日本財政経済史料』『正宝事録』など活字化されたものによった。寛文十一年度より天保三年度の渡来に際して出された関連の御触を取り出した。天保十三年・嘉永三年に関する物は、『嘉永三戌年琉球人参府一件』[5]を用いて参考とした。また天保三年度の補足として『天保三壬辰琉球人参府弐朱吹立触写』を用いた[6]。

これらは総て江戸市中の規制に関わるもので、時代的には寛文十一年度より嘉永三年度のものが含まれる。これに対し前述の『大阪市史』『一宮市史』そして名古屋の『御触流留帳』に所収された御触は、特定の年度における物であったり、また断片的であることにより問題が残っている。この理由により、本論においては、江戸市中における幕府の対応・規制について論じることにした。

まず作業として前述の史料集を比較した結果、『徳川禁令考』『日本財政経済史料』『正宝事録』中に含まれる琉球国使節・朝鮮通信使関係の御触は、『御触書寛保集成』『御触書宝暦集成』『御触書天明集成』『御触書天保集成』に収集されていることを確認した。そこで、これらいわゆる「御触書集成」に含められた関係御触を整理し、分類したものが表22である。

表から分かる如く、御触書の内容には変遷がある。全年度に亙って出されている物は、火の用心の御触ぐらいである。宝暦二年までの各年度に出された風俗・見物の規制や行列道の掃除は、『御触書天明集成』以後には見られない。一方、城中における衣裳・銀の吹替え等は『御触書寛保集成』には見られない。しかしこれは、その年度に御触書が出されなかったと断定できるものではなく、「御触書集成」の編集方針に因るものであろう。即ち、

最も法制の整理統一に熱心であった吉宗は、寛保二年に、公事方御定書制定以後数ヶ月を経た後評定所に命じて、此等（江戸幕府開府以来発布された御触書〈筆者注〉）の法令を一書に整理編纂せしめる事とし、老中左近将監松平乗邑の監督の下に、御定書掛りの三奉行をしてその事務を担当せしめた。(7)

のである。しかしその「御触」の定義について、「御触」は老中より出す「惣触」と江戸町奉行より出す「町触」とに大別出来、厳密にはたとえ町奉行所より出た御触であっても、老中の命或いは老中に伺いの上で発せられたものは惣触であり、町触とは町奉行が手限を以て出す「手限町触」の意味に用いられるべきものとされていた。この前提のもとに、「御触書集成」には厳密な意味の町触を含まないのであるが、時にはこれを混ずるを免れなかった、と集録の基本理念をのべている。(8)であるとするならば、『御触書寛保集成』『御触書宝暦集成』に見出される市中の風俗・見物の規制が、後の『御触書天明集成』『御触書天保集成』に収められていない理由はここにあるのであろう。すなわち、寛

保・宝暦頃までは、琉球国使節の通行に関する市中風俗・見物の規制は、当初「惣触」として示されていたものが、渡来の度毎に前年度と同じ御触がほぼ踏襲されるに伴い、一方で法令発布の数が莫大なものとなり、町触として見做されるようになっていったのではあるまいか。そして「天明」「天保」の集成の際には、多少の変更・改正があるものの、新たに発布された御触以外は除外されてゆくことになったのであろう。例えば、琉球国使節の登城・御三家廻り・老中廻り・上野参詣における道筋の指示布達は、『御触書寛保集成』『御触書宝暦集成』に収められている物と同種・同一の物を、いわゆる幕府側の記録である来朝記録の中に見出し得るのである。これが御触として発布されたその物自体であるかは判断し難い。

各年度毎の微妙な差異について注目しなくてはならない。特に何度か行われた改革を経るなかで、これら外国人使節への対応がいかに変化してゆくかは、当時において何を捨ててゆき何を守ってゆこうとしたかを知る重要な手掛りを与えるものである。幸いに旧幕府引継書に収められている『嘉永三年琉球人参府一件』と題する御触書集には、前年度天保十三年の折の御触を例文として引用している。これは天保の改革後における幕府の琉球国使節に対する対応を示すものである。また、『天保三壬辰琉球人参府・弐朱吹立触写』には、その前年の天保三年度のものを見ることができる。

琉球国使節一行を迎える江戸市中に対して布達された御触は、時代的には寛文十一年度のものをその最初とすることができる。しかしその件数は少なく、僅かに二件にすぎない。また次年度である天和二年の場合も一件のみである。宝永七年度になり、琉球国使節の登城・上野参詣・御三家廻りなどの道筋の提示および道掃除などの布達が出される。他にも「火の用心」に関するものが見える。先述のごとく、使者の構成・音楽奏上・その他薩摩の琉球国使節に向けた異国風の指示などを見ても、この宝永七年という年度は注目すべきであり、幕府においてもこれに対し特に御触を出して、それが後に定形化したと見てよい。

この幕府の対応の整備は、琉球国使節に直接に向けられた対応の変化の結果ではない。換言すれば、翌年正徳元年に来る朝鮮通信使への対応に向けた新井白石の提言が採用され、従来の対通信使饗応が改められる一端として、この琉球国使節の場合があったと見るべきである。つまり朝鮮通信使に関していえば、慶長十二年以来再開した外国朝鮮との国交は、朝鮮国からは「回答使」「通信使」がもたらされることになり、幕府にとっても対外・対内的に権威を示すことであった。さらに、対馬宗氏を通じてなされる朝鮮貿易は、いわゆる「鎖国」情況に入ってから後は、長崎の和蘭陀・中国貿易・そして島津氏の琉球貿易と並んだ重要な意味を有していた。その一方この通信使節を迎える費用も莫大で、一度に百万両にもなるといわれ、経済的な見直しが生じつつあった。そしてまた、江戸開府より百年を経た幕府は政治的にも文化的にも内実を高めつつあり、朱子学においてもまた従来の朝鮮を一方的に崇拝する段階を脱し、見直しの段階に移りつつあった。そして国交を復したとはいえ、朝鮮から見た日本には秀吉朝鮮攻の過去が充分に緩和されたものとはいえない情況もあった。加えて日本より見れば、朝鮮は清国の属国であるという軽蔑の念があったことも留意すべきである。これら対朝鮮通信使対応の再検討が、通信使渡来の前年宝永七年琉球国使節渡来に際しても、大きく関わったものと考える。事実、後述する御触書布達数の増加にその配慮の細かさを見ることができる。

次に、琉球国使節渡来に際しての規制を御触書に見てゆきたい。出された御触書を分類すると、

(1)　市中風俗の規制・見物時不作法の禁止

(2)　道膳い・町膳いの指示

(3)　市中通行（登城・上野参詣・御三家廻り）の道筋の指示、および道筋掃除などの準備について

(4)　火の用心

(5)　その他

に大別し得る。

まず、琉球国使節の参着が間近になると、

寛文十一亥年七月

近日琉球人当御地え参着申候間、通筋之町々は道を作り、悪敷所は砂を入、つくり可申候、尤はきため土とろ土なとニて作り申間敷候、御奉行衆御廻り被成候間、隣町と申合、なミよく早々作り可申候、少も遅々有間敷候以上、

七月(9)

寛文十一亥年七月

一明廿一日琉球人弥御当地え参着仕候間、町中不作法ニ無之様ニ急度可申付候、見物仕候共、庇より外え不可罷出候、琉球人通候刻、ゆひさし高わらい仕間敷事、

一水打手桶面々家之前ニならへ置、無油断琉球人通候少まへニ水打可申事、

一琉球人通候刻、名主下知致、月行事欠廻り、不作法ニ無之様ニ可申付候、両木戸脇之家主木戸ニ付罷在、喧嘩口論無之様ニ堅可申付事、

一琉球人登　城之日、又は上野、増上寺え参詣の日、次ニ爰元発足之節、右可為同断事、

一琉球人参府之日より発足之日迄中番差置、当番之家主昼夜無油断火之元可申付事、

附、町中水溜桶に水を汲入、手桶面々之家の前にならへ置、若火事出来候ハヽ、兼て如申付候、早々駈集り、消し可申事、

七月(10)

の御触が出される。これらは、まず市中の者たちの不作法を禁じるものである。次にまた使節通行の道筋に対し、道の整備を命じ、通行直前における「水打」を命じるものである。

この市中に対する規制も、寛延元年にはさらに細かいものとなる。つまり、

寛延元辰年十一月

一〆切

一人留

一手摺

此儀不及候事、

一日本橋肴商売之事、

右は御三家方え参り候帰ニ通候間、刻限夕方ニ成可申候間、平生之通ニて可相済事、

一高輪水茶屋之事、

右は冬之内水茶屋無之候間、取払ニ及間敷候、若有之候は、取払可申事、

一宇田川橋左右矢切、

右矢切ニ不及、寄麗ニ掃除可致事、

一京橋竹商売事、

右は朝鮮人之節之通ニは不及、寄麗ニ取片付可申事、

一到着之日、登　城之日、其外所々え出候時分、大火焚候商売は相止可申事、

一町々火消道具取入可申事、

一名主裏附上下、町人羽織立付着し可申事、

一芝田町四町目横町見苦敷家作取崩、勝手次第板囲可仕事[11]、

とある。「〆切」とは、一定区間の通行を差止めることである。また「人留」は通行止めである。「手摺」とは竹竿な

どを用いて規制することで、日本橋の肴商・高輪の水茶屋・宇田川橋京橋の竹商に対してなど、場所を指定して「〆切」「人留」「手摺」の指示が出されている。しかし、これらの規制は朝鮮通信使通行時に際して出されたものよりははるかに大まかである。例えば、朝鮮通信使通行に際しては、天和二年度にすでに次に示すごとく細かな指示が出されている。

天和二戌年六月

一当秋朝鮮人当御地え参着申候間、表長屋致破損候所ハ、壁を塗直シ、屋根抔悪敷所ハ繕候て、見苦無之様ニ兼て修復可仕候、并町々ニ在之候番屋之屋根、見苦敷無之様ニ修復可仕候、

一屋根之上ニ在之候押竹取可申候、茅葺并見苦敷屋根ハ板ニて庇之上より矢切可仕候、

一海道ニ在之下水橋破損仕候ハヽ、新規成とも、修復成共、仕直し可申候、通より見渡下水之石垣関板破損之所は、見苦敷無之様ニ修復可仕候、

六月(12)

天和二戌年七月

一朝鮮人来朝ニ付、先日相触候通、弥屋根見苦敷所損候処繕いたし、壁抔落候処修復仕、屋根之押竹取、茅葺見苦敷所は庇之上や切を致、何ニても見苦敷物置申間敷候事、

一物干有之処、古候共、寄麗成分ハ其儘差置、殊外見苦敷物干之分取崩可申候、并横町物干見渡之分右同断、

一表雨落溝浚寄麗ニ仕、石垣橋板悪敷所ハ繕可申候、附、縁の下見込掃除可仕事、

一腰板見苦敷所は致繕、同色ニ色付可申候、并軒之下暖簾之上透シ致候此板を取候か、又は寄麗ニ張直候か、二色之内能様ニ可仕事、

一横町見渡之分、見苦敷無之様ニ可仕事、

一道悪敷所は壱町申合、隣町見渡能様ニ作り、中一通砂利を敷可申候、尤悪敷土ニて道作り申間敷事、
一登梯子天水桶水溜桶古成候は、新敷可仕事、
右之通、来月五日切急度出来申様ニ可仕候、若遅々致候は、可為越度者也、
七月(13)

これら琉球国使節に対する御触と、朝鮮通信使に対するものとを比較してみる。朝鮮通信使に対するものが、市中の「見栄え」に重きを置こうとするのに対し、琉球国使節に対しては使節への「礼儀」を欠かさぬようにすることを意図していることがわかる。これは、朝鮮使節には対等の隣国として外交上対応したのに対し、琉球国は薩摩の附庸国として位置づけたことの差異によるものである。正徳元年の朝鮮通信使渡来に際し出された御触書には、

異国の者風俗不案内によつて、無礼之儀ありとも、あなかちに咎るにたらす、雖然捨をき難き事に至てハ、対馬守役人ニ達して、其沙汰に任すへき事、(14)

とあるごとく、一種の治外法権を認めている。この種の項目は、琉球国使節に対しては全く見当らない。

登城・上野参詣・御三家廻りなどの際に出された市中の規制は、天和二年度においては江戸参着の項に「附」として簡単に記しておく程度のものが、宝永七年度よりはその前日に達せられるようになる。薩摩守屋敷より目的地に至るまでの道順を示している。(15)これは市中の者たちに対し、道筋の掃除を命じるとともに、琉球国よりの使節通行を市中に誇示することにその意図を見ることができる。

火事は、当時の江戸において最も警戒すべき災害のひとつであり、特に重要な行事が行われる時には万全を期さねばならなかった。明和元年の江戸大火の後からは、出火の際の避難場所が指示されることになった。(16)

その他、市中へ出された指示ではないが、銀座へ銀の吹き直しの指示や、城中における衣裳の定めが御触書集に見出される。(17)拝領銀の吹き直しは、すでに正徳四年より行われている。これは琉球・朝鮮を通じ中国へ低質な銀が渡り、

ついに日本の国際的信用を失うことを避けた為である。[18]

また城中における登城者の衣裳については、御触書集では宝暦二年度に最初に見出される。[19] 寛延元年度までの規定は、『御日記』[20]『柳営日次記』[21]『大成令補遺』[22]『御書留』[23]などに見ることができる。

市中の町膳い・風俗見物不作法の禁止、また登城・上野参詣・御三家廻りの際に出された御触が、明和元年度より見出されなくなる。しかし布達されていないわけではない。記載のない理由は、前述したごとく御触書集の編集上に問題があるのである。

天保三年・十三年・嘉永三年度の場合の御触を『嘉永三戌年琉球人参府一件』および『天保三壬辰琉球人参府弐朱吹立触写』に見出し得るが、大筋において従来の物と大差が見られない。特に異なる点としては、登城・上野参詣・御三家廻りの際に出された規制の後に附された道筋掃除を定めた項目が、天保三年度から除かれていることである。

この他、本論第四章第一節で天保三年に名古屋を通行した際の様子を述べたごとく、行列通行数日前より細かな指示が市中に達せられている。これら道造り・道膳い・掃除・挑灯の用意、そして町並の整備へと市中の人びとは労働奉仕を求められた。必然的に琉球人、朝鮮人への関心は高められることになった。この熱い関心の高まりの中を、異国然とした琉球国使節の一行が通行することにより、当然のこととして琉球人は異国人として、琉球国は異国として、市中の人びとの目に映ったのであった。朝鮮通信使節の場合と比較して、その市中への規制はゆるやかなものであり、あくまで礼儀を中心に定められるものであった。宝暦の渡来を最後に、朝鮮通信使は江戸まで到らなくなり、街道を通行する外国人といえば、毎年春に通過する少数のオランダ年頭使と琉球国使節の一行のみであった。この市中の目に映った「異国」琉球国の印象が、琉球物刊行物の発行を引き起こし、またこれらの刊行物により高められた人びとの関心・興味がさらに「異国・琉球」像を描いていったのである。

表22　琉球国使節渡来時の御触書

※番号は「御触書集成」本による

	(市中風俗見物不作法規制)				(上野参詣)	(御三家・老中廻)		(登城)		(火之用心)	(島津氏へ下米)	(銀座へ吹直指示)	(金銀吹直風説禁止)	(城中衣裳の定め)	
寛文11 (1671)	3007	3007, 3008													『御触書寛保集成』
天和2 (1682)		3009													『御触書寛保集成』
宝永7 (1710)	3011	3012			3014	3015		3013		3016					『御触書寛保集成』
正徳4 (1714)	3019	3020			3022	3024, 3023		3021		3025					『御触書寛保集成』
享保3 (1718)	3028	3027				3026		3030							『御触書寛保集成』
寛延元 (1748)	1672	1673	1669	1677			1667	1674	1675	(2862)	1670		(2853)		『御触書宝暦集成』
宝暦2 (1752)	1681	1682, 1684	1680	1679	1690	1691	1686	1688, 1692	1689	(2989)	1687	1678	(2975)	1692	『御触書宝暦集成』
明和元 (1764)										3142		3140, 3141		3143, 3145	『御触書天明集成』
寛政2 (1790)								6612		6605	6610	6606		6611, 6613	『御触書天保集成』
寛政8 (1796)								6623		6618	6615	6616, 6617		6625	『御触書天保集成』
文化3 (1806)										6628	6627			6630, 6631	『御触書天保集成』
天保3 (1832)										6634		6633		6636	『御触書天保集成』
天保13 (1842)															
嘉永3 (1850)															

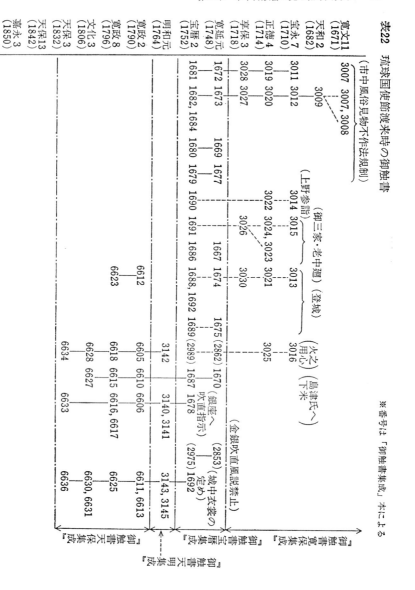

表23　朝鮮通信使通行時の御触書　　※番号は『正宝事録』による

	（道筋整備）	（役人の見分）	（通行事前の掃除）	（見物の心得）	（車の禁止）	（下座無用・不在国書下馬・板行売歩禁止）	（朝鮮人との売買禁止）	（馳走場）	（火の用心）	（治安）
明暦2（1656）	104, 117, 122		122	122	642				122	122
天和2（1682）	634, 638, 641, 643		641	641	｜				643, 641	641, 643
宝永8（1711）	1285	1285	1285	1285	1285	1285	1285	1285	1285	1285
享保4（1719）	1672	┆	｜	1672			1672	1656	1668, 1671, 1672, 1673, 1676	1672
延享5（1748）	2838	2838	2838	2838			2838		2838, 2843, 2847	2838

注

（1）大阪市参事会編『大阪市史』第一・二（市史・御触及口達）、明治四十四至大正四。

（2）『御触流留帳』、名古屋市立鶴舞図書館蔵。

（3）「尾張藩村方御触書集」『新編一宮市史資料編』第七・八巻、一宮市立図書館。

（4）『御触書寛保集成』・『御触書宝暦集成』・『御触書天明集成』・『御触書天保集成』、以上『御触書集成』（高柳真三・石井良助編、岩波書店、昭和十六年）に収録。

『徳川禁令考』、創文社、昭和三十五年六月。

『正宝事録』、近世史料研究会、日本学術振興会、昭和三十九年。

『日本財政経済史料』、財政経済学会、大正十四年七月。

（5）『嘉永三戌琉球人参府一件』、（国立国会図書館蔵『旧幕府引継書』所収）。

（6）『天保三壬辰琉球人参府・弐朱吹立触写』、一冊、ハワイ大学旧宝玲文庫本。

（7）石井良助「御触書集成に就て」『国家学会雑誌』、第四九巻第五号。

（8）石井良助「解題」『御触書寛保集成』所収。

（9）注（4）書、『御触書寛保集成』、三〇〇七。
（10）同右、三〇〇八。
（11）注（4）書、『御触書宝暦集成』、一六六九。
（12）注（4）書、『御触書寛保集成』、二九六六。
（13）同右、二九六七。
（14）同右、二九七一。
（15）同右、三〇一四・三〇一五。
（16）注（4）書、『御触書天明集成』、三一四二。
（17）注（4）書、『御触書宝暦集成』、一六七八・一六九二。
注（4）書、『御触書天明集成』、三一四〇・三一四一・三一四三・三一四五。

注（4）書、『御触書天保集成』、六六〇六・六六一一・六六一三・六六一六・六六一七・六六二五・六六三〇・六六三一・六六三三・六六三六。
（18）『薩藩旧記雑録　追録』巻四八、二三九・二四〇・二四一に正徳四年の参府の際、「元禄銀之位ニ吹替」を願い出て、その旨承諾されている一連の文書が記されている。
（19）注（4）書、『御触書宝暦集成』、一六九二。
（20）『御日記』、内閣文庫蔵。
（21）『柳営日次記』、内閣文庫蔵。
（22）『大成令補遺』、内閣文庫蔵。
（23）『御書留』、内閣文庫蔵。

資料篇第三　琉球国使節使者名簿

凡　例

一、この使者名簿は次の原則によって作成した。まず国書刊行会刊行本『通航一覧』（琉球国部）に収録されている使者名を基本とし、加えて各年度毎のいわゆる「来朝記」類を参考とした。資料記事の取捨選択は編者の判断に従った。

一、まず冒頭部に使者全員の整理番号を付し、末尾に付した索引利用の便とした。次に「官職名」と「姓名」そして「唐名」と「名のり」を順に付した。

一、官職名、使者名については各資料を併用し、妥当と思われるものを記したが、判断し難いものは併記しておいた。

一、○印が付された使者は、登城を確認できた者たちである。

一、「唐名」・「名のり」は諸家譜類を参考とした。

一、巻末の索引を作成するにあたり、名前の読み方は RYUKYUAN NAMES: Monographs on and Lists of Personal and Places in the Ryukyus, edited by Shunzo Sakamaki, EAST-WEST CENTER PRESS Honolulu, 1964 に準じた。

(一) 寛永十一年甲戌 （京都二條城まで） 随員数不明

01001 賀慶使 ○佐敷王子 尚 文・朝益（尚豊王二男 一六〇四－七三）
01002 恩謝使 ○金武王子 尚 盛・朝貞（後摂政・尚久王五男 一六〇〇－六三）
01003 従 者 ○玉城按司 尚 氏・朝秀（一六一九－五三）
01004 同 津波古親雲上 蔣世德・元重
01005 同 野國親雲上 武魁春・宗保（一五九九－一六七五）
01006 小赤頭 越来思加那 向美材・朝誠（後三司官 一六二一－九五）
01007 与力兼近習役 屋宜筑登之 東表藩・政周（一六一四－九五）

(二) 正保元年甲申 七〇名

02001 賀慶使 ○金武王子 尚 盛・朝貞（後摂政 一六〇〇－六三）
02002 恩謝使 ○國頭王子 馬國隆・正則
02003 紫 冠 ○平安座親方 向國用・朝暢（後三司官 －一六六七）
02004 黄 冠 ○奥間親雲上 向鶴翔・朝充
02005 同 ○米須親雲上
02006 同 ○野國親雲上 武魁春・宗保（一五九九－一六七五）
02007 同 ○山内親雲上

0200８　同　○具志堅親雲上
0200９　同　○仲嶺親雲上
02010　同　○比屋根親雲上（百名）
02011　同　○運天親雲上
02012　同　○平敷親雲上
02013　赤冠　○玉城里之子　向志達・朝弥（一六二二―七七）
02014　同　○石川
02015　同　○糸満
02016　同　○玉寄
02017　同　○平良
02018　同　○真境名
02019　同　○照屋
02020　同　○元《(本)》部
02021　楽人　○思徳
02022　同　○思五郎
02023　同　○思次郎
02024　同　○真三郎
02025　同　○太郎金
02026　同　○松金

㈢ 慶安二年己丑　六三名

03001 使者 ○具志川王子 尚享・朝盈（後摂政・尚久王七男　一六〇九―　）
03002 黄冠 ○麻文仁親雲上
03003 同 ○上地親雲上
03004 同 ○知名親雲上
03005 同 ○新城親雲上 毛氏
03006 同 ○玉寄親雲上
03007 同 ○根指部親雲上
03008 同 ○金城親雲上
03009 赤冠 ○幸地
03010 同 ○安谷屋 章明才・正房
03011 同 ○小波津
03012 同 ○安里
03013 小童（楽童子） ○思次郎 毛元光・安親（一六三四―六二）
03014 同 ○真三郎
03015 同 ○思五郎
03016 同 ○思金 毛昌禎・安平（一六三五―八三）

03017　同　○真蒲戸
03018　同　○思徳

(四)　承応二年癸巳　七一名

04001　正　使　○國頭王子　馬國隆・正則
04002　附　役　○平安山(座)親方　向鶴翔・朝充
04003　附　衆　○津波古親雲上　蔣世德・元重
04004　同　○玉寄親雲上
04005　同　○知花親雲上　向美材・朝誠（後三司官　一六二一―九五）
04006　同　○與那原親雲上　翁　氏・忠義
04007　(黄冠)同　○小橋川親雲上　蔡　純・由政
04008　(楽人)同　○知念親雲上　(東氏・政興)
04009　(黄冠)同　○幸地親雲上　(夏氏・賢道)
04010　(赤冠)同　○玉城里之子　向氏
04011　小姓(楽童子)　○思次郎
04012　同　○真山戸
04013　同　○太郎金
04014　同　○思加那

04015　同　○真三郎
04016　同　○思徳
04017　従者　利元　薛氏・利元（一六三一―一七〇五）

㈤　寛文十一年辛亥　七四名

05001　使者　○金武王子　向煕・朝興（後摂政　一六四七―八八）
05002　附役　○越来親方　向美材・朝誠（後三司官　一六二一―九五）
05003　附衆　○垣（元）本親雲上
05004　同　○稲福親雲上　夏氏・賢道
05005　同　○津波古親雲上　蔣世徳・元重
05006　同　○真栄田親雲上　葉氏・兼近
05007　同　○宇良親雲上
05008　同　○川上親雲上
05009　同　○金城親雲上
05010　同（路次楽下知）　○平安山親雲上　栢茂・良賢（一六四一―八七）
05011　同　○伊計親雲上　馬氏・良教
05012　同　○新川親雲上
05013　楽童子　○保栄茂里主　毛応鳳・盛祐（後三司官）

05014　同　○大城里之子
05015　同　○思次郎
05016　同　○松兼
05017　同　○太郎金　向國祚・朝祥（一六五三―一八八）
05018　同　○真三郎
05019　従者　惣慶親雲上　伊氏・忠知

㈥　天和二年壬戌　九四名

06001　使者　○名護王子　尚弘仁・朝元（尚質王三男　一六五〇―一八三）
06002　附役　○恩納親方　毛國瑞・安治（後三司官）
06003　黄冠　○知念親雲上　東氏（政興）
06004　同　○平敷親雲上
06005　同　○浜比嘉親雲上　徐氏・宗浄
06006　同　○糸數親雲上
06007　同（右筆）　屋冨祖親雲上　董世徳・仲真（一六四六―一七一〇）
06008　同　○當真親雲上
06009　同　○上江洲親雲上　金榜及・安嵩
06010　同　○具志堅親雲上（翁氏・盛武）

06011 同 ○宮平親雲上 馬氏
06012 同 ○稲嶺親雲上 翁氏
06013 同 ○小橋川親雲上 （蔡純・由政）
06014 同（楽師） ○照屋親雲上
06015 楽童子 ○野里里主 毛氏
06016 同 ○濱川里之子
06017 同 ○識名里之子 毛秉仁・安満（後三司官 一六六九—一七四四）
06018 同 ○伊舎堂真満刈 阿氏
06019 同 ○佐鋪思徳
06020 同 ○佐邊松兼

(七) 宝永七年庚寅 一六八名

07001 賀慶正使 ○美里王子 尚 紀・朝禎（尚貞王四男 一六八二—一七一一）
07002 副 使 ○冨盛親方 翁自道・盛富（後三司官 —一七二一）
07003 附 使（讃議官） ○志堅原親雲上 孟内儀・宗相
07004 掌翰史 ○屋宜親雲上 向元濬・朝喬
07005 使 讃 ○嘉手苅親雲上 向聆
07006 同（通詞） ○玉城親雲上 向受祐・朝薫（一六八四—一七三四）

07007　同（通詞）　○湧川親雲上　向崇簡・朝略（一六九〇—一七三五）
07008　役人　○仲嶺親雲上（筑登之親雲上）
07009　副使與力　○前川親雲上（里之子親雲上）　向克従
07010　小姓　○棚原里之子
07011　同　○内間里之子　毛朝観・安償
07012　医師　○宮里安忠
07013　内証右筆附　屋冨祖親雲上（筑登之親雲上）　董思恭・仲辰（一六八六—一七一六）
07014　同　宜野座里之子
07015　従者　屋良里之子
07016　同　仲西筑登之　燕氏（十一月二日於浜松宿病死葬西見寺　一六七〇—一七一〇）

08001　恩謝正使　○豊見城王子　尚祐・朝匡（後摂政　一六八一—　）
08002　副使　○與座親方　毛文傑・安好
08003　附役（讃議官）　○新城親雲上　毛氏・安房
08004　楽正　○江田親雲上　毛光國・盛常（一六七一—一七一一）
08005　儀衛正　○佐久本親雲上
08006　掌翰史　○宮城親雲上　翁鎮忠・忠真
08007　圉師　○真喜屋親雲上　真氏

0008	使　讃	○喜屋武親雲上（讃筑登之親雲上）	
0009	同	○知念親雲上（里之子親雲上）	
0010	同	○久場親雲上（筑登之親雲上）	
0011	役　人	○伊佐親雲上（筑登之親雲上）	麻氏
0012	副使與力	○仲原親雲上（筑登之親雲上）	
0013	同（医師）	○内嶺里之子	
0014	小　姓	○保栄茂里之子	毛氏
0015	同	○糸満里之子	毛氏
0016	楽　師	○照屋親雲上（里之子親雲上）	
0017	同	○安慶田親雲上	夏氏
0018	楽童子	○森山里之子	温氏
0019	同	○伊舎堂里之子	翁氏
0020	同	○根路銘里之子	毛氏
0021	同	○小禄里之子	毛廷器・盛昌（一六九四―一七六九）
0022	同	○津覇里之子	向氏
0023	同	○野國里之子	

09001　賀慶正使　○與那城王子　尚　監・朝直（尚純王二男　一六九三―一七四〇）
09002　恩謝正使　○金武王子　尚永泰・朝祐（一六八五―一七三二）
09003　副　使　○知念親方　向保嗣・朝上
09004　同　○勝連親方　毛応鳳・盛祐（後三司官　―一七一九）
09005　讃議官　○南風原親雲上　阿　氏・守周
09006　同　○喜瀬親雲上
09007　楽　正　○玉城親雲上　向受祐・朝薫（一六八四―一七三四）
09008　儀衛正　○野原親雲上
09009　掌翰史　○宮里親雲上　程順則・寵文（一六六三―一七三四）
09010　同　○砂邊親雲上　曽暦（一六七七―一七四六）
09011　圍　師　○真喜屋親雲上　真氏
09012　使　讃　○高嶺親雲上　向氏
09013　同　○渡具知親雲上
09014　同　○安里親雲上　毛氏
09015　同　○當間親雲上　向秉乾・朝斉
09016　同　○森山親雲上　温氏
09017　同　○運天親雲上　毛氏
09018　同　○島袋親雲上　曹氏・慶重
09019　同　○伊佐親雲上　（麻氏）

09020	楽師	○伊江大城親雲上	(成氏)
09021	同	○本部親雲上	温允俊・紹有
09022	同	○安慶田親雲上	(夏氏)
09023	同	○伊礼親雲上	(召氏)
09024	同	○永山親雲上	翁任道・盛寿(一六九七—一七四三)
09025	楽童子	○濱川里之子	蔡廷儀
09026	同	○喜屋武里之子	向氏
09027	同	○保栄茂里之子	毛氏
09028	同	○稲嶺里之子	翁氏
09029	同	○禰覇里之子	向　氏・朝敏(一七〇〇—三四)
09030	同	○手登根里之子	毛　氏・安因
09031	同	○伊野波里之子	毛其隆・盛真(一七〇一—五一)
09032	同	○久志里之子	金氏

(九) 享保三年戊戌　九四名

10001	正使	○越来王子	尚　盛・朝慶(尚純王三男　一七〇二—五九)
10002	副使	○西平親方	向和声・朝叙(後三司官　—一七四五)
10003	讃議官	○米須《(久米)》親雲上	向得功・朝雅(後三司官)

10004　楽正　○天願親雲上　東氏・政賀
10005　儀衛正　○國吉親雲上　蔡淵
10006　掌翰史　○前川親雲上　向克済・朝夷
10007　圍師　○瑞慶覧親雲上　毛氏・安敷
10008　正使使讃　○武村親雲上
10009　同　○嘉味田親雲上　楊氏・昌房
10010　同　○上原親雲上
10011　同　○長堂親雲上　楊世昌・昌章（一一七二一）
10012　同　○汀間親雲上
10013　同　○阿嘉山親雲上　諭氏
10014　楽師　○伊良波親雲上　梁得宗
10015　同　○新里親雲上　温氏
10016　同　○照屋親雲上
10017　同　○手登根親雲上
10018　同　○久志親雲上　金氏
10019　楽童子　○富里里之子　向氏
10020　同　○伊良皆里之子　毛氏
10021　同　○喜屋武里之子　向氏
10022　同　○源河里之子　向氏・朝義

10023	同	○伊野波里之子	毛氏
10024	同	○當間里之子	向氏
10025	同	○嵩原里之子	毛氏
10026	同	○奥間里之子	向氏
10027	供	今歸仁親雲上（筑登之親雲上）	藺惟永・篤義（一六八二—一七六四）
10028	同	彌覇里之子	向氏・朝敏（一七〇〇—三四）

㈩　寛延元年戊辰　九八名

11001	正使	○具志川王子	尚承基・朝利
11002	副使	○與那原親方	馬元烈・良暢（後三司官　一六九八—一七五四）
11003	讃議官	○池城親雲上	毛元翼・安命（後三司官　一七〇一—六九）
11004	楽正	○平識親雲上	
11005	儀衛正	○呉屋親雲上	蔡宏謨・克定
11006	掌翰史	○津嘉山親雲上	向維豪・朝徳
11007	圉師	○真喜屋親雲上	真氏
11008	正使使讃	○金城親雲上	向弘昌・朝直
11009	同	○渡嘉敷親雲上	麻元英・真冨（寛延二年一月十二日於宮宿病卒　葬海国寺　一七一〇—四九）

11010　同　○座喜味親雲上　毛彩清・盛長（―一七六五）
11011　同　○幸地親雲上　馬氏
11012　楽　師　○名嘉地親雲上　楊文彬
11013　同　○稲嶺親雲上　翁氏
11014　同　○伊舎堂親雲上　翁士達・盛敞
11015　同　○名護親雲上　（向氏）
11016　同　○津波親雲上
11017　楽童子　○知念里之子
11018　同　○奥原里之子　（武氏）
11019　同　○大城里之子　（毛氏）
11020　同　○徳嶺里之子　（翁氏）
11021　同　○湊川里之子　向氏
11022　同　○伊江里之子　向天迪・朝慶（後三司官）
11023　供　田頭親雲上　平　氏・景充
11024　同　與那覇里之子　（向氏）
11025　同　宜寿次親雲上（里之子親雲上）　翁士璉・盛成

㈩　宝暦二年壬申　九四名

12001 正　使 ○今帰仁王子 尚宣謨・朝忠（義）（後摂政　一七〇二―八七）
12002 副　使 ○小波津親方 毛文和・安減（後三司官　―一七五九）
12003 讃議官 ○濱川親雲上 蔡廷儀
12004 楽　正 ○謝花親雲上 夏氏
12005 儀衛正 ○伊差川親雲上 鄭秉哲・濬橋（一六九五―一七六〇）
12006 掌翰史 ○渡嘉敷親雲上 毛氏・盛憲
12007 圍　師 ○真喜屋親雲上 真氏
12008 楽　師 ○瑞慶田親雲上
12009 同 ○城田親雲上 毛維基・天祐（一七一七―八八）
12010 同 ○徳萌(前カ)親雲上
12011 同 ○伊江親雲上 向天迪・朝慶（後三司官）
12012 同 ○田崎親雲上 向氏
12013 楽童子 ○喜屋武里之子 向氏
12014 同 ○真境名里之子 麻　氏・真厚
12015 同 ○立津里之子 向氏
12016 同 ○摩文仁里之子 毛氏
12017 同 ○東風平里之子 向氏
12018 同 ○幸地里之子 馬克義・良篤
12019 正使使讃 ○高里親雲上 毛　氏・盛順

12020　同　○宜寿次親雲上（里之子親雲上）　翁士璉・盛成
12021　同　○喜屋武親雲上（里之子親雲上）　向　氏・朝義
12022　同　○與那原親雲上（里之子親雲上）　馬國器・良矩（後三司官　一七一八－九七）
12023　同　○安次富親雲上（筑登之親雲上）　易克仁・寛保（医師）
12024　副使使讃　○真境名親雲上　向　氏・朝孝
12025　供　東風平親雲上

(十二)　明和元年甲申　九六名

13001　正　使　○讀谷山王子　尚　和・朝恒（後摂政・尚敬王二男　一七四五－一八一一）
13002　副　使　○湧川親方　向邦鼎・朝喬（後三司官　一七二二－八五）
13003　讃議官　○譜久山親雲上　向宏基・朝紀（後三司官　一七九七）
13004　楽　正　○小禄親雲上　馬亮功・良穎（一七二八－八〇）
13005　儀衛正　○牧志親雲上　魏献芝
13006　掌翰史　○兼個段親雲上
13007　園　師　○真喜屋親雲上　真氏
13008　正使使讃　○森山親雲上
13009　同　○高宮城親雲上　向秉善・朝敕
13010　同　○前川親雲上　阿世瑞・守卿（一七三〇－九七）

13011 副使使讃 ○翁長親雲上
13012 楽　師 ○亀島親雲上 梁廷枢
13013 同 ○幸地親雲上 馬克義・良篤（後三司官）
13014 同 ○久志親雲上 金　氏・安執
13015 同 ○徳原親雲上
13016 同 ○多嘉山親雲上
13017 楽童子 ○田島里之子 向　氏・朝盈
13018 同 ○徳村里之子 毛氏
13019 同 ○源河里之子 向氏
13020 同 ○佐久真里之子 翁氏
13021 同 ○羽地里之子 向氏
13022 同 ○神村里之子 向氏

(十三)　寛政二年庚戌　九六名

14001 正　使 ○宜野湾王子 尚　容・朝陽（後摂政・尚穆王四男　一七六五—一八二七）
14002 副　使 ○幸地親方 馬克義・良篤（後三司官）
14003 讃議官 ○田里親雲上 毛國棟・安執（後三司官　一七五六—一八一一）（毛嘉謨・安執）

14004	楽正	○識名親雲上	向克相・朝睦
14005	儀衛正	○兼本親雲上	毛廷柱・俊臣（一七四五—一八〇一）
14006	掌翰史	○大灣親雲上	向迪仁・朝令
14007	圍師	○真喜屋親雲上	真主孝・実助
14008	正使使讃	○座喜味親雲上（里之子親雲上）	毛維正・盛方
14009	同	○波平親雲上	毛廷器・盛昭
14010	同	○伊渡山親雲上	向廷翼・朝愛
14011	副使使讃	○和宇慶親雲上	馬文彪・良宏（毛氏安敦）
14012	楽師	○上原親雲上（里之子親雲上）	鄭永泰・汝輔
14013	同	○玉城親雲上	翁廷棟・盛林（後三司官　一七六七—一八四四）
14014	同	○伊江親雲上	向承訓・朝安（後三司官　里之子親雲上）
14015	同	與世山親雲上	向道亨・朝易（里之子親雲上　寛政二年十月十三日於鞆浦病卒葬小松寺）（毛國鼎・朝宝）
14016	同	○新川親雲上（筑登之親雲上）	葛為錦・秀休
14017	楽童子	○小波津里之子	向世栄・朝用
14018	同	○渡慶次（須）里之子	麻克昌・真安
14019	同	○國頭里之子	向國鼎・朝宝（毛氏・朝用）
14020	同	○上間里之子	章國釆・正興
14021	同	○伊舎堂里之子	翁宏烈・盛元（後三司官　一七七六—一八四二）

14022　同　○伊是名里主　向廷楷・朝昆（後三司官　―一八三五）（向成徳・朝昆）
14023　正使従者　○島袋親雲上　銭　氏・直由
14024　同　○我那覇親雲上（里之子親雲上）　呉　氏・保宜
14025　同　○伊佐親雲上（筑登之親雲上）　麻　氏・真方
14026　同　田里親雲上
14027　同　大工廻親雲上（里之子親雲上）　向　氏・朝孝
14028　同　多嘉山親雲上（里之子親雲上）　葛　氏・秀承
14029　同　○高宮城親雲上（筑登之親雲上）　淑允信・順平（医師）
14030　同　○美里親雲上（里之子親雲上）　毛氏
14031　同　○稲福親雲上（筑登之親雲上）　無系（包丁）
14032　正使小姓　○嘉味田里之子　楊氏
14033　同　○本部里之子
14034　供　仲嶺親雲上（里之子）
14035　同　長嶺親雲上
14036　同　具志堅親雲上
14037　同　仲本里之子
14038　同　惣慶筑登之
14039　同　田場筑登之
14040　同　石川筑登之

14041 同 佐久川筑登之
14042 同 仲村筑登之
14043 同 仲村子
14044 同 大城子
14045 同 仲里子
14046 同 具志子
14047 同 濱村仁屋
14048 同 徳村仁屋
14049 同 知念仁屋
14050 同 掛福仁屋
14051 同 知念仁屋
14052 同 玉那覇仁屋
14053 同 知念仁屋
14054 同 與世本仁屋
14055 同 宮里仁屋
14056 同 仲地仁屋
14057 同 仲宗根仁屋
14058 同 赤嶺仁屋
14059 同 知念仁屋

14060 同 玉那覇仁屋
14061 同 大城仁屋
14062 同 小濱仁屋
14063 同 島袋仁屋
14064 同 具志堅仁屋
14065 同 金城仁屋
14066 同 伊佐仁屋
14067 同 高江洲仁屋
14068 同 大城仁屋
14069 同 安里仁屋
14070 同 比嘉仁屋
14071 同 仲西仁屋
14072 同 名嘉仁屋
14073 同 金城仁屋
14074 同 玉城仁屋
14075 同 嘉數仁屋
14076 路次楽人 金城親雲上
14077 同 宇根筑登之
14078 同 金城筑登之

14079　同　新垣仁屋
14080　同　長嶺仁屋
14081　同　賀數仁屋
14082　同　屋冨祖仁屋
14083　同　高嶺仁屋
14084　同　太田仁屋
14085　同　金城仁屋
14086　同　大城仁屋
14087　同　上原仁屋
14088　同　赤嶺仁屋
14089　同　高良仁屋
14090　同　新垣仁屋
14091　同　金城仁屋
14092　同　大城仁屋
14093　同　比嘉仁屋
14094　同　澤岻仁屋
14095　同　比嘉仁屋
14096　同　高江洲仁屋

㈣ 寛政八年丙辰　九七名

15001	正使	○大宜見王子	尚 恪・朝規（尚穆王五男　一七七〇―一八四六）
15002	副使	○安村親方	馬文端・良頭（後三司官　―一八〇三）
15003	讃議官	○奥本親雲上	向國垣・朝憲
15004	楽正	○喜納親雲上	馬 氏・良輔
15005	儀衛正	○屋部親雲上	鄭章觀・有光
15006	掌翰史	○徳永親雲上	
15007	正使使讃	○瀬底親雲上	向氏
15008	同	○村山親雲上	
15009	同	○渡久山親雲上	東氏
15010	同	○上運天親雲上	翁氏（翁國鼎）
15011	同	○山城親雲上	
15012	副使使讃	○與那原親雲上	馬異才・良応（後三司官　―一八二〇）
15013	同	○渡久平親雲上	
15014	楽師	○大田親雲上	蔡邦錦・日章
15015	同	○久志親雲上	金 氏・安昌
15016	同	○摩文仁親雲上	毛氏
15017	同	○多嘉山親雲上	

15018 同 ○嘉味田親雲上 楊文鳳・昌及
15019 楽童子 ○安里里之子
15020 同 ○具志堅里之子
15021 同 ○森山里之子 温氏
15022 同 ○垣花里之子 向氏
15023 同 ○濱元里之子 馬氏
15024 同 ○今歸仁里之子 向鴻勲・朝郁（一七八三－一八〇六）
15025 正使従者 大工廻親雲上 毛氏
15026 同 東風平親雲上 毛氏
15027 同 喜屋武親雲上 向氏
15028 同 野崎親雲上
15029 同 瑞慶村親雲上
15030 同 新垣親雲上
15031 讃議官従者 又吉親雲上
15032 楽正従者 上里親雲上 毛氏
15033 正使小姓 美里里之子 毛鴻澤・安輝（嵩原安執二男　一七七八－一八二七）
15034 同 前川里之子 阿氏
15035 供 護得久親雲上 向氏
15036 同 瀬名波親雲上

15037　同　永村親雲上
15038　同　伊田親雲上
15039　同　具志堅親雲上
15040　同　喜名里之子
15041　同　新里筑登之
15042　同　仲地筑登之
15043　同　上原筑登之
15044　同　比嘉筑登之
15045　同　與那城筑登之
15046　同　崎濱筑登之
15047　同　平識子
15048　同　永山子
15049　同　比嘉子
15050　同　東江仁屋
15051　同　新里仁屋
15052　同　大城仁屋
15053　同　内田仁屋
15054　同　島村仁屋
15055　同　大田仁屋

15056 同 金城仁屋
15057 同 宮城仁屋
15058 同 田里仁屋
15059 同 比嘉仁屋
15060 同 吉本仁屋
15061 同 徳嶺仁屋
15062 同 澤岻仁屋
15063 同 外間仁屋
15064 同 宮城仁屋
15065 同 金城仁屋
15066 同 新里仁屋
15067 同 上地仁屋
15068 同 仲村渠仁屋
15069 同 知念仁屋
15070 同 峯井仁屋
15071 同 山城仁屋
15072 同 山松仁屋
15073 同 桃原仁屋
15074 同 新垣仁屋

15075　同　松田仁屋

15076　同　仲里仁屋

15077　路次楽人　宇根親雲上

15078　同　冨本親雲上

15079　同　照屋親雲上

15080　同　我謝筑登之

15081　同　西平筑登之

15082　同　比嘉筑登之

15083　同　屋冨祖筑登之

15084　同　新垣仁屋

15085　同　宮平仁屋

15086　同　大城仁屋

15087　同　宮城仁屋

15088　同　大田仁屋

15089　同　赤嶺仁屋

15090　同　上原仁屋

15091　同　玉城仁屋

15092　同　牧志仁屋

15093　同　金城仁屋

15094　同　高良仁屋
15095　同　嘉數仁屋
15096　同　比嘉仁屋
15097　同　石川仁屋

(十五)　文化三年丙寅　九七名

16001　正　使　○讀谷山王子　尚大烈・朝勅（摂政　―一八一六）
16002　副　使　○小禄親方　馬応昌・良和（後三司官　一七六五―一八一八）御物奉行
16003　讃議官　○久志親雲上　金　氏・安昌
16004　楽　正　○譜久村親雲上　毛　氏・安寅
16005　儀衛正　○古波蔵親雲上　鄭嘉訓・泰橋（一七六七―一八三三）
16006　掌翰史　○外間親雲上　章　氏・正親
16007　正使使讃　○諸見里親雲上
16008　同　○野崎親雲上
16009　同　○名護親雲上
16010　同　○小波津親雲上　向氏・朝用
16011　同　○渡慶次親雲上
16012　副使使讃　○板良敷親雲上　馬超群・良實

16013 同 ○濱元親雲上 馬氏
16014 楽　師 ○當間親雲上 梁光地・茗文
16015 同 ○多嘉山親雲上 東初旭
16016 同 ○東風平親雲上
16017 同 ○嵩原親雲上 毛鴻澤・安輝（一七七八－一八二七）
16018 同 ○奥平親雲上 向氏
16019 楽童子 ○渡久地里之子
16020 同 ○佐久真里之子 翁氏
16021 同 ○仲吉里之子 馬開功
16022 同 ○波名城里之子 毛文魁・安詳（一七九一－一八五一）
16023 同 ○本部里之子 温氏
16024 同 ○伊江里之子 向世俊・朝平（一七九三－一八三五）
16025 正使従者 比嘉親雲上 （文化三年十二月二日於江戸病卒葬高輪大円寺）
16026 同 安室親雲上 馬氏・良道
16027 同 護得久親雲上 向氏
16028 同 勢理客親雲上
16029 同 普天間親雲上
16030 同 平良親雲上 馬氏
16031 同 當銘親雲上

16032　讃議官従者　冨盛親雲上

16033　楽正従者　奥村親雲上

16034　正使小姓　兼城里之子

16035　同　譜久山里之子　向氏

16036　供　内間親雲上　向氏

16037　同　與那覇親雲上

16038　同　小橋川里之子

16039　同　阿波根里之子

16040　同　名嘉真筑登之

16041　同　佐久本筑登之

16042　同　大城筑登之

16043　同　池原筑登之

16044　同　渡久平筑登之

16045　同　比嘉筑登之

16046　同　玉那覇筑登之

16047　同　前原筑登之

16048　同　名嘉山筑登之

16049　同　名嘉山子

16050　同　金城子

16051 同 翁長親雲上
16052 同 嘉手川筑登之
16053 同 運天筑登之
16054 同 大城筑登之
16055 同 運天子
16056 同 瀬底子
16057 同 大城筑登之
16058 同 赤嶺仁屋
16059 同 新里仁屋
16060 同 大城仁屋
16061 同 宮平仁屋
16062 同 城間仁屋
16063 同 牧志仁屋
16064 同 大嶺仁屋
16065 同 高良仁屋
16066 同 金城仁屋
16067 同 屋冨祖仁屋
16068 同 宮城仁屋
16069 同 嘉數仁屋

16070　同　比嘉仁屋
16071　同　照屋仁屋
16072　同　島袋仁屋
16073　同　松本仁屋
16074　同　安次嶺仁屋
16075　同　上原仁屋
16076　同　知念仁屋
16077　同　知花仁屋
16078　同　金城仁屋
16079　同　大城仁屋
16080　同　新里仁屋
16081　同　國吉仁屋
16082　同　嘉數仁屋
16083　同　有銘仁屋
16084　同　與那城仁屋
16085　同　仲宗根仁屋
16086　同　新里仁屋
16087　同　長田仁屋
16088　同　宮平仁屋

16089　同　仲村渠仁屋
16090　同　金城仁屋
16091　同　大城仁屋
16092　同　安原仁屋
16093　同　平良仁屋
16094　同　津嘉山仁屋
16095　同　照屋仁屋
16096　同　渡久地仁屋
16097　同　新里仁屋

(十六)　天保三年壬辰　七八名

17001　正　使　○豊見城王子　向　寛・朝典
17002　副　使　○澤岻親方　毛惟新・安度（後東風平親方　三司官　—一八三九）
17003　讃議官　○小禄親雲上　馬允中・良恭（後三司官　一七九八—一八五九）
17004　楽　正　○伊舎堂親雲上　翁氏
17005　儀衛正　○儀間親雲上　蔡修（天保三年九月二十五日於伏見卒葬大黒寺　一七七七
—一八三二）
17006　掌翰史　○與那覇親雲上　東文里・政順

17007	正使使讃	○與儀親雲上	
17008	同	○玉城親雲上	翁氏
17009	同	○譜久山親雲上	向氏・政順（後任儀衛正）
17010	同	○讀谷山親雲上	向氏
17011	同	○真栄平親雲上	
17012	副使使讃	○與古田親雲上	
17013	同	○古波蔵親雲上	
17014	楽　師	○冨山親雲上	梁文弼（天保三年十一月四日於稲葉宿卒葬鳴海瑞泉寺　一七九四ー一八三二）
17015	同	○池城親雲上	毛増光・安邑（安郁）
17016	同	○内間親雲上	向氏
17017	同	○具志川親雲上	
17018	同	○城間親雲上	
17019	楽童子	○譜久村里之子	毛種美・安章
17020	同	○濱元里之子	馬氏
17021	同	○登川里之子	
17022	同	○宇地原里之子	向克灼・朝真
17023	同	○富永里之子	向氏
17024	同	○小禄里之子	馬克承・良忠（後三司官一八一九ー　）

17025 讃渡使 宮里親雲上 ・宗道
17026 同 瀬名波親雲上 ・政昇
17027 同 徳田親雲上
17028 同 浦崎親雲上
17029 同 許田親雲上
17030 同 佐久川親雲上
17031 同 比嘉親雲上
17032 讃議官従者 嵩原親雲上 伏見にて病卒
17033 楽正従者 濱元親雲上
17034 正使小姓 名嘉地里之子
17035 同 立津里之子
17036 供 當真親雲上
17037 同 安室親雲上
17038 同 國吉親雲上
17039 同 比嘉親雲上
17040 同 屋嘉比里之子
17041 同 具志川里之子
17042 同 大工廻里之子
17043 同 泉水里之子

17044	同	田中筑登之
17045	同	屋嘉比筑登之
17046	同	高原筑登之
17047	同	古波鮫筑登之
17048	同	真栄田筑登之
17049	同	亀濱筑登之
17050	同	池原筑登之
17051	同	仲元筑登之
17052	同	宮城筑登之
17053	同	岸本筑登之
17054	同	崎山子
17055	同	新垣子
17056	同	松田仁屋
17057	同	長田仁屋
17058	同	山城仁屋
17059	同	古波蔵仁屋
17060	同	宮里仁屋
17061	同	城間仁屋
17062	同	山城仁屋

17063 同 崎山仁屋
17064 同 知念仁屋
17065 同 松田仁屋
17066 同 比嘉仁屋
17067 同 真栄城仁屋
17068 同 東恩納仁屋
17069 同 山城仁屋
17070 同 安里仁屋
17071 同 安仁屋仁屋
17072 同 森田仁屋
17073 同 山城仁屋
17074 同 仲村渠仁屋
17075 同 當間仁屋
17076 同 屋良仁屋
17077 路次楽人 嘉手納親雲上
17078 同 瀬底親雲上
17079 同 佐久本筑登之
17080 同 嘉數筑登之
17081 同 大城仁屋

17082　同　新垣仁屋
17083　同　翁長仁屋
17084　同　宮城仁屋
17085　同　糸數仁屋
17086　同　江田仁屋
17087　同　大城仁屋
17088　同　赤嶺仁屋
17089　同　古波蔵仁屋
17090　同　高良仁屋
17091　同　石川仁屋
17092　同　伊差川仁屋
17093　同　金城仁屋
17094　同　比嘉仁屋
17095　同　玉城仁屋
17096　同　亀友寿
17097　同　亀嘉數
17098　同　宇地原親雲上　向国壁・朝昇

㈦　天保十三年壬寅　九九名

18001	正使	○浦添王子	尚元魯・朝熹（摂政）
18002	副使	○座喜味親方	毛恒達・盛晋（後三司官）
18003	讃議官	○糸洲親雲上	向氏
18004	楽正	○池城親雲上	毛増光・安邑（後三司官　一八一〇－　）
18005	儀衛正	○伊計親雲上	鄭元偉
18006	掌翰史	○久場親雲上	
18007	圉師	○真喜屋親雲上	真氏
18008	正使使讃	○城田親雲上	
18009	同	○比屋根親雲上	毛長仁・安達
18010	同	○内間親雲上	向秉忠
18011	同	○田場親雲上	林変海
18012	同	○勝連親雲上	毛　氏・盛記
18013	楽師	○亀川親雲上	毛允良・盛武（後三司官）
18014	同	○牧志親雲上	魏学賢（一八〇六－五〇）
18015	同	○濱元親雲上	馬氏・馬昌浩
18016	同	○冨永親雲上	向氏・向邦錦
18017	同	○城間親雲上	

18018	副使使讃	○祝嶺親雲上	夏氏
18019	同	○譜久村親雲上	毛種美・安章
18020	楽童子	○安里里之子	毛克昌
18021	同	○幸地里之子	馬文英・良智
18022	同	○嵩原里之子	毛其昌・安綱（一八二〇―　）（毛維藩）
18023	同	○真壁里之子	向邦棟
18024	同	○豊見城里之子	毛台克
18025	同	○玉城里之子	翁維垣
18026	讃渡使	伊野波親雲上	毛光緒・盛方
18027	同	津波古親雲上	東氏
18028	同	伊差川親雲上	
18029	同	鉢嶺親雲上	
18030	同	小波津親雲上	向氏
18031	同	我那覇親雲上	
18032	同	具志堅親雲上	
18033	讃議官従者	嘉陽親雲上	
18034	楽正従者	森永親雲上	駱氏
18035	正使小姓	渡具知里之子	
18036	同	古堅里之子	

18037　同　上江洲親雲上
18038　同　亀谷親雲上　明氏
18039　供　名嘉真親雲上　（讃議官内）
18040　同　比嘉親雲上　（掌翰史内）
18041　同　知念親雲上　（正使内）
18042　同　島袋親雲上
18043　同　阿波連筑登之　（儀衛正内）
18044　同　長濱筑登之　（楽師内）
18045　同　伊渡村筑登之　（真壁里之子内）
18046　同　真玉橋里之子　（副使内）
18047　同　真栄城子　（副使内）
18048　同　本村子　（正使内）
18049　同　久場子　（副使内）
18050　同　長嶺子　（豊見城里之子内）
18051　同　島袋仁屋　（玉城里之子内）
18052　同　親川仁屋　（楽正内）
18053　同　山城仁屋　（嵩原里之子内）
18054　同　仲村仁屋　（同）
18055　同　大城仁屋　（豊見城里之子内）

18056　同　永田仁屋　（安里里之子内）
18057　同　外間仁屋　（同）
18058　同　宮里仁屋　（真壁里之子内）
18059　同　宮平仁屋　（楽師内）
18060　同　上江洲仁屋　（楽師内）
18061　同　宮城仁屋　（同）
18062　同　平良仁屋　（同）
18063　同　宮里仁屋
18064　同　金城仁屋　（讃議官内）
18065　同　親川仁屋　（玉城里之子内）
18066　同　翁長仁屋　（幸地里之子内）
18067　同　比嘉仁屋　（同）
18068　同　運天仁屋　（正使使讃内）
18069　同　大城筑登之　（同）
18070　同　比嘉仁屋　（同）
18071　同　真栄城仁屋　（同）
18072　同　大城仁屋　（同）
18073　同　宮平仁屋　（副使使讃内）
18074　同　赤嶺仁屋　（同）

18075　同　又吉仁屋　（正使内）
18076　同　與那覇仁屋　（副使内）
18077　同　宮城仁屋　（同）
18078　同　宇坐仁屋　（副使内）
18079　路次楽人　與儀親雲上
18080　同　喜瀬筑登之
18081　同　湖城筑登之
18082　同　赤嶺筑登之
18083　同　比嘉仁屋
18084　同　金城仁屋
18085　同　比嘉仁屋
18086　同　嘉數仁屋
18087　同　宮城仁屋
18088　同　當間仁屋
18089　同　比嘉仁屋
18090　同　大城仁屋
18091　同　平良仁屋
18092　同　新垣仁屋
18093　同　大城仁屋

18094 同 仲村渠仁屋
18095 同 高良仁屋
18096 同 呉屋仁屋
18097 同 小波津仁屋
18098 同 大城仁屋
18099 同 玉城仁屋

㈥ 嘉永三年庚戌　九九名

19001 正使 ○玉川王子 尚慎・朝達（一八二六―六二）
19002 副使 ○野村親方 向元模・朝宜
19003 讃議官 ○我謝親雲上 毛氏・盛紀
19004 楽正 ○伊舎堂親雲上 翁章錦・盛喜
19005 儀衛正 ○高嶺親雲上 魏國香（嘉永三年十一月二十二日於浜松病卒葬西見寺）
19006 掌翰史 ○伊野波親雲上 毛氏
19007 正使使讃 ○外間親雲上 馬承勅
19008 同 ○真境名親雲上 毛氏
19009 同 ○崎山親雲上 孫國儀・嗣職
19010 同 ○國場親雲上 王氏

19011 同 ○宇江城親雲上 毛氏
19012 副使使讃 ○瀬高親雲上 東氏
19013 同 ○金武親雲上 馬文英・良智
19014 楽　師 ○譜久山親雲上 向氏
19015 同 ○國吉親雲上
19016 同 ○幸地親雲上
19017 同 ○楚南親雲上 魏掌治
19018 同 ○名幸親雲上 田氏
19019 楽童子 ○新城里之子 毛氏
19020 同 ○小禄里之子 馬周詢・良休（一八三五―　）
19021 同 ○與那原里之子 馬兼才・良傑（後三司官）
19022 同 ○宇地原里之子 向氏
19023 同 ○安谷屋里之子 翁氏
19024 同 ○松堂里之子
19025 正使従者 ○渡久地親雲上 （嘉永三年十二月二十八日於草津病卒葬正定寺）
19026 讃渡使 儀間親雲上
19027 同 末吉親雲上 毛　氏・安扶
19028 同 上間親雲上
19029 同 平安座親雲上

19030	同	渡嘉敷親雲上	
19031	同	真栄城親雲上	
19032	同	知念親雲上	
19033	讃議官従者	仲村渠親雲上	
19034	楽正従者	伊集里之子	向氏
19035	正使小姓	我那覇里之子	
19036	同	川平里之子	向氏
19037	同	上江洲親雲上	
19038	同	喜舎場親雲上	向氏
19039	供	太田里之子	(名幸親雲上内)
19040	同	祝嶺里之子	(副使内)
19041	同	川上筑登之	(讃議官内)
19042	同	新垣筑登之	
19043	同	徳永子	(正使内)
19044	同	仲尾次子	(副使内)
19045	同	佐久本子	(同)
19046	同	糸數子	(儀衛正内)
19047	同	屋嘉部筑登之	(正使内)
19048	同	長濱筑登之	(小禄里之子内)

19049 路次楽人 金城筑登之
19050 同 宮城筑登之
19051 同 神谷筑登之
19052 同 真玉橋筑登之
19053 同 瀬底筑登之
19054 同 平良筑登之
19055 同 大城仁屋
19056 同 玉城仁屋
19057 同 仲村渠仁屋
19058 同 新垣仁屋
19059 同 大城仁屋
19060 同 大城仁屋
19061 同 知念仁屋
19062 同 喜屋武仁屋
19063 同 比嘉仁屋
19064 同 新垣仁屋
19065 同 宮城仁屋
19066 同 小橋川仁屋
19067 同 比嘉仁屋

19068 同 新垣仁屋
19069 同 新垣仁屋
19070 同 平良仁屋
19071 同 大城仁屋
19072 同 知念仁屋
19073 同 宮城仁屋
19074 同 金城仁屋
19075 同 又吉仁屋
19076 同 具志仁屋
19077 同 上原仁屋
19078 同 徳村仁屋
19079 同 國吉仁屋
19080 同 知念仁屋
19081 同 石原仁屋
19082 同 城間仁屋
19083 同 新垣仁屋
19084 同 仲村仁屋
19085 同 比嘉仁屋
19086 同 知念仁屋

1987 同 玉寄仁屋
1988 同 親川仁屋
1989 同 真栄城仁屋
1990 同 普天間仁屋
1991 同 玉城仁屋
1992 同 金城仁屋
1993 同 津嘉山仁屋
1994 同 比嘉仁屋
1995 同 金城仁屋
1996 同 大城仁屋
1997 同 冨田仁屋
1998 同 小波津仁屋
1999 同 又吉仁屋

㈨ 明治五年壬申　三七名

2001 正使 伊江王子
2002 副使 宜野湾親方
2003 讃議官 喜屋武親雲上

2004　供　山里親雲上
2005　同　翁長親雲上
2006　同　與世田親雲上
2007　同　上江洲親雲上
2008　同　伊波親雲上
2009　同　仲嶺親雲上
2010　同　安田親雲上
2011　同　比嘉親雲上
2012　同　喜舎場筑登之
2013　同　花城里之子
2014　同　親泊里之子
2015　同　真壁里之子
2016　同　豊村里之子
2017　同　當真筑登之
2018　同　仲村渠筑登之
2019　同　屋嘉比筑登之
2020　同　松島子
2021　同　仲宗根子
2022　同　東恩納子

20023 同 仲山子
20024 同 東江
20025 同 宮城
20026 同 島袋
20027 同 仲本
20028 同 備瀬
20029 同 島袋
20030 同 金城
20031 同 又吉
20032 同 新垣
20033 同 國吉
20034 同 與那嶺
20035 同 知念
20036 同 宮城
20037 同 仲宗根

あとがき

琉球・沖縄の歴史を大きく決定づけてきたのは、その地理的条件である。琉球は古くから日本および南方諸民族との交渉を有し、十四世紀から十六世紀にかけて東アジアと東南アジアを結ぶ中継貿易国として目覚ましい活躍を見せた。その後西欧諸国の東南アジア進出と明国の弱体化により、琉球の交易活動の範囲は狭められたが、明国との冊封関係を背景とする唐貿易は慶長の島津氏琉球攻め以後も琉球国の存続を支えるものであった。十八世紀に入ると欧米諸国の諸艦隊が極東における活動の拠点を求めて琉球に渡来した。琉球の地理的重要性は近代に入っても変わることなく、明治政府による琉球の実質的国内化「琉球処分」は、東アジアにおける主導権をめぐって緊張関係にあった欧米諸国の大きな関心事であった。琉球国は、自らの意志を表わす機会を与えられることなく、国際社会の舞台において論議され、明治政府と清国との交渉の中でその所属が確定されたのである。

琉球は中国や日本などから遠くに位置していたため、直接的な支配・影響を受け難く、早くから独自の文化を育てて来た。琉球と中国との交渉は古くからあったが、明代（いわゆる閩人三十六姓渡来）以後、琉球に中国系技能集団が存在するようになり、彼らを中心にして中国文化派が形成されていった。その一方、日本との交渉を背景に渡琉した日本人僧を中心に、慶長期までには日本文化派も形成された。これら二つの派はそれぞれに、琉球文化のなかで重要な位置を占めていたのである。薩摩藩の政治経済的支配の下でも琉球国は一国としての形を保ち続け、独自の文化を保持して近代に至った。そして明治のいわゆる「琉球処分」により実質的に日本国に組み込まれたのである。新生沖縄県は、中国文化への帰属意識を内包しつつ、急務であった国内化に大きな犠牲を払って取り組んだのである。このようにして段階的に日本国の一部となった琉球であるから、今日沖縄の側から「何時の時代から我々は日本人なのか」の問いが生まれるのは当然のことである。この問いかけは、同時に本土の側からも「何時から琉球は日本なのか」という形で発せられるべきものである。

近代「沖縄学」の目指したものは、「日琉同祖論」と「沖縄の文化的個性の尊重」であった。これは沖縄にとっても、また本土側にとっても、その時代の要請に応えるものであった。一方で、現状からの脱却という当時の沖縄の命題故に、近世日本の琉球研究は無視される結果となった。その後の琉球・沖縄研究においても、薩摩藩の琉球支配や日本の文化的同一性の側面から琉球と日本との関係が論じられることが多く、近世日本における琉球の位置を問う研究は極めて薄いといわねばならない。しかし、明治政府が琉球所属問題解決の論拠として用いたのは「古くから皇国の藩屏」とする幕末における琉球の位置付けであった。そして、琉球を「国内」として受け入れた近代日本人一般には、近世から持ち越された多様な琉球の位置付けと、琉球への印象が混然として存在していたのである。このことがその後の沖縄の抱えた問題へと繋がり今日に至っているのである。したがって近世日本人の琉球に対する認識は、直接琉球を支配した薩摩藩の立場や、渡来する「異国」として儀礼的に使節たちを遇した幕府の対応とは別の、当時の日本人一般の琉球認識として問われねばならない。

江戸時代の一般の日本人にとって、「琉球」との唯一の接点は琉球国使節の渡来であった。現存する琉球関係文献の在り方がこれを裏付けている。その意味において、琉球国使節の渡来が当時の琉球認識形成に果たした役割は、朝鮮通信使およびオランダ年頭使の果たしたそれとは異なっている。それ故に、琉球国使節渡来の実態とその与えた影響を踏まえて初めて、近世日本人一般の琉球認識を探り得るのである。琉球国使節の渡来は慶長十五年の江戸・駿府への参府をその始まりとして、明治五年の朝賀で終わっている。この間寛永十一年から嘉永三年まで、将軍の代替わりに賀慶使節が、琉球国王の代替わりには恩謝使節が渡来した。使節を迎えた側の対応は、幕府・文人識者・庶民ではそれぞれに異なっている。これらの違いが琉球への認識の違いを生むのである。つまり、幕府は書簡書式や諸儀礼において朝鮮との比較における「琉球」の位置を定めてゆき、庶民の琉球国使節に向けた関心は行列図や読本などの琉球物刊本を生みだして行った。文人・識者たちにはより積極的な対応が見られ、自らの知識や学問の要素として琉球認識が形成されていった。そこには、当時の日本にとって、また論ずる者にとって、琉球はどうあれば都合が良いのかが反映されている。各個人と「琉球」との関係を如何に見るかが、その者の「琉球」認識であると考える。

琉球へ向けられた関心の存在そのものが、日本における「琉球」の重さを証明するものである。「琉球」が日本人にどのように認識されていたかを探ることは、歴史を背負う琉球としてその存在を認め、琉球と日本との繋がりを正しく識ることになる。つまり、単に同一性のみを求めるのではなく、近さは近さ、遠さは遠さとして認めることこそ、近世における琉球と日本との関係を正確に把握することであり、近代以後の日本における沖縄を正しく位置付け理解することである。

「近世の日本人が「琉球」を如何に認識したか」は、わたくしにとって「「沖縄」を如何に認識するのか」を問うものであった。わたくしの「沖縄」との最初の出会いは、一九六九年の沖縄渡航であった。その後卒業論文作成のため波照間島に渡り二か月程の調査を行い、また琉球大学図書館で史料調査をすすめた。当時の沖縄はまだ日本復帰以前のアメリカ民政府統治下であり、査証を必要とする複雑な手続きを経ての渡航であった。そのころわたくしは民間信仰に興味を持っており、本土と沖縄の比較を意図していた。もとよりことはそれほど単純なものではなく、事前に得た知識の無力さを感じる結果に終わった。その後わたくしは、沖縄の外に居る自分にとって可能な研究を積みたいと考え、関係史料を求めて全国の図書館を巡るようになった。当時は「琉球」という単語でさえ、沖縄で使用する際に気を使うべきだ、という空気もあった。わたくしにはどこか核心に迫れないもどかしさが常に付きまとっていた。沖縄をもっと知りたい。沖縄を知りたいと思う自分をもっと見つめたい。これが、わたくしの出発点であった。以来十七年間、沖縄との関係は続いている。その間、復帰を挟んで何度か沖縄研究に光があてられた。しかし、いずれもが本土と沖縄との文化的関連性を論ずることが主流であった。

琉球が外国として日本と交渉していた近世に、「琉球」をどのように日本人はとらえていたのか。これを歴史史料のなかに見いだしたいと考え、国内の図書館を巡っていたころ、ハワイ大学旧宝玲文庫との出会いがあった。そこには Frank Hawley によって集められた、和・漢・洋書を問わぬ入手可能な限りのあらゆる琉球史料があった。しかも重複をいとわず、たった一カ所の記述でも記事の分量に関係無く収集されていたことは、大きな驚きであったとともに、Frank Hawley という人物に強く惹かれた。幸いにも宝玲文庫の利用が許され、さらにはその叢書化出版事業の一役を任されることになった。「宝玲叢刊」として翻刻したものに解題を付し、すでに一般に紹介されている。

近世の「琉球」と「日本」との接点は琉球国使節の渡来であり、それを商品として扱ったものが「琉球物刊本」であるとすれば、これを調べれば当時の「琉球」像が得られる。この仮説に従って修士論文を書いた。さらに、「琉球」に関する出来るかぎりの文献を検討し、近世の「琉球」理解に迫ろうとしたものがその後の論文である。

本書は筑波大学に提出した学位請求論文「琉球使節の研究」に加筆・訂正を加えたものである。すでに発表した論文は次のごとく本論に組み込んだ。成城大学に提出した修士論文は「江戸期琉球物刊本について」(『南島史学』第八号、一九七六年九月)として発表し、第四章第二節「琉球物刊本に見る琉球認識」の一部とした。「天保三辰年の琉使来聘と滝沢馬琴」(『沖縄文化』第四八号、一九七七年十月)は第四章第三節第三項「滝沢馬琴『椿説弓張月』と高井蘭山」の一部とした。「琉使の名古屋通行と貸本屋『大惣』」(『南島　その歴史と風土　2』一九七九年、第一書房)は第四章第一節

「天保期使節の実態」の一部とした。「江戸時代の「琉球」認識――新井白石・白尾国柱・伴信友――」（『南島史学』第二十号、一九八二年九月）は、第三章第三節「新井白石等の琉球認識」および第四章第三節第一項「白尾国柱と佐藤成裕・橘南谿」第二項「中山信名と伴信友」の一部とした。「江戸の琉球人――天保三年『儀衛正日記』――」（『江戸の民衆と社会』一九八五年三月、吉川弘文館）は、第四章第一節「天保期使節の実態」の一部とした。

この研究が形になるまでには、実に多くのかたがたのご教授と暖かいはげましとがありました。それは、わたくしの研究生活の大きな支えでした。学位請求論文となるまで厳しくご指導を賜った芳賀登先生、成城大学大学院の時代からわたくしに近世文化史学を手ほどき下さり常に研究の方向を見守って下さった西山松之助先生、早稲田に学んだ時からいつも暖かくわたくしを見つめていて下さった滝口宏・洞富雄両先生に心から感謝の気持を捧げます。わたくしの琉球研究はハワイ大学と切り離すことの出来ないものです。宝玲文庫の心おきなき利用をお許し下さり、わたくしと Frank Hawley との出会の機会を作って下さったハワイ大学の Dr. 松井正人、Dr. ロバート・K・境、そして Dr. 崎原貢のみなさまに心からお礼を申し上げます。また最初の沖縄渡航からずっと今日まで、変わらぬ激励を送って下さった池宮正治先生をはじめとする沖縄の友人たちの存在を忘れるわけにはゆきません。そして、史料調査に際し多大なご便宜と励ましを与えて下さった、早稲田大学図書館の猪原菖子氏と松本弘氏、元国立国会図書館アジアアフリカ課長の平和彦氏、琉球大学附属図書館の新城安善氏をはじめ調査に応じて下さった図書館・史料館の皆様にお礼を申しあげます。最後に、研究教育の場を与え研究活動にご援助下さったノートルダム清心女子大学に謝意を表します。本書は昭和六十一年度文部省科学研究費補助金（研究成果公開促進費）の交付にあずかったことを記します。

昭和六十一年十二月十日

横　山　學

琉球国使節渡来の研究（オンデマンド版）

2018年10月1日　発行

著　者　横山《よこやま》　學《まなぶ》

発行者　吉川道郎

発行所　株式会社 吉川弘文館
〒113-0033　東京都文京区本郷7丁目2番8号
TEL　03(3813)9151(代表)
URL　http://www.yoshikawa-k.co.jp/

印刷・製本　株式会社　デジタルパブリッシングサービス
URL　http://www.d-pub.co.jp/

横山 學（1948〜）
ISBN978-4-642-73277-2

著者略歴

一九四八年、岡山市に生まれる
一九七二年、早稲田大学文学部卒業
一九七八年、成城大学大学院文学研究科日本常民文化専攻　博士課程中退
一九八三年、筑波大学大学院歴史・人類学研究科史学専攻　博士課程修了（文学博士）
現在、ノートルダム清心女子大学教授、同大学生活文化研究所所長

〔主要編著書〕

『江戸期琉球物資料集覧』全4巻　宝玲叢刊第4集（昭和五六年、本邦書籍）
『琉球所属問題関係資料』解説　全8巻　宝玲叢刊第2集（昭和五五年、本邦書籍）
「江戸の琉球人――天保三年『儀衛正日記』――」（西山松之助先生古稀記念会編『江戸の民衆と社会』昭和六〇年、吉川弘文館）
「琉球・沖縄・日本　その関係を理解するために」（『文化の諸相』平成九年、大学教育出版）
「フランク・ホーレー探検　人物研究の面白さ」（『文化のダイナミズム』平成一一年、大学教育出版）

琉球国使節渡来の研究

一九八七年（昭和六十二）二月十日　第一刷発行
二〇〇〇年（平成十二）十月一日　第二刷発行

著者　横《よこ》山《やま》學《まなぶ》
発行者　林　英男
発行所　株式会社　吉川弘文館
郵便番号一一三―〇〇三三
東京都文京区本郷七丁目二番八号
電話〇三―三八一三―九一五一〈代表〉
振替口座〇〇一〇〇―五―二四四

印刷＝理想社　製本＝誠製本

索　　引

本書本文中の「史料」「人名・船名等」「事項」について索引を作成した。但し，「目録」中に掲げた史料名・著者名等については，索引に組み入れなかった。琉球国使節使者名簿については，別途索引を作成した。

I　事　　項

あ　行

か　行

さ　行

た　行

な　行

は 行

ま 行

や 行

ら 行

わ 行

II　人名・船名等

あ 行

か　行

さ　行

た　行

な　行

は　行

ま　行

や　行

ら　行

わ　行

III　史　料

あ　行

か　行

さ 行

た 行

な　行

は　行

ま　行

や　行

ら　行

わ 行

琉球国使節使者名簿索引

あ　行

赤嶺	仁屋	寛政2	14058
赤嶺	仁屋	寛政2	14088
赤嶺	仁屋	寛政8	15089
赤嶺	仁屋	文化3	16058
赤嶺	仁屋	天保3	17088
赤嶺	仁屋	天保13	18074
赤嶺	筑登之	天保13	18082
何嘉山	親雲上	享保3	10013
東江	仁屋	寛政8	15050
東江		明治5	20024
安慶田	親雲上	宝永7	08017
安慶田	親雲上	正徳4	09022
安里	赤冠	慶安2	03012
安里	親雲上	正徳4	09014
安里	仁屋	寛政2	14069
安里	里之子	寛政8	15019
安里	仁屋	天保3	17070
安里	里之子	天保13	18020
安次富	親雲上	宝暦2	12023
安次嶺	仁屋	文化3	16074
安谷屋	赤冠	慶安2	03010
安谷屋	里之子	嘉永3	19023
安仁屋	仁屋	天保3	17071
阿波根	里之子	文化3	16039
阿波連	筑登之	天保13	18043
安室	親雲上	文化3	16026
安室	親雲上	天保3	17037
新垣	仁屋	寛政2	14079
新垣	仁屋	寛政2	14090
新垣	親雲上	寛政8	15030
新垣	仁屋	寛政8	15074
新垣	仁屋	寛政8	15084
新垣	子	天保3	17055
新垣	仁屋	天保3	17082
新垣	仁屋	天保13	18092
新垣	筑登之	嘉永3	19042
新垣	仁屋	嘉永3	19058
新垣	仁屋	嘉永3	19064
新垣	仁屋	嘉永3	19068
新垣	仁屋	嘉永3	19069
新垣	仁屋	嘉永3	19083
新垣		明治5	20032
新川	親雲上	寛文11	05012
新川	親雲上	寛政2	14016
新城	親雲上 黄冠	慶安2	03005
新城	親雲上	宝永7	08003
新城	里之子	嘉永3	19019
新里	親雲上	享保3	10015
有銘	仁屋	文化3	16083
伊江	里之子	寛延元	11022
伊江	親雲上	宝暦2	12011
伊江	親雲上	寛政2	14014
伊江	里之子	文化3	16024
伊江	王子	明治5	20001
伊江大城	親雲上	正徳4	09020
伊計	親雲上	寛文11	05011
伊計	親雲上	天保13	18005
池城	親雲上	寛延元	11003
池城	親雲上	天保3	17015
伊佐	仁屋	寛政2	14066
伊差川	親雲上	宝暦2	12005
伊差川	仁屋	天保3	17092
伊差川	親雲上	天保13	18028
石川	赤冠	正保元	02014
石川	筑登之	寛永2	14040
石川	仁屋	寛政8	15097
石川	仁屋	天保3	17091
石原	仁屋	嘉永3	19081

伊舎堂	里之子	寛政2	14021	上原	仁屋	嘉永3	19077
伊舎堂	親雲上	天保3	17004	上《ウエ》間《マ》	里之子	寛政2	14020
伊舎堂	親雲上	嘉永3	19004	上間	親雲上	嘉永3	19028
伊《イ》舎《シヤ》堂《ドウ》真《マ》満《マ》刈《メ》	楽童子	天和2	06018	宇《ウ》座《ザ》	仁屋	天保13	18078
伊《イ》集《ジユウ》	親雲上	嘉永3	19034	内《ムチ》田《ダ》	仁屋	寛政8	15053
泉《イズミ》(泉川)水《ミズ》	里之子	天保3	17043	宇《ウ》地《チ》原《バル》	里之子	天保3	17022
伊《イ》是《ゼ》名《ナ》	里之子	寛政2	14022	宇地原	親雲上	天保3	17098
伊《イ》田《ダ》	親雲上	寛政8	15038	宇地原	里之子	嘉永3	19022
板《イ》良《タラ》敷《シキ》	親雲上	文化3	16012	内《ウチ》間《マ》	里之子	宝永7	07011
糸《イト》數《カズ》	親雲上	天和2	06006	内間	親雲上	文化3	16036
糸數	仁屋	天保3	17085	内間	親雲上	天保3	17016
糸數	子	嘉永3	19046	内間	親雲上	天保13	18010
糸《イト》洲《ス》	親雲上	天保13	18003	内《ウチ》嶺《ミネ》	里之子	宝永7	08013
糸《イト》満《マン》	赤冠	正保元	02015	宇《ウ》根《ネ》	筑登之	寛政2	14077
糸満	里之子	宝永7	08015	宇根	親雲上	寛政8	15077
伊《イ》渡《ト》村《ムラ》	筑登之	天保13	18045	宇良	親雲上	寛文11	05007
伊《イ》渡《ト》山《ヤマ》	親雲上	寛政2	14010	浦《ウラ》崎《サキ》	親雲上	天保3	17028
稲《イナ》福《フク》	親雲上	寛文11	05004	浦《ウラ》添《ソエ》	王子	天保13	18001
稲福	親雲上	寛政2	14031	運《ウン》天《テン》	黄冠 親雲上	正保元	02011
稲《イナ》嶺《ミネ》	親雲上	天和2	06012	運天	親雲上	正徳4	09017
稲嶺	里之子	正徳4	09028	運天	筑登之	文化3	16053
稲嶺	親雲上	寛延元	11013	運天	子	文化3	16055
伊《イ》野《ノ》波《ハ》	里之子	正徳4	09031	運天	仁屋	天保13	18068
伊野波	里之子	享保3	10023	江《エ》田《ダ》	親雲上	宝永7	08004
伊野波	親雲上	天保13	18026	江田	仁屋	天保3	17086
伊野波	親雲上	嘉永3	19006	大《オオ》宜《ギ》見《ミ》	王子	寛政8	15001
伊波	親雲上	明治5	20008	大《オオ》城《シロ》	里之子	寛文11	05014
伊《イ》良《ラ》波《ハ》	親雲上	享保3	10014	大城	里之子	寛延元	11019
伊《イ》良《ラ》皆《ミナ》	里之子	享保3	10020	大城	子	寛政2	14044
伊《イ》禮《レイ》	親雲上	正徳4	09023	大城	仁屋	寛政2	14061
宇《ウ》江《エ》城《グスク》	親雲上	嘉永3	19011	大城	仁屋	寛政2	14068
上《ウエ》里《サト》	親雲上	寛政8	15032	大城	仁屋	寛政2	14086
上《ウ》江《エ》洲《ス》	親雲上	天和2	06009	大城	仁屋	寛政2	14092
上江洲	親雲上	天保13	18037	大城	仁屋	寛政8	15052
上江洲	仁屋	天保13	18060	大城	仁屋	寛政8	15086
上江洲	親雲上	嘉永3	19037	大城	筑登之	文化3	16042
上江洲	親雲上	明治5	20007	大城	筑登之	文化3	16054
上《ウエ》地《チ》	黄冠 親雲上	慶安2	03003	大城	筑登之	文化3	16057
上地	仁屋	寛政8	15067	大城	仁屋	文化3	16060
上《ウエ》原《ハラ》	親雲上	享保3	10010	大城	仁屋	文化3	16079
上原	親雲上	寛政2	14012	大城	仁屋	文化3	16091
上原	仁屋	寛政2	14087	大城	仁屋	天保3	17081
上原	筑登之	寛政8	15043	大城	仁屋	天保3	17087
上原	仁屋	寛政8	15090	大城	仁屋	天保13	18055
上原	仁屋	文化3	16075	大城	筑登之	天保13	18069

か　行
大田	仁屋	寛政8	15055
大田	仁屋	寛政8	15088
大田	里之子	嘉永3	19039
大オオ嶺ミネ	仁屋	文化3	16064
大オオ湾ワン	親雲上	寛政2	14006
奥ハラ原	里之子	寛延元	11018
奥原平ヒラマ	親雲上	文化3	16018
奥間マ	里之子	享保3	10026
奥間	親雲上（黄冠）	寛永20	02004
奥村ムラ	親雲上	文化3	16033
奥本モデ	親雲上	寛政8	15003
翁オ長	親雲上	明和元	13011
翁長	親雲上	文化3	16051
翁長	仁屋	天保3	17083
翁長	仁屋	天保13	18066
翁長ガ	親雲上	明治5	20005
思オモイ金がね	小童	慶安2	03016
思オモ加那カナ	小姓	承応2	04014
思オモ五郎ゴロー	楽人	正保元	02022
思五郎	小童	慶安2	03015
思次郎オモイジロー（四）	楽人	正保元	02023
思次郎	小童	慶安2	03013
思次郎	小姓	承応2	04011
思次郎	楽童子	寛文11	05015
思オモイ徳トク	楽人	正保元	02021
思徳	小童	慶安2	03018
思徳	小姓	承応2	04016
親オヤ川ガワ	仁屋	天保13	18052
親川	仁屋	天保13	18065
親川	仁屋	嘉永3	19088
親オヤ泊ドマリ	里之子	明治5	20014
小オ禄	親雲上	明和元	13004
小禄	里之子	宝永7	08021
小禄	親方	文化3	16002

小禄	親雲上	天保3	17003
小禄	里之子	天保3	17024
小禄	里之子	嘉永3	19020
恩オン納ナ	親方	天和2	06002

嘉カ數カズ	仁屋	寛政2	14075
嘉數	仁屋	寛政2	14081
嘉數	仁屋	寛政8	15095
嘉數	仁屋	文化3	16069
嘉數	仁屋	文化3	16082
嘉數	筑登之	天保3	17080
嘉數カカ	里之子	天保13	18086
嘉カキ垣カキ花ハナ	里之子	寛政8	15022
垣カキ本モト	親雲上	寛文11	05003
掛カケ福フク	仁屋	寛政2	14050
我ガ謝ジャ	筑登之	寛政8	15080
我謝	親雲上	嘉永3	19003
勝カツ連レン	親方	正徳4	09004
勝連	親雲上	天保13	18012
嘉カ手デ刈刈	親雲上	宝永7	07005
嘉手川川	筑登之	文化3	16052
嘉手納ナ	親雲上	天保3	17077
金カナ城グスク	親雲上（黄冠）	慶安2	03008
金城	親雲上	寛文11	05009

金城	仁屋	嘉永3	19092	喜屋武	親雲上	明治5	20003
金城	仁屋	嘉永3	19095	許《キョ》田《ダ》	親雲上	天保3	17029
金城		明治5	20030	金《キ》武《ン》	王子	寛永11	01002
我《ガ》那《ナ》覇《ハ》	親雲上	寛政2	14024	金武	王子	正保元	02001
我那覇	親雲上	天保13	18031	金武	王子	寛文11	05001
我那覇	里之子	嘉永3	19035	金武	王子	正徳4	09002
兼《カネ》固《カ》段《ダン》	親雲上	明和元	13006	金武	親雲上	嘉永3	19013
兼《カネ》本《モト》	親雲上	寛政2	14005	久《ク》志《シ》	里之子	正徳4	09032
川《カ》平《ビラ》	里之子	嘉永3	19036	久志	親雲上	享保3	10018
上《カミ》運《ウン》天《テン》	親雲上	寛政8	15010	久志	親雲上	明和元	13014
嘉《カ》味《ミ》田《ダ》	親雲上	享保3	10009	久志	親雲上	寛政8	15015
嘉味田	里之子	寛政2	14032	久志	親雲上	文化3	16003
嘉味田	親雲上	寛政8	15018	具《グ》志《シ》	仁屋	嘉永3	19076
神《カミ》村《ムラ》	里之子	明和元	13022	具志	子	寛政2	14046
神《カミ》谷《ヤ》	筑登之	嘉永3	19041	具《グ》志《シ》川《カワ》	王子	慶安2	03001
亀《カメ》嘉《カ》數《ズ》	(路次楽人)	天保3	17097	具志川	王子	寛延元	11001
亀《カメ》川《カワ》	親雲上	天保13	18013	具志川	親雲上	天保3	17017
亀《カメ》島《シマ》	親雲上	明和元	13012	具志川	里之子	天保3	17041
亀《カメ》友《ト》壽《モス》	(路次楽人)	天保3	17096	具《グ》志《シ》堅《ケン》	黄冠 親雲上	正保元	02008
亀《カメ》濱《ハマ》	筑登之	天保3	17049	具志堅	親雲上	天和2	06010
亀《カメ》谷《ヤ》	親雲上	天保13	18038	具志堅	親雲上	寛政2	14036
嘉陽	親雲上	天保13	18033	具志堅	仁屋	寛政2	14064
川上	親雲上	寛文11	05008	具志堅	里之子	寛政8	15020
川上	筑登之	嘉永3	19041	具志堅	親雲上	寛政8	15039
岸《キシ》本《モト》	筑登之	天保3	17053	具志堅	親雲上	天保13	18032
喜《キ》舎《シヤ》場《バ》	親雲上	嘉永3	19038	城《グスク》間《マ》	仁屋	文化3	16062
喜舎場	筑登之	明治5	20012	城間	親雲上	天保3	17018
宜《ギ》壽《ス》次《シ》	親雲上	寛延元	11025	城間	仁屋	天保3	17061
宜壽次	親雲上	宝暦2	12020	城間	親雲上	天保13	18017
喜《キ》瀬《セ》	親雲上	正徳4	09006	城間	仁屋	嘉永3	19082
喜瀬	筑登之	天保13	18080	國《クニ》頭《ガミ》	王子	正保元	02002
喜《キ》納《ナ》	親雲上	寛政8	15004	國頭	王子	承応2	04001
喜納	里之子	寛政8	15040	國頭	里之子	寛政2	14019
宜《ギ》野《ノ》座《ザ》	里之子	宝永7	07014	國《クニ》吉《ヨシ》	親雲上	享保3	10005
宜《ギ》野《ノ》灣《ワン》	王子	寛政2	14001	國吉	仁屋	文化3	16081
宜野灣	親方	明治5	20002	國吉	親雲上	天保3	17038
儀《ギ》間《マ》	親雲上	天保3	17005	國吉	親雲上	嘉永3	19015
儀間	親雲上	嘉永3	19026	國吉	仁屋	嘉永3	19079
喜《キ》屋《ヤ》武《ム》	親雲上 (筑登之親雲上)	宝永7	08008	國吉		明治5	20033
喜屋武	里之子	正徳4	09026	久《ク》場《バ》	親雲上	天保13	18006
喜屋武	里之子	享保3	10021	久場	親雲上 (筑登之親雲上)	宝永7	08010
喜屋武	里之子	宝暦2	12013	久場	子	天保13	18049
喜屋武	親雲上	宝暦2	12021	源《ゲン》河《カ》	里之子	享保3	10022
喜屋武	親雲上	寛政8	15027	源河	里之子	明和元	13019
喜屋武	仁屋	嘉永3	19062	越《ゴエ》来《ク》	親方	寛文11	05002

越　来	王　子	享保3	10001
護得久	親雲上	寛政8	15035
護得久	親雲上	文化3	16027
越来思加那《ゴエクオモイカナ》	(小赤頭)	寛永11	01006
幸《コウ》　地《チ》	赤　冠	慶安2	03009
幸　地	黄冠 親雲上	承応2	04009
幸　地	親雲上	寛延元	11011
幸　地	里之子	宝暦2	12018
幸　地	親雲上	明和元	13013
幸　地	親　方	寛政2	14002
幸　地	親雲上	嘉永3	19016
幸　地	里之子	天保13	18021
湖《コ》　城《グスク》	筑登之	天保13	18081
國《コク》　場《バ》	親雲上	嘉永3	19010
東風平《コチヒラ》	里之子	宝暦2	12017
東風平	親雲上	宝暦2	12025
東風平	親雲上	寛政8	15026
東風平	親雲上	文化3	16016
古波蔵《コハグラ》	親雲上	文化3	16005
古波蔵	親雲上	天保3	17013
古波蔵	仁　屋	天保3	17059
古波蔵	仁　屋	天保3	17089
古波鮫	筑登之	天保3	17047
小橋川《コバシカワ》	黄冠 親雲上	承応2	04007
小橋川	親雲上	天和2	06013
小橋川	里之子	文化3	16038
小橋川	仁　屋	嘉永3	19066
小波津《コハツ》	赤　冠	慶安2	03011
小波津	親　方	宝暦2	12002
小波津	里之子	寛政2	14017
小波津	親雲上	文化3	16010
小波津	親雲上	天保13	18030
小波津	仁　屋	天保13	18097
小波津	仁　屋	嘉永3	19098
小《コ》　濱《ハマ》	仁　屋	寛政2	14062
米《コメ》　須《ス》	黄冠 親雲上	正保元	02005
米　須	親雲上	享保3	10003
呉《ゴ》　屋《ヤ》	親雲上	寛延元	11005
呉　屋	仁　屋	天保13	18096

さ　行

崎《サキ》　濱《ハマ》	筑登之	寛政3	15046
座喜味《ザキミ》	親雲上	寛延元	11010
座喜味	親雲上	寛政2	14008
座喜味	親　方	天保13	18002
崎《サキ》　山《ヤマ》	子	天保3	17054
崎　山	仁　屋	天保3	17063
崎　山	親雲上	嘉永3	19009
佐久川《サクカワ》	筑登之	寛政2	14041
佐久川	親雲上	天保3	17030
佐久真《サクマ》	里之子	明和元	13020
佐久真	里之子	文化3	16020
佐久本《キクモト》	親雲上	宝永7	08005
佐久本	筑登之	文化3	16041
佐久本	筑登之	天保3	17079
佐久本	子	嘉永3	19045
佐《サ》　敷《シキ》	王　子	寛永11	01001
佐鋪思徳《サシヤオモイトク》		天和2	06019
佐邊松兼《サベマツカネ》		天和2	06020
識《シキ》　名《ナ》	里之子	天和2	06017
識　名	親雲上	寛政2	14004
志堅原《シケンバル》	親雲上	宝永7	07003
勢理客《ジツチヤク》	親雲上	文化3	16028
島《シマ》　袋《ブク》	親雲上	正徳4	09018
島　袋	親雲上	寛政2	14023
島　袋	仁　屋	寛政2	14063
島　袋	仁　屋	文化3	16072
島　袋	親雲上	天保13	18042
島　袋	仁　屋	天保13	18051
島　袋		明治5	20026
島　袋		明治5	20029
嶋《シマ》　村《ムラ》	仁　屋	寛政8	15054
謝《ジヤ》　花《ハナ》	親雲上	宝暦2	12004
祝《レユク》　嶺《ミネ》	親雲上	天保13	18018
祝　嶺	里之子	嘉永3	19040
城《シロ》　田《タ》	親雲上	宝暦2	12009
城　田	親雲上	天保13	18008
新《シン》　里《サト》	筑登之	寛政8	15041
新　里	仁　屋	寛政8	15051
新　里	仁　屋	寛政8	15066
新　里	仁　屋	文化3	16059
新　里	仁　屋	文化3	16080
新　里	仁　屋	文化3	16086
新　里	仁　屋	文化3	16097
末《スエ》　吉《ヨシ》	親雲上	嘉永3	19027
瑞慶田《ズケダ》	親雲上	宝暦2	12008
瑞慶村《ズケムラ》	親雲上	寛政8	15029
瑞慶覧《ズケラン》	親雲上	享保3	10007
砂《スナ》　邊《ベ》	親雲上	正徳4	09010
瀬《セ》　底《ソコ》	親雲上	寛政8	15007

瀬底	子	文化3	16056
瀬底	親雲上	天保3	17078
瀬底	筑登之	嘉永3	19053
瀬《セ》高《ダカ》	親雲上	嘉永3	19012
瀬《セ》名《ナ》波《ハ》	親雲上	寛政8	15036
瀬名波	親雲上	天保3	17026
惣《ソ》慶《ケイ》	親雲上	寛文11	05019
惣慶	筑登之	寛政2	14038
楚《ソ》南《ナン》	親雲上	嘉永3	19017

た行

平《タイ》良《ラ》	赤冠	正保元	02017
平良	親雲上	文化3	16030
平良	仁屋	文化3	16093
平良	仁屋	天保13	18062
平良	仁屋	天保13	18091
平良	筑登之	嘉永3	19054
平良	仁屋	嘉永3	19070
高《タカ》江《エ》洲《ス》	仁屋	寛政2	14067
高江洲	仁屋	寛政2	14096
高《タカ》里《ザト》	親雲上	宝暦2	12019
嵩原	親雲上	天保3	17032
高原	筑登之	天保3	17046
田《タ》頭《ガミ》	親雲上	寛延元	11023
高《タカ》嶺《ミネ》	親雲上	正徳4	09012
高嶺	仁屋	寛政2	14083
高嶺	親雲上	嘉永3	19005
高《タカ》宮《ミヤ》城《ギ》	親雲上	明和元	13009
高宮城	親雲上	寛政2	14029
多《タ》嘉《カ》山《ヤマ》	親雲上	明和元	13016
多嘉山	親雲上	寛政8	15017
多嘉山	親雲上	文化3	16015
高《タカ》良《ラ》	仁屋	寛政2	14089
高良	仁屋	寛政8	15094
高良	仁屋	文化3	16065
高良	仁屋	天保3	17090
高良	仁屋	天保13	18095
武《タケ》村《ムラ》	親雲上	享保3	10008
澤《タク》岻《シ》	仁屋	寛政2	14094
澤岻	仁屋	寛政8	15062
澤岻	親方	天保3	17002
大《ク》工《クジャク》廻	親雲上	寛政2	14027
大工廻	親雲上	寛政8	15025
大工廻	里之子	天保3	17042
嵩《タカ》原《ハラ》	里之子	享保3	10025
嵩原	親雲上	文化3	16017
嵩原	里之子	天保13	18022
田《タ》崎《ザキ》	親雲上	宝暦2	12012
田《タ》里《サト》	親雲上	寛政2	14003
田里	親雲上	寛政2	14026
田里	仁屋	寛政8	15058
田《タ》嶋《ジマ》	里之子	明和元	13017
立《タテ》津《ツ》	里之子	宝暦2	12015
立津	里之子	天保3	17035
田《タ》中《ナカ》	筑登之	天保3	17044
棚《タナ》原《バル》	里之子	宝永7	07010
田《タ》場《バ》	筑登之	寛政2	14039
田場	親雲上	天保13	18011
玉《タマ》川《ガワ》	王子	嘉永3	19001
玉《タマ》城《グスク》	按司	寛永11	01003
玉城	赤冠 里之子	正保元	02013
玉城	赤冠 里之子	承応2	04010
玉城	親雲上	宝永7	07006
玉城	親雲上	正徳4	09007
玉城	親雲上	寛政2	14013
玉城	仁屋	寛政2	14074
玉城	仁屋	寛政8	15091
玉城	親雲上	天保3	17008
玉城	仁屋	天保3	17095
玉城	里之子	天保13	18025
玉城	仁屋	天保13	18099
玉城	仁屋	嘉永3	19056
玉城	仁屋	嘉永3	19091
玉《タマ》那《ナ》覇《ハ》	仁屋	寛政2	14052
玉那覇	仁屋	寛政2	14060
玉那覇	筑登之	文化3	16046
玉《タマ》寄《ヨセ》	赤冠	正保元	02016
玉寄	黄冠 親雲上	慶安2	03006
玉寄	親雲上	承応2	04004
玉寄	仁屋	嘉永3	19087
太《タ》郎《ル》金《カネ》	楽人	承応2	04013
太《タ》郎《ロー》金《カネ》	楽人	正保元	02025
太郎金	楽童子	承応2	04013
太郎金	楽童子	寛文11	05017
多《タ》嘉《カ》山《ヤマ》	親雲上	寛政2	14028
知《チ》名《ナ》	黄冠 親雲上	慶安2	03004
知《チ》念《ネン》	黄冠 親雲上	承応2	04008
知念	親雲上	天和2	06003

な　行

琉球国使節使者名簿索引　15

知　念	親雲上 （里之子親雲上）	宝永7	08009
知　念	親　方	正徳4	09003
知　念	里之子	寛延元	11017
知　念	仁　屋	寛政2	14049
知　念	仁　屋	寛政2	14051
知　念	仁　屋	寛政2	14053
知　念	仁　屋	寛政2	14059
知　念	仁　屋	寛政8	15069
知　念	仁　屋	文化3	16076
知　念	仁　屋	天保3	17064
知　念	親雲上	天保13	18041
知　念	親雲上	嘉永3	19032
知　念	仁　屋	嘉永3	19061
知　念	仁　屋	嘉永3	19072
知　念	仁　屋	嘉永3	19080
知　念	仁　屋	嘉永3	19086
知　念		明治5	20035
知　花	親雲上	承応2	04005
知　花	仁　屋	文化3	16077
津嘉山	親雲上	寛延元	11006
津嘉山	仁　屋	文化3	16094
津嘉山	仁　屋	嘉永3	19093
汀　間	親雲上	享保3	10012
手登根	里之子	正徳4	09030
手登根	親雲上	享保3	10017
照　屋	親雲上	寛政8	15079
照　屋	仁　屋	文化3	16071
照　屋	仁　屋	文化3	16095
天　願	親雲上	享保3	10004

當　間	仁　屋	天保3	17075
當　間	仁　屋	天保13	18088
當　銘	親雲上	文化3	16031
渡嘉敷	親雲上	寛延2	11009
渡嘉敷	親雲上	宝暦2	12006
渡嘉敷	親雲上	嘉永3	19030
徳　田	親雲上	天保3	17027
渡具知	親雲上	正徳4	09013
渡久地	里之子	文化3	16019
渡久地	仁　屋	文化3	16096
渡具知	里之子	天保13	18035
渡久地	親雲上	嘉永3	19025
徳　永	親雲上	寛政8	15006
徳　永	子	嘉永3	19043
徳　原	親雲上	明和元	13015
渡久平	親雲上	寛政8	15013
渡久平	筑登之	文化3	16044
徳　嶺	里之子	寛延元	11020
徳　嶺	仁　屋	寛政8	15061
徳　村	里之子	明和元	13018
徳　村	仁　屋	寛政2	14048
徳　村	仁　屋	嘉永3	19078
徳　萌（前）	親雲上	宝暦2	12010
渡久山	親雲上	寛政8	15009
渡慶次	里之子	寛政2	14018
渡慶次	親雲上	文化3	16011
豊見城	王　子	宝永7	08001
豊見城	王　子	天保3	17001
豊見城	里之子	天保13	18024
富　里	里之子	享保3	10019
富　田	仁　屋	嘉永3	19097
富　永	里之子	天保3	17023
富　永	親雲上	天保13	18016
富　本	親雲上	寛政8	15078
富　盛	親　方	宝永7	07002
冨　盛	親雲上	文化3	16032
冨　山	親雲上	天保3	17014
豊　村	里之子	明治5	20016

名　嘉	仁　屋	寛政2	14072
仲尾次	子	嘉永3	19044
仲　里	子	寛政2	14045
仲　里	仁　屋	寛政8	15076
仲宗根	仁　屋	寛政2	14057

仲《ナカ》宗《ソ》根《ネ》	仁　屋	文化3	16085
仲宗根		明治5	20037
仲宗根	子	明治5	20021
長《ナガ》　田《タ》	仁　屋	文化3	16087
長　田	仁　屋	天保3	17057
永　田	仁　屋	天保13	18056
名《ナ》嘉《カ》地《チ》	親雲上	寛延元	11012
仲《ナカ》　地《チ》	仁　屋	寛政2	14056
仲　地	筑登之	寛政8	15042
名嘉地	里之子	天保3	17034
長《ナガ》　堂《ドウ》	親雲上	享保3	10011
仲《ナカ》　西《ニシ》	筑登之	宝永7	07016
仲　西	仁　屋	寛政2	14071
仲《ナカ》　原《ハラ》	親雲上 (筑登之親雲上)	宝永7	08012
長《ナカ》　濱《ハマ》	筑登之	天保13	18044
長　濱	筑登之	嘉永3	19048
名《ナ》嘉《カ》真《マ》	筑登之	文化3	16040
名嘉真	親雲上	天保13	18039
仲《ナカ》　嶺《ミネ》	黄冠 親雲上	正保元	02009
仲　嶺	親雲上	宝永7	07008
仲　嶺	親雲上 (里之子)	寛政2	14034
仲　嶺	親雲上	明治5	20009
長　嶺	親雲上	寛政2	14035
長　嶺	仁　屋	寛政2	14080
長　嶺	子	天保13	18050
仲《ナカ》　村《ムラ》	筑登之	寛政2	14042
仲　村	子	寛政2	14043
仲　村	仁　屋	天保13	18054
仲　村	仁　屋	嘉永3	19084
永《ナガ》　村《ムラ》	親雲上	寛政8	15037
仲《ナカ》　本《モト》	里之子	寛政2	14037
仲　元	筑登之	天保3	17051
仲　本		明治5	20027
名《ナ》嘉《カ》山《ヤマ》	筑登之	文化3	16048
名嘉山	子	文化3	16049
仲　山	子	明治5	20023
永《ナガ》　山《ヤマ》	親雲上	正徳4	09024
永　山	子	寛政8	15048
仲《ナカ》　吉《ヨシ》	里之子	文化3	16021
仲村渠《ナカンダカリ》	仁　屋	寛政8	15068
仲村渠	仁　屋	文化3	16089
仲村渠	仁　屋	天保3	17074
仲村渠	仁　屋	天保13	18094
仲村渠	親雲上	嘉永3	19033
仲村渠	仁　屋	嘉永3	19057
仲村渠	筑登之	明治5	20018
今《ナ》帰《キ》仁《ジン》	親雲上	享保3	10027
今帰仁	王　子	宝暦2	12001
今帰仁	里之子	寛政8	15024
名《ナ》　護《ゴ》	王　子	天和2	06001
名　護	親雲上	寛延元	11015
名　護	親雲上	文化3	16009
名《ナ》　幸《コウ》	親雲上	嘉永3	19018
波《ナ》　平《ヒラ》	親雲上	寛政2	14009
西《ニシ》　平《ヒラ》	親　方	享保3	10002
西　平	筑登之	寛政8	15081
根《ネ》指《サシ》部《フ》	黄冠 親雲上	慶安2	03007
禰《ネ》　覇《ハ》	里之子	正徳4	09029
禰　覇	里之子	享保3	10028
根《ネ》路《ロ》銘《メ》	里之子	宝永7	08020
野《ノ》　國《グニ》	親雲上	寛永11	01005
野　國	黄冠 親雲上	正保元	02006
野　國	里之子	宝永7	08023
野《ノ》　崎《ザキ》	親雲上	寛政8	15028
野　崎	親雲上	文化3	16008
野《ノ》　里《サト》	里之子	天和2	06015
野《ノ》　原《バル》	親雲上	正徳4	09008
登《ノボリ》　川《カワ》	里之子	天保3	17021
野《ノ》　村《ムラ》	親　方	嘉永3	19002

は　行

南《ハ》風《エ》原《バル》	親雲上	正徳4	09005
鉢《ハチ》　嶺《ミネ》	親雲上	天保13	18029
玻《ハ》名城《ナグスク》	里之子	文化3	16022
花　城	里之子	明治5	20013
羽《ハネ》　地《ジ》	里之子	明和元	13021
濱《ハマ》　川《カワ》	里之子	天和2	06016
濱　川	里之子	正徳4	09025
濱　川	親雲上	宝暦2	12003
浜《ハマ》比《ヒ》嘉《ガ》	親雲上	天和2	06005
濱《ハマ》　村《ムラ》	仁　屋	寛政2	14047
濱《ハマ》　元《モト》	里之子	寛政8	15023
濱　元	親雲上	文化3	16013
濱　元	里之子	天保3	17020
濱　元	親雲上	天保3	17033
濱　元	親雲上	天保13	18015
平《ヒ》安《アン》座《ザ》	紫冠 親　方	正保元	02003
比《ヒ》　嘉《ガ》	仁　屋	寛政2	14070
比　嘉	仁　屋	寛政2	14093
比　嘉	仁　屋	寛政2	14095

ま　行

琉球国使節使者名簿索引　17

比　嘉	筑登之	寛政8	15044
比　嘉	親雲上	明治5	20011
東恩納	仁　屋	天保3	17068
東恩納	子	明治5	20022
備　瀬		明治5	20028
百　名	親雲上（黄冠）	寛永20	02010
比屋根	親雲上	天保13	18009
比屋根	親雲上（黄冠）	寛永20	02010
保栄茂	里　主	寛文11	05013
保栄茂	里之子	宝永7	08014
保栄茂	里之子	正徳4	09027
譜久村	親雲上	文化3	16004
譜久村	里之子	天保3	17019
譜久村	親雲上	天保13	18019
譜久山	親雲上	明和元	13003
譜久山	親雲上	文化3	16035
譜久山	親雲上	天保3	17009
譜久山	親雲上	嘉永3	19014
普天間	親雲上	文化3	16029
普天間	仁　屋	嘉永3	19090
古　堅	里之子	天保13	18036
古　堅	親雲上（黄冠）	寛永20	02012
平　識	親雲上	天和2	06004

平　識	親雲上	寛延元	11004
平　識	子	寛政8	15047
平安山（座）	親　方	承応2	04002
平安山（座）	親雲上	寛文11	05010
平安座	親雲上	嘉永3	19029
外　間	仁　屋	寛政8	15063
外　間	親雲上	文化3	16006
真栄城	仁　屋	天保3	17067
真栄城	子	天保13	18047
真栄平	親雲上	天保3	17011
真　壁	里之子	天保13	18023
真　壁	里之子	明治5	20015
真蒲戸	小　童	慶安2	03017
牧　志	親雲上	明和元	13005
牧　志	仁　屋	寛政8	15092
牧　志	仁　屋	文化3	16063
牧　志	親雲上	天保13	18014
真喜屋	親雲上	天保13	18007
真三郎	楽　人	正保元	02024
真三郎	小　童	慶安2	03014
真三郎	楽　人	承応2	04015
真三郎	楽童子	寛文11	05018
真境名	赤　冠	正保元	02018
真境名	里之子	宝暦2	12014
真境名	親雲上	宝暦2	12024

真境名	親雲上	嘉永3	19008
又《マタ》吉《ヨシ》	親雲上	寛政8	15031
又吉	仁屋	天保13	18075
又吉	仁屋	嘉永3	19075
又吉	仁屋	嘉永3	19099
又吉		明治5	20031
真《マ》玉《ダン》橋《バシ》	里之子	天保13	18046
真玉橋	筑登之	嘉永3	19052
松《マツ》金《カネ》	楽人	正保元	02026
松《マツ》兼《カネ》	楽童子	寛文11	05016
松《マツ》島《シマ》	子	明治5	20020
松《マツ》田《ダ》	仁屋	寛政8	15075
松田	仁屋	天保3	17056
松田	仁屋	天保3	17065
松《マツ》堂《ドウ》	里之子	嘉永3	19024
松《マツ》本《モト》	仁屋	文化3	16073
麻《マ》文《ブ》仁《ニ》	黄冠 親雲上	慶安2	03002
摩文仁	里之子	宝暦2	12016
摩文仁	親雲上	寛政8	15016
真《マ》山《ヤマ》戸《ト》	小姓	承応2	04012
美《ミ》里《サト》	王子	宝永7	07001
美里	親雲上	寛政2	14030
美里	里之子	寛政8	15033
湊《ハマ》川《カワ》	里之子	寛延元	11021
峯《ミネ》井《イ》	仁屋	寛政8	15070
宮《ミヤ》城《ギ》	親雲上	宝永7	08006
宮城	仁屋	寛政8	15057
宮城	仁屋	寛政8	15064
宮城	仁屋	寛政8	15087
宮城	仁屋	文化3	16068
宮城	筑登之	天保3	17052
宮城	仁屋	天保3	17084
宮城	仁屋	天保13	18061
宮城	仁屋	天保13	18077
宮城	仁屋	天保13	18087
宮城	筑登之	嘉永3	19050
宮城	仁屋	嘉永3	19065
宮城	仁屋	嘉永3	19073
宮城		明治5	20036
宮城		明治5	20025
宮《ミヤ》里《サト》	親雲上	正徳4	09009
宮里	仁屋	寛政2	14055
宮里	親雲上	天保3	17025
宮里	仁屋	天保3	17060
宮里	仁屋	天保13	18058
宮里	仁屋	天保13	18063
宮里安忠《ミヤザトアンチユウ》	医師	宝永7	07012
宮《ミヤ》平《ヒラ》	親雲上	天和2	06011
宮平	仁屋	寛政8	15085
宮平	仁屋	文化3	16061
宮平	仁屋	文化3	16088
宮平	仁屋	天保13	18059
宮平	仁屋	天保13	18073
村山	親雲上	寛政8	15008
元《モト》(本)部《ブ》	赤冠	正保元	02020
本部	親雲上	正徳4	09021
本部	里之子	寛政2	14033
本部	里之子	文化3	16023
本村	子	天保13	18048
桃《モモ》原《ハラ》	仁屋	寛政8	15073
森《モリ》田《タ》	仁屋	天保3	17072
森《モリ》山《ヤマ》	里之子	宝永7	08018
森山	親雲上	正徳4	09016
森山	親雲上	明和元	13008
森山	里之子	寛政8	15021
森《モリ》永《ナガ》	親雲上	天保13	18034
諸《モロ》見《ミ》里《ザト》	親雲上	文化3	16007

や行

屋《ヤ》嘉《カ》比《ビ》	里之子	天保3	17040
屋嘉比	筑登之	天保3	17045
屋《ヤ》嘉《カ》部《ベ》	筑登之	嘉永3	19047
屋《ヤ》宜《ギ》	筑登之	寛永11	01007
屋宜	親雲上	宝永7	07004
屋嘉比	筑登之	明治5	20019
安田	親雲上	明治5	20010
安《ヤス》原《ハラ》	仁屋	文化3	16092
安《ヤス》村《ムラ》	親方	寛政8	15002
屋《ヤ》冨《フ》祖《ソ》	親雲上	天和2	06007
屋冨祖	親雲上	宝永7	07013
屋冨祖	仁屋	寛政2	14082
屋冨祖	筑登之	寛政8	15083
屋冨祖	仁屋	文化3	16067
屋《ヤ》部《ベ》	親雲上	寛政8	15005
山《ヤマ》内《ウチ》	黄冠 親雲上	正保元	02007
山《ヤマ》城《グスク》	親雲上	寛政8	15011
山城	仁屋	寛政8	15071
山城	仁屋	天保3	17058
山城	仁屋	天保3	17062
山城	仁屋	天保3	17069

ら　行

わ　行